老 子

国学经典详注·全译·精解

冯国超——译注

华夏出版社
HUAXIA PUBLISHING HOUSE

图书在版编目（CIP）数据

老子 / 冯国超译注. -- 北京：华夏出版社有限公司，2024.1
（国学经典详注·全译·精解丛书）
ISBN 978-7-5222-0531-1

Ⅰ.①老… Ⅱ.①冯… Ⅲ.①《道德经》－译文②《道德经》－注释 Ⅳ.① B223.1

中国国家版本馆 CIP 数据核字（2023）第 135134 号

老　子

译　　注	冯国超
责任编辑	陈小兰
特约编辑	李增慧
责任印制	周　然

出版发行	华夏出版社有限公司
经　　销	新华书店
印　　装	三河市少明印务有限公司
版　　次	2024 年 1 月北京第 1 版 2024 年 1 月北京第 1 次印刷
开　　本	787×1092　1/16
印　　张	29.25
字　　数	480 千字
定　　价	89.00 元

华夏出版社有限公司　地址：北京市东直门外香河园北里 4 号　邮编：100028
网址：www.hxph.com.cn　电话：（010）64663331（转）
若发现本版图书有印装质量问题，请与我社营销中心联系调换。

前　言

　　五年前,当笔者开始着手撰写《国学经典详注·全译·精解——老子》的时候,本来以为这是一项可以在短期内完成的工作,因为毕竟《老子》的原文文字很少,只有区区五千余言,且各种《老子》注本极多,碰到疑难时足资参考借鉴。然而,当笔者广泛阅读历代学者的各种《老子》注本的时候,一个颇为独特的现象深深地触动了笔者,这就是有不少学者认为,前人的各种《老子》注疏均未能很好地揭示《老子》思想之真谛,如憨山说:"诸家注释,则多以己意为文,若与之角,则义愈晦。"(《老子道德经解》,第1页)魏源说:"后世之述老子者……无一人得其真。"(《老子本义·序》,第2页)胡怀琛说:"自来注《老子》者,不下数百家,然多偏于空言。"(《老子补注》)

　　深入分析上述观点,笔者认为,它们虽然看上去似乎显得有些绝对,但大致还是符合实情的。因为历史上的无论哪一种《老子》注本,当你看完以后,都会觉得意犹未尽,感到未能真正解决阅读《老子》时遇到的种种疑难问题。而造成此种状况的原因主要有这样四个。一是《老子》一书文字虽少,但思想容量极大,涵盖哲学、政治、军事、处世等多方面的内容。而对于这多方面的内容,老子又不是以逻辑完整、层次清晰的文字作系统的论述,而是以一段段看上去互不关联的文字"随意地"加以表述,这便为我们把握其确切含义造成了极大的困难。二是历史上的各种《老子》注本大多文字比较简洁,而《老子》之所以难懂,与其文字过于简洁、思想高度凝练直接相关,后世注者想用十分简洁的文字去解开其中的诸多疑难问题,这几乎是不可能的事情。三是《老子》一书的文字虽然简洁，每段文字之间也缺乏内在的关联，但是，从整体上说，老子思想却是一个逻辑完整、严密的体系，若不能彻底揭示这一逻辑体系的内涵，便无法对全书文字作贯通性的理解，而传统的注疏形式则很难承担起这样的任务。四是历代《老子》注本多为注者的一家之言，注释者只是把自己的理解结论告诉读者，而很少告诉读者自己为什么作此种理解，别的解释为什么不可取，故其观点往往亦很难令人信服。

正是由于上述原因，历代学者对于《老子》的注释便陷入了这样一个"死循环"：因为以往的《老子》注本均未能很好地揭示《老子》思想之真谛，所以必须有新的注本来揭示此真谛；而当新的注本产生后，因为其所表达的只是注者的一家之言，又很自然地被归入未能揭示《老子》思想之真谛的注本之列……这样循环往复，《老子》的注本越多，后世学者的迷惑也越多，"思想负担"也越重。因此，笔者深深地感到，如果《国学经典详注·全译·精解——老子》只是沿着以往的老路，参考各种《老子》注本，然后表达作者的一家之言，则这样的著述又有多少意义和价值呢？因此，经过反复思考，笔者决定走一条全新的《老子》注解写作之路，这便是"截断众流"，把《老子》文本本身、历代《老子》注本视作现成的思想资源，对此思想资源作全面的审视，具体分析它们对《老子》中的每一个字、词、句、章究竟是如何解释的，然后再比较其优劣长短、是非得失，最后得出对《老子》思想的尽可能准确的解释。

正是循着这样的思路，笔者在对各种《老子》注本进行研究时，发现了一个颇有意味的现象，即历史上的《老子》注本虽多，但它们对某一字、词、句等的解释均可归为不同的类，如对"道""一""朴""袭明""众甫"等重要概念词语的解释，学者们虽然众说纷纭，但不可能是一百种注本有一百种不同的解释，而是可以大致归纳为几个不同的类（最多也不会超过十几个类），然后再对这若干个不同的类的观点进行深入的比较、研究，便可找到问题的症结所在，获得对老子本意的较为准确的解释。因此，笔者翻阅了目前能够搜集到的各种《老子》注本，选择其中有代

前言

表性的一百余种注本，对其中的注释、观点作详细的整理、归类，然后以此为基础，撰写出了这本《国学经典详注·全译·精解——老子》。

概括而言，本书主要有以下三个方面的特点。

一是在《老子》原文方面，以明代华亭张之象的王弼《老子注》刻本为底本，以河上公本、傅奕本、景龙碑本、范应元本等历史上有代表性的《老子》本子为重要的参考，同时参照郭店竹简本和帛书本《老子》，对其中充满争议的《老子》原文作了详细的考证，对近二百处文字表述提出了新的看法，或在前人观点的基础上作出了深入的论证。如明确指出，第一章中的"无名，天地之始"不应改为"无名，万物之始"；第二十五章中的"字之曰道"前不应加"强"字；第二十八章中自"守其黑"至"知其荣"的二十三个字不应删除；第四十一章中的"大器晚成"没有必要改为"大器免成"或"大器曼成"；第六十九章中的"扔无敌"不应作"乃无敌"；等等。

二是在对《老子》的研究中，提出了五十多个重要的新观点，如认为第一章"道可道，非常道"的确切含义为：可以言说的宇宙万物的本原（即"道"）的作用，不是宇宙万物本原之本体；在关于"道"能否言说的问题上，明确提出"道"之作用可以言说，"道"之本体不可言说；指出第二十五章"道法自然"的真谛，是作为宇宙万物本原之作用的"道"效法宇宙万物本原之本体，这里的"自然"，指的是宇宙万物本原之本体；认为第四十二章"道生一，一生二，二生三，三生万物"中的"三"指的是"道"之作用和天、地三者；等等。

三是对《老子》中一些迄今无解的难题，或明确指出不知其意，或同时列举历史上有代表性的几种解释，以供参考，而不强作解人。在笔者看来，《老子》一书中迄今未解的重要难题至少有三十多处，如第十章中"载营魄抱一"中的"载"和"营魄"的含义，第二十五章中的"袭明"的含义，第五十三章中的"盗夸"的含义，第六十五章中的"知此两者亦稽式"的确切含义，等等，均未能得到合理、透彻的解释。在本书中，笔者对上述疑难问题均一一明确指了出来，目的是希望广大《老子》研究者能更好地开展有针对性的研究。

　　接下来再简要地介绍一下《老子》一书的概况。《老子》又名《道德经》。据《史记·老子韩非列传》记载，《老子》的作者姓李，名耳，字聃（dān）。春秋末期人，与孔子同时而稍年长于孔子，孔子曾向他问礼。老子曾任周朝的掌管图书的史官，后因见周朝衰落，便离职出关，出关时应关令尹喜之请，写下了"言道德之意"的上下两篇，共五千言。出关后便"莫知其所终"。

　　然而，后世学者对《史记》中的上述记载提出了不少质疑，他们或认为老子即老莱子或太史儋（dān），是战国时期人；或认为孔子问礼的老子与《老子》的作者不是同一个人；或认为《老子》一书成书于战国中期或末期；等等。笔者认为，这些观点均缺乏充足的证据，因此，就目前情况而言，关于老子其人和《老子》其书，当以《史记》中的记载为准。

　　《老子》一书由"道经"和"德经"两部分组成，原书很可能不分章，今所见八十一章的分章则始自汉代。关于《老子》一书的核心思想，学者们或认为是"人君南面之术"，即帝王统御天下之术；或认为是治国修身；或认为老子思想包罗甚广，如无为、柔弱、虚静等，不能执其一端，不及其余；等等。笔者认为，老子思想的核心是"道"，《老子》一书的其他论述都是围绕"道"而展开的。因为在老子看来，"道"是宇宙万物的本原，宇宙万物包括人类皆由"道"创生，因此，人类最高的或终极的追求，便是通过修道，最终与"道"合一。而修道的具体方法，便是"致虚极，守静笃""涤除玄览"、无思无欲等等。那么为什么通过无思无欲等就能得道呢？这是因为，"道"的特点是自然无为，而一个人能做到无思无欲，便可自然无为，从而与"道"合一。而要做到无思无欲，便当以水、婴儿等为榜样，柔弱不争，谦下守雌。这便是《老子》一书的核心思想和内在逻辑。那么，《老子》一书中为什么会有大量关于政治、军事等的论述呢？这是因为，对人修道的最大干扰，便是来自政治和军事。试想一下，如果一个统治者整天想着如何役使百姓，不停地让百姓去干这干那，百姓又有什么时间去修道呢？故老子才会提倡无为而治，小国寡民；如果统治者经常发动老百姓去打仗，老百姓命且不保，又拿什么来修道呢？故老子竭力反对战争，痛斥那些逞强用兵的统治者。因此，我们绝不能本末倒置，看到《老子》一书中有不少关于政治、军事的论述，便认为《老子》是一部政治哲学的著作，甚至认为《老子》是一部兵书。

那么老子之"道"的确切含义又是什么呢？对此，通常的理解是认为指宇宙万物的本原。这样的理解当然说不上有什么不对，但是，它过于宽泛，不够准确。其实，在《老子》八十一章中，较为完整地揭示了"道"之奥秘的是第二十五章。在该章中，老子说："有物混成，先天地生。寂兮寥兮，独立而不改，周行而不殆，可以为天下母。吾不知其名，字之曰道，强为之名曰大。"意思是：在天地诞生之前，就存在一个"混成之物"即浑然一体、自然而成的东西，它寂静无声，空虚无形，独立存在而不改变，遍行天下而不倦怠，可以说是天下万物的母亲。我不知道它的名，给它取"字"为"道"，勉强给它取名为"大"。关于这段文字，值得我们注意的主要有这样三点。一是在宇宙万物产生之前，存在一个"混成之物"，老子说它是天地万物的母亲，那么这个"混成之物"就是宇宙万物的本原。二是这个宇宙万物的本原"寂兮寥兮"，即寂静无声，空虚无形；对于无声无形的东西，我们无法对它命名，所以老子说"吾不知其名"。三是老子把这个"混成之物""字之曰道"，即给它取"字"为"道"，这就说明，"道"是宇宙万物本原的"字"，而不是"名"。那么，说宇宙万物本原的"字"是"道"，又隐含着什么样的信息呢？这便涉及中国古代关于"名"和"字"的观念。

在中国古代，成年男子通常既有名，又有字，之所以要在名之外取一个字，是因为古代男子成人后，不便直呼其名，所以要取一个与"名"意义相关的"字"，以作为日常称呼。如诸葛亮名亮，字孔明，"孔明"即与"亮"意义相关的"字"，因为"亮"有明亮、明白的意思，"孔明"有明显、明晰的意思，取"字"为"孔明"，一方面是两者的意思相关，另一方面是可以用"孔明"对"亮"的意思作进一步的解释。这就说明，"字"是对"名"的辅助，是对"名"

的含义的进一步揭示。因此，老子在这里说"吾不知其名，字之曰道"，确切的含义是：虽然宇宙万物的本原无声无形，无法取名，但是我可以给它取"字"，这个"字"就是"道"。那么老子为什么能给宇宙万物的本原取"字"呢？这是因为，宇宙万物的本原虽然看不见摸不着，但是它的作用却是可见可知的，这个作用便是创生宇宙万物并作为宇宙万物变化发展的根源、准则。因此，确切地说，"道"指的是宇宙万物本原的作用。而在中国古代哲学中，与作用相对的是本体，因为作用必须以本体为基础，作用是本体的显现。因此，所谓宇宙万物的本原无声无形，实际上指的是宇宙万物本原的本体无声无形。据此，我们可以得出这样的结论：宇宙万物的本原包含本体和作用两个方面，其本体无声无形，所以它没有"名"；但是，宇宙万物的本原创生天地万物，它的作用是可见可知的，所以老子"字之曰道"，即根据它的作用给了它"道"这个"字"。

这就说明：老子的"道"指的是宇宙万物本原的作用，而不是宇宙万物本原的本体。

《老子》作为道家学派的开创之作，作为中国道教的根本经典，对中华文化的发展产生了极其重要的作用。不仅如此，老子思想还产生了广泛的国际影响，据统计，《老子》是当今世界上除《圣经》之外被翻译最多的经典，目前已经被译为72种语言，共1,548种译本（见邰谧侠：《〈老子〉的全球化和新老学的成立》，载《中国哲学史》2018年第2期）。随着当今世界人类面临的环境危机的日益加剧，一些民族和国家之间的矛盾和冲突的不断激化，人们日渐增长的对心灵慰藉的深切需求，可以相信，倡导自然无为、柔弱不争的老子思想必将受到人们越来越多的关注和重视。

冯国超
2023年4月于北京

目 录

一　章 …………… 002	十九章 …………… 098
二　章 …………… 010	二十章 …………… 103
三　章 …………… 015	二十一章 ………… 113
四　章 …………… 020	二十二章 ………… 119
五　章 …………… 024	二十三章 ………… 124
六　章 …………… 029	二十四章 ………… 129
七　章 …………… 033	二十五章 ………… 133
八　章 …………… 038	二十六章 ………… 141
九　章 …………… 043	二十七章 ………… 146
十　章 …………… 048	二十八章 ………… 152
十一章 …………… 055	二十九章 ………… 157
十二章 …………… 060	三十章 …………… 162
十三章 …………… 064	三十一章 ………… 167
十四章 …………… 070	三十二章 ………… 173
十五章 …………… 077	三十三章 ………… 178
十六章 …………… 085	三十四章 ………… 182
十七章 …………… 090	三十五章 ………… 186
十八章 …………… 094	三十六章 ………… 190

三十七章	197	六十一章	335
三十八章	202	六十二章	342
三十九章	211	六十三章	349
四十章	219	六十四章	355
四十一章	223	六十五章	360
四十二章	231	六十六章	366
四十三章	239	六十七章	371
四十四章	243	六十八章	379
四十五章	248	六十九章	383
四十六章	252	七十章	390
四十七章	257	七十一章	394
四十八章	262	七十二章	398
四十九章	266	七十三章	402
五十章	272	七十四章	407
五十一章	279	七十五章	414
五十二章	284	七十六章	419
五十三章	290	七十七章	424
五十四章	295	七十八章	428
五十五章	301	七十九章	432
五十六章	309	八十章	437
五十七章	313	八十一章	444
五十八章	320	附录一：本书引用的文献	448
五十九章	326	附录二：《老子》名言索引	451
六十章	331		

老子

一　章

道①可道②，非常道③；名④可名⑤，非常名⑥。无名⑦，天地⑧之始⑨；有名⑩，万物之母⑪。故常无欲⑫，以观其⑬妙⑭；常有欲⑮，以观其⑯徼(jiào)⑰。此两者⑱同出⑲而异名，同谓之玄⑳。玄之㉑又玄，众妙之门㉒。

【译文】

可以言说的道的作用，不是那道的本体；可以用来称谓的道的作用之名，不是那道的本体之名。无名的道的本体，是天地的本始；有名的道的作用，是万物的母亲。所以，常常清静无欲，去观照无名的精微奥妙；常常有心运用，去观察有名的边际。无名和有名这两者都源出于道而名

【注释】

①道：这里指宇宙万物本原的作用。宇宙万物的本原包含本体和作用两个方面，道本是宇宙万物本原的"字"，指宇宙万物本原显现出来的作用，但老子也用它来代指宇宙万物的本原或宇宙万物本原之本体。本章"注释""译文"中"道的本体""道的作用"中的"道"，均指宇宙万物的本原。　②道：说；讲述。　③常道：恒久存在的道，即道的本体。常：恒久；永恒。　④名：这里指道的作用之名。　⑤名：称谓；称说。　⑥常名：恒久存在的名，即道的本体之名。　⑦无名：指道的本体。因道的本体无声无形，无法命名，故称。有的本子作"无，名"。　⑧天地：马王堆帛书甲乙本均作"万物"。有的学者认为这里应作"万物"。　⑨始：本始，即原始、本初的意思。　⑩有名：指道的作用。因道的作用可见可知，可以命名，故称。有的本子作"有，名"。　⑪母：母亲。一说指根源、根本。　⑫无欲：有的本子作"无，欲"。　⑬其：指无名。　⑭妙：精微；奥妙。　⑮有欲：指有心运用。有的本子作"有，欲"。　⑯其：指有名。　⑰徼：指边际、边界。一说指归、归趣；一说指求、要求。　⑱此两者：指无名和有名。一说指无和有；一说指无欲和有欲；一说指妙和

002

称不同,它们都可以说是很玄妙的。玄妙而又玄妙,是蕴含深奥玄妙之理的万物产生的门户。

徼;等等。

⑲同出:指都源出于道即宇宙万物的本原。
⑳玄:玄妙;深奥微妙。
㉑之:连词。相当于"而"。
㉒众妙之门:指蕴含深奥玄妙之理的万物产生的门户。众妙:指蕴含深奥玄妙之理的万物。

【解读】

本章文字主要包含这样四个方面的内容:一是首次提出了作为全书核心的"道"的概念;二是论述了"道"是否"可道""可名"即是否可以言说和命名的问题;三是论述了作为"道"之本体和作用的"无名""有名"两者的内涵、特点和相互关系;四是如何认识"道",即如何观"道"之"妙"和"徼"的问题。

本章共五十九个字,文字不多,却涉及"道""常道""名""常名""无名""有名""妙""徼""玄"等众多的概念术语,而且,历代学者对这些概念术语的理解又是歧见纷纭,这便给我们确切理解本章文字的含义带来了很大的困难。为了更好地揭示本章的内涵和宗旨,在此拟从以下五个方面作深入的分析和解读:一是"道可道,非常道"中三个"道"字的确切含义;二是"道"究竟能否言说;三是"无名""有名"的含义及"无名,天地之始;有名,万物之母"的断句之争;四是"常有欲"的含义及"常无欲,以观其妙;常有欲,以观其徼"的断句之争;五是本章文字在《老子》一书中的地位及本章宗旨。

一、"道可道,非常道"中三个"道"字的确切含义

"道可道,非常道",短短六个字中,就有三个"道"字。那么,这三个"道"字都是什么意思,它们的意思是完全一样的呢,还是各不相同,抑或有同有不同?对此,古今学者主要有这样四种理解。(1)认为"道可道"中的第一个"道",指的是道理;"可道"中的"道",指言说的意思;"常道",指恒久存在的道。因此,所谓"道可道,非常道",指的是可以言说的道理,不是恒久存在的道。如蒋锡昌说:"此道为世人所习称之道,即今人所谓'道理'也,第一'道'字应从是解。《广雅·释诂》二:'道,说也',第二'道'字应从是解……第三'道'字即二十五章'道法自然'之'道'……乃老子学说之总名也。"(《老子校诂》,第2—3页)(2)认为"道可道"中的第一个"道",指的是宇宙万物的本原;"可道"中的"道",指言说的意思;"常道",指恒久存在

的"道"。因此,"道可道,非常道",指可以言说的"道",就不是恒久存在的"道"。如汤漳平等说:"第一句中的三个'道',第一、三均指形上之'道',中间的'道'作动词,为可言之义。"(汤漳平、王朝华译注:《老子》,第2-3页)(3)认为"道可道"中的第一个"道",指的是宇宙万物的本原;"可道"中的"道",指言说的意思;"常道",则指的是平常人所讲之道、常俗之道。因此,"道可道,非常道",指"道"是可以言说的,但它不是平常人所谓的道或常俗之道。如司马光说:"世俗之谈道者,皆曰道体微妙,不可名言。老子以为不然,曰道亦可言道耳,然非常人之所谓道也。"(《道德真经论》)(4)虽然对"道可道"中的第一个"道"、对"常道"的解释并不完全相同,但都把"可道"中的"道"释为践行、遵行的意思。如王孝鱼说:"船山认为,老子的本意是……凡可以遵而行之,为人利用的各种具体的道,就算不得永恒不变、统摄一切的道"。(《〈老子衍〉疏证》,载《船山学报》1985年第2期)

那么上述哪一种理解更有道理呢?对此,笔者认为,这有赖于我们对老子之"道"的认识。对于老子所说的"道",学者们通常认为它指的是宇宙万物的本原,但这样的理解是不够准确的。因为老子所谓宇宙万物的本原包含本体和作用两个方面,其本体无声无形,不可捉摸,无法命名,因而也就是没有"名"的;其作用表现为创生宇宙万物,并作为宇宙万物变化发展的内在根据、准则等,此作用是可见可知的,故老子"字之曰道"(二十五章),因此这个"道",只是宇宙万物本原的"字",而"字"是对"名"的辅助和解释。而且,我们必须注意的是,宇宙万物本原的作用可见可知,可以命名,故这个"道"亦是宇宙万物本原的作用之"名"。也就是说,"道"既是宇宙万物本原之"字",亦是宇宙万物本原的作用之"名"。另外,因宇宙万物的本原没有名,故在《老子》一书中,有时亦以"道"代指宇宙万物的本原。而所谓"常道",指的则是宇宙万物本原之本体。以上述认识为基础,来理解"道可道,非常道",则其中的第一个"道",指的是宇宙万物本原的作用;"可道"中的"道",指言说的意思。故所谓"道可道,非常道",意即可以言说的宇宙万物本原的作用,不是宇宙万物本原的本体。或亦可以简要地解释为:可以言说的"道"的作用,不是那"道"的本体。

二、"道"能否言说

在对于"道可道,非常道"的理解中,长期困扰学界的一个难题,

▲"道可道，非常道"，作为宇宙万物本原的"道"，包含本体和作用两个部分，"道"之本体不可言说，"道"之作用可以言说，《老子》五千言所述主要为"道"之作用。此为唐代吴道子绘制的老子像，描绘了老子正在授"道"的情形。

老子…一章

便是老子之"道"究竟能否言说。通常的理解是,老子之"道"无声无形,不可言说,如林希逸说:"道本不容言,才涉有言皆是第二义。"(《道德真经口义》)然而,对于这样的说法,一些学者明确表示反对:老子之"道"不可言说,那《老子》五千言所说又是什么?因此老子之"道"是可以言说的,而且亦必须是可以言说的。如朱谦之说:"自昔解《老》者流,以道为不可言……实则《老子》一书,无之以为用,有之以为利,非不可言说也。"(《老子校释》,第4页)

笔者认为,以上问题,若从"道"之体用的角度来进行理解,便得到合理的解决。因为据上所述,"道"的作用是可以言说的,而所谓"道"的作用,其具体内容包括宇宙万物的本原创生天地万物,并作为天地万物运动变化的内在根据、准则,等等。概括而言,凡是符合老子所主张的自然无为、柔弱不争、无思无欲等原则的,均为"道"之作用的体现。据此,则《老子》五千言,其主要内容,正是对"道"之作用的具体论述。因此,"道"之作用可以言说,《老子》五千言所述主要为"道"之作用,故老子说"道可道",即"道"之作用可以言说,这在逻辑上是十分顺畅的。

但是,与"道"之作用不同,"道"之本体则是不可言说的,"道"之本体之所以不可言说,是因为它无声无形,超出了人的感知能力,对此,《老子》一书中亦有不少的论述,如"视之不见,名曰夷;听之不闻,名曰希;搏之不得,名曰微"(十四章);"道之为物,惟恍惟惚"(二十一章);"有物混成,先天地生。寂兮寥兮"(二十五章)。这样一种无声无形、不可捉摸的东西,当然是无法言说的,故老子只是用不确定的、模棱的语言勉强加以描述,但这种描述的实质,并不是为了告诉我们"道"之本体是什么,而是为了说明"道"之本体无法用语言进行准确的描述。

三、"无名""有名"的含义及"无名,天地之始;有名,万物之母"的断句之争

关于"无名,天地之始;有名,万物之母"两句,首先值得我们关注的便是句读问题,因为它直接影响我们对其意思的理解。"无名,天地之始;有名,万物之母",在宋代以前,人们基本上都是这么断句的。然而,到了宋代的王安石和司马光,则采取了"无,名天地之始;有,名万物之母"的读法。如王安石说:"'无',所以名天地之始;'有',所以名其终,故曰万物之母。"(见容肇祖辑:《王安石老子注

辑本》，第1页）王安石等的这种读法，受到后世不少学者如梁启超、林语堂、高亨、陈鼓应、牟钟鉴等的支持。但是，从"无""有"断句的做法也遭到不少学者的明确反对，如宋代的丁易东说："'无名天地之始，有名万物之母'，或以'无名''有名'为读，或以'无'与'有'为读。然老子又曰：'常道无名'，'始制有名'，是可以'无'与'有'为读乎？"（见焦竑［hóng］：《老子翼》，第1页）现代学者蒋锡昌、刘笑敢等也都反对从"无""有"断句的做法。

那么，究竟应该采取哪种读法呢？笔者认为，还是以采取"无名，天地之始；有名，万物之母"的读法为妥，理由如下。

首先，根据前面所述，宇宙万物的本原包含本体和作用两个方面，相对于宇宙万物的本原来说，"道"只是"字"；但相对于宇宙万物本原的作用来说，"道"便是"名"，因为宇宙万物本原的作用是可见可知、可以命名的。认识到这一点非常重要，因为据此我们便可以清晰地知道，紧接"道可道，非常道"的"名可名，非常名"中的第一个"名"字，指的便是宇宙万物本原的作用之名；而"常名"，指的便是宇宙万物本原的本体之名（当然，宇宙万物本原的本体是没有名的）。因此，所谓"名可名，非常名"，意为：可以命名的宇宙万物本原的作用之名，不是宇宙万物本原的本体之名。据此，则"无名天地之始，有名万物之母"中的"无名"，指的便是宇宙万物本原之本体；"有名"，指的便是宇宙万物本原之作用。因此，这两句的意思为：宇宙万物本原之本体是天地的本始，宇宙万物本原之作用是万物的母亲。这样的理解是十分契合老子思想的宗旨的，因为《老子》第二十五章中说"有物混成，先天地生"，指的便是宇宙万物本原之本体为天地的本始；而万物的产生、成长都离不开宇宙万物本原的作用，如《老子》第三十四章中说，"大道泛兮，其可左右。万物恃之而生而不辞，功成不名有。衣养万物而不为主"，说明宇宙万物本原之作用就像万物的母亲一样。因此，从"无名""有名"断句，作"无名，天地之始；有名，万物之母"，其意思便可以得到合理、清晰的解释。

其次，检索《老子》第一章以后的各章，凡"无"与"名"、"有"与"名"一起出现的地方，均不能从"无""有"断句，如"道常无名……始制有名"（三十二章）、"无名之朴"（三十七章）、"道隐无名"（四十一章）等，那么为什么偏偏要把第一章的"无名""有名"从中间断开呢？

四、"常有欲"的含义及"故常无欲,以观其妙;常有欲,以观其徼"的断句之争

对于"故常无欲以观其妙,常有欲以观其徼"两句,学者们或于"常无欲""常有欲"断句,或于"常无""常有"断句。在宋代王安石、司马光之前,人们基本都取"常无欲""常有欲"断句;然而,自王安石、司马光取"常无""常有"断句后,支持这种断句方式的学者越来越多。那么,究竟何种断句方式才是正确的呢?对此,笔者认为,这里当从"常无欲""常有欲"断句,理由如下。

首先,"常无欲,以观其妙"中的"其"当指"无名",因为老子认为,人只有进入无思无欲的状态,才能体悟到宇宙万物本原之本体,如第十章中所说的"涤除玄览",第十六章中所说的"致虚极,守静笃",指的都是体悟宇宙万物本原之本体的具体方式,故"常无欲,以观其妙",意即常常处于无思无欲的状态,来观照"无名"即宇宙万物本原之本体的玄妙。

其次,"常有欲,以观其徼"中的"其",则当指"有名"即宇宙万物本原之作用。因为我们在前面已经讲过,宇宙万物本原之作用包括宇宙万物的本原创生宇宙万物,并作为宇宙万物运动变化的内在根据、准则等,具体则表现为符合"道"之原则与特点的各种自然规律、社会规律、治国方法、处世准则,等等。而对于上述种种规律、准则的认识,首先便需要"常有欲",即常常有心运用,经常发挥心智的作用。一些学者认为"常有欲"不符合老子的宗旨,老子主张"无欲",不可能主张"有欲",故这里应从"常无""常有"断句,这无疑是对老子思想的误解。因为"欲"既有贪欲的意思,亦有愿望、追求的意思,人们要认识客观世界的规律、准则等,便必须"有欲",即必须有意识地去认识外界的事物,即便是《老子》五千言,亦是"有欲"的产物,若老子只是一味保持无思无欲,不去调动自己的主观意识,什么都不做,又何来《老子》五千言呢?故"常有欲,以观其徼",意即常常发挥心智的作用,去观察"有名"即宇宙万物本原之作用的边际。这里的"徼",是边际、边界的意思,因为认识事物的规律或准则,与确定其与他物相区别的界限及其发生作用的边界、范围等有十分密切的关系。

第三,"故常无欲,以观其妙;常有欲,以观其徼"两句,帛书甲本和乙本在两个"欲"字后均有"也"字,说明至少在帛书本中,这两句必须从"无欲也""有欲也"断句,而绝对不能读作"无,欲也""有,

欲也",这对于主张从"常无""常有"断句的观点来说,几乎与釜底抽薪无异。

五、本章文字在《老子》一书中的地位及本章宗旨

作为通行本《老子》的开篇之章,本章内容受到历代研究者的高度重视。不少学者认为,本章为全书之总纲,后面各章都是围绕本章而展开的。如林希逸说:"此章居一书之首,一书之大旨皆具于此。"(《道德真经口义》)蒋锡昌说:"此章总括全书之意,此章能通,则全书亦明矣。"(《老子校诂》,第11页)然而,刘笑敢却提出了与上述观点迥然不同的看法,他认为,不能把本章看作《老子》一书的总纲,因为《老子》并非首尾一贯的论述,《老子》大体上是格言、语录、哲思札记的汇编,分篇分章仅有大致的考虑,并无精心一贯的安排。(见《老子古今》,第124页)

关于本章宗旨,张默生认为:"本章可说是老子哲学的本体论。"(《老子章句新释》,第2页)陈鼓应说:"整章都在写一个'道'字。"(《老子今注今译》,第78页)对此,刘笑敢也提出了不同的看法,他认为,本章讨论的主要对象是"万物之始"和"万物之母"以及概括其特征的概念"无名"与"有名",而不是"道"本身。(见《老子古今》,第128页)

深入分析本章内容,再结合《老子》后面八十章的论述,笔者认为,刘笑敢认为不能把本章作为《老子》一书的总纲,这是很有道理的,因为《老子》八十一章的顺序排列确实比较随意,并无严格的逻辑关系。如帛书《老子》甲乙本不分章,且均是"德经"在前,"道经"在后,而通行本第一章只是帛书本"道经"的首章,也就是说,若据帛书本,则"道可道"章并非第一章,故把本章作为《老子》全书总纲的说法值得商榷。但是刘笑敢说本章讨论的核心"不是道本身",则似乎存在偏颇。在笔者看来,本章讨论的核心无疑是作为宇宙万物本原的"道":"道可道,非常道;名可名,非常名",讨论的是宇宙万物的本原与名及言说的关系;"无名,天地之始;有名,万物之母","玄之又玄,众妙之门",讨论的是"道"与天地万物的关系;"故常无欲,以观其妙;常有欲,以观其徼",讨论的是如何认识"道"的问题;"此两者同出而异名,同谓之玄",指的则是"道"深奥莫测的特性。因此,全章都是围绕"道"而展开的。

二　章

天下①皆知美之为美，斯②恶③已④；皆知善之为善，斯不善已。故有无⑤相生⑥，难易相成⑦，长短相形⑧，高下相倾⑨，音声⑩相和⑪，前后相随⑫。是以⑬圣人⑭处⑮无为⑯之事，行不言⑰之教⑱；万物作⑲焉⑳而不辞㉑，生㉒而不有㉓，为㉔而不恃㉕，功成而弗居㉖。夫㉗唯㉘弗居，是以不去㉙。

【译文】

天下的人都知道美的事物为美，丑就包含在其中了；都知道善的事物为善，不善就包含在其中了。所以有和无互相依存转化，难和易互相促成，长和短相比较而显现，高和下互相对立而存在，音和声相互谐调，前和后互相依存。所以圣人按照无为的原

【注释】

①天下：古时多指中国范围内的全部土地。这里指天下的人。　②斯：则；就。一说是指示代词，指"此"。　③恶：丑陋。　④已：语气词，相当于"了"。　⑤有无：指事物的存在与不存在。有：指事物的存在，有"有形""有名""实有"等义；无：指事物的不存在，有"无形""无名""虚无"等义。　⑥相生：互相依存转化。　⑦相成：互相补充，互相促成或成全。　⑧相形：相互比较、对照。这里指因相互比较而显现的意思。形：王弼本作"较"，河上公本、傅奕本、景龙碑本等均作"形"，郭店竹简本亦作"形"，据之以改。　⑨相倾：指互相对立而存在。倾：竹简本、帛书甲本和乙本均作"盈"。　⑩音声：一说即声音；一说音指乐声，声指简单的发声；一说音指单音，声指和声。　⑪相和：相互谐调。　⑫相随：互相依存；伴随。　⑬是以：因此；所以。　⑭圣人：品德最高尚、智慧最高超的人。这里指老子心目中的理想人物，其特点是言行合乎大道，随顺自然。　⑮处：办理；做。　⑯无

则做事,实行不依靠语言的教化;万物兴起而顺其自然,万物生长而不据为己有,有作为而不自恃其能,功业成就而不以功自居。正是因为他不以功自居,所以他的功业始终伴随着他。

为:顺其自然,不有意去做。这里指无为的原则。 ⑰不言:不依靠语言。 ⑱教:教化,教育感化。 ⑲作:兴起;发生。 ⑳焉:语气词,表示停顿。 ㉑不辞:不推辞拒绝。一说应作"不为始"。 ㉒生:使万物生长。亦可指万物生长。 ㉓有:占有;取得。 ㉔为:作为。亦可指万物各有作为。 ㉕恃:依赖;倚仗。 ㉖居:当;任。一说通"倨",指傲慢。 ㉗夫:助词。用于句首,表发端。 ㉘唯:以;因为。 ㉙去:离开;失去。

【解读】

　　本章指出,任何事物都是对立统一的,如美和丑、善和恶、高和下、难和易等,它们互相对立,又互相依存,如果失去了一方,另一方也就不会存在。因此,当我们提倡或肯定美和善时,丑和恶也就同时存在,而且,在一定的条件下,美和善还会向丑和恶转化。既然如此,那么最好的做法,便是放弃对美和善的提倡和执着,这样,丑和恶就会同时泯灭,从而便能达到对至善至美亦即"常道"的把握。把这种做法落实到治国和处世行事上,便是"处无为之事,行不言之教",即按照无为的原则来做事,实行不依靠语言的教化,并具体表现为"万物作焉而不辞,生而不有,为而不恃,功成而弗居":万物兴起而顺其自然,万物生长而不据为己有,有作为而不自恃其能,功业成就而不以功自居。老子认为,这样做的最终结果,便是"夫唯弗居,是以不去",你的功业会始终伴随着你。

　　本章意义丰富,逻辑上环环相扣,层层深入,但因表述过于简洁,历来对其中一些文字的理解的争议也极多。具体说来,本章需作深入分析的主要有这样四个方面:一是天下皆知的美和善为什么会包含丑和恶? 二是"音声相和"中的"音"和"声"是一对矛盾吗? 三是"万物作焉而不辞"中的"辞"是什么意思;四是"生而不有"的确切含义。

一、天下皆知的美和善为什么会包含丑和恶?

　　"天下皆知美之为美,斯恶已;皆知善之为善,斯不善已",意即天下的人都知道美的事物为美,丑就包含在其中了;都知道善的事物为善,不善就包含在其中了。然而,在人们通常的观念中,美就是美,善就是善,为什么老子说天下皆知的美中会包含丑、善中会包含恶呢?综合古今学者的解释,笔者认为,对于这个问题,我们可以从三个方面加以理解。(1)"天下皆知"的美和善并非老子所理解的至美和至善。老子所理解的至美和至善指无美丑善恶之分的状态,它没有形迹,因此,对于此至美至善的认识,也应该采用泯灭美丑善恶之分的方法。然而,"天下皆知"之美善则不同,世俗之人完全凭借他们个人的喜好来评判美与善,这样的美善标准,缺乏客观的依据,当然只会是变化不定,甚至是美丑善恶颠倒的。既然如此,则这种所谓的美、善当然就是丑的、不善的。如成玄英说:"一切苍生,莫不耽滞诸尘,妄执美恶。违其心者,遂起憎嫌,名之为恶;顺其意者,必生爱染,名之为美……故知世间执美为美,此即恶矣。"(《老子道德经开题序诀义疏》)(2)美与丑(恶)、善与恶(不善)既对立又统一,对立的双方互相依存。有美即有丑,没有丑就没有美。善与恶也一样。既然美与丑、善与恶是矛盾的统一体,则当世人都知道美和善时,丑和恶当然也就包含在其中了。如王安石说:"夫美者,恶之对;善者,不善之反,此物理之常。"(见容肇祖辑:《王安石老子注辑本》,第4页)(3)把一种美或善绝对化,这本身就是丑或恶。因为世俗之人往往喜欢把他们自己认为的美和善绝对化,并要求人人都去模仿和遵行,结果却使美和善走向了反面,使美变成了丑,善变成了恶。如有一个叫作"楚腰"的典故,见于《墨子·兼爱中》,说的是春秋时期,楚国国君楚灵王喜欢士人细腰,所以朝中之人均以细腰为美,纷纷采用节食、束腰等方法使自己的腰变细。然而,一年以后,朝中之人个个面黄肌瘦,呈现病态。这就是本为追求美,结果却变成了丑。又比如儒家追求君子人格,使人们都希望自己成为君子,然而真正的君子需要克制欲望,见利思义,许多人做不到,便只好表面一套,背后一套,从而出现了大量的伪君子。这就是本为追求善,结果却变成了不善。

二、"音声相和"中的"音"和"声"是一对矛盾吗?

学者们大多认为,自"有无相生"至"前后相随",老子在这里一共展示了六对矛盾:有和无、难和易、长和短、高和下、音和声、前和后。然而,人们却很容易发出这样的疑问:音和声怎么能说是互相对立互相依存的矛盾呢?因为在人们通常的观念中,"音"和"声"的意思并无明显区别,音即声,声即音,都是指声音。

围绕这一问题,古今学者提出了各种各样的解决方案,其中有代表性的,主要有这样四种。(1)认为这里的"音"指居于上位的统治者发出的声音,这里的"声"指处于下位的百姓的听从应和之声。如河上公说:"上唱下必和也。"(见王卡点校:《老子道德经河上公章句》,第7页)(2)认为这里的"音声"其实是指声音中包含的大小、长短、开合、清浊、强弱等互相依存的对立面,为了表述简洁,故只用"音声"来替代,如高亨说:"音声的大与小,长与短,强与弱,清与浊,都是彼此对立相应和,无此则无彼,无彼则无此。"(《老子注译》,第19页)(3)认为这里的"音"指乐器的音响,"声"指人的声音,如陈鼓应说:"音声相和:乐器的音响和人的声音互相调和。"(《老子今注今译》,第81页)(4)认为"音"与"声"存在明显的区别,如任继愈说:"音、声,古人用时有区别。简单的发音叫做'声'。声的组合,成为音乐节奏的,叫做'音'。"(《老子绎读》,第5页)

由上可见,不管学者们如何努力,"音"和"声"似乎都不是对立相依的概念,故刘笑敢干脆说:"'音声相和'一句讲相似之物的和谐,与全文内容不一,只起一种铺排烘托的作用,这里可以暂不讨论。"(《老子古今》,第142页)对此,笔者认为,老子既然把音声与长短、高下等并列,说明在老子看来,音和声亦是对立依存的矛盾关系。因此,一种可能的解释,便是"声"指简单的发声,而"音"则指声的组合,如《礼记·乐记》中说:"凡音之起,由人心生也。"郑玄注释说:"宫、商、角、徵(zhǐ)、羽杂比曰音。"所谓"杂比",即错杂配合的意思。由各种"声"组合而成的"音"与单一的声响之间存在单一和丰富、一和多的矛盾对立,这样也是能够说通的。

三、"万物作焉而不辞"中"辞"的含义

"万物作焉而不辞"中的"作"是兴起、动作的意思,因此,"万物作焉"即万物兴起的意思。较难确定的是"不辞"中"辞"的意思。对于"辞"的含义,古今学者有诸多不同的理解,概括起来,主要有这样三种。(1)认为"辞"指"辞谢"即道谢的意思,如李荣说:"四民各安其业,万物不失其真,任化自然,无所辞谢。"(《道德真经注》)意即民众和万物自由自在地生长活动,圣人不作任何干预,所以民众都不知道要感谢谁。(2)认为"辞"指"辞拒"即辞让拒绝的意思,如司马光说:"物至而应,无所辞拒。"(《道德真经论》)意为万物兴起动作,圣人只是自然因顺,而不加以干预阻拒。(3)认为"辞"指"言辞",如

吴澄说："'辞'谓言辞……'不辞''不有'，此天地不言之教也。"(《道德真经注》)不过，魏源认为，这里的"不辞"，应是"因应"即"因顺"的意思，吴澄把"辞"释为言辞，并不符合老子的本意："盖万物作焉而后应之不辞耳，此因应无为之道也。吴氏澄释为言辞之辞……皆非本意。"(《老子本义》)比较上述种种观点，笔者认为，把"辞"理解为辞拒、拒绝，应该是比较恰当的，因为据此来理解"万物作焉而不辞"，则其意思便为：万物兴起而不推辞拒绝，亦即顺应万物之自然的意思，而这无疑是符合老子思想的宗旨的。

四、"生而不有"的确切含义

"生而不有"一句，直译的意思是生长而不占有，显得比较突兀，因为究竟是谁生长，谁不占有，并没有明确的交代。若联系上文，"是以圣人处无为之事，行不言之教；万物作焉而不辞"，则"生"的主语既可以指圣人，也可以指万物，当然也可以指圣人或万物之外的东西；"不有"的主语既可以指圣人，也可以指天地、造物主等等。正因如此，历代学者对此"生"和"不有"的主语有种种不同的理解，概括起来，主要有这样三种。(1)认为"生"和"不有"的主语都是圣人，持这种理解的人最多。如《唐玄宗御制道德真经疏》中说："令物各得成全其生理，圣人不以为己有。"蒋锡昌说："此谓任民自生，而圣人不私有其民，而为庇护保养也。"(《老子校诂》，第17页)(2)认为"生"和"不有"的主语都是天地。如董平说："天地承载覆育一切万物，使一切万物皆得其生，但不会把任何一物据为己有，是即'生而不有'。"(《老子研读》，第55页)(3)认为"生"的主语是万物，而"不有"的主语是天地或圣人。如林希逸说："万物之生，盈于天地，而天地何尝以为有？"(《道德真经口义》)高亨说："万物各自生长，而圣人不占为己有(无私)"。(《老子注译》，第19页)

那么，上述三种理解中，哪一种理解更为合理呢？笔者认为，对于"生而不有"的含义，我们最好从天道和人道两个角度来展开理解。从天道的角度，此"生"和"不有"的主语便可以是天地，也可以是造物主；从人道的角度，此"生"和"不有"的主语便应该是圣人。正因为有天地"生而不有"的天道，而人道必须效法天道，所以才有圣人"生而不有"的人道。不过，对于"生而不有"中"生"的主语，我们亦可以把它理解为"万物"，这样，"生而不有"的意思便为：万物生长而天地或圣人不去占有。

三 章

不尚①贤②，使民不争；不贵③难得之货④，使民不为盗；不见(xiàn)⑤可欲⑥，使民心不乱⑦。是以⑧圣人⑨之治⑩，虚⑪其⑫心，实其腹，弱⑬其志⑭，强⑮其骨。常使民无知⑯无欲，使夫⑰智者⑱不敢为也。为⑲无为⑳，则无不治。

【译文】

不尊崇贤人，使民众不争夺；不崇尚很难得到的财物，使民众不去做盗贼；不彰显能引起欲念的事物，使民众的思想不迷乱。因此，圣人治理国家时，要使民众思想单纯，让他们能吃饱肚子，削弱他们的意志，使他们的筋骨强壮。常常使民众没有知识和欲望，使那些聪明的人不敢妄为。按照无为的原则行事，就没有治理不好的事情。

【注释】

①尚：尊崇；重视。　②贤：有德行；有才能。也指有德行和才能的人。　③贵：崇尚；重视。　④货：财物，金钱珠玉布帛的总称。　⑤见：显现；显露。这里有彰显的意思。　⑥可欲：指足以引起欲念的事物。　⑦乱：昏乱；迷乱。　⑧是以：因此；所以。　⑨圣人：见第二章注⑭。　⑩治：指治理国家。一说指治国与治身，治身即修身。　⑪虚：使空虚。　⑫其：一说指民众；一说指圣人自己。　⑬弱：削弱。　⑭志：意志；志气。　⑮强：使强壮。　⑯无知：没有知识，不明事理。　⑰夫：代词。那些。　⑱智者：有智谋或智慧的人。　⑲为：做；施行。　⑳无为：顺其自然，不有意去做。这里指无为的原则。

【解读】

本章较为完整地论述了"无为而治"的治国思想：对于任何相对价值如"贤""难得之货"的提倡，都会导致民众的争夺和社会秩序的混乱，所以，真正有效的治理方法，便是统治者注重自身修养，消除自己的贪欲之心，取消对那些相对价值的提倡，让民众达到无知无欲的质朴境界。从文字本身来看,本章与前面两章相比,要显得较为通俗易懂些,然而,存在的问题与争议仍然不少,其中需要我们细加分疏的,主要有这样五个方面:一是老子为什么主张"不尚贤";二是"不可见欲,使民心不乱"中的"民心"是否应改为"民"或"心";三是"虚其心,实其腹,弱其志,强其骨"中的四个"其"字指的是什么;四是老子是否鼓吹愚民政策;五是本章文字有着怎样的内在逻辑。

一、老子为什么主张"不尚贤"

"不尚贤,使民不争"一句,通常理解为不尊崇贤人,使民众不争夺。这里的"尚贤",即君主或统治者尊崇贤人,给贤人以丰厚的爵禄、重要的官职等,古今学者多持此种理解。然而,也有一些学者采取另外的理解,他们认为,"尚贤"不是统治者尊崇贤人,而是指自我标榜贤能。如成玄英说"不尚贤""非谓君王不尚贤人,直是行人扐(huī)谦,先物后己,不自贵尚而贱人也"。(《老子道德经开题序诀义疏》)另外,关于"贤"的含义,学者们也有不同的理解,如河上公认为,这里的"贤",并不是通常意义上的贤能或贤能的人,而是指"世俗之贤",其特点是能言善辩,不守规矩,只会做表面文章:"贤谓世俗之贤,辩口明文,离道行权,去质为文也。"(见王卡点校:《老子道德经河上公章句》,第10页)蒋锡昌则认为,这里的"贤"是"多财"即财物多的意思:"不尚贤,犹不尚多财"。(《老子校诂》,第20页)笔者认为,尊崇贤人,这是"尚贤"常用的意思,故这里的"贤",还是应释为有才能或有才能的人。

老子说"不尚贤,使民不争",言下之意,便是"尚贤"会导致民众争夺。那么,"尚贤"为什么会导致民众争夺呢?对此,历代学者有各种不同的解释。如苏辙认为,君主尚贤,民众会认为自己比不上贤人,他们对此感到羞耻,从而造成争夺:"尚贤,则民耻于不若而至于争。"(《老子解》)高亨则认为:"国君尊重有才智的贤人,则人民就会追求知识,利用才智去争权夺利。"(《老子注译》,第20页)

然而,老子这种"不尚贤"的观点却是明显有悖常识的,因为众所周知,一个国家想要得到有效的治理,就必须选拔贤才,崇尚贤能,因此,王安石在《字说》中明确说:"此老子不该、不遍,一曲之言也。"司马光也说:"贤之不可不尚,人皆知之。"(《道德真经论》)那么,究竟应该如何理解老子"不尚贤"的观点呢?对此,笔者认为应该从以下两个方面加以理解。一是"尚贤"虽然是重要的治国手段,但其弊病也是显而易见的：首先，关于什么是"贤"，不同的人往往有不同的认识和标准；其次，统治者提倡"尚贤"，必会设立某些标准，一些心怀不轨之徒，便会刻意仿效这些标准去欺骗世人，以达到自己不可告人的目的。二是老子反对的是"尚贤"，但老子并没有反对用贤。推测老子的本意，当然不可能主张治国时不用贤人，因此，他只是强调不要去标榜重用贤人。而老子的这一思想，与他提倡"无为"，即一切顺其自然、不有意作为是一脉相承的。

二、"不见可欲，使民心不乱"的含义及"民心"二字是否应改为"民"或"心"

"不见可欲，使民心不乱"，指不彰显能引起欲念的事物，使民众的思想不迷乱。关于该句，值得我们注意的主要有这样两个方面。一是"可欲"之所指。"可欲"通常指足以引起欲念的事物，如财物、珍宝、美色等，但是，在这里则主要指上文的"尚贤"和"贵难得之货"，因此，"不尚贤""不贵难得之货"与"不见可欲"不应是并列的关系，"不见可欲"是对前两者的总结性说明。二是"不见可欲"的"见"，意为显现、显露，因此，"不见可欲"意为不彰显能引起欲念的事物，而不是要杜绝或抛弃能引起欲念的事物。

需要指出的是，"使民心不乱"一句，河上公本、景龙碑本等作"使心不乱"。王弼本虽作"使民心不乱"，然而，王弼在对该句的注释中说："故可欲不见，则心无所乱也。"据此，则其所据原文似亦应作"使心不乱"。故有不少学者认为，该句文字应作"使心不乱"，其中的"民"字系后人所加。然而，马王堆帛书乙本作"使民不乱"，甲本残损，作"民不乱"，虽然其中无"心"字，但两个本子都明确有"民"字，从而证明"民"字为后人所加的观点是站不住脚的。因此，学者们纷纷表示，该句还是应该有"民"字。然而，高明认为，据帛书甲乙本，该句原文确实应该有"民"字，但应作"使民不乱"，而不是"使民心不乱"。（见《帛书老子校注》，第236页）

笔者认为，这里当以作"使民心不乱"为妥，理由有二。（1）傅奕本、范应元《老子道德经古本集注》等均作"使民心不乱"，帛书甲乙本亦均有"民"字，说明该句文字中应有"民"字，因此，作"使民心不乱"要比作"使心不乱"更妥当。（2）传世本或作"使民心不乱"，或作"使心不乱"，其中均有"心"字，因此，不应仅据帛书本便去掉"心"字，改作"使民不乱"。

三、"虚其心,实其腹,弱其志,强其骨"中四个"其"字之所指

关于"虚其心"等四句中的四个"其"字,有不少学者认为指"民"即民众,如吴澄说:"四'其'字皆指民而言。"(《道德真经注》)然而,也有一些学者认为这里的"其"指圣人,如河上公说:"说圣人治国与治身也。除嗜欲,去烦乱。怀道抱一,守五神也。"(见王卡点校:《老子道德经河上公章句》,第11页)

那么,这两种理解哪一种更为合理呢?笔者认为,第一种理解无疑更符合常识,因为既说"圣人之治",通常便应理解为圣人治国或治理天下民众,因此,"虚其心"等四句便是圣人治理国家或天下民众的具体方法或手段。第二种理解则更为深入一些,因为在第二章中,老子说过"圣人处无为之事,行不言之教","处无为之事"即一切以顺从自然为原则,"行不言之教"即圣人以身作则,不用法令条规来治理民众。以此来理解这里的"虚其心"等四句,则其所指便是圣人的自我要求和自我修养,圣人的自我修养达到很高境界后,让民众自动来仿效,便自然能达到下文所说的"常使民无知无欲"的效果。否则,圣人要求或命令民众"虚其心"等便是有违"无为"之原则的。

讨论至此,笔者想特别指出的是,在《老子》一书中,常常存在"一语双关"的语言现象,即一句话中常常可以包含两层甚至两层以上的意思。这里的"虚其心,实其腹,弱其志,强其骨"正是这样的"双关语",因此,它一方面可指圣人按此原则自我修养,一方面亦可指圣人治理民众的方法及要达到的目标,这样去理解,才不会拘泥于文字本身,而作出灵活的处理。

四、老子提倡愚民政策吗?

老子说"常使民无知无欲,使夫智者不敢为也",因此有学者认为老子是在鼓吹愚民政策:"在这里老子极力鼓吹愚民政策。"(沙少海、徐子宏:《老子全译》,第5页)不过,这种观点遭到不少学者的反对,如陈鼓应说:"所谓'无知',并不是行愚民政策,乃是消解巧伪的心智。"(《老子今注今译》,第89页)

笔者认为,对于老子所说的"常使民无知无欲",我们不能作绝对化的理解,这里的"无知"并非指没有任何知识,而是指没有错误的、诈伪的知识;这里的"无欲"亦非指没有任何欲望,而是指没有过分的、争盗的欲望。如范应元说:"故常宜使之无妄知、无妄欲。"(《老子道德经古本集注》,第8页)因此,我们可以说老子主张使民愚,但

不能说老子鼓吹愚民政策。因为愚民政策是指统治者为了便于统治而实行的愚弄人民、使人民处于愚昧无知和闭塞状态的政策，是一种明显的欺骗手段。而老子提倡的使民愚，则是使民众返璞归真的意思，而不是使民众愚蠢、蠢笨的意思。

五、本章文字的内在逻辑

本章文字可分为四个部分：第一部分为"不尚贤"至"使民心不乱"；第二部分为"是以圣人之治，虚其心，实其腹，弱其志，强其骨"；第三部分为"常使民无知无欲，使夫智者不敢为也"；第四部分为"为无为，则无不治"。但是，其中每个部分的意思都不是孤立的，而是环环相扣，紧密关联的。其中第一部分与第二部分间的内在关联是：因为民众"尚贤"则"争"，"贵难得之货"则"盗"，"见可欲"则"乱"，故要做到使民不争、不盗、不乱，就只能是"不尚贤""不贵难得之货""不见可欲"；而要使民众在难得之货、可欲之事面前做到不争、不盗、不乱，便必须让民众"虚心""实腹""弱志""强骨"。第二部分与第三部分间的内在关联是：如果民众做到了"虚心""实腹""弱志""强骨"，也就是达到了"无知无欲"的境界。第四部分则是对前面三部分的总结，既说明"为无为"即"圣人之治"，亦说明"无为而治"的好处。

因此，正是通过以上逻辑严密的论证，老子较为完整地表达了他"无为而治"的治国思想。对于老子的这一思想，学者们有诸多评价，如林希逸说："老子愤末世之纷纷，故思太古之无事。其言未免太过，所以不及吾圣人也。"（《道德真经口义》）魏源说："《老子》，救世之书也。故首二章统言宗旨，此遂以太古之治矫末世之弊。"（《老子本义》，第19页）笔者认为，老子把对"道"的追求看作人类的最高追求，而要追求"道"，便必须回到"道"生万物的自然状态，抛弃一切人为的做作与规则。因此，老子提倡无为而治，是其思想逻辑本身所决定的。当然，当人们沉迷于追求物质、崇尚成功、争当雄强之时，老子的这套"无为而治"的治国思想是很难付诸实施的，但是老子的思想逻辑无疑是值得我们重视的，因为目前人类的发展模式并非尽善尽美，而且这种发展模式带来的环境破坏、竞争焦虑，尤其是大规模毁灭性武器的发明已对人类自身的存在造成严重威胁，迫使人们重新思考人类应该如何生存与发展的根本问题，就此而言，则老子"无为而治"的思想无疑是一种非常值得重视的解决问题的方案。

四　章

道①冲②，而用③之④或⑤不盈⑥。渊⑦兮，似万物之宗⑧。挫⑨其锐⑩，解⑪其纷⑫，和⑬其光⑭，同⑮其尘⑯。湛⑰兮，似或存。吾不知谁之子，象⑱帝⑲之先⑳。

【译文】

道是空虚无形的，然而它的作用却又不会穷尽。它深邃啊，好像是万物的宗主。摧折锋芒，排除纷杂，掩藏光明，混同于尘俗之中。它隐没无形啊，但好像又确实存在。我不知道它是从哪里产生的，好像是天帝的祖先。

【注释】

①道：这里指宇宙万物的本原。参见第一章注①。　②冲：通"盅(chōng)"。空虚。一说指中、中和。　③用：作用。一说指使用、运用。　④之：助词，无实义。　⑤或：又。　⑥盈：满；充满。这里引申指穷尽的意思。　⑦渊：深邃；深沉。　⑧宗：宗主；本源。　⑨挫：摧折；抑制。　⑩锐：锐气；锋芒。　⑪解：排解；消除。　⑫纷：纷杂，纷繁杂乱。一说指纠纷、争执。　⑬和：调和。这里指调和而使其不显眼的意思。　⑭光：光明。一说这里指智慧之光。　⑮同：混同。　⑯尘：尘俗；世俗。"挫其锐……同其尘"这十二个字也见于第五十六章，一说出现在此处疑为错简所致，应删。　⑰湛：隐没无形。一说指深沉的样子；一说指静。　⑱象：好像。　⑲帝：天帝，最高的天神。古人想象中宇宙万物的主宰。　⑳先：祖先。一说指时间或次序在前，与"后"相对。

【解读】

　　在本章中，老子进一步展开其对"道"的论述，主要包含这样两层意思：一是"道"空虚无形，看不见摸不着，但是却无时无刻不在发挥着作用；二是"道"先于天地而存在，又是万物的宗主，是万物的根源和创生者。

关于本章文字,古今学者在理解上争议较多而需要我们细加辨析的主要有这样四个问题:一是"道冲,而用之或不盈"中"冲"和"用之"的含义是什么;二是"挫其锐,解其纷,和其光,同其尘"四句的主语及其中的四个"其"字指什么;三是"挫其锐"等四句是否应从本章删除;四是"象帝之先"中"先"字的含义及老子对天帝的看法。

一、"道冲,而用之或不盈"中"冲"及"用之"的含义

"道冲,而用之或不盈",关于其中的"冲"及"用之"的含义,学者们均有不同的理解。如关于"冲"字的含义,有的学者认为是"中"即居中不偏、中和之道的意思,如河上公说:"冲,中也。道匿名藏誉,其用在中。"(见王卡点校:《老子道德经河上公章句》,第14页)不过,对于这种理解,一些学者明确表示反对,如俞樾(yuè)认为,这里的"冲",本字为"盅",而"盅"的含义是"虚"。(见《老子平议》)笔者认为,"道冲"的"冲"应即古文"盅",而"盅"指器皿空虚的意思,那么这里的"冲"就应该指"虚"的意思,而不应释为"中"的意思。

关于"用之"的含义,多数学者把"用"理解为作用,此"用"的主语是"道","之"在这里是助词,无实义。与此不同而值得我们关注的还有两种理解,一种是把"用"理解为动词,意为使用、运用,"之"则指"道",如张默生说:"道是虚而为用的,可是用起来,似乎又是没有穷尽的样子。"(《老子章句新释》,第6页)另一种是除了把"用之"作与上相同的理解,还明确把"用之"的主语理解为人或万物,如吴澄说:"道之体虚,人之用此道者亦当虚而不盈。"(《道德真经注》)

比较以上关于"用之"的三种不同理解,笔者倾向于第一种理解,理由有二。一是据此来理解"道冲,而用之或不盈",则其意思为:道是空虚无形的,然而它的作用却又不会穷尽。这样的理解,在意思上十分清晰顺畅。二是这样的理解较好地契合了老子关于"道"之体用的思想,它明确告诉我们,"道"的本体是虚无的,而"道"的作用是无穷的。因此,这里的"道",指的是宇宙万物的本原,它包含本体与作用两个方面,与第一章"道可道"中第一个"道"字的含义不同,"道可道"中的第一个"道"指的是宇宙万物本原的作用。

二、"挫其锐,解其纷,和其光,同其尘"四句的主语及四个"其"字之所指

"挫其锐,解其纷,和其光,同其尘"四句,其中"挫其锐"的"挫",指摧折、抑制的意思;"锐",指锋芒、锐气的意思。因此,"挫

其锐"意即摧折锋芒（或摧折器物锋利的尖刃），使其不能造成危害。"解其纷"的"纷"，指纷杂，即纷繁杂乱，因此，"解其纷"即排除纷繁杂乱的意思。这种纷繁杂乱可以指外界的事物，但主要指纷杂的外界事物对心灵造成的扰乱。"和其光"的"和"，是调和的意思，这里指调和而不使之显眼；"光"，是光明的意思，这里指一个人与他人相比时十分显眼的优点，如智慧之"光"、先见之"明"之类。因此，"和其光"就是掩藏自身之光芒使之不显眼的意思。"同其尘"中的"同"，指混同；"尘"，指尘俗、世俗。因此，"同其尘"即混同于尘世间的意思。进一步而言，便是一个人虽有不同于凡俗的识见与修养，却不去显露锋芒，而是混迹于众人之中，使人们无法分辨。

关于"挫其锐"等四句，值得我们注意的主要有两个问题：一是这四句话的主语是什么；二是这四句话中的四个"其"字指的是什么。

关于这四句话的主语，学者们主要有两种观点：一种认为主语是"道"，一种认为主语是人或圣人。笔者认为，这两种观点各有其道理，但均存在偏颇。从上下文的关系来看，这四句的上文是"道冲，而用之或不盈。渊兮，似万物之宗"，讲的都是"道"的特性，据此，则这四句的主语也应该是"道"。但是，说这四句的主语是人或圣人的观点也有其道理，因为说人或圣人摧折锋芒，排除纷杂等，在逻辑上也很通顺。因此，对于这四句的意思，我们最好从天道和人道两个角度来进行理解。从天道的角度，则这四句的主语为"道"；从人道的角度，则这四句的主语为人或圣人，而人或圣人之所以要挫锐解纷、和光同尘，正是对"道"所具有的这些特性的仿效。

关于"挫其锐"等中的四个"其"字之所指，学者们主要有这样三种观点。（1）认为指的是民众，如蒋锡昌说："'和其光，同其尘'，即前章所谓'圣人之治……常使民无知无欲'"。（《老子校诂》，第32页）（2）认为指现象界的事物，如董平说："四个'其'字的所指也是一致的，都指现象界而言。"（《老子研读》，第64页）（3）认为指的是"道"的属性，如任继愈说："这四个'其'字都是说的'道'本身的属性。"（《老子绎读》，第11页）笔者认为，对这里的四个"其"字之所指，亦当从天道和人道两个角度来进行理解，从天道的角度，则这四个"其"字当既指"道"本身的属性，亦可指现象界而言；从人道的角度，则这四个"其"字既可以指人或圣人自己，也可以指民众。

三、"挫其锐，解其纷，和其光，同其尘"四句是否应删

"挫其锐，解其纷，和其光，同其尘"又见于第五十六章，且这四

句在本章中的上下文分别为"渊兮,似万物之宗"和"湛兮,似或存"。如果把这四句文字去掉,则"渊兮,似万物之宗"与"湛兮,似或存"正好连在一起,显得十分连贯、妥帖,因此,有的学者指出,"挫其锐"等四句放在本章系错简所致,应予删除,如马叙伦说:"伦谓此文'挫其锐'四句乃五十六章错简,而校者有增无删,遂复出也。"(《老子校诂》,第53页)然而,也有不少学者反对这样的观点,如蒋锡昌说:"'挫其锐'四句正为上文'道冲而用之,或不盈'一语具体之说明。复文为《老子》特有文体,不能因其复出,遂谓之错简。马说非是。"(《老子校诂》,第32页)笔者认为,本章若去掉"挫其锐"等十二个字,无疑会在意思上显得更为顺畅,文字上显得更加精炼,且可避免"挫其锐"等的主语是什么及"其"字之所指等种种争论,因此,"挫其锐"等十二个字确实给人以某种蛇足之嫌。只是历史上有代表性的《老子》本子如河上公本、王弼本、傅奕本等均有此四句,帛书乙本亦有此四句(甲本残损),后人不可轻易删削。

四、"象帝之先"中"先"字之所指及"帝"在老子思想中的地位

"吾不知谁之子,象帝之先",意即我不知道它是从哪里产生的,好像是天帝的祖先。这里的"帝",指的是天帝,即古人想象中宇宙万物的主宰。"先",有的学者认为指时间或次序在前,亦即"先后"的"先"。有的学者则专门强调:这里的"先"应指"祖先",而不应理解为"先后"之"先"。如高亨《老子正诂》中说:"'象帝之先',犹言似天帝之祖也。古者祖先亦单称曰先。"

笔者认为,从意思上来分析,说"道"在天帝之前就存在,说明"道"比天帝更为根本,但不必然得出天帝是由"道"产生的结论;说"道"是天帝的祖先,则既说明"道"存在于天帝之前,又说明天帝是由"道"产生的。两相比较,后一种理解当更符合老子的本意,因为老子认为宇宙间的一切均是由"道"创生的。

在古代中国人的认知中,天帝或上帝是宇宙的创造者或主宰者,而老子"象帝之先"的说法则明确表示宇宙的根本或创造者是"道",而非天帝,而且天帝也是由"道"而生的。根据老子对"道"的描述,"道"并非有意志的神,它无声无形而又客观存在,既是天地万物的根源,又是万物运动变化的内在规律,但它从不去宰制或干涉万物,这就与能赏善罚恶、主宰万物命运的上帝有了本质的区别。不过,需要强调的是,老子提出"道"是天帝的祖先,并不意味着他否定天帝的存在,而只是降低了天帝的地位。

五　章

天地不仁①，以万物为刍(chú)狗②；圣人③不仁，以百姓为刍狗。天地之间，其犹橐籥(tuóyuè)④乎？虚而不屈(jué)⑤，动而愈出。多言⑥数(shuò)⑦穷⑧，不如守中⑨。

【译文】

天地不仁爱，把万物看成祭祀时用草扎的狗一样；圣人不仁爱，把百姓看成祭祀时用草扎的狗一样。天地之间，不正像个风箱吗？它空虚而不会穷竭，一旦鼓动起来，风气便会越来越多。政令繁多会导致快速败亡，还不如保持内心的虚无清静。

【注释】

①仁：仁爱。古代一种含义极广的道德观念，核心内容是爱人。　②刍狗：用草编扎而成的狗，古代用于祭祀。　③圣人：见第二章注⑭。　④橐籥：古代冶炼时用来鼓风吹火的装置，相当于现在的风箱。籥：鼓风吹火的竹器(一说指一种管乐器)。　⑤屈：竭尽。　⑥多言：一说指政令繁多；一说指说话多。　⑦数：一说通"速"，指快；一说指屡次。　⑧穷：困厄；走投无路。　⑨守中：保持内心的虚无清静。

【解读】

在本章中，老子由"天地不仁"而及"圣人不仁"，以说明人道必须仿效天道；并运用"刍狗"和"橐籥"这两个特殊的物象，来形象地说明统治者在治理民众时实行无为而治以及持守虚静的重要性。

关于本章文字，学者们在理解上分歧较多而需要作出深入说明的主要有这样四个方面：一是老子为什么说天地不仁爱；二是"刍狗"是什么，老子为什么说要以万物或百姓为刍狗？三是"橐籥"是什么东西？四是"多言数穷，不如守中"中"多言""数"及"守中"的确切含义是什么。

一、老子为什么说天地不仁爱

"天地不仁"的"仁",是仁爱的意思,其含义与儒家关于"仁"的观念相同。因此,所谓"天地不仁",便是天地对万物不仁爱。那么,老子为什么说天地对万物不仁爱呢?对此,学者们主要有这样三种解释。(1)认为天地对万物不仁爱,指的是天地顺乎自然,不对万物施加恩惠,听任万物自己生长变化,如河上公说:"天施地化,不以仁恩,任自然也。"(见王卡点校:《老子道德经河上公章句》,第18页)(2)认为有仁便有憎,有恩便有害,矛盾的对立面是互相依存的,因此,如果天地有仁,则害和憎也会相随而至;天地对某物仁爱,便意味着对他物不仁爱。所以,天地不仁,便是天地超越矛盾对立,达到了无为自然的境界。如李荣说:"仁,爱也,有爱则有憎。天地无心,绝于憎爱,以无爱故,故曰不仁。"(《道德真经注》)(3)认为所谓"天地不仁",不是指天地不仁爱,天地生万物,这本身就是仁,因此,"天地不仁"是指天地生万物而不以仁自居,如林希逸说:"生物仁也,天地虽生物而不以为功,与物相忘也……不仁,不有其仁也。"(《道德真经口义》)

笔者认为,以上三种解释,可以视作对"天地不仁"的不同角度的理解,都有其道理,只是有的比较直接,有的稍微迂曲一些罢了。

二、"刍狗"之所指及其意蕴

为了更好地表达"天地不仁"的内涵,老子进一步用"以万物为刍狗"即天地把万物看成"刍狗"来说明。"刍狗"是祭祀时用草扎成的狗,关于刍狗的功用特点,《庄子·天运》篇中有这样的记载:"夫刍狗之未陈也,盛以箧(qiè)衍,巾以文绣,尸祝齐(zhāi)戒以将之。及其已陈也,行者践其首脊,苏者取而爨(cuàn)之而已。"意即刍狗在没有献祭之前,装在竹箱子里,用刺有花纹的巾帛包裹,巫师斋戒以后才捧起它。待到祭祀完毕后,行人踩它的头和脊背,割草的人会把它当柴草烧了。学者们多认为,老子这里所说的"刍狗"即庄子所解释的"刍狗",老子之所以用"以万物为刍狗"来说明"天地不仁",是因为刍狗作为一种用草扎成的祭品,在未祭祀前人们对它十分重视,祭祀完毕后则受到轻视而丢弃,这都是由刍狗本身的功用特点决定的,人们并没有刻意去重视它或轻视它。因此,"天地不仁,以万物为刍狗"的说法,反映了在老子看来,有所偏爱便是不仁,真正的仁应该是一切随物性之自然,而不施以任何的爱憎。如王安石说:"有如刍狗,当祭祀之用也……其天地之于万物,当春生夏长之时,如其有仁爱以及之;至秋冬万物凋落,非天地之不爱也,物理之常也。"(见容肇祖辑:《王安石老子注辑本》,第9—10页)高亨也说:"老子用这个比喻,取义在于人对于刍狗没有爱憎,刍狗是由于客观条件的变化而受到尊重或遭到抛弃。"(《老子注译》,第23页)

然而,也有一些学者对"刍狗"的解释与上述不同,他们认为,"刍狗"并不是指用草扎成的狗,而是指刍草和狗畜,亦即草和狗。如河上公说:"天地视之如刍草狗畜"。(见王卡点校:《老子道德经河上公章句》,第18页)汤漳平等也说:"天地无所偏爱,将万物看成刍草、狗畜。"(汤漳平、王朝华译注:《老子》,第20页)笔者认为,这种观点虽然也能说通,但是,不如把"刍狗"理解成用于祭祀的草扎的狗更为恰当,且有更丰富的解释空间。

三、"橐籥"是什么,老子为什么说天地之间就像"橐籥"?

"天地之间,其犹橐籥乎?虚而不屈,动而愈出",意即天地之间,不正像橐籥吗?空虚而不会穷竭,一旦动起来,作用就源源不竭。那么"橐籥"是什么,老子又为什么说天地之间就像"橐籥"呢?

学者们大多认为,"橐"指古代冶炼时用来鼓风的器具的外壳装置,"籥"指这种器具内部用于鼓扇的部件(一说指这种器具上用来连接的竹管),所以"橐""籥"合在一起便用来指风箱。不过,历史上也有一些学者把"橐"理解为风箱,而把"籥"理解为一种竹制的吹奏乐器。如王弼说:"橐,排橐也。籥,乐籥也。"(见楼宇烈校释:《老子道德经注校释》,第14页)所谓"排橐",即风箱;所谓"乐籥",指一种像笛的管乐器。笔者认为,因竹笛中空,吹奏便能不断发声,其性质与风箱一样,所以把橐籥理解为两种器物也未尝不可,但不如把它理解为风箱一种器物更简单明了,也更易于把握理解。

至于老子为什么说天地之间就像"橐籥",综合古今学者的论述,主要有这样三个原因:一是橐籥中空,而天地之间也是空虚的;二是橐籥"无心",而天地之间也是"无心"的;三是橐籥一旦"发动"起来,则气流源源不断,而天地之间元气氤氲(yīnyūn),万物生生不息,亦是如此。因此,老子说"天地之间,其犹橐籥乎",确实是十分形象而又恰当的比喻。当然,"橐籥"的发动需要外力的作用,似乎与天地之间万物自然生长存在区别,但是天地之间万物生生不息,也需要"道"的作用,因此,两者之间亦存在某种类似性。

四、"多言数穷,不如守中"的确切含义

关于"多言数穷,不如守中"的含义,历来亦有不同的理解,主要是因为对"多言""数"和"守中"的含义,学者们众解纷纭。

1. "多言"的含义

关于"多言"的含义,有的学者认为指说话多或议论太多,如李荣说:"今言多则数穷,欲戒多言之失。"(《道德真经注》)有的学者认为指政令繁多,如陈鼓应说:"'多言',意指政令繁多。"(《老子今注今译》,第95页)有的学者认为"多言"即"有为",与"不言"即"无为"相对,如蒋锡昌说:"'多言'为'不言'之反,亦为'无为'之反,故'多言'即有为也。"(《老子校诂》,第37页)笔者认为,上述三种理解都是可以成立的,因为中国古人历来有祸从口出、言多必失的观念,所以第一种理解有其较为充分的依据。第二种理解把"多言"释为政令繁多,因"言"有教令、号令的意思,而政令繁多必会导致社会治理混乱,故这种理解亦很有道理。第三种理解把"多言"与"有为"相联系,其思想实质与第二种理解类似,因为政令繁多即统治者"有为"的典型表现。不过,老子在此讲"多言数穷,不如守中",当与前面的"圣人不仁,以百姓为刍狗"相关,讲的是圣人的治国之道,因此,笔者倾向于采取第二、三两种理解;而为了使意思的表述更为直接,笔者采取第二种理解,即"多言"指政令繁多的意思。

2. "数穷"之"数"的含义

关于"多言数穷"中的"数"字,有较多的学者认为应读作shuò。但是,因为读作shuò的"数"有"快"(通"速")、"屡次"等意思,因此,在对其具体含义的理解上,又有种种的不同。如吴澄认为,这里的"数"借为"速",是快速、加速的意思:"数犹速也,穷谓气乏。人而多言则其气耗损,是速其匮竭焉。"(《道德真经注》)但是,因为"速"除了有快速的意思,还有招致的意思,因此,也有学者把"数穷"理解为"招致败亡"。(见林语堂:《老子的智慧》,第22—23页)林希逸则认为,这里的"数"是每每即屡次、经常的意思:"数犹曰每每也。"(《道德真经口义》)笔者认为,在"多言数穷"一句中,"穷"的含义是比较清楚的,指的是困、困厄,引申可指行不通、走投无路等。而对于"多言"的含义,笔者在前面已经讲过,以理解为政令繁多为妥,据此,则若把"数"理解为快速,则"多言数穷"意为治理国家时政令繁多会导致快速败亡;若把"数"理解为屡屡,则"多言数穷"意为政令繁多常常会导致败亡。从意思上看,这两种理解并无实质性的差别,

故都是可以的。

3. "守中"与守"道"的关系

"守中"是老子在本章中提出的一个重要概念,但对于其含义,学者们亦有种种不同的理解,其中值得关注的主要有这样两种。一种认为"守中"即精神内守,不为外物所动,处于一种与"道"相合的状态,如吕惠卿说:"不有不无,不取不舍,而适与道相当者,是之谓守中。"(《老子吕惠卿注》,第7页)一种是以"冲"释"中",认为"守中"即"守冲",而"冲"即第四章中"道冲而用之或不盈"之"冲",意为空虚,是"道"之作用,如董平说:"窃以为'中'……即是'盅'……'守中'即是'守虚',也即是守道。"(《老子研读》,第69页)

笔者认为,以上两种理解可谓殊途同归,因为精神内守是为了达到与"道"合一的状态,而"守冲"的实质即是守"道",因此,把"不如守中"理解为"不如守道",应是符合老子本意的。不过,由此也产生了一个问题:既然"守中"即是守"道",那么老子为什么不直接说守"道",而要说"守中"呢?笔者认为,这应该与上文所说的"天地之间,其犹橐籥乎"有关,因为老子把天地比喻成一个风箱,而风箱的一个重要特点就是"虚而无心",因此,说"守中"即守此"虚而无心",无疑比说守"道"更契合本章的语境。

六　章

谷神①不死②，是谓玄牝③。玄牝之门，是谓天地根④。绵绵⑤若存，用⑥之⑦不勤⑧。

【译文】

虚空而神妙的道永恒存在，这叫作深奥微妙的母体。这个深奥微妙的母体之门，叫作天地的根源。它极其细微而又连续不断，好像存在着，作用永远不会穷尽。

【注释】

①谷神：虚空而神妙的道。谷：山谷，这里取其虚而能容之义。神：神妙莫测。一说谷神指虚谷之神，即道（谷：山谷。神：恍惚无形之物）；一说谷神指生养之神，即道（谷通"穀（gǔ）"，义为生养）。　②不死：指永恒存在。　③玄牝：深奥微妙的母体，比喻道。玄：玄妙，深奥微妙。牝：鸟兽的雌性，即母体。　④根：事物的本源；根源。　⑤绵绵：细微而连续不断的样子。　⑥用：作用。一说指使用、运用。　⑦之：助词，无实义。一说指道。　⑧勤：穷尽；枯竭。一说指劳倦、辛苦。

【解读】

本章是《老子》一书中文字较少的章。在本章中，老子集中论述了"道"的特性：以"谷神"描述道之虚无神妙，以"玄牝""玄牝之门"比喻大道的生化天地万物之功，以"绵绵若存"强调"道"是一种若有若无的特殊存在。然而，因为老子对"谷神""玄牝"等概念的内涵没有作明确的说明，所以后世学者对它们的理解异见迭出。因此，关于本章文字，需要我们深入探讨的主要有这样四个问题：一是"谷神"的含义；二是"玄牝"的含义；三是"谷神"与"玄牝"的关系；四是"用之不勤"中"勤"字的含义。此外，一些学者认为本章的宗旨是介绍修道长生的诀窍，此说是否有理，亦需要我们作出深入的分析。

一、"谷神"：虚空而神妙的"道"

关于"谷神"的含义，历来众解纷纭，如河上公认为"谷"指养，

"神"指五脏之神,因此,"谷神"即养五脏之神,是古代的一种存思修炼方法。(见王卡点校:《老子道德经河上公章句》,第21页)王弼认为"谷神"指山谷中央无形无影而能化生万物之"至物"。(见楼宇烈校释:《老子道德经注校释》,第16页)《老子想尔注》则认为"谷"是"欲"的意思,"谷神不死"即想要使神(指人之精神)不死,等等。

不过,具体分析古今学者关于"谷神"的各种解释,我们可以发现它们有以下两个方面的共同点。一是多认为"谷神"即"道",如张默生说:"'谷神',当作谷中空虚解,是借来喻道的。"(《老子章句新释》,第8页)二是多认为这里的"谷"指的是山谷,取的是其虚而能容之义,如成玄英说:"谷,空虚也……如彼空谷,虚容无滞,则不复生死也。"(《老子道德经开题序诀义疏》)

那么"谷神"的"神"又是什么意思呢?考察古今学者的理解,可以发现,有较多的学者把它释为神妙莫测的意思,如司马光说:"中虚故曰谷,不测故曰神。"(《道德真经论》)陈鼓应说:"'神',形容不测的变化。"(《老子今注今译》,第98页)不过,也有一些学者把这里的"神"理解为神灵,如吴澄说:"谷以喻虚,虚则神存于中,故曰谷神。"(《道德真经注》)那么把这里的"神"理解为"神灵"是否妥当呢?笔者认为,在第四章中,老子在论述"道"的特性时说过:"吾不知谁之子,象帝之先。"意即我不知道是谁产生了"道",但"道"好像是天帝之祖先。连天帝都是由"道"产生的,则"道"便非某种神灵所能形容,因此,若把"谷神"理解为"道",则"谷神"之"神"便不应被理解为神灵,而应理解为神妙莫测的意思。

综上所述,关于"谷神",较为恰当的理解应该是:"谷神"即"道",这里的"谷",指山谷,取其虚空的意思;"神",是神妙莫测的意思。因此,所谓"谷神",便是指虚空而神妙之"道"。

二、什么是"玄牝"

与"谷神"相比,"玄牝"之所指相对要容易理解一些,因为学者们大多认为,这里的"玄",指幽深微妙的意思,而"牝",则指鸟兽的雌性,即母体。如高亨说:"玄,古语称形而上为玄,又谓微妙难知为玄。牝,母体。"(《老子注译》,第24页)而且,学者们还进一步认为,此"玄牝"其实就是"道",如牟钟鉴说:"'玄牝'是生殖之母……就是生生不息的大道"。(《老子新说》,第23页)

因此,在"谷神不死,是谓玄牝"一句中,"谷神"和"玄牝"都是指"道",都是"道"之别名。那么,老子为什么要在这短短的八个字中,连用两个"道"之别名,这两个别名之间又是什么关系呢?对此,一些学者认为,老子之所以称"道"为"谷神",是就"道"的特质而言的,说明"道"具有虚无而又神妙的性质、特点,如苏辙说:"谓之谷神,言其德也"(《老子解》),这里的"德",当指性质特点的意思。而老子称"道"为"玄牝",则是就"道"的功用而言的,说明"道"具有生化万物的功用,如唐玄宗说:"寄谷神玄牝之号,将明大道生畜之功。"(《唐玄宗御注道德真经》)笔者认为,这样的解释是很有道理的。

三、"不勤"意为"不劳",还是"不尽"?

关于"用之不勤"中"不勤"两字的含义,古今学者的理解存在明显的不同:古代学者多以"劳倦""辛苦"释"勤"字,如李荣说:"勤者,苦也。得玄牝之道,运用无穷,无为逸乐,故曰不勤也。"(《道德真经注》)当今学者则多以"穷尽""枯竭"释"勤"字,如林语堂说:"而它的作用,愈动愈出,无穷无尽"。(《老子的智慧》,第26页)

因为"勤"字既有劳倦、辛苦之义,又有穷尽、枯竭之义,加上上述两种解释又都能自圆其说,故我们无法贸然对它们下孰对孰错的结论。不过,深入分析这两种不同的理解,可以发现一个特点,即古今学者对"用之"二字的理解各不相同:古代学者多释"用"为使用、运用,释"之"为"道",而把"用之"的主语理解为人、圣人或天地;当代学者则多释"用"为作用、功能,释"之"为助词,无实义,而"用"的主语则为"道"。论述至此,我们会很自然地联想到第四章中的"道冲,而用之或不盈"一句,"冲,而用之或不盈",与"绵绵若存,用之不勤",我们似乎完全可以把它们视作对同一思想的不同角度的表述,因此,笔者倾向于把"不勤"理解为"不会穷尽",具体理由可参阅第四章中关于"用之"的解读。

四、"修道养寿之要尽于此":道教学者对本章宗旨的理解

中国道教以长生成仙为宗旨,奉《老子》为经典,因此,道教学者在解释本章含义时,多从道教修炼的角度去理解。如杜道坚说:"老圣由商历周九百余岁,当时修道养寿之要,尽于此矣。"(《道德玄经原旨》)意即老子从商朝到周朝经历了九百余年,他修道养寿的诀窍,都包含在本章之中了。那么,在道教学者眼中,本章包含了哪些修道养寿的要术呢?

河上公认为,所谓"谷神不死",指人能养神则不死,这里的"谷",

是"养"的意思;所谓"玄牝",是指人的鼻子和嘴,因此,"玄牝之门",亦即鼻口之门;而所谓"绵绵若存,用之不勤",是指呼吸时要保持舒缓悠长,不疾不徐,若有若无。(见王卡点校:《老子道德经河上公章句》,第21-22页)所述的完全是气功修炼时如何进行呼吸的要领。

唐代道教学者成玄英的《老子道德经开题序诀义疏》解释本章说:所谓"谷神不死",是指人的精神如果能像空谷那样"虚容无滞",就不会再有生死。而所谓"玄牝",指的是使精神不死的最好办法,便是"静退雌柔,虚容不滞"。所谓"用之不勤",则是指按上述要求修道,做到"绵绵若存",使心灵处于非有非无的状态,便能"甚不勤苦而契真也",即不用太过辛苦就能得道。

《老子想尔注》则从男女阴阳修炼的角度来解释本章,认为"谷神不死"是指想要让神不死,"谷"是"欲"的意思;而要让神不死的办法,就是男子要"结精自守",即不轻易泄精;男子不轻易泄精的诀窍,则是要仿照"玄牝":"心当像地似女,勿为事先",即处于雌伏、防守的状态。其解释"绵绵若存,用之不勤"说,男子若能守精,便能长生,上德之人因为从小就不去考虑男女之事,所以能得仙寿。因此,关于男女之事,不能不谨慎对待。其所理解的"勤",是谨慎的意思。(见刘昭瑞:《〈老子想尔注〉导读与译注》,第74-77页)

对于道教学者的观点,学者们有的表示认同,有的则持谨慎保留的态度。如吕惠卿认为,"谷神不死"指的就是一种达到长生不死的功夫。(见《老子吕惠卿注》,第7-8页)蒋锡昌亦明确指出,所谓"谷神不死",指的就是道家通过修炼腹中丹田的元气,而达长生健康之目的,因此,本章所讲,就是胎息导引之法。(见《老子校诂》,第39页)林希逸的态度则较为模棱,一方面,他承认"谷神不死"指的实是一种养生修炼的功夫;但另一方面,他又强调指出,老子的本意并不是要讲养生功夫:"此章乃修炼一项功夫之所自出,老子之初意却不专为修养也。"(《道德真经口义》)

笔者认为,从本章内容来看,应为论述"道"的虚无、能生物、恒存等特性,因此,若说本章内容系论述使人长生不死的方法,恐怕很难为大多数人所接受。但是,老子论述"道"的特性,目的是为人的行动提供指导,从人道须仿效天道的角度看,人若要达到像"道"那样虚无、能生物、恒存的境界,便需有一系列的行为步骤,因此,道教学者对本章内容所作的养生修炼方面的理解,可以视作对本章内容的一种合乎逻辑的发挥,至于其所述修炼方法是否合理、有效,则另当别论。

七　章

天长地久。天地所以能长且久者,以其不自生①,故能长生②。是以③圣人④后其身⑤而身先,外其身⑥而身存。非以其无私邪(yé)⑦?故能成其私⑧。

【译文】

天地长久地存在。天地之所以能长久地存在,是因为它们不为自己而生存,所以能够长生。所以圣人让自己处于众人之后,反而能居于众人之先;不考虑自己,反而使自身得以保全。不正是因为他无私吗?所以能成全自己。

【注释】

①不自生:不为自己而生存。　②长生:永久存在或生存。这里当指长久存在的意思。生:一说应作"久"。　③是以:因此;所以。　④圣人:见第二章注⑭。　⑤后其身:指让自己处于众人之后。身:自身;自己。也指身体。　⑥外其身:指把自己置之度外,不考虑自己。　⑦邪:语气助词。表反诘。　⑧成其私:成全他自己。

【解读】

　　本章着重论述了无私的重要性。老子指出,天地之所以能够长久存在,就在于它们既生养万物,又不是为了自己而存在,所以,正是天地的无私使自己得以"长生"。圣人效法天地,无私地对待天下民众,从而亦能得到天下民众的衷心拥护和爱戴,得以"身先""身存"。因此,正是圣人的"无私",使他最终"能成其私"。

　　本章文字较易理解,但仍有一些问题需要深入辨析,主要有这样三个方面:一是天地"不自生"与"长生"的关系;二是"故能长生"中的"长生"是否应改为"长久";三是老子是否主张以"无私"为手段,来达到"成其私"的目的。

　　一、为什么天地"不自生"就能"长生"?

　　老子说"天地所以能长且久者,以其不自生,故能长生",意即天地之所以能长久存在，是因为它"不自生"。所谓"不自生"，即不为自己而生存。那么，为什么天地"不自生"就能"长生"呢？对此，历代学者提出了种种解释，其中较具代表性的有这样三种。（1）认为天地生万物，但施不求报，不以功自居，所以能"长生"，如河上公说："天地所以独长且久者，以其安静，施不求报"。（见王卡点校：《老子道德经河上公章句》，第25页）（2）认为天地生万物，无心无为，所以能"长生"，如林希逸说："天地之生万物，自然而然，无所容心，故千万岁犹一日也。"（《道德真经口义》）（3）认为天地生万物，又不与万物争生存，超然于万物之外，所以能"长生"，如奚侗说："天地生养万物，不求自益其生，故超然于万物之外，而能长生。"（《老子集解》，见《老子注三种》，第71页）

笔者认为，上述三种观点，可以视作对老子关于天地"不自生，故能长生"的不同角度的解释，把它们综合在一起，就能较为完整地揭示老子说天地"长生"的原因，这就是：天地无心无为，不为自己而生，生长万物而施不求报，超然万物之外，不与万物相争，所以能"长生"。

二、"故能长生"中的"长生"是否应改为"长久"

"故能长生"一句，河上公本、王弼本、傅奕本、范应元《老子道德经古本集注》等均作"故能长生"，帛书甲乙本亦作"故能长生"；景龙碑本、《老子想尔注》、成玄英《老子道德经开题序诀义疏》等则作"故能长久"。究竟应该作"长生"还是"长久"，学界分成了意见明显不同的两派。综合两派学者的观点，我们可以发现这样三点：一是历史上大多数有代表性的《老子》本子均作"长生"，只有少数本子作"长久"；二是一些学者认为，作"长生"在用词上比较恰当，因为该章末句作"非以其无私邪？故能成其私"，用了两个"私"字，则这里作"以其不自生，故能长生"，也用两个"生"字，配合得十分恰当；三是一些学者认为，本章开头为"天长地久"，作"故能长久"，便能与开头相应，所以应作"长久"。

笔者认为，这里的文字应以作"长生"为妥，因为毕竟历史上大多数具有代表性的《老子》本子均作"长生"。但是，若就文字意思和思想内涵来说，则作"长久"要更恰当些。因为首先，前面说"天长地久"，又说"天地所以能长且久者"，故最后说"故能长久"，这样在逻辑上前后贯通，显得十分顺畅；而说"故能长生"，则显得比较别扭，让人直觉上便认为"生"字用错了，应作"久"字。其次，"长久"与"长生"在含义上是存在本质区别的，"长久"只是指存在的时间长，而不包括永远存在的意思；而根据权威工具书上的解释，"长生"则是永远存在或生存的意思。前面已经说过，只有"道"才能"长生"，天地是不可能"长生"的，故天地只能说"长久"。因此，虽然这里宜作"故能长生"，但此"长生"亦只能理解为"长久"的意思，而不能理解为永远存在的意思，否则便与老子的整体思想发生了冲突。

三、通过"无私"来"成其私"：老子是在提倡阴谋权术吗？

"非以其无私邪？故能成其私"，指不正是因为他无私吗？所以能成全了他的"私"。学者们较为一致地认为，所谓"无私"，在这里指的就是上文的圣人"后其身"和"外其身"，即处于众人之后，不考虑自身；所谓"成其私"，则指的就是上文的"身先"和"身存"，即居于众人之先，使自身得以保全。因此，对于"非以其无私邪？故能成其私"便可理解为：不正是因为圣人"后其身""外其身"吗？所以达到了"身先""身存"的目的。也就是说，圣人之"后其身""外其身"，便是圣人"无私"的表现；但圣人"无私"的目的，则是要"成其私"，即能够"身先""身存"。然而这样一来，老子的这一思想，便很容易让人感觉是在玩弄阴谋或权术。如任继愈说："这一章反映了老子的以退为进的思想的特点。他表现为不为自己，从而为自己得到更多的好处，以'无私'来达到自私的目的。"（《老子新译》，第74页）沙少海等也说："这里反映了老子的没落阶级的'自私'特点，用'无私'作幌子，以达到个人极端自私的目的。"（沙少海、徐子宏：《老子全译》，第11页）

不过，有较多的学者还是从正面去理解老子的这一思想，他们认为，圣人之心是彻底无私的，"成其私"只是圣人"无私"的自然结果，而不是圣人刻意通过"无私"去达到"成其私"的目的，如苏辙说："彼其无私，非以求成私也，而私以之成，道则固然耳。"（《老子解》）魏源说："其后身外身，夫非心之无私邪？乃身以先且存焉而成其私，亦理势之固然耳。"（《老子本义》，第26页）

当代学者也努力为老子思想进行辩护，如林语堂把"成其私"译为"成就他的伟大"（《老子的智慧》，第30页），陈鼓应译为"成就他的理想生活"（《老子今注今译》，第101页），都是把这里的"私"作正面的理解。刘笑敢则进一步认为，这里"无私"的"私"与"成其私"

的"私"在含义上并不相同,因此不能把老子的这一思想误读为玩弄手段以达其阴谋:"圣人'后其身''外其身'也是真诚的,而不是为了达到'身先''身存'而故施伎俩。这里的关键是真的还是假的'无私',真的'无私'当然不能以'成其私'为目的。老子所谓'成其私'不是刻意追求或欺骗的结果,而是因其无私而自然获得的结果,同时'成其私'的'私'和'无私'之'私'意含不同。'无私'之'私'是指自私自利之心;'成其私'之'私'是指个人的价值或目标的实现"。(《老子古今》,第174页)

以上学者为老子思想进行辩护可谓费尽心思,也确实有一定的说服力,但是,把"无私"之"私"与"成其私"之"私"的含义作不同的理解,还是免不了有某种强为之说的味道。因此,笔者认为,想要对老子"非以其无私邪?故能成其私"的思想实质作出正确的把握,我们需要从以下三个方面来进行认识。

首先,在本章中,老子先说"天长地久"及其原因,接着说"是以圣人"如何如何,说明圣人的行为完全是对天地的仿效。如果我们进一步追问,圣人为什么要仿效天地的"不自生"呢?不就是因为天地"不自生"而得到了"长生"这一对自己有利的结果吗?如果天地"不自生"得到的是对自己不利的结果,圣人还会去仿效吗?因此,我们必须承认,圣人之所以仿效天地之"不自生"而选择"无私",是因为知道行"无私"能带来好的结果,这一好的结果按老子的说法便是"能成其私"。而所谓"成其私",便是成全他自己的意思,这里的"私",是指属于个人自己的,与"公"相对。有的学者嫌把"成其私"理解为成全他自己显得老子不够"高尚",因而把它译为"成就他的伟大""成就他的理想生活"等等,若从直译的角度看,这样做并不妥当。因为"非以其无私邪?故能成其私"中两个"私"字的含义应该是一样的,不能把前面的"私"理解为自私之"私",而把后面的"私"理解为"伟大""理想生活"等等。因此,老子在这里要表达的意思其实是很明确的:圣人之所以"无私",便是因为通过"无私"能"成其私"。说白了,老子在这里要表达的,就是圣人以"无私"为手段,来达到"成其私"的目的。那么,这样的理解有没有歪曲或误读老子的思想呢?为了说明这一问题,我们可以看一下《老子》第六十六章中的相关论述:"是以圣人欲上民,必以言下之;欲先民,必以身后之。"这就明确告诉我们:圣人想要达到"先民"的目的,一定要以"以身后之"为手段。因此,老子并不否认以"后其身""外其身"为手段,来达到

"身先""身存"的目的;由此类推,老子也不会反对以"无私"为手段,来达到"成其私"的目的。

其次,老子主张以"无私"为手段,来达到"成其私"的目的,是否说明他玩弄阴谋与权术呢?不是的,因为所谓玩弄阴谋与权术,通常是指通过欺骗或坑害他人,来达到其不可告人的目的。而老子所说的以"无私"而"成其私"则不同,它是一个无尽的、没有止境的过程,即圣人是永远"无私"的,它不存在阶段性,更不会出现一旦圣人通过"无私"达到了某种目的,便会去做自私自利之事的情况;而正是圣人的永远"无私",才不断地成就和完善圣人自身,使圣人之"私"与天下万民之利高度一致,并最终实现与"道"同一。因此,老子之主张通过"无私"而"成其私",乍看之下似乎是在提倡玩弄权术,实质上却符合大道的本质要求,很好地体现了"道"的特性。

最后,老子揭示出圣人因"无私"而"成其私"的深刻道理,有一个重要的目的,就是为人们的生活尤其是统治者的治国实践提供指导,这就不可避免地带有某种"术"的成分。因为大家知道,老子的思想多为对统治者的建议或忠告,而老子知道,统治者最关心的问题,无疑便是如何维护自己的统治,怎样才能让自己高枕无忧地享受荣华富贵。因此,老子便以天地"不自生"反而能"长生"为例,告诫统治者应该仿效天地的这一特性,一切为民众着想,把民众的利益放在首位,把自己个人的享受放在第二位,只有这样,民众才会发自内心地拥戴你,从而使国家长治久安,使你的统治地位固若金汤。

以上论述说明,要对老子"非以其无私邪?故能成其私"的思想实质作出恰当的理解,就必须从"道"和"术"两个方面入手。从"道"的方面说,因为大道是"无私"的,所以人只有真正做到"无私",才能最终与"道"合一;从"术"的方面说,既然实行"无私"便能"成其私",则作为现实的统治者,便可以以"无私"为手段,来达到"成其私"的目的。

八　章

上善①若水。水善利万物而不争，处众人之所恶（wù）②，故几③于道④。居⑤善地⑥，心善渊⑦，与⑧善仁⑨，言善信⑩，正⑪善治，事善能，动善时⑫。夫⑬唯⑭不争，故无尤⑮。

【译文】

最高的善就像水一样。水善于对万物有利而且不与万物相争，能处于众人都厌恶的地方，所以它接近于道。居处善于选择地方，心境善于安静深沉，施与善于仁爱，说话善于守信，政事善于治理，做事善于发挥才能，行动善于适合时宜。正因为不争，所以不会有过失。

【注释】

①上善：一说指至善，即最高的善；一说指具有最高的善的人。　②恶：讨厌；憎恨。　③几：接近。　④道：这里指宇宙万物的本原。参见第一章注①。　⑤居：居处。一说指处于；一说指居住。　⑥地：地方；场所。这里指卑下之地。　⑦渊：深邃；深沉。　⑧与：施与。一说指交往。　⑨仁：见第五章注①。　⑩信：守信用。　⑪正：通"政"，指政事。有的本子作"政"。　⑫时：适时；合于时宜。　⑬夫：助词。用于句首，表发端。　⑭唯：以；因为。　⑮尤：过失。一说指责怪。

【解读】

　　本章主要包含三个方面的内容：一是集中论述了水之德："善利万物""不争""处众人之所恶"以及"居善地""与善仁""动善时"等七"善"；二是揭示了上善、水、"道"三者间的关系："上善若水"，水"几于道"，故"上善"亦"几于道"；三是强调了"不争"的重要性，本章前面说"水善利万物而不争"，最后又以"夫唯不争，故无尤"作结，说明了老子对"不争"之德的推崇。

　　从文字本身来看，本章内容并不难懂，但关于上善、水、"道"三者之间的具体关系,水之德的具体内容,"与善仁"的内涵及其是否应改为"与善人"或"予善天","不争"与"无尤"的内在关联等,学者们存在不同的理解,需要作出深入的剖析。

一、"上善若水",水"几于道"——上善、水、"道"三者的关系

"上善若水……故几于道"一段文字,论述了上善、水和"道"三者的关系。我们先来看上善与水的关系。所谓"上善",即至善,也就是最高的善。如吴澄说:"上善谓第一等至极之善"。(《道德真经注》)老子认为,水是具有最高的善德的,为什么呢?因为水具有三个方面的特性:一是"善利万物",一切生命体都离不开水,这一点不言而喻;二是"不争",水虽然促成了万物的生长,但它从不居功,也从不向万物索求回报;三是水甘心居于众人厌恶的卑下之地、污浊之处。水的这三种特点或品行是其他事物很难具备的,所以老子认为它具备最高的善。

需要说明的是,关于"上善"的含义,也有学者把它理解为上善之人,即有最高的善的人,如河上公释"上善若水"说:"上善之人,如水之性。"(见王卡点校:《老子道德经河上公章句》,第28页)这样理解也是可以的。

接下来看水与"道"的关系。水虽然具备最高的善,但在老子看来,它与"道"还是存在着一定的差距,还算不上是"道",所以老子说水"几于道",即接近于"道"。关于为什么说水"几于道",王弼解释说:"道无水有,故曰'几'也。"(见楼宇烈校释:《老子道德经注校释》,第20页)意即水的特性虽然合乎大道,但是"道"无形而水有形,水的层次不及"道",所以只能说接近于"道"。这样的解释是很有道理的。

关于上善与"道"的关系,则可依据形式逻辑中的三段论直接推出来:最高的善("上善")像水一样,水接近于"道",则最高的善("上善")无疑也接近于"道"。

二、从水之德到人之德——"居善地"等七句的主语

"居善地""心善渊"等七句,因文中未说明主语是什么,从而造成学者们对其主语有各种不同的理解。一种认为主语指水,如杜道坚《道德玄经原旨》说:"水之善众矣,《经》举其七,余可类推。"一种认为主语指上善之人,如陆希声说:"故上善之人若此水德,其居世若水之在此。"(《道德真经传》)一种认为主语既指水,也指人,如魏源说:

"'居善地'以下诸解，或以水，或以人，皆可通。"(《老子本义》，第28页)

笔者认为，从"居善地"等七句的具体内容来看，其主语应以指人更为妥当，因为像"言善信""事善能"等只能用于人身上，若用于指水，便显得很别扭。但是，水无疑又具有"善信""善能"等特点，因此，关于"居善地"等七句的主语，较为恰当的理解是：它们的主语首先是指人，确切地说便是指上善之人；但是，上善之人的这些品德与水之品德十分相似（亦即所谓"上善若水"），在某种程度上也可以说是对水之德的仿效，因此，说它们的主语是水也是可以的。

三、"与善仁"的含义及其是否应改为"与善人"或"予善天"

对于"与善仁"的理解，关键是要弄清"与"的含义。从历代学者的解释来看，对"与"字主要有两种理解。一种认为，这里的"与"是施与即给予恩惠的意思，如苏辙说："施而不求报，善仁也。"（《老子解》）一种认为，这里的"与"是与人交往的意思，如陈鼓应说："'与'，指和别人相交相接。"（《老子今注今译》，第102页）

而且，值得注意的是，古代学者多把"与"理解为施与，而当代学者则多把"与"理解为与人交往，体现了明显的古今差别。那么，究竟哪一种理解更为合理呢？笔者认为，因为"与"本来就有给予、交往等意思，而且说施与善于仁爱，与说交往时善于为仁，在道理上都能说通，因此上述两种理解均是可以的。

另外，"与善仁"一句，傅奕本、景龙碑本等作"与善人"。关于究竟应该作"与善仁"还是"与善人"，有的学者认为"仁"与"人"古通，这里的"人"亦是"仁"即仁爱的意思，如马叙伦说："伦按：'人'，易州、赵写同，各本作'仁'，'人''仁'古通。"（《老子校诂》，第62页）有的则认为应作"与善人"，理由是老子反对或不重视"仁"，如高亨说："王弼本'与善仁'……老子反对儒家所谓'仁'，王本误……作'人'字是。"（《老子注译》，第25页）

然而，"与善仁"一句，帛书甲本作"予善信"，乙本作"予善天"。帛书甲本的"予善信"，当系脱漏帛书乙本"予善天，言善信"中的"天，言善"三字所致。因此，高明认为，"与善仁"当据帛书本改为"予善天"，因为"仁"不符合老子思想的宗旨："仁是儒家崇尚的行为，而道家视'仁'乃有为之表现，故甚藐视……'仁'同老子道旨是抵牾的，经文不会是'与善仁'……经文所谓'予善天'，犹言水施惠万物而功遂身退好如天……今本作'与善仁'者,'仁'乃'天'字之误,或为后人所改。"(《帛书老子校注》,第256-257页)对此,刘笑敢明确表示反对:"然《老子》中也不乏'仁'字,竹简本更证明《老子》古本并无今本强烈反对仁义的内容……我们难以确切知道古本旧貌,最好还是多闻阙(quē)疑。"(《老子古今》,第177页)

笔者认为,这里还是作"与善仁"为妥,因为历史上有代表性的《老子》本子如河上公本、王弼本、范应元《老子道德经古本集注》等均作"与善仁",傅奕本、景龙碑本作"与善人",但与作"与善仁"意思是一样的。帛书本虽为较早的《老子》古本,但我们不能仅据帛书本就把原文改为"予善天"。

四、"夫唯不争,故无尤"中"不争"与"无尤"的含义及两者的关系

关于"夫唯不争,故无尤",需深入讨论的有三个地方:一是"不争"的含义;二是"尤"的含义;三是"不争"与"无尤"的关系。

1. "不争"的含义

老子说"水善利万物而不争",说明水具有"不争"之德。而所谓水"不争",指的是水不与万物相争。关于水的"不争"之德,历代学者主要从这样三个方面进行揭示。(1)水性至为柔弱,柔弱者当然不会与他物相争。如王安石说:"然水之性至柔而弱,故曰不争。"(见容肇祖辑:《王安石老子注辑本》,第14页)(2)水无定形,其形状及流动完全随所处的环境而变。如成玄英说:"水性柔和,不与物争,方圆任器,壅(yōng)决随人。"(《老子道德经开题序诀义疏》)范应元说:"遇方则方,遇圆则圆,何争之有?"(《老子道德经古本集注》,第14页)(3)水善利万物而不以功自居。如林希逸说:"水之为善,能利万物,而何尝自以为能?顺流而不逆不争也"。(《道德真经口义》)

综上所述,则所谓水之"不争",便是指水的柔弱、无定形及不居功之德。其实,水作为一种自然存在,本无所谓争不争之说,老子之说水"不争",完全是从人的角度所作的一种理解。而老子之所以要对水的特性作拟人化的描述,便是希望人能以水为榜样,学习水的"品德"。

2. "尤"的含义

对于"故无尤"中的"尤"字,历来有两种解释,一种认为指过失、罪过:"故无尤过也"(成玄英:《老子道德经开题序诀义疏》),"尤,

过失。"（高亨：《老子注译》，第25页）一种认为指怨恨、责备："故天下无有怨尤水者也。"（见王卡点校：《老子道德经河上公章句》，第30页）"尤，怨咎。"（陈鼓应：《老子今注今译》，第103页）所谓"怨尤""怨咎"，都是埋怨、责备的意思。笔者认为，这两种理解都是可以的，一是因为"尤"字本来就既有过失的意思，又有责备的意思；二是因为一个人不与他人相争，便不易有过失，当然也不易招来他人的责备或怨恨。

3. 为什么"不争"就能"无尤"

水有"不争"之德，因此，人仿效水之德，也应不与他人相争，谦逊辞让。而且，"夫唯不争，故无尤"，即正因为不争，所以不会有过失或受到责备。那么，为什么"不争"就不会有过失或受到责备呢？对此，历代学者大多认为，人能"不争"，体现了虚心顺物之德，故"无尤"，如成玄英说："唯水与圣，独以不争，为能虚柔顺，故无尤过也。"（《老子道德经开题序诀义疏》）李荣说："水本无心，人能虚己，不与物争，自然无过也。"（《道德真经注》）

确实，一个人在利益面前能做到不与他人相争，处处谦让，这本身就体现了很高的道德修养；而一个有很高道德修养的人，自然不容易有明显的过失。另外，一个人不但不与他人争利，还主动把利益让给他人，他就会很自然地受到大家的拥护和爱戴，怎么还会有人去责备甚至怨恨他呢？

这里需要注意的是，对于"不争"，我们也不能作绝对化的理解，以为"不争"就是什么都不做，对什么都觉得无所谓。事实上，所谓"不争"，只是对外不与别人相争，对内的自我要求则一刻都不能松懈，因为老子所说的"正善治""事善能""动善时"，意即政事善于治理，做事善于发挥才能，行动善于适合时宜，等等，都需要我们有更多的才能、更高的智慧，所以，只有不断地增强自己的本领，提高自己的修养，才能真正达到"不争"而"天下莫能与之争"的境界。

九　章

持①而盈②之，不如其已③。揣（zhuī）④而锐⑤之，不可长保。金玉满堂，莫⑥之能守。富贵而骄，自遗（wèi）⑦其咎⑧。功遂⑨身退⑩，天之道⑪。

【译文】

执持着让它盈满，不如尽快停下来。捶击它使变得锐利，不能长久保持。金玉满堂，没有谁能守住；富贵而骄傲，是给自己招来灾祸。功业成就，自身隐退，这合乎自然的规律。

【注释】

①持：执持。　②盈：满；充满。　③已：停止。　④揣：捶击。一说读作chuǎi，指忖度、估量。　⑤锐：锐利；锋利。一说指锐意、急切追求。王弼本作"梲（ruì）"，河上公本、景龙碑本等作"锐"，据之以改。　⑥莫：代词。没有谁。　⑦遗：给予。　⑧咎：灾祸。　⑨遂：完成；成功。　⑩身退：自身隐退。　⑪天之道：指自然的规律。天：自然。道：规律。

【解读】

本章指出了"盈满"、锋芒毕露的危害，提出了对待"盈满"的正确态度：在事物达到"盈满"前及时停止，在功成名就时急流勇退。并认为只有这样做才符合"天之道"即自然的规律。本章文字相对易懂，但历来仍有不少争议，主要集中在以下四个方面：一是"持而盈之"的含义；二是"揣而锐之"的含义；三是"功遂身退"中的"功遂"是否应作"功成名遂"；四是"身退"是指自身隐退还是心中不以功自居。

一、"持而盈之"的含义

对于"持而盈之"的含义，学者们有各种不同的理解，其中较具代表性的有这样四种。（1）认为指执持或抱持盈满的器物，这样会导致器物倾覆。这里的"持"，是执持、抱持的意思；"盈"，是满的意思。如王安石说："抱持其器之盈者必易覆。"（见容肇祖辑：《王安石老子

▲ "持而盈之,不如其已",意为执持着让它盈满,不如尽快停下来。因为器皿盈满后则容易倾覆。此为"观器论道图",描绘了孔子与弟子在鲁恒公庙见欹器而告诉弟子"中则正,满则覆"之理的情形。选自清代焦秉贞的《孔子圣迹图》。

注辑本》，第15页）（2）认为指自满自夸。这里的"盈"，是骄傲自满的意思。如张默生说："'持而盈之'，是自满自夸的意思。"（《老子章句新释》，第11页）（3）认为"持而盈之"即"持盈"，"持盈"为古成语，意为执盈不失或保持盈满。如蒋锡昌说："'持盈'连言，盖为古人成语……'持盈'，犹执盈而不失也。"（《老子校诂》，第50页）（4）认为"持而盈之"包含两层意思，一层指执持盈满，另一层则指对财富地位等占有过度。如陆希声说："持大器而满盈，虽惧之不如早止；居大位而亢极，虽忧之不如早退。"（《道德真经传》）

笔者认为，对于"持而盈之"的意思，我们应该从以下两个方面去理解。第一个方面，即从"持而盈之"的字面意思来看，当是指执持着某个器皿而又往里面加入东西使它变满，从后面的"不如其已"即不如停止来分析，这种行为是老子所反对的；而老子之所以反对，应当是这么做会使器皿倾覆而无法执持。对于这一道理，李荣用欹（qī）器装满后必会倾覆来加以说明："欹器满而必倾"。（《道德真经注》）欹器是古代一种特殊的盛水器，当里面装少量水的时候，它便倾斜；当里面装一半水的时候，它便保持平衡；而当它装满水的时候，便会倾覆。因此，用欹器水满必倾覆来说明老子"持而盈之，不如其已"的含义是十分恰当的。第二个方面，则是指它的引申义。如果把器物盈满必倾覆这一道理推广运用到社会人事上，便会发现，一个人在处世行事时，都是切忌"盈满"的，因此，中国人历来有崇尚谦虚、反对盈满的传统，如在《尚书·大禹谟》中，即有"满招损，谦受益"的说法。

由此反观前面古今学者关于"持而盈之"的种种理解，便可发现，他们都是从不同角度揭示了"持而盈之"的含义，如果把它们综合起来，就能较为完整地呈现老子"持而盈之，不如其已"的确切含义。

二、"揣而锐之"中"揣"和"锐"的含义

"揣而锐之，不可长保"中的"不可长保"，意为不可长期保持，意思比较清楚；而对于"揣而锐之"的理解，则分歧较多，因为无论是对"揣"字，还是对"锐"字，学者们都有不同的理解。关于"揣"字，学者们主要有两种理解：（1）捶击；（2）忖度，估量。关于"锐"字，亦主要有两种理解：（1）锐利，锋利；（2）锐意，急切追求。而考察历代学者关于"揣而锐之"的理解，基本上都是由上述四种理解以不同的方式相互组合而成：（1）把"揣"理解为捶击，把"锐"理解为锐利、锋利，则"揣而锐之"便是指捶击而使之锋利的意思；（2）把"揣"理解为忖度、估量，把"锐"理解为锐意、急切追求，则"揣而锐之"便是估量某种情况而急于求取的意思;(3)把"揣"理解为忖度、估量,把"锐"理解为锐利、锋利,则"揣而锐之"便是指"揣度锐利"的意思,亦可进一步引申指希图追求某种可能带来危险之物(如功名财富之类)的意思;(4)在上述第一种理解的基础上,进一步认为"揣而锐之"在此有显露锋芒的意思。

具体分析以上四种理解,笔者认为,把"揣"理解为忖度、估量,"锐"理解为锐意、急切追求,虽也能说通,但易使"揣而锐之"的意思变得曲折、晦涩,不如第一种理解显得更为直接、明晰。因此,当代学者多采取第一种理解,而不取第二、三两种理解。至于在第一种理解的基础上进一步把"揣而锐之"理解为显露锋芒,则是对老子思想的合乎逻辑的发挥。大家知道,在打造刀剑等器物时,把它的尖头捶击得越细越薄,便会越锋利,然而这样细薄的尖头也极易折断,所以说它"不可长保"。老子在此其实是以物性为例,告诫人们:为人处事一定要懂得韬光养晦,掩藏才华,否则,四处炫耀本领,锋芒毕露,只会让你成为众矢之的,不得善终。因此,关于"揣而锐之"的确切含义,应是:捶击它使它变锐利,这是其本义;常常显露锋芒,这是其引申义。

三、"功遂身退"中的"功遂"是否应作"功成名遂"

"功遂身退,天之道",意为功业成就后自身隐退,这符合自然的规律。然而,从历史上流传的各种有代表性的《老子》本子来看,除了王弼本作"功成名遂",河上公本、景龙碑本、范应元《老子道德经古本集注》等均作"功成名遂身退",傅奕本则作"成名功遂身退"。故易顺鼎说,作"功成名遂身退","古本皆然"。(《读老札记》)不过,值得注意的是,郭店竹简本和帛书乙本均作"功遂"(帛书甲本作"功述"),因此刘笑敢认为,这里应作"功遂","成名"二字当系后人所加:"'功遂',河上本作'功成名遂',傅奕本作'成名功遂',皆多'成名'二字,当是后人所加"。(《老子古今》,第184页)

笔者认为,"功遂"意为功业建立了,"功成名遂"意为功业建立了,名声也有了,这两种表述并无实质性的差别,因为功业上取得成就的人,通常其名声也会自然得以确立。因此,从意思上来说,这两种表述都是可以的。但是,考虑到王弼本作"功遂",且竹简本和帛书乙本均作"功遂",故这里当以作"功遂"为妥。

四、"身退"的含义:自身隐退,还是心中不以功自居?

"功遂身退",意为功业成就,自身隐退,这里的"身退",是自身

隐退的意思，历史上有不少学者都作此种理解，如成玄英说："谓退身隐行，行自然也。"(《老子道德经开题序诀义疏》)

然而，也有一些学者认为，这里的"身退"，并不是指自身隐退，而是指在事业成功之后，心中不以功自居，如王真说："此言'身退'者，非谓必使其避位而去也，但欲其功成而不有之耳。"(《道德经论兵要义述》)陈鼓应也说："'身退'并不是引身而去，更不是隐匿形迹……老子要人在完成功业以后，不把持，不据有，不露锋芒，不咄咄逼人。"(《老子今注今译》，第107页)

笔者认为，所谓"身退"只是不以功自居，而非引身退去的观点在某种程度上误读了老子的思想，具体理由有二。一是老子明确说"功遂身退"，所谓"身退"，就是让自身退下来，如《汉语大词典》释"功遂身退"说："谓功成名就之后就隐退不再做官"，解释得十分清楚。二是所谓身不退而心退的说法，其实是缺乏可操作性的。放眼古代官场，一个身居高位的成功者，有谁不想再接再厉，在功业或功名上更进一步的？你让一个成功者整天处身名利场中，满眼都是可欲之物，却又让他不能动心，这得有多么坚定的意志才能做到？

那么，一个人辛辛苦苦，经过不懈的努力，好不容易功成名就了，为什么不能就此好好享受胜利果实，而要功成不居，自身隐退呢？这其中的原因，综合古今学者的观点，主要有两个。一个是"功遂身退"，是根据"天之道"的要求。所谓"天之道"，指自然的规律。那么"天之道"的具体内涵又是什么呢？对此，正如苏辙所说："日中则移，月满则亏，四时之运，功成者去。"(《老子解》)也就是说，日到中天后必西斜，月亮圆满后必亏缺，春夏秋冬四季必更替；物极必反，事物在充分发挥它的本来价值或最大价值后必让位或衰落，这便是"天之道"即自然的规律。而这个规律本身，便蕴含了"功遂身退"的道理。因此，根据人道应当效法天道的原则，人们也必须在功成名就后自身隐退。另一个是功成名就后若不及早隐退，恋栈权势地位，必会有不测之祸。从中国历史上看，功成名就后恋栈不退，因而遭受杀身之祸的例子，可谓数不胜数。因此，正是血的教训让一些智者警醒，从而急流勇退。据《汉书》记载，张良对汉朝的建立居功甚伟，然而，在汉朝建立后大封功臣时，张良却辞掉了三万户的封赏，自愿封为留侯，并表示愿意追随赤松子（传说中的仙人）修道。在汉朝初年对功臣的血腥屠戮中，张良能够得以善终，就与他这种"功遂身退"的处世态度与做法有直接的关系。

十　章

载①营魄②抱一③，能无离乎？专气致柔④，能婴儿⑤乎？涤除⑥玄览⑦，能无疵⑧乎？爱民治国，能无为⑨乎？天门⑩开阖(hé)⑪，能为雌⑫乎？明白四达⑬，能无知⑭乎？生之⑮，畜⑯之，生而不有⑰，为⑱而不恃⑲，长(zhǎng)⑳而不宰㉑，是谓玄德㉒。

【译文】

让精神持守道，能够不分离吗？结聚精气使达到柔顺，能像婴儿一样吗？清除心灵的尘垢，能使之没有瑕疵吗？爱护人民，治理国家，能遵循无为的原则吗？感官和心在接触外物时，能守柔守静、感而后应吗？通晓事理，无所不知，仍然能认为自己无知吗？生成万物，养育万物，生成万物而不

【注释】

①载：一说是语气助词，相当于"夫"；一说指装载、载运。　②营魄：魂魄，亦可指人的精神。　③抱一：持守道。抱：持守；抱持。一：指道。一说指合一。　④专气致柔：结聚精气使达到柔顺。专：集中；结聚。气：指精气，人的精神元气。致：达到；使达到(一说指"极")。　⑤婴儿：作动词用，意为像婴儿一样或成为婴儿。　⑥涤除：洗去；清除。　⑦玄览：玄妙的镜子，指心灵。马王堆帛书甲本、乙本作"玄鉴"，"鉴"即镜子。　⑧疵：缺点；毛病。　⑨无为：顺其自然，不有意去做。这里指无为的原则。　⑩天门：指人的感官和心。一说指鼻子；一说指万物的根源。　⑪开阖：开启与闭合。阖：关闭。　⑫为雌：指守柔守静，感而后应。为：王弼本作"无"，河上公本、傅奕本、景龙碑本等均作"为"，帛书乙本亦作"为"(甲本残毁)，"无雌"不合《老子》宗旨，应改。　⑬四达：指通晓事理。达：通晓；明白。　⑭无知：没有知识。这里指自认为无知。一说指不用智巧。　⑮生之：生成万物；使万物生长。之：指万物。　⑯畜：养育；畜养。　⑰有：占有；取得。　⑱为：作为。　⑲恃：依赖；倚仗。　⑳长：一

去占有,有作为而不恃其能,任万物生长而不做主宰,这叫作深奥玄妙的德。

说指长养,即抚育培养;一说指任万物自行生长。　㉑宰:主宰;宰制。
㉒玄德:深奥玄妙之德。玄:深奥;玄妙。

【解读】

　　本章内容极其丰富,其中最值得我们重视的有这样两点:一是老子注重虚与实、为与无为的结合。如老子讲"爱民治国",讲"明白四达",讲"生之,畜之",这是其"实"的一面,其有为的一面;但老子同时强调,此实和有为要以虚和无为为目标或前提:"爱民治国,能无为乎?""明白四达,能无知乎?""生而不有,为而不恃,长而不宰"。二是老子提出了"载营魄抱一""专气致柔""涤除玄览"等养生思想和方法,为后世的道家修炼方术提供了丰富的思想资源。

　　关于本章文字,学者们存在很多的争议,需要我们加以厘清的主要有这样五个方面:一是"载营魄抱一"中"载""营魄"和"抱一"的含义;二是"涤除玄览"中"玄览"的含义;三是围绕"爱民治国,能无为乎"及"明白四达,能无知乎"的文字表述之争;四是"天门开阖"中"天门"的含义;五是"生之,畜之"至"是谓玄德"一段文字亦见于第五十一章,在本章是否系错简重出?

一、"载营魄抱一"中"载""营魄"和"抱一"的含义

　　关于"载营魄抱一,能无离乎"的含义,历来争议很多,迄今未能统一,因为对于其中的"载""营魄"及"抱一"的含义,学者们都有不同的理解。

1. "营魄"的含义

　　关于"营魄"的含义,学者们有多种解释,有的释为魂魄,有的释为阴魄,有的释为护魄,有的释为明魄,等等。其中影响较大的,是释"营魄"为魂魄。如河上公说:"营魄,魂魄也。"(见王卡点校:《老子道德经河上公章句》,第34页)释"营魄"为魂魄,实质上便是以"魂"释"营",有不少学者都认同这种理解,如林希逸说:"营,魂也。"(《道德真经口义》),魏源说:"营魄,即魂魄也。"(《老子本义》,第30页)

　　关于魂魄,古人通常把它理解为附在人体内可以脱离人体而存在的精神。然而,在一些古代学者看来,魂与魄是存在明显区别的,他们认为,魂为阳为实,魄为阴为虚,人初生时为虚魄,之后阳气充盈而为魂,只有保持阳气充盈,人才能免于死亡。也有学者认为,魂指人的

精神,魄则指人的肉体,如任继愈说:"神与形合一,能不离失吗?"(《老子绎读》,第21页)有的学者则认为,魂魄本为一物,把魂魄分为二物,是就精神的不同状态而言的,精神清虚则魂魄归一,精神浊乱则魂魄分而为二。正是基于这样的认识,有的学者干脆直接称魂魄为精神:"'营魄',魂魄也,即今语所谓精神。"(蒋锡昌:《老子校诂》,第56页)

2. 对"抱一"的不同理解

关于"抱一"的含义,历代学者主要有这样四种理解。(1)认为"抱一"指抱"道","抱"是抱守、持守的意思,"一"即"道"。如张默生说:"'抱一',即是抱道。"(《老子章句新释》,第12页)(2)认为"抱一"指抱守道所始生之"一",如河上公说:"一者,道始所生"。(见王卡点校:《老子道德经河上公章句》,第34页)(3)认为"抱一"指抱守精神,这里的"一",指气、魂或精神,如董平说:"'一'是元阳之气,指魂而言,也即所谓'精神'。"(《老子研读》,第79页)(4)认为"抱一"指合一,也就是使魂与魄、精神与肉体合一,如陈鼓应说:"'抱一',指魂和魄合而为一。"(《老子今注今译》,第109页)

3. "载"及"载营魄抱一"的含义

关于"载"的含义,学者们亦主要有四种理解。(1)认为"载"是助词,用在句首,相当于"夫"。如陆希声说:"'载'犹'夫'也,发语之端也。"(《道德真经传》)(2)认为"载"是抱即抱持的意思,如魏源说:"'载'即是抱,魂载魄,动守静也。"(《老子本义》,第30页)(3)认为"载"是装载、载运的意思。这种理解在古代学者中较为常见,然而,因为不少学者对"营魄""抱一"的理解各不相同,导致在具体解释上众说纷纭,故当代学者多不取此种理解。(4)认为此"载"字应改为"哉",移至第九章"功遂身退,天之道"之后。此观点由唐玄宗率先提出:"顷改《道德经》'载'字为'哉',仍隶属上句。"(见《册府元龟》卷四十)对于唐玄宗的观点,学者们有的表示支持,有的表示反对,更多的则是不予置评。笔者认为,唐玄宗的观点只是一种猜测,缺乏有力的证据,所以只能是姑存一说。

由上可见,"载营魄抱一"无疑是《老子》一书中争议最多亦最难理解的文字之一,故笔者在此姑且采取以下理解:关于"载"字,把它理解为发语词;关于"营魄",把它释为魂魄,亦可指人的精神;关于"抱一",把它释为持守"道"。因此,所谓"载营魄抱一",便是让精神持守"道"的意思;而"载营魄抱一,能无离乎?"意即让精神持守

"道",能不分离吗?

二、"涤除玄览"中"玄览"的含义

"涤除玄览,能无疵乎"中的"涤除",是洗去、清除的意思;"无疵"指没有毛病、没有瑕疵。对此,学者们的理解基本一致。争议较大的是对"玄览"的理解。关于"玄览",古今学者主要有这样三种理解。(1)认为"玄览"指人的心灵,"涤除玄览"即除去心中的种种妄见、杂念,使清澈宁静,如河上公说:"当洗其心使洁净也。"(见王卡点校:《老子道德经河上公章句》,第35页)(2)认为"玄览"指于虚玄中览察事物之妙理,不少当代学者则进一步把"玄览"视作一种认识事物的特殊方法,如董平说:"'玄览'不是'涤除'的宾词,而是并列的关系,……故所谓'玄览'者,即是对一切事物之存在状态的无分别观。"(《老子研读》,第80页)(3)认为"涤除玄览"指一种修炼方法,即闭目静坐时排除心中的杂念,使归于虚无清静。

在上述三种理解中,笔者认为第一种理解更接近老子的本意,理由有二。一是"玄览"的本义当指玄妙的镜子,这里的"览",帛书甲本和乙本作"鉴",都是指镜子的意思。因人心能鉴别万物,与镜子相似,且又具有灵性,仿佛有灵性的镜子,故老子称之为"玄览"或"玄鉴"。二是把"玄览"理解为心灵,则"涤除玄览"便是除去心灵中之污垢使之洁净的意思,与后面的"能无疵乎"即"能没有瑕疵吗"相配,显得十分自然、贴切。

三、围绕"爱民治国,能无为乎"及"明白四达,能无知乎"的文字表述之争

"爱民治国,能无为乎""明白四达,能无知乎"两段文字,不同的《老子》本子存在诸多的差别。如其中的"能无为乎",河上公本作"能无知",王弼本作"能无知乎",傅奕本作"能无以知乎",帛书乙本作"能毋以知乎"。如其中的"能无知乎",河上公本作"能无为",王弼本作"能无为乎",傅奕本作"能无以为乎",帛书乙本作"能毋以知乎"。究竟应作何种表述,学者们有各种不同的观点。为了使问题的讨论呈现出清晰的层次,这里拟对其中有代表性的五种表述分别进行讨论。

(1)"爱民治国,能无为乎"。根据现有资料,"爱民治国,能无为乎"的表述当始于唐代,然而,自唐及今的很多有代表性的本子都作此种表述,那么,这些本子为什么会选择此种表述呢?一些学者说明

了他们这么做的理由:"'爱民治国能无为',即老子无为而治之旨"(俞樾〔yuè〕:《老子平议》),"为,王弼本作'知'……作'为',文意较切,今据改。"(高亨:《老子注译》,第27页)也就是说,在这些学者看来,因老子主张无为而治,故"爱民治国"应当与"无为"相配,而不应与"无知"相配。

(2)"爱民治国,能无知"或"爱民治国,能无知乎"。关于"无知"的含义,学者们大多把其中的"知"释为"智",认为是智巧即机谋巧诈的意思,因此,所谓"无知"即不用智巧或去除智巧,如蒋锡昌说:"'知'与'智'通,巧诈也。"(《老子校诂》,第61页)董平说:"'无知,即是去除智巧。"(《老子研读》,第81页)

(3)"爱民治国,能无以知乎"。对于"爱民治国,能无知乎"的表述,一些学者认为,这里的"无知",应作"无以知";因这里的"知"读作"智",因此"无以知"亦即"无以智",指不用智巧。理由主要有二:一是王弼本原文虽作"无知",但他在注中明确说"无以智",因此其原文亦应作"无以知";二是"爱民治国"句作"无以知",便可与下文"明白四达,能无知乎"中的"无知"区别开来,"无以知"是不用智巧,"无知"则是指没有知识的意思。

(4)"明白四达,能无知乎"。关于这里的"无知"的含义,学者们主要有两种不同的理解:一是认为指没有知识、不明事理的意思,也就是我们通常所理解的"无知",因此,"明白四达,能无知乎"意为虽然通晓一切,能仍然认为自己无知吗?反映的是一种虚心、不自满的态度;二是认为这里的"知"读作"智",是智巧的意思,"明白四达,能无知乎"指能通晓事理,不用智巧或心机吗?

(5)"明白四达,能无为乎"。对于这两句,学者们多释为虽明白通晓,仍能自然无为吗?这两句有的本子也作"明白四达,能无以为乎",其意思都差不多。一些学者之所以主张这两句应作"明白四达,能无为乎"或"明白四达,能无以为乎",主要有以下理由:"老子以'无为'为旨,此句义当归结在后。"(劳健:《老子古本考》)"'爱民治国,能无以知乎'正合第六十五章之意,十分恰切",故"明白四达"当与"无为"相配。(见刘笑敢:《老子古今》,第191页)

综上所述,关于"爱民治国"句和"明白四达"句,值得我们重视的主要有这样三种表述:

(1)爱民治国,能无为乎?……明白四达,能无知乎?

（2）爱民治国，能无知乎？……明白四达，能无为乎？

（3）爱民治国，能无以知乎？……明白四达，能无知乎？

第一种表述的长处是在历史上的影响较大，且以"无为"接"爱民治国"，符合老子无为而治之宗旨；以"无知"接"明白四达"，于理较顺。不足之处是现存的唐以前有代表性的《老子》本子大多不作此种表述。

第二种表述的长处是有王弼本、傅奕本等的文本支持，且以"无知"即不用智巧接"爱民治国"，符合《老子》第六十五章"不以智治国，国之福"之旨；以"无为"接"明白四达"，于理亦能说通。不足之处是不如第一种表述恰当，因为虽然不以智治国亦符合老子之旨，但终究不如无为而治的影响更大；明白四达而仍实行无为亦比不上明白四达而仍认为自己无知在逻辑上更显圆融。

第三种表述的长处是有帛书乙本和河上公本的文本支持，不过，这种表述亦存在两个较为明显的问题：一是"能无以知乎"为五个字，与相邻句子每句均为四个字的形式不一致；二是"无以知"与"无知"的意思容易混淆，不如表述为"无为"和"无知"更清楚明白。

因此，比较以上三种表述，笔者更倾向于第一种表述，虽然这种表述与第二、三两种表述相比缺乏更古老的源头，但是其能更好地体现老子的思想宗旨，而且，或许其有更古老的版本依据，亦未可知。

四、"天门"及"天门开阖"的含义

对于"天门开阖，能为雌乎"中"天门"及"天门开阖"的含义，历代学者有诸多不同的解释，主要有这样五种。（1）认为"天门"指鼻子，"开阖"指呼吸，"天门开阖"意为用鼻子呼吸时气有出有入。（2）认为"天门"指心，"天门开阖"指心神的出入或运动变化。（3）认为"天门"指人的感官，"天门开阖"指感官与外界接触时的开闭或动静。（4）认为"天门"指万物产生或出入之门，"天门开阖"相当于指万物的产生及运动变化。（5）认为"天门"指天下或社会治乱的根源，"天门开阖"即天下或社会的治乱变化。

笔者认为，"天门"的"天"，当指天然、天生的意思，对于这天然或天生之"门"，我们可以从具体和抽象两个角度进行把握。具体的天生之门，落实到人身上，即人与外界事物进行交流的器官，可以指鼻、口、耳、目等，也可以指心；抽象的天生之门，则指一切事物的根源或产生之处，可以指"道"、指有无、指"玄牝之门"，等等。而从本章内容来看，"营魄抱一""专气致柔""涤除玄览""爱民治国""明白四达"，绝大多数学者认为它们的主语是人（包括圣人、统治者等），因此，"天门开阖"的主语也应该指人。既然如此，则这里的"天门"应该指人身上的器官，它既包括耳、目、口、鼻等感觉器官，也包括负责思维的器官——心。故"天门开阖"，便是感官和心与物外接触的意思。

五、"生之，畜之，……是谓玄德"是否系错简重出？

本章前半段自"载营魄抱一"至"能无知乎"为接连六个问句，然后接后半段"生之，畜之……是谓玄德"，从意思上来看，似乎存在某种程度的脱节或不连贯；另外，该段文字又见于第五十一章，且在五十一章中的内容更为丰富。因此，一些学者指出，该段文字在本章中系错简重出，如奚侗说："此节自'生之畜之'以下，又见五十一章，而彼章文谊完足，此疑重出，而又有脱简。"（《老子集解》，见《老子注三种》，第75页）陈鼓应说："这几句……疑为五十一章错简重出。"（《老子今注今译》，第112页）

笔者认为，该段文字在本章中不应视为错简重出，理由有二。

一是迄今所见的几乎所有的《老子》文本，其第十章（或相应的位置）中都有该段文字，我们不能因为第五十一章中有与该段类似的文字，便轻率地认为系错简重出。因为在《老子》一书中，相同或相似的文字在不同的章中重复出现，是很常见的现象。

二是一些学者认为该段文字系错简重出的一个重要理由，是认为它在意思上与上文脱节。对此，我们可以从形式和内容两个方面来进行讨论。从形式上说，若删去"生之，畜之"及后面的文字，则本章便是纯粹由六个问句组成，这在形式上便显得不够完整。从内容上说，表面看来，该段文字与上面的文字的联系确实不够紧密，让人感觉有些突兀。但如果进一步分析，便能发现，在前面六个问句中，"营魄抱一""专气致柔""涤除玄览"属于养生，"天门开阖，能为雌乎""明白四达，能无知乎"属于处世，"爱民治国，能无为乎"属于外王，而"生而不有，为而不恃，长而不宰"则属于修德，这样，把养生、处世、外王、修德结合在一起，不是能更好、更完整地反映老子心目中的圣人形象吗？因此，在本章中有"生之，畜之……是谓玄德"一段文字，无疑是十分恰当的；相反，若去掉了该段文字，则会使本章文字显得既突兀，又不完整。

十一章

三十辐①,共(gǒng)②一毂(gǔ)③,当④其⑤无⑥,有车之用。埏埴(shānzhí)⑦以为器,当其无,有器之用。凿户牖(yǒu)⑧以为室⑨,当其无,有室之用。故有⑩之⑪以为⑫利⑬,无之以为用。

【译文】

三十根辐条汇集到一个车毂上,有了车毂中空无的地方,才有车的作用。用水和土制成陶器,有了陶器中空无的地方,才有陶器的作用。开凿门窗建造房屋,有了门窗及房屋中空无的地方,才有房屋的作用。所以"有"给人提供便利,"无"发挥了它的作用。

【注释】

①辐:辐条,车轮中连接车毂和轮圈的直棍。 ②共:通"拱"。环绕。这里有汇集、凑集的意思。 ③毂:车轮的中心部位,有圆孔,可以插轴,周围与车辐的一端相接。 ④当:有。一说指在。 ⑤其:代词。指车毂。一说指车;一说指车厢和车毂。 ⑥无:指空无、空虚。 ⑦埏埴:和(huó)泥制作陶器。埏:用水和土;和泥。埴:黏土。 ⑧户牖:门窗。牖:窗户。 ⑨室:房屋;屋子。 ⑩有:指具体存在着的东西。与"空""无"相对。 ⑪之:语中助词,无义。一说相当于"则"。 ⑫以为:而为;而成。以:连词,而。 ⑬利:利益;便利。一说指条件。

【解读】

本章主要强调了"无"的重要性。在日常生活中,我们总是觉得那些具体存在着的、看得见摸得着的东西才是重要的,比如房子、车辆,我们看重的是它们的形状、大小、所用的材料,等等。然而,老子却提醒我们:一幢房子,如果没有门窗,里面都是实心的,这幢房子还能住人吗?一辆车子,如果轮毂是实心的,车轮不能转动,它还能发挥运载东西的功能吗?所以老子告诉我们:房子、车子之所以对我们有用,是因为它们里面是空无的,因此我们必须重视"无"的作用。

本章文字相对好懂,学者们存在争议的主要有这样三个地方:一是"当其无,有车之用"中的"其"字之所指;二是"当其无有……"应该从"无"字断句还是从"有"字断句;三是"故有之以为利,无之以为用"的确切含义以及"有"与"无"之间的关系。

一、"当其无,有车之用"中的"其"字之所指

老子说"三十辐,共一毂,当其无,有车之用",意即三十根辐条汇集到一个车毂上,有了其中空无的地方,才有车的作用。那么这里的"其"指的是什么呢?对此,古今学者主要有两种不同的理解,一种认为指车毂,如林希逸说:"毂惟虚中,故可以行车。"(《道德真经口义》)一种认为指车,包括车厢、车轮、车毂等,如河上公说:"毂中空虚,轮得转行;舆中空虚,人得载其上也。"(见王卡点校:《老子道德经河上公章句》,第42页)

笔者认为,若泛泛而论,车子正因为有车厢、车毂等的空无之处,才能发挥其功能,因此,从这个角度说,上述理解都是可以的;但是,严格而言,这里的"其",应该指车毂,而不应该指别的东西。为了说明这个问题,我们可以先来比较本章中下面的这三段话:

三十辐,共一毂,当其无,有车之用。
埏埴以为器,当其无,有器之用。
凿户牖以为室,当其无,有室之用。

从上引后面两段话来看,分别为"以为器……有器之用""以为室……有室之用",若以此反推,则第一句完全可以表述为"斫木以为车,当其无,有车之用"之类,而老子之所以不这么表述,而要说成"三十辐,共一毂",便说明老子在这句话中要特别强调的,其实有两点:一是车毂的空无之处对于车轮的重要作用,二是车轮对于车的重要作用。大家知道,车若无轮,便失去了车的功能与价值;而车轮的关键,则在于车毂。中国人发明车轮已有数千年的历史,车轮的发明,给人类的出行、运输等带来了极大的便利,故老子在此强调"三十辐,共一毂",这种对车轮的精细的、特别的描述,说明他对人类的创造发明持某种正面肯定的(至少不是否定的)态度,而这对于我们准确把握老子对待人类的文明创造的态度有很好的参考价值。因此,这里的"其",应该专指车毂,而不是泛指车厢、车轮、车毂等。

二、"当其无有车之用"应从"无"还是"有"断句

"当其无有车之用"一句,传统的读法,都是从"无"字断句,至清人毕沅,则提出了"当其无有,车之用"的读法(下面的"当其无有器之用""当其无有室之用"与此相同):"本皆以'当其无'断句。案:《考工记》利转者以无有为用也。是应以'有'字断句,下并同。"(《老子道德经考异》)

毕沅的观点得到了一些学者的支持,如劳健说:"毕氏《考异》引《考工记》注:利转者,毂以无有为用也。谓此章皆应以'有'字断句……毕说是也。"(《老子古本考》)不过,也有学者明确反对这种读法,如刘笑敢说:"传统的读法更为平实,按毕沅的读法则句子无谓语动词,不完整。"(《老子古今》,第195页)

笔者认为,此处应当从"无"字断句,毕沅的读法不能成立,理由主要有这样两点。一是考察毕沅之所以主张从"有"字断句,依据是"《考工记》利转者以无有为用也"。然而,查阅《周礼·考工记》,可以发现,毕沅所引的《考工记》,非《考工记》原文,而是《考工记》郑玄注。《考工记》原文为"毂也者,以为利转也",郑玄注曰:"利转者,毂以无有为用也。"仅以郑玄注《考工记》的文字为依据,便说此处应从"有"字断句,无疑过于草率。二是本章文字的宗旨,是揭示"无"的价值和作用,反映了老子独特的认识视角,因此,从"无"字断句,读作"当其无",可以起到强调"无"的作用。而从"有"字断句,读作"当其无有",则据一些学者的解释,"当其无有,车之用"的意思为:"在那车厢的空处与实体才有车的功用"(高亨:《老子注译》,第29页),或"由轮子的虚处和实体,才起到车轮转动的作用"(张松如:《老子说解》,第67页),这样一来,深刻的洞见便降为人人皆知而无须赘言的常识,这无疑是不符合老子本意的。

三、"有之以为利,无之以为用"的含义及"有""无"间的关系

"故有之以为利,无之以为用"两句是对前面三个例子的总结,因涉及"有""无"这两个老子思想中的重要概念,故引起学者们的热烈讨论。这些讨论主要集中在"有"与"无"的含义、"无"是否比"有"更重要等问题上。

1. "有之以为利,无之以为用"的含义

首先,我们必须承认,"有之以为利,无之以为用"这样的文字表述方式,给我们准确理解这两句话的意思带来了很大的麻烦,因为对

其中的"之""以为"的理解极易产生歧义。事实也正是如此,如王弼释该句说"有之所以为利,皆赖无以为用也"(见楼宇烈校释:《老子道德经注校释》,第27页),意即"有"之所以能带给人便利,都是依赖"无"的作用。蒋锡昌认为,这里的"之",代指上文的毂木、陶土、屋壁,而"有"和"无"则是通常所说的有和没有的意思。(见《老子校诂》,第65页)高亨则认为,这里的"之"字系衍文,"有之以为利,无之以为用"即"以有为利,以无为用"的意思。(见《老子正诂》)此外还有各种别的解释,在此就不一一列举了。

笔者认为,要对这两句话的意思有一个准确的把握,最好的办法,便是从这些容易缠绕不清的文字表述中跳出来,根据上下文意思的内在逻辑去进行理解:所谓"有之以为利",就是指车、器、室等实有的东西给人提供便利;所谓"无之以为用",就是指这些实有的东西的空无之处发挥了作用。其中的"之"为助词,无实义;"以为"则是而为、而成的意思。因此,整段话的意思便是:所以"有"给人提供便利,"无"发挥了它的作用。这样的理解既简洁明晰,又契合上下文的内在逻辑,应当是老子所欲表达的意思。

2. 在"有"和"无"两者中,老子更重视"无"吗?

在本章中,老子通过车毂、陶器、房屋三个例子,说明了"无"的重要性,最后得出"故有之以为利,无之以为用"的结论。那么,对于"有"和"无",老子更重视哪一方呢?对此,学界明显分为两种观点,一种认为老子更强调或重视"无"的作用,如牟钟鉴说:"'有'之所以为利,皆赖'无'以为用……由此可知,有形之物离不开无形之空,后者比前者更重要。"(《老子新说》,第37页)另一种观点认为,老子在此其实是"有"和"无"并重,并没有强调"无"比"有"更重要,如高亨说:"一般人的观念,总以为器物的功用在于它的实体,忽视了器物的空处,这便流于片面。老子于本章既提出了有,又强调了无,这就比较全面了。"(《老子注译》,第29页)

笔者认为,从本章文字来看,我们可以说老子强调了"无"的作用,但不能说老子认为"无"比"有"更重要。以"埏埴以为器,当其无,有器之用"为例,老子说有了陶器中空无的地方,才有陶器的作用,这种表述与人们通常的理解不同。因为通常人们认为陶器之所以有盛物的作用,是因为陶器有一定的形状,是一种器物,重视的是陶器的"实"的部分;而老子则与此相反,他认为陶器之所以能盛物,是因为陶器中有空无的地方。对此我们必须承认,老子的表述虽与人们通常的理解不同,但其所说却是十分有理的,因为陶器若无空无之处,则肯定无法盛物。因此,正是通过老子的揭示,我们对于陶器有了更加全面的认识:因为陶器是一种实物,又有其空无之处,所以才有盛物的功能。但是,必须注意的是,正是因为人们通常只看到陶器实的部分的作用,而老子则看到了陶器空无之处的作用,老子要把这一道理揭示出来,便必须对此空无之处的作用特别加以强调,否则老子的话便不可能引起人们的关注。而且,老子虽然强调陶器空无之处的作用,却并没有因此否定陶器本身的作用,至少从老子的原话"埏埴以为器,当其无,有器之用"中,老子并没有陶器本身没有作用的意思,也没有陶器中空无之处比陶器本身更重要的意思。因此,老子对于"有"和"无"是一视同仁的,只是为了纠正人们常识中的偏颇,故对"无"的作用特别作了强调。

十二章

五色①令人目盲,五音②令人耳聋,五味③令人口爽④,驰骋⑤畋(tián)猎⑥令人心发狂⑦,难得之货⑧令人行妨⑨。是以⑩圣人⑪为腹⑫不为目⑬,故去彼⑭取此⑮。

【译文】

缤纷的色彩使人的视觉受损,纷繁的音乐使人的听觉失灵,各种味道的美食使人的味觉丧失,纵马打猎使人内心狂荡,很难得到的财物使人的品行受到损害。因此,圣人只求内在的腹的满足,不求外在的声色等享受,所以抛弃后者而采取前者。

【注释】

①五色:青、赤、黄、白、黑五种颜色。也泛指各种颜色。　②五音:古代的五个音阶,即宫、商、角(jué)、徵(zhǐ)、羽。也指音乐。　③五味:指甜、酸、苦、辣、咸五种味道。也泛指各种味道或美味。　④口爽:口舌失去辨味的能力。爽:伤败;败坏。　⑤驰骋:纵马疾驰;奔驰。也指追逐射猎、打猎。　⑥畋猎:打猎。畋:打猎。　⑦狂:放荡;狂放。　⑧货:财物,金钱珠玉布帛的总称。　⑨行妨:指品行受到伤害(妨:伤害;损害)。也可指行为损害别人的利益或行为不轨等。　⑩是以:因此;所以。　⑪圣人:见第二章注⑭。　⑫为腹:指谋求内在的腹的满足。为:谋求;求取。　⑬为目:指谋求外在的声色等享受。　⑭彼:指"为目"。　⑮此:指"为腹"。

【解读】

本章认为,沉溺于外在的物质享受会给人带来种种弊害:"五色"会使人的视觉受损,"五味"会使人的味觉失灵,很难得到的财物会使人的品行受到损害,等等。因此,最好的办法,就是"去彼取此",即摒弃外在的声色等享受,去追求内在的满足。

关于本章,需要我们细加辨析的主要有这样三个方面:一是"五色令人目盲,五音令人耳聋,五味令人口爽"的真实意蕴;二是"为腹不为目"中"为腹"与"为目"之所指;三是"去彼取此"的思想实质。

一、"五色令人目盲,五音令人耳聋,五味令人口爽"的双重含义

"五色令人目盲,五音令人耳聋,五味令人口爽",简单而言,就是各种颜色使人眼瞎,各种音乐使人耳聋,各种味道的食物使人的味觉丧失。对此,人们不禁会发出这样的疑问:目视五色,怎么就会失明了呢?耳听五音,怎么就会耳聋了呢?吃各种味道的食物,怎么就会丧失味觉了呢?老子这么说,是否也太绝对了?难道让人目不视色、耳不听声、口不尝味吗?

那么该如何理解老子这三句话的真实含义呢?对此,历代学者有各种不同的解释,其中值得我们关注的,主要有以下四种。

(1)认为老子此话的实质是告诫人们不要过分沉溺于声色等享受,如林语堂说:"过分追求色彩的享受,终致视觉迟钝,视而不见;过分追求声音的享受,终致听觉不灵,听而不闻;过分追求味道的享受,终致味觉丧失,食不知味。"(《老子的智慧》,第47页)

(2)认为这里所说的"目盲""耳聋""口爽"并非真的看不见东西、听不见声音、辨不出滋味,而是指人的感官受到五色、五音、五味的诱惑,从而无法体悟到"道"的存在与"道"的特性,如成玄英说:"五色者,谓青黄赤白黑也。言人不能内照真源,而外逐尘境,虽见异空之色,乃曰非盲,不睹即色是空,与盲何别?五音者,宫商角徵羽也。人耽丝竹,耳滞宫商,不能返听希声,故曰聋也……五味者,甘苦辛酸咸也。爽,差失也。耽贪醪醴(láolǐ),咀嚼膻(shān)腥,不能味道谈玄,故曰口爽也。"(《老子道德经开题序诀义疏》)其中的"真源""希声"等都是就"道"或"道"的特性而言的。

(3)认为这里所说的"目盲""耳聋""口爽"既指过分沉溺于声色之乐,会导致眼瞎耳聋、失去味觉,又指沉迷于尘世之声色,便不能体道悟道,如河上公说:"贪淫好色,则伤精失明,〔不能视无色之色〕。好听五音,则和气去心,不能听无声之声……人嗜于五味,则口亡,言失于道也。"(见王卡点校:《老子道德经河上公章句》,第45页)

(4)认为目、耳、口的本性是能观色、听音、尝味,而五色、五音、五味则使目、耳、口丧失其本性,完全受五色、五音、五味的支配,所以无异于盲、聋、口爽,如苏辙说:"视色听音尝味,其本皆出于性……及目缘五色,耳缘五音,口缘五味,夺于所缘而忘其本,则虽见而实

盲,虽闻而实聋,虽尝而实爽也。"(《老子解》)

笔者认为,上述四种理解均有其道理,对于老子的这三句话,我们不妨从两个层面去理解。一个是从常识的层面,则老子在此应该是指过分沉溺于声色等享乐会导致目盲耳聋等,因为老子不可能不顾常识,简单地认为看五色就会眼瞎,听五音就会耳聋,吃五味就会失去味觉。一个则是从"道"的层面,根据老子的道论,只有大道才是恒久不变的,现象界的一切事物如五色、五音等均是变动不居的,人的目、耳、口等感官如果完全受这些变动不居的外界事物的支配,则永远也不可能体悟到大道的存在和大道的特性,因此,称这些受五色、五音、五味支配的状况为目盲、耳聋、口爽当然也是很恰当的。

二、"圣人为腹不为目"中"为腹"与"为目"之所指

在指出"五色""五音""五味"等之弊害的基础上,老子作出了这样的总结:"是以圣人为腹不为目"。那么,这里的"为腹""为目"指的又是什么呢?老子为什么会主张"圣人为腹不为目"呢?

1. "为腹"的内涵

"圣人为腹不为目"中的"为腹",学者们多释为谋求腹的满足。那么什么是腹的满足呢?对此,学者们有各种不同的解释,概括起来,主要有这样四种:(1)腹有容物的功能,目追逐外界事物,因此,腹属内,目属外,"为腹"即追求内在的满足;(2)腹无知无欲,没有分别之心,因此,"为腹"即谋求无知无欲的生活;(3)腹饱足则罢,不像目那样欲望无穷,故"为腹"即像腹那样知足知止;(4)腹与外界隔绝,因此,"为腹"即摒除外界的诱惑,确保固有的质朴天真。

综上所述,则老子所谓的"为腹",值得我们注意的主要有这样两点:一是"为腹"即虚静无欲,只求内在的满足,保持固有的质朴天真;二是"为腹"的上述含义是由腹本身的属内、无知无欲、知止足、与外界隔绝等特点直接推导出来的。

2. 圣人为何"不为目"?

与"为腹"相对的是"为目"。老子主张"不为目",所谓"不为目",意即不谋求"目"的满足。大家知道,目最重要的功能就是视物,因此,所谓不谋求"目"的满足,也就是不谋求满足"目"的视物需求,那么老子为什么说不要去满足"目"的视物需求呢?综合古今学者的解释,值得我们注意的主要有这样两个方面:一是目属外,目在视物时,极易受外物的影响,无穷的外物令人目不暇接,从而使人受外物

之支配，丧失了自己的自然本性，因此老子主张"不为目"；二是这里的"为目"，其实是代指前面的"五色""五音""五味""驰骋畋猎""难得之货"等外部诱惑，因这些外部诱惑能使人迷失本性，所以老子主张"不为目"。至于为什么要用"目"来代表"耳""口""心""行"等，董思靖有这样的解释："盖前章言虚中之妙用无穷，故此则戒其不可为外邪所实也。而其要则在于目，是以始终言之。如六根六尘，眼色亦居其首。夫子四勿，必先曰视，皆此意也。"（《道德真经集解》）这里的"六根六尘"是佛教用语，其中"六根"指眼、耳、鼻、舌、身、意，"六尘"指色、声、香、味、触、法，它们都是把"眼"和"色"放在首位；这里的"夫子四勿"，指《论语·颜渊》中的"非礼勿视，非礼勿听，非礼勿言，非礼勿动"，亦是把"非礼勿视"放在首位，强调了目视的重要性。在现实生活中，通常情况下，美色、美景往往比美声、美食等更易受人们关注，因此，董思靖的解释是有一定道理的。

三、"去彼取此"的含义及其实质

"去彼取此"，指抛弃"彼"而采取"此"；因前面说"圣人为腹不为目"，则这里的"彼"指"为目"，"此"则指"为腹"。对此，历代学者多是这样理解的。而所谓"为目"，指的是谋求物质之享受，老子在此又明确说"去彼"，即抛弃物质之享受，因此，有的学者认为，这说明老子主张抛弃一切物质文明，不接触社会上出现的新事物。如张默生说："老子是反对一切物质文明的，我们所说进化，他看来正是退化。什么声光化电，山珍海错，奇禽异兽，珠宝金银，在他看来，都是要不得的。"（《老子章句新释》，第15页）

笔者认为，张默生的观点在某种程度上误解了老子的本意，在对老子"去彼取此"的思想实质的理解上，范应元的观点无疑是值得我们重视的："然去者非区区去物也，但不贪爱也。虽有五色毕陈，五音毕奏，五味毕献，难得之货毕呈，至于田猎之事，有时乎因除害而为之，皆不足以挠其心，盖中有去外取内之道也。"（《老子道德经古本集注》，第20页）也就是说，老子并不是真的主张抛弃一切物质享受，圣人亦可以视五色、尝五味，从事骑马打猎等活动，只是在这么做的时候，圣人仍然能保持内心的清静，不沉溺于这些事情。所以，对"五色""五音""五味"等不摒弃、不拒绝，但是"不贪爱"，不沉溺于其中，不因此而影响对大道的追求，这才是老子"去彼取此"思想的实质所在。

十三章

宠辱若①惊②,贵大患若身③。何谓宠辱若惊?宠为下④,得之若惊,失之若惊,是谓宠辱若惊。何谓贵大患若身?吾所以有大患者,为⑤吾有身,及⑥吾无身,吾有何患?故贵以身为天下⑦,若⑧可寄⑨天下;爱⑩以身为天下,若可托⑪天下。

【译文】

得宠和受辱都感到惊惧不安,看重自身像看重大的祸患一样。什么叫作得宠和受辱都感到惊惧不安?得宠属于卑下之事,得到它而感到惊惧不安,失去它也感到惊惧不安,这就叫作得宠和受辱都感到惊惧不安。什么叫作看重自身像看重大的祸患一样?我之所以会有大的祸患,是因为我有自身,如果我没有自身,我还会有什么祸患呢?所以,看重不惜自身而为天下的人,才可以把天下委托给他;愿意不惜自身而为天下的人,才可以把天下托付给他。

【注释】

①若:而。一说指如、像;一说指乃、是。　②惊:惊慌;恐惧。　③贵大患若身:即贵身若大患,指看重自身像看重大的祸患一样。贵:崇尚;重视;以为宝贵。若:如;像。身:自身;自己(一说指身体)。　④下:地位低;等级低。　⑤为:因为;由于。　⑥及:若;如果。　⑦以身为天下:用自身为天下,即不惜自身而为天下。以:用。　⑧若:乃;就。　⑨寄:委托。　⑩爱:喜欢;愿意。　⑪托:托付。

【解读】

本章主要解释了"宠辱若惊"及"贵大患若身"的含义,并说明了什么样的人才可以把天下托付给他。在《老子》八十一章中,本章是较难理解而且歧解颇多的一章。总结本章的难解之处,主要有这样四个方面:一是为什么得宠和受辱都要惊惧不安;二是"宠为下"一句,应作"辱为下",还是"宠为上,辱为下";三是应如何理解老子所说之"身";四是"贵以身为天下""爱以身为天下",是指身比天下重要,还是天下比身重要,抑或应作别的理解?

一、"宠辱若惊":为什么得宠和受辱都要惊惧不安?

对于"宠辱若惊"的含义,学者们的理解并不统一,其中的分歧主要集中在谁"宠辱若惊",是通达之人还是世俗之人;老子是赞赏"宠辱若惊",还是反对"宠辱若惊";"惊"字的含义是什么,是单指惊惧,还是同时包含惊喜和惊惧之义;等等。概括古今学者对"宠辱若惊"的理解,其中较具代表性的,主要有以下三种。

(1)"宠辱若惊",意为无论得宠还是受辱,都感到惊惧。在得宠时仍能保持清醒的头脑,而不是像世俗之人那样,受辱时感到惊惧,得宠时则得意洋洋。因此,它反映的是老子认可的通达之人的处世态度。如范应元说:"达者非特失宠若惊,其得宠亦若惊,至于功成名遂而身退,故无辱也。此所谓'宠辱若惊'。"(《老子道德经古本集注》,第20页)

(2)"宠辱若惊",意为无论得宠或受辱时都感到惊惧,但其得宠时惊惧的原因,是害怕会失去这份宠爱,因此,它反映的是世俗之人患得患失的处世态度,为老子所反对。如林希逸说:"宠辱一也,本不足言,而人以辱为下,自萌好恶之心,故得之失之皆能惊动其心,此即患得患失之意。"(《道德真经口义》)

(3)对"宠辱若惊"的理解,基本与第二种理解相同,但把"惊"字理解为惊喜和惊惧两种意思,认为得宠时之"惊"为惊喜,受辱或失宠时之"惊"为惊惧。如成玄英说:"言人得宠则逸豫喜欢,遭辱则怵(chù)惕忧恚(huì)。故得宠心惊喜,遭辱心惊怖。喜怖虽异,为惊即同,故言若也。"(《老子道德经开题序诀义疏》)

比较以上关于"宠辱若惊"的三种理解,笔者倾向于第一种理解。因为第二种理解把得宠时若惊释为得宠时害怕失去宠爱而惊惧,不如第一种理解释为得宠时感到惊惧更为直接,而且应该更符合老子的思想宗旨。因为老子思想有一个重要的特点,便是从世俗的价值观中,从人们习焉不察的观念中,揭示出与之相异的深刻的真理。而得宠时感到惊惧,与世俗之人得宠时得意扬扬或得宠时患得患失的世俗心态正好相反,很好地反映了老子思想的这一特色。至于第三种理解,把这里的"惊"字释为惊喜和惊惧双重含义,并认为得宠之"惊"为惊喜，受辱或失宠之"惊"为惊惧，这样理解并不符合汉字使用的习惯，而且"惊"字亦无惊喜之意，因此这种理解是明显值得商榷的。

当然，就老子思想的整体而言，"宠辱若惊"作为一种处世态度，虽为老子所认可，但这只是就向世人说法的层面而言的，而不是得道之人所应持的态度，因为得道之人在宠辱面前，应该是"宠辱不惊"，而非"宠辱若惊"。所以，还是陆希声说得好："夫道德充于内，则外物不能移，故宠辱之来，心未尝动，斯士之上也。如内不自得，外感于物，情存乎宠辱，得失皆若惊，此其次也。"（《道德真经传》）

二、为什么"宠为下"？

为了解释什么是"宠辱若惊"，老子紧接着说"宠为下，得之若惊，失之若惊"，这里的"宠为下"，意为得宠是卑下之事。那么为什么说得宠是卑下之事呢？有的学者认为，这是因为得宠者相对于施宠者而言，处于屈辱的位置，所以得宠是卑下的，如魏源说："夫宠人者上人，宠于人者下人。为人下，非辱而何？"（《老子本义》，第35页）不过，有不少学者认为，这里的"宠为下"，其实是相对于"辱"而言的，意为"宠"与"辱"相比，"宠"是更为卑下的，如苏辙："所谓宠辱非两物也，辱生于宠而世不悟，以宠为上，而以辱为下者皆是也。若知辱生于宠，则宠顾为下矣。"（《老子解》）

笔者认为，这两种观点都是有道理的，因此可视作对"宠为下"的不同角度的解读。由此可见，认为辱不如宠，这是世俗之见，因为世俗之人往往喜欢静止地看问题，认为宠会带来好处，辱则会带来坏处，所以辱不如宠。而通达之人则能用辩证的、发展的眼光看问题，他能看到宠本身潜伏的危机，所谓"祸兮福之所倚，福兮祸之所伏"，历史上曾经有多少人，因为恃宠而骄，为所欲为，最终身败名裂，遗臭万年。所以在宠辱之间，他们宁愿选择被边缘化、被人轻视的所谓"受辱"，也不愿意出卖良心和人格，去选择风光一时的所谓"受宠"。

需要说明的是，"宠为下"一句，河上公本、景龙碑本等作"辱为下"，陈景元《道德真经藏室纂微篇》、李道纯《道德会元》等作"宠为上，辱为下"。笔者认为，这里应作"宠为下"，而不应作"辱为下"或"宠为上，辱为下"，理由主要有二。一是该句竹简本作"宠为下也"，帛书甲本作"宠之为下"，乙本作"宠之为下也"，既无"宠为上"的文字，亦无"辱为下"的文字，说明"宠为上，辱为下"系后人所改的可能性很大。二是前面已经说过，老子在此所述的是达者对待宠辱的态度,达者与世俗之人不同,世俗之人认为得宠是荣耀之事,达者则视之为卑下之事,故说"宠为下",而"宠为上,辱为下"则恰恰是世俗之人对待宠辱的态度。至于"辱为下",则或如刘笑敢所说:"河上本'辱为下'可能是'宠为下'之误。"(《老子古今》,第206页)

三、"贵大患若身"的内涵及"身"之所指

关于"贵大患若身"的含义,学者们亦有不同的理解,其中最值得我们关注的一种观点,是认为"贵大患若身"即"贵身若大患",意为看重身就像看重大患一样:"'贵大患若身',当云'贵身若大患'。倒而言之,古语类如此。"(焦竑〔hóng〕:《老子翼》,第30-31页)"'贵大患若身',正常语序当作'贵身若大患'。"(董平:《老子研读》,第90页)

那么什么叫看重身就像看重大患一样呢?老子进一步解释说:"吾所以有大患者,为吾有身,及吾无身,吾有何患?"意即我之所以有大患,是因为我有身,如果我没有身,我会有什么祸患呢?那么,老子为什么说有身就有大患,没有身就没有大患呢?

笔者认为,要回答这个问题,首先必须弄清"身"字的含义。从历代学者对"身"字的解释来看,他们大多把此"身"字理解为身体即人的肉体。如河上公说:"使吾无有身体,得道自然,轻举升云,出入无间,与道通神,当有何患?"(见王卡点校:《老子道德经河上公章句》,第49页)陈鼓应说:"我所以有大患,乃是因为我有这个身体。"(《老子今注今译》,第123页)

然而,也有一些学者认为,这里的"身"字,指的是自身、自己:"《尔雅·释诂》:身,我也。注:今人亦自呼为身。此章诸'身'字亦宜解如'我'义……旧说多解如身体,河上伪注乃云得道轻举……皆神仙家附会之词,绝非《老子》本旨。"(劳健:《老子古本考》)"本章所说'有身',是指以自我为中心,私欲膨胀,故患得患失。"(牟钟鉴:《老子新说》,第45页)

"身"是个多义字,它既可以指身体,也可以指自身、自我、自己。从这一角度而言,上述两种理解均有其道理。不过,笔者认为,这里的"身"还是应该从自身、自我的意义上去理解为妥,理由如下。

(1)把本章中的"身"解释为身体,有一个明显的隐患,就是会导致精神与肉体的分离与对立。因为老子说"若吾无身,吾有何患",若把"身"释为身体,则"吾"无疑便是指与身体相对的精神或灵魂,而

"身"则成了精神的累赘,《老子道德经河上公章句》中说"使吾无有身体,得道自然,轻举升云,出入无间",便正是这样理解的。笔者认为,从《老子》全书来看,并无重精神而轻肉体的观点,因此,这样的理解,无疑是对老子思想的一种误读。

(2)从自身、自我的意义去理解"贵大患若身""吾所以有大患,为吾有身,及吾无身,吾有何患"中的"身",其意思便会十分顺畅。因为"贵大患若身",即是指看重自我如同看重大患一样,而认识到这一道理的人,便会抛弃一己之私我,更多地为他人、为社会着想;所谓"吾所以有大患,为吾有身",是指由于我看重自我,所以有大患;所谓"及吾无身,吾有何患",是指如果我能够做到没有自我,不以自我为中心,达到无私的境界,我便不可能有任何祸患。这样的理解,既与老子"外其身""后其身""无私"的思想宗旨一致,又可避免把"及吾无身"曲解为精神与肉体相分离。

四、"故贵以身为天下,若可寄天下;爱以身为天下,若可托天下"的确切内涵

"贵以身为天下,若可寄天下;爱以身为天下,若可托天下"一段文字,理解起来难度较大,古今学者的歧解亦很多。综合古今学者关于该段文字的解释,其中较具代表性的,主要有以下四种理解。

(1)认为指只有贵身爱身的人,方可将天下托付于他。因为这种人把身看得高于一切,不会因为任何外在的诱惑(包括整个天下)而损害其身,故亦不会去做任何损害天下之人的事,因此,把天下交给这样的人,当然是可以放心的。如吴澄说:"天子之尊,四海之富,皆以其身为天下者也。知道之人爱惜贵重此身,不肯以之为天下,宁不有天下而不轻用其身,夫惟如此,乃可以寄托以天下也。"(《道德真经注》)

(2)认为指只有把天下看得比自己重要、愿意全身心为天下服务的人,才可以把天下托付于他。如陆希声说:"唯能贵用其身为天下,爱用其身为天下者,是贵爱天下,非贵爱其身也。夫如此,则得失不在己,忧患不为身,似可以大位寄托之。"(《道德真经传》)

(3)认为指只有像贵身爱身那样去对待天下的人,才可以把天下托付于他。如牟钟鉴说:"老子在本章最后几句话里,道出了一个极为重要的真理,即要把天下大事托付给能以贵身爱身的态度去对待社会民众的那些人。贵身就不会滥用自己的生命,爱身才懂得他人生命之

可贵。"(《老子新说》,第45页)

（4）认为指只有"贵大患若身"即认为看重自身就像看重大患一样的人,才可以把天下托付于他。如沙少海等说:"所以,以尊尚视身若患的态度对待天下,就可以把天下的重担让他担负起来;以服膺视身若患的信念对待天下,就可以把天下的重任交付给他。"(《老子全译》,第22页)

那么究竟哪一种理解更有道理呢？笔者认为,相比之下,上述第二种理解显得更为合理,只是其具体解释尚不够通透。在笔者看来,以往的各种解释之所以让人感觉似是而非,一个重要的原因,就是它们常常把"贵以身""爱以身"作为一个整体,从而陷于"贵身""爱身"的纠缠中难以自拔。其实,这里的"贵以身为天下""爱以身为天下",应把"以身为天下"作为一个整体。所谓"以身为天下",即用自身为天下;而所谓用自身为天下,即不惜自身而为天下,表达的是大公无私的意思,这里的"以",是"用"的意思。这样一来,则"贵以身为天下",便是看重不惜自身而为天下,这里的"贵",是看重、重视的意思;"爱以身为天下",便是愿意不惜自身而为天下,这里的"爱",是喜欢、愿意的意思。而看重不惜自身而为天下、愿意不惜自身而为天下的人,当然就可以把天下托付于他了。

也就是说,一个人只有时刻意识到看重自我、爱惜自我,以自我为中心,便会招致大患,从而果断地摒弃自我,为天下人着想,自觉地为天下民众服务,他才有资格担任天下之主,去治理天下；否则,即使他侥幸得到了天下,也会转眼间失去,甚至还会落个身败名裂、万劫不复的下场。

十四章

视之①不见,名曰夷②;听之不闻,名曰希③;搏④之不得,名曰微⑤。此三者⑥不可致诘⑦,故⑧混⑨而为一⑩。其⑪上不皦(jiǎo)⑫,其下不昧⑬,绳(mǐn)绳⑭兮⑮不可名⑯,复归⑰于无物⑱。是谓无状⑲之状,无物之象⑳,是谓惚恍㉑。迎之不见其首,随之不见其后。执今之道㉒,以御㉓今之有㉔,能知古始㉕,是谓道纪㉖。

【译文】

看它看不见,叫作"夷";听它听不到,叫作"希";摸它摸不着,叫作"微"。这三者无法究诘,它们本来就是合而为一的。它的上面不明亮,它的下面不昏暗,绵绵不绝,不可名状,又返回到没有物体的状态。这叫作没有形状的形状,没有物体的形象,这称为"惚恍"。迎着它,看不见它的头;跟随它,看不见它的尾。持守现今的道,来驾驭现今的具体事物,

【注释】

①之:指道之本体。参见第一章注①。
②夷:平;平夷。这里亦形容无色无形。
③希:寂静无声。 ④搏:触摸;抓握。一说应作"抟"。 ⑤微:杳漠无形。 ⑥三者:指"夷""希""微"。 ⑦致诘:究诘;究问。
⑧故:本;本来。一说指所以。 ⑨混:合。
⑩一:指联合而成的整体。一说指道。
⑪其:指道之本体。有的本子在该字前有"一者"二字。 ⑫皦:光明;明亮。 ⑬昧:暗;昏暗。 ⑭绳绳:绵绵不绝的样子。 ⑮兮:王弼本无"兮",傅奕本、景龙碑本等有"兮",据之以补。 ⑯名:形容;描述。 ⑰复归:回复;返回。 ⑱无物:没有物体。这里指没有物体的道的状态。 ⑲状:形状。
⑳象:形象。 ㉑惚恍:混沌不分;隐约不清。
㉒执今之道:持守现今的道。执:持守;执持。今之道:现今的道,这里指道的作用。今:王弼本作"古",马王堆帛书甲乙本作"今",据之以改。

能够知道道的本体,这叫作道的规律。　㉓御:驾驭。一说指治理。一说指具体事物。一说通"域",指国家。　㉔有:指具体事物。　㉕古始:这里指道的本体。　㉖道纪:道的纲纪;道的规律。

【解读】

　　本章主要由两个部分组成,第一部分系自开头至"随之不见其后",描述了"道"的特性:它无色无形,没有声音,不可捉摸,似有若无;既看不见它的头,又看不见它的尾。但是,这种看不见摸不着的"道"又是客观存在着的,这种存在,可以称为没有形状的形状,没有物体的形象。第二部分则自"执今之道"至本章结尾,主要介绍了认识或把握"道"的具体方法:按照现今的"道"的要求去处世行事,便能知道"古始"即大道的本体。

　　本章文字较多,存在的争议也不少,主要表现在这样五个方面:一是"视之不见,名曰夷"中的"夷"是否应作"微"或"几";二是"混而为一"的含义及其后是否应加"一者"二字;三是"其上不皦"中的"皦"是否应作"曒"或"皎";四是"执今之道"的内涵及其是否应作"执古之道";五是"执今之道,以御今之有,能知古始"中"有""古始"的含义以及为什么"执今""御今"便"能知古始"。

一、"视之不见,名曰夷"中的"夷"是否应作"微"或"几"

　　通行本"视之不见,名曰夷;听之不闻,名曰希;搏之不得,名曰微",帛书甲本和乙本作"视之而弗见,名之曰微;听之而弗闻,名之曰希;捪(mín)之而弗得,名之曰夷",两相比较,可以发现其中存在的一个很大的不同,就是"夷"和"微"的位置正好相反。对此,一些学者认为,这里的文字当以帛书本为准,如高明说:"帛书甲、乙本保存了《老子》之旧……显然是今本将属第一句之'微'字与属第三句之'夷'字前后颠倒,张冠李戴。"(《帛书老子校注》,第283页)

　　另外,对于"视之不见,名曰夷"中的"夷"字,一些学者认为应作"几":"'几'字,孙登、王弼同古本……道无色,视之不可见,故名之曰'几'。"(范应元:《老子道德经古本集注》,第22页)"伦案:范'夷'作'几'……依义作'几'为长"。(马叙伦:《老子校诂》,第83页)

　　这样一来,关于"视之不见,名曰夷;听之不闻,名曰希;搏之不得,名曰微"的文字,就出现了比较复杂的状况:它既涉及"夷"和

"微"的位置是否应该对调,又涉及"夷"字是否应改为"几";而且,若把"夷"改为"几",则是否亦应该把"几"和"微"的位置对调呢?笔者认为,对于上述问题,我们不妨从版本和义理两个角度来进行讨论。从版本的情况来看,前"微"后"夷",只有帛书甲本和乙本如此;"视之不见名曰几",源于范应元本,范应元称傅奕本作"几",但今所见傅奕本则作"夷"而不作"几";前"夷"后"微",则《老子想尔注》、河上公本及历史上流传的绝大多数本子均是如此。因此,若从版本情况而言,当以作"视之不见,名曰夷"更为妥当。再从义理的情况来看,老子在此用"夷""希""微",要说明的是"道"既客观存在而又超越人的感官知觉的特性,因此,这三个字表达的都是似有而无、无而又有的意思,就此而言,说"视之不见,名曰夷"并无问题,说"搏之不得,名曰微"亦是如此。而且,从更宽泛的角度而言,这三个字与"视""听""搏"的搭配也不是非如此不可的,也就是说,"视之不见"既可以与"夷"搭配,亦可以与"希""微"搭配,"听之不闻"和"搏之不得"亦是如此。因此,在这个问题上,林希逸的观点是有一定道理的:"'夷',平也。'希''微',不可见之意。三字初无分别,皆形容道之不可见、不可闻、不可得耳……老子自曰'不可致诘',而解者犹以'希''夷''微'分别之。看其语脉不破,故有此拘泥耳。"(《道德真经口义》)既然如此,则这里的文字还是以作"视之不见,名曰夷"为妥。

二、"混而为一"的含义及其后是否应加"一者"二字

老子说"此三者不可致诘,故混而为一",对于"混而为一"中的"混",学者们多理解为"合",因此,"混而为一"即合而为一的意思,而"合而为一"的"一",指的是联合而成的整体。然而,一些学者却认为,"混而为一"的"一",指的就是"道",如奚侗说:"混合言之,'一'而已矣。'一'者,道也。"(《老子集解》,见《老子注三种》,第79页)刘笑敢反对此种观点,说:"'混而为一'之'一'显然是就性质来说,不是就实有来说。'道生一'之'一'是实有类的符号,二者不容混淆。"(《老子古今》,第213页)

所谓这里的"一""是就性质来说",指的是应理解为联合而成的整体;所谓"不是就实有来说",也就是不应理解为本原意义上的"道"或"一"。笔者认为,刘笑敢的观点是有道理的,这里的"一",只是表示是一个整体,而不是指"道"。

需要指出的是，河上公本、王弼本、景龙碑本等"故混而为一"后直接接"其上不皦，其下不昧"，然而，傅奕本则在"其上"前有"一者"二字，马王堆帛书甲乙本也在"其上"前有"一者"二字，据此，一些学者认为，这里应有"一者"二字。如高明说："帛书甲、乙本皆有'一者'一句，今本除傅奕本保存此句外，其他皆无。按此乃承上文'混而为一'而言，当有'一者'为是，无则挩（tuō）漏，当据甲、乙本补。"（《帛书老子校注》，第285页）

那么，这里要不要加"一者"二字呢？笔者认为，还是以不加为好，理由有三。（1）古今学者较为一致地认为，本章的主旨是描述"道"的特性和作用，因此，本章中"其上不皦，其下不昧""迎之不见其首，随之不见其后"等中的"其"，指的都是"道"。而如果在"其上不皦"前加入"一者"，则本章中的"其"之所指便都变成了"一"，而不是"道"；本章的内容，也变成了主要描述"一"，而不是"道"。（2）或许有人认为，这个"一"就是"道"，因此对"一"的描述也就是对"道"的描述。这种说法也是站不住脚的，因为前面在分析"故混而为一"的含义时，笔者已经说过，这里的"一"指的是联合而成的整体，而不是指实体性的"道"。"一者"的"一"紧接"故混而为一"而来，因此，这两个"一"的意思应该是一样的，"一者"的"一"便不能指称"道"。（3）关于"一"和"道"的关系，有不少学者认为"一"就是"道"，对此，笔者认为，"一"和"道"并不能简单等同。在《老子》中，"一"指的是宇宙万物本原之作用，而"道"的本义虽亦是宇宙万物本原之作用，但它亦可以指宇宙万物的本原，还可以指宇宙万物本原之本体。具体可见第四十二章对"道生一"的论述。

因此，笔者认为，通行本中无"一者"二字，或因为其所据的古本中即无此二字，或系整理者有意删除，至于删除的原因，应该是为了使本章的思想更为贯通，并避免产生误读。

三、"其上不皦"中的"皦"是否应作"皦"或"皎"

"其上不皦"一句，历代的各种《老子》本子多作"其上不皦"，亦有一些本子作"其上不皎"。对此，学者们通常认为，作"皦"或"皎"均可以，因为"皦"和"皎"两字可通用，如劳健《老子古本考》中说："'皦'，敦煌一本作'皎'，《说文》：皦，玉石之白也。皎，月之白也。义通。"陈鼓应也说："敦煌本、强思齐本'皦'作'皎'。'皦''皎'二字可通用。"（《老子今注今译》，第127页）但是，有不少学者明确反对作"皦",如毕沅说:"'皦'或作'曒',从'日'者非也。"(《老子道德经考异》)劳健说:"'皦'字从'白'不从'日',传写多误。今《释文》亦误从'日',当辨之。"(《老子古本考》)

然而,朱谦之却认为作"皦"是错误的,应作"曒":"'曒',河、王、傅、范并作'皦',敦煌丙本作'皎'。毕沅曰:'"曒"或作"皦",从"日"者非也。'案毕说非是"。(《老子校释》,第56页)朱谦之还进一步论证说,"皦"用来形容玉石之白,"皎"用来形容月亮之白,这两个字都用来形容某物之白,故可通用;而本章中的"曒"是指光明的意思,所以只能作"曒",不能作"皦"。

笔者认为,朱谦之的观点是很有道理的,当今一些权威的工具书如《汉语大词典》《辞海》《汉语大字典》等中,都释"曒"为光明、明亮,并举例说:"《老子》:'其上不曒,其下不昧。'"故笔者主张采用"其上不曒"的表述。

四、"执今之道"的内涵及其是否应作"执古之道"

关于"执今之道"一句,首先值得我们关注的便是它是否应作"执古之道"。从历史上有代表性的《老子》本子来看,河上公本、王弼本、傅奕本、景龙碑本等均作"执古之道"。关于"执古之道"的含义,学者们多释其中的"执"为执持、持守的意思,而释"古之道"为古已存在的道或早已存在的道。

然而,"执古之道"一句,马王堆帛书甲本和乙本均作"执今之道"。高明认为,这里应作"执今之道",因为托古御今是儒家的思想,道家重视与时变通,不会主张"执古之道"。(见《帛书老子校注》,第289页)裘锡圭也主张这里应作"执今之道",不过他所持的理由与高明明显不同。裘锡圭认为,老子这里的"今",指的是"道"创生万物以后的状况;"古",则指的是万物未生以前只有"道"的状况,故这里应作"执今之道",而不应作"执古之道":"'执今之道',今本都改为'执古之道',很明显今本是不对的……最原始的时候只有'道'没有'万物',后来有了'万物',这个'万物'是'道'所生的……'执今之道'就是执有了'万物'以后的'道'……他是根据'无物''有物'这个界线来分的:有了'物',就是'今'了。"(《老子今研》,第110-111页)

然而,也有学者明确反对作"执今之道",如卢育三说:"诸本均如王本作'古',帛书《老子》甲乙本作'今'。'执今之道,以御今之有',于老子思想不合,不取。"(《老子释义》,第82页)

笔者认为,在上述诸种观点中,裘锡圭的观点无疑是很有启发意义的。我们在第一章分析"道可道,非常道"的含义时曾经指出,作为宇宙万物本原的"道"包含本体和作用两个方面,其本体无声无形,不可捉摸,无法命名;其作用表现为创生天地万物,并作为天地万物变化发展的内在根据、准则,此作用可见可知,可以命名。而根据老子"无名,天地之始"(一章)、"有物混成,先天地生"(二十五章)等论述可知,天地万物均是由"道"创生的,这便必然会存在这样两个阶段:一个是只有"道"而没有天地万物的阶段,一个是有了天地万物而"道"又隐于天地万物之中的阶段。按照"道"之体用的观点,第一个阶段即只有"道"的本体而没有"道"的作用的阶段,第二个阶段即"道"的本体和作用并存的阶段。根据老子的思想逻辑,只有"道"的本体的阶段便是"古之道",既有"道"之本体又有"道"之作用的阶段便是"今之道"。据前所述,"执今之道"(或"执古之道")中的"执",是持守、执持的意思,而所谓持守"道",即按照"道"的原则、特点等去行动的意思,而"道"的原则、特点等主要指"道"之本体表现出来的作用。因此,说"执今之道,以御今之有"无疑比说"执古之道,以御今之有"要更为恰当。故这里的文字当以帛书甲乙本为准,历史上流传的各种作"执古之道"的本子都不够准确。

五、"执今之道,以御今之有,能知古始"中"有""古始"的含义以及为什么"执今""御今"便"能知古始"

老子说:"执今之道,以御今之有,能知古始",对于其中的"御",学者们多释为驾驭、治理的意思。对于其中的"有",则有两种不同的理解,有的认为指事物,如范应元说:"当持此以理今之事物也。"(《老子道德经古本集注》,第24页)有的认为通"域",指的是邦域、国家,如刘师培说:"'有'即'域','域'即二十五章'域中有四大'之'域'也。'御今之有',犹言御今之天下国家也。"(《老子斠〔jiào〕补》)然而,蒋锡昌明确反对把"有"释为"域",他说:"'执古之道,以御今之有',谓执古无名之道,以治今有名之事也。刘氏以'有'为'域',其说虽巧,非老子本意,不足为训。"(《老子校诂》,第84页)

笔者认为,考察老子的本意,所谓"执今之道,以御今之有",其实质是要用"道"来指导我们今天的具体行动;而从"有"的含义来看,既可以指具体存在的事物,又可通"域",指邦域、国家,因此,这两种理解均可成立;但是,驾驭具体事物的含义要更为广泛,它可以包括治理国家的内容,因此,相比之下,还是把"有"释为具体事物更为恰当。

关于其中的"古始"的含义,学者们亦有不同的理解,有的学者认为指"宇宙的原始"或"远古的原始状态",如张默生说:"所以能知道宇宙的原始"。(《老子章句新释》,第17页)有的学者则认为"古始"即"道",如成玄英说:"古始,即无名之道也。"(《老子道德经开题序诀义疏》)笔者认为,把"古始"释为"宇宙的原始""远古的原始状态"之类,释义过于宽泛,无助于我们把握老子思想的实质。把"古始"释为"道",则是很有道理的,但还不够准确。这里的"古始",当指"道"创生宇宙万物以前的状态,亦即"道"只有本体而未显现作用的时候,因此,确切地说,这里的"古始",便是"道"之本体,亦即第二十五章中老子所说的"有物混成,先天地生"中的那个"混成之物"。

那么,为什么说"执今之道,以御今之有",便"能知古始"即"道"的本体呢?这是因为,所谓"执今之道,以御今之有",便是指用"道"的自然无为、守柔不争等原则来处事应物;而当一个人能真正做到以自然无为、守柔不争等原则来处事应物时,便能够体悟到大道的"无状之状,无物之象",亦即"能知古始"了。此种情形,正如先秦儒家之由礼得仁:仁是儒家追求的境界,它是内在的;礼是外在的,但礼是按照仁的内容特点制订出来的,因此,一个人若能发自内心地始终按照礼的规范来要求自己,便能最终达到仁的境界。此正如《论语·颜渊》中所言:"颜渊问仁。子曰:'克己复礼为仁。一日克己复礼,天下归仁也。'"也就是说,"执今之道"中的"道",指的是"道"之本体显现出来的作用,此作用具体表现为自然无为、守柔不争等原则;"能知古始"中的"古始",则是人遵循上述种种外在的原则后获得的对"道"之本体的内在体悟。而人们在"御今之有"即处理与万物的关系时,只要能切实遵行"道"的自然无为、守柔不争等原则,便必然能获得对"道"之本体的体悟,故老子说"是谓道纪"即这是"道"的规律。

十五章

　　古之善为士者①,微妙②玄通③,深不可识。夫④唯⑤不可识,故强(qiǎng)⑥为之容⑦:豫兮⑧若冬涉⑨川⑩,犹⑪兮若畏四邻⑫,俨⑬兮其若客⑭,涣兮其若凌释⑮,敦⑯兮其若朴⑰,旷⑱兮其若谷⑲,混⑳兮其若浊㉑。孰㉒能浊以静之徐㉓清?孰能安以㉔动之徐生?保㉕此道㉖者,不欲盈㉗。夫唯不盈,故能蔽复成㉘。

【译文】

　　古代善于修道、行道的人,精微奥妙,幽玄通达,深邃得难以认识。正因为难以认识,所以勉强描述他的形象:犹豫谨慎啊,就像冬天徒步过河;踌躇疑惧啊,就像害怕四周的邻居;恭敬庄重啊,就像做宾客;涣然无凝滞啊,就像冰凌融化;淳厚质朴啊,就像未经加工的木材;胸怀宽广啊,就像空虚的山谷;混沌不清啊,就像浑浊的水体。谁能在浑浊中安静下来,慢慢变清?

【注释】

① 善为士者:指善于修道、行道的人。
② 微妙:精微奥妙。　③ 玄通:幽玄通达。
④ 夫:助词。用于句首,表发端。　⑤ 唯:以;因为。　⑥ 强:勉强。　⑦ 容:仪容;相貌。　⑧ 豫兮:犹豫谨慎的样子。豫:犹豫;迟疑。兮:王弼本作"焉",河上公本、傅奕本等作"兮",据之以改。　⑨ 涉:徒步渡水。
⑩ 川:河流。　⑪ 犹:踌躇疑惧的样子。
⑫ 四邻:四周邻居。一说指四方邻国。
⑬ 俨:恭敬庄重;庄严。　⑭ 客:宾客。王弼本作"容",河上公本、傅奕本、景龙碑本等皆作"客",竹简本、帛书甲乙本亦作"客",据之以改。
⑮ 涣兮其若凌释:王弼本作"涣兮若冰之将释",竹简本作"涣乎其若释",帛书甲乙本作"涣呵其若凌释",今综合几种本子而改。涣:离散;消散。凌:冰。释:消融。　⑯ 敦:厚重;笃实。
⑰ 朴:未经加工成器的木材。　⑱ 旷:空旷;开阔。　⑲ 谷:山间深凹的低地。
⑳ 混:混沌不清。　㉑ 浊:浑浊。　㉒ 孰:

谁能在安定中运动起来，缓缓生长？保有这种方法的人，不求盈满。正因为不盈满，所以能够在陈旧中重新成就。

谁。　㉓徐：缓慢。　㉔以：王弼本该字后有一"久"字，竹简本、帛书甲乙本均无，据之以删。　㉕保：保有；拥有。一说指保持。　㉖道：方法；道理。一说指宇宙万物的本原。　㉗盈：满；充满。　㉘能敝复成：能够在陈旧中重新成就。敝：破旧；陈旧。复成：这里指重新成就的意思。一说应作"敝而不成"；一说应作"蔽而新成"；一说应作"蔽不新成"。

【解读】

本章主要描述了"善为士者"即善于修道、行道之人的外在表现和精神境界：他谨慎小心，恭敬庄重，淳厚质朴，胸怀像深谷一样空虚宽广；又能和光同尘，像浑浊的水一样混沌不清……这样的人普通人谁也没有见过，所以他只能作为一种理想人物的形象矗立在那里，除非你能真正按老子的指引去切实地修行。

本章无论在原文表述还是在意思的理解上，都存在较多的争议，主要表现在这样四个方面：一是"古之善为士者"中的"士"之含义及其是否应作"道""上"或"天下"；二是"涣兮其若凌释"的含义及其原文表述之争；三是"善为士者"之"容"是老子所亲见，还是一种想象；四是"能敝复成"是否应作"蔽不新成""蔽而新成"或"敝而不成"。

一、"古之善为士者"中的"士"之含义及其是否应作"道""上"或"天下"

关于"善为士"中的"士"的含义，学者们主要有两种理解。一种认为，这里的"士"，指的是有道之士或行道之士，因此，"古之善为士者"，也就是古代的有道之人或善于行道之人。而有道之人或善于行道之人的特点是已经得"道"，如林希逸说："此章形容有道之士通于玄微妙，可谓深于道矣。"（《道德真经口义》）另一种观点则强调，这里的"士"，指的是正在修道之人，而非已经得"道"之人，如吕惠卿说："古之善为士者，将以成圣而尽神也。则其为士也，虽未至乎圣神，所以成圣而尽神者，其闻之固已全尽矣。"（《老子吕惠卿注》，第16页）

笔者认为，对于"善为士者"究竟是已经得道之人还是正在修道而尚未得道之人，我们很难下一个明确的判断，但是，从老子说"善为士者""微妙玄通，深不可识"以及下文的"旷兮其若谷""混兮其若浊"来看，"善为士者"无疑是经过长期的修道实践，已经对"道"有了深入的体悟，并达到极高修养境界的人。

值得注意的是，河上公释"古之善为士者"说："谓得道之君也。"（见王卡点校：《老子道德经河上公章句》，第57页）据此，俞樾（yuè）认为，这里的"士"，当是"上"字之误，因为否则河上公不会用"得道之君"释"善为士者"。（见《老子平议》）对此，奚侗表示赞同，并进一步补充说："《文子·上仁》篇引此章文，其首句云'古之善为天下者'，可证。"（《老子集解》，见《老子注三种》，第80页）然而，沿着与俞樾、奚侗相同的思路，有的学者认为，"为士"似应作"为天下"："鼎按：《文子·上仁》篇引此章云：'古之善为天下者。'是亦指君而言，疑'士'字或系'天下'二字之误。"（易顺鼎：《读老札记》）

另外，"古之善为士者"中的"士"，傅奕本作"道"，因此，一些学者指出，这里应作"善为道者"，如朱谦之说："俞说非也。依河上公注，'善为士者'，当作'善为道者'。傅奕本'士'作'道'，即其证。"（《老子校释》，第60页）而且，该句马王堆帛书乙本亦作"古之善为道者"（甲本残毁），因此，高明认为，《老子》原文当为"善为道者"，"士"字系后人所改。（见《帛书老子校注》，第291页）

然而，晚近出土的郭店竹简本该句为"长古之善为士者"，作"为士"而不作"为道"，因此，一些学者认为，作"善为士者"有更为古老的证据，且从意思上来说，作"善为士者"也要比"善为道者"贴切。如刘笑敢说："从年代来讲，竹简本当更接近原始祖本。原始本作'善为士者'的可能性更高"。（《老子古今》，第221页）

综上所述，笔者认为，关于本句应作"善为上者"的说法仅是依据河上公注而作的推测，作"善为天下者"的主要依据则是《文子·上仁》篇，因此，相比之下，这两种说法的证据都较薄弱，只可作为一种参考。"善为士者"和"善为道者"的表述则各有其较为可靠的文本依据，因此，这两种表述都是可以的。不过，相比之下，笔者还是主张此处应作"古之善为士者"，理由主要有这样两点：一是"古之善为士者"有郭店竹简本的文本支持，有可能更接近古本原貌；二是历代有代表性的《老子》本子如河上公本、王弼本、景龙碑本等多作"古之善为士者"，其影响比作"古之善为道者"要大得多。

二、"涣兮其若凌释"的含义及其文字表述之争

老子说要对"善为士者""强为之容",故接下来便用"若冬涉川""若畏四邻""若客""若凌释"等七个"若",来描绘"善为士者"的容状。关于此七"若"的具体含义与思想实质,历代学者有丰富的论述,在此需要细加辨析的,主要是"涣兮其若凌释"一句。

"涣兮其若凌释",意为涣然无碍啊,就像冰凌消融。这里的"涣",意思是离散、消散;"凌",指冰;"释",指消融。因此,"涣兮其若凌释",意指"善为士者"的容状像冰凌融化一样涣然无凝滞。

不过,"涣兮其若凌释"一句,各种《老子》本子的文字很不统一,河上公本、王弼本等作"涣兮若冰之将释",傅奕本、景龙碑本等作"涣若冰将释"。高亨、张默生等则认为应作"涣兮若冰之释",不应有"将"字,理由是"涣"是流散的意思,冰只有"释"后才能流散。如高亨说:"冰解始能流散。若将解而未解,安能曰'涣兮'哉?故有'将'字则其文为不通。"(《老子正诂》)陈鼓应则认为,此句郭店竹简本作"涣兮其若释",与"俨兮其若客""敦兮其若朴"等句式一致,应据之改为"涣兮其若释"。(见《老子今注今译》,第130页)

笔者认为,"冰释"指冰融化,"冰之将释"则指冰将融化,与前面的"涣"即离散配合,"将"字确系多余,且竹简本与帛书本均无"将"字,故该字当以删去为妥;竹简本该句作"涣乎其若释",句式与"俨兮其若客"等虽然一致,但无"冰"字,意思不够明确;帛书甲乙本作"涣呵其若凌释",意思表达明确,但"呵"与通行本此处前后的"兮"字不一致,故应将"呵"改为"兮",作"涣兮其若凌释"。

三、"古之善为士者"之"容"是老子所亲见,还是一种想象?

关于本章,一个历代学者未作充分讨论或长期被学者所忽视的重要问题是:老子"强为之容"的"善为士者"的形象,是老子亲眼所见的,还是老子的想象,或是老子根据传闻所作的转述?因为仅就文字本身来说,老子说"古之善为士者……故强为之容",这样的表述无疑是存在矛盾的:既然是古代的"善为士者",便说明老子并未见过此人;既未见过此人,又怎么能"强为之容"呢?对自己未见过的人"强为之容",则这样的描述便是出于想象或推测;既然是想象或推测,则这样的描述又有何意义呢?正是基于此,笔者倾向于老子是对亲眼所见的"善为士者"的描述。虽然老子在文中说是"古之善为士者",但这不过是一种隐晦的说法,因为从七个"若"可见,老子对"善为士

▲"问礼老聃图",描绘了孔子向老子问礼的情形。孔子的"犹龙之叹"即发于此次问礼之后。选自绘于明代的《孔子圣迹图》。

老子⋯⋯十五章

者"形象的描述具体入微,精妙传神,若非亲见,怎么可以达到如此深刻的程度?

在《史记·老子韩非列传》中,记述孔子见老子后,发出"犹龙之叹",可见老子之修养和形象给孔子造成了极大的心灵震撼:"孔子适周,将问礼于老子……孔子去,谓弟子曰:'鸟,吾知其能飞;鱼,吾知其能游;兽,吾知其能走。走者可以为罔,游者可以为纶,飞者可以为矰(zēng)。至于龙,吾不能知,其乘风云而天上。吾今日见老子,其犹龙邪!'"

孔子把老子比作在天上飞翔的龙,认为普通人无法识知,可见老子的修养已达极其高深之程度,与这里所谓的"微妙玄通,深不可识"的"善为士者"并无实质的区别。因此,我们完全有理由作出这样的推测:本章所述"善为士者"的形象,极有可能是老子"夫子自道",即根据自身的体悟对"善为士者"所作的描述。

四、"能敝复成"是否应作"蔽不新成""蔽而新成"或"敝而不成"

"夫唯不盈,故能敝复成",意即正因为不盈满,所以能够在陈旧中重新成就。然而,关于"能敝复成"一句,不同的《老子》本子有诸多不同的表述,学者们的解释也是五花八门,需要我们细加辨析。

"故能敝复成"一句,郭店竹简本无,傅奕本、帛书乙本作"是以能敝而不成"(甲本残损);河上公本、王弼本等作"故能蔽不新成";《老子想尔注》、景龙碑本等作"能弊复成";《老子吕惠卿注》、范应元《老子道德经古本集注》等作"故能敝不新成"。此外还有"故能弊不新成""故能蔽而新成"等各种表述。一些学者认为,这里的"弊""蔽""敝"三字相通,如俞樾说:"'蔽'乃'敝'之假字,唐景龙碑作'弊',亦'敝'之假字。"(《老子平议》)劳健说:"'敝'原作'弊',古通假字。"(《老子古本考》)据此,则上述各种不同的表述可归纳为"蔽不新成""蔽而新成""能敝复成""敝而不成"四种表述。下面分别介绍每种表述的含义和特点。

1. 蔽不新成

河上公本、王弼本及历代的各种《老子》本子多作"蔽不新成",因此,俞樾明确指出,这里应作"蔽不新成",或进一步作"蔽而不新成",但不应作"能敝复成"。(见《老子平议》)然而,关于"蔽不新成"的含义,历代学者却歧见纷纭,迄今未能统一。如河上公认为,这里的"蔽",是遮盖光荣的意思,"新成",是"贵功名"的意思:"夫唯不盈满之人,能守蔽不为新成。蔽者匿光荣,新成者贵功名。"(见王卡点校:《老子道德经河上公章句》,第59页)蒋锡昌赞成把"蔽"释为覆盖、遮盖,但他认为"新成"是暴成、早成的意思。(见《老子校诂》,第99页)

一些学者认为,这里的"蔽"即"敝",指旧、败坏的意思,但他们对"敝不新成"的解释又各不相同。如林希逸认为,"能敝不新成"当读作"能敝不新,成",指只有处于敝而不求新,求道才能大成。(见《道德真经口义》)而奚侗则认为,这里的"敝不新成"指敝旧并非真的敝旧,只是不去追求新和成,因此,"敝不新成"即"大成若缺"的意思。(见《老子集解》,见《老子注三种》,第81页)

看了以上五花八门的解释,给人一个很明显的感觉,便是"敝不新成"的表述含意不清,极易造成误解,其文字或当存在问题。

2. 蔽而新成

易顺鼎在《读老札记》中认为,《老子》第二十二章中有"敝则新"一句,《淮南子·道应训》该句作"故能敝而不新成",可知老子在此以"敝"与"新"相对,"蔽不新成"中的"不"是"而"字之误,因此该句当作"蔽而新成"。高亨赞同易顺鼎的观点,说:"易说是。篆文'不'作不,'而'作而,形近致误。二十二章曰:'敝则新',与'蔽而新成'意合。"(《老子正诂》)此外,林语堂、张默生、陈鼓应等学者也主张作"蔽而新成"。关于"蔽而新成"的含义,他们多解释为"去故更新",如陈鼓应说:"只因他不自满,所以能去故更新。"(《老子今注今译》,第131页)

3. 能敝复成

《老子想尔注》、景龙碑本等该句作"能弊复成",成玄英《老子道德经开题序诀义疏》作"能敝复成"。对此,劳健认为,"敝复成",与二十二章"敝则新"一句相通,作"能敝复成"更为恰当。(见《老子古本考》)朱谦之与劳健的观点一致,他说:"'能蔽复成',当与上文'复此道者不欲盈'句相应,则'蔽而新成'不如景龙、遂州及李荣、司马光本作'蔽而复成',为更与《老子》义相合也明矣。"(《老子校释》,第66页)

关于"能敝复成"的含义,劳健《老子古本考》中认为与"敝则新"的意思相似。张松如也认为:"此'蔽而新成'与'敝复成'谊正同。"并译"能敝复成"为"能够陈旧了再更新"。(见《老子说解》,第

90页）也就是说，"能敝复成"即"去故更新"的意思。

4. 敝而不成

傅奕本和帛书乙本作"是以能敝而不成"。高明认为，王弼本等作"敝不新成"，其中的"新"字系由后人妄增，应予删除，并认为应据帛书乙本作"敝而不成"。（见《帛书老子校注》，第298页）对于高明的观点，董平表示赞成，说："'敝而不成'四字，版本不一，歧义最多……我个人赞同高明先生的校勘，认为本句当作'能敝而不成'。"（《老子研读》，第98—99页）

关于"能敝而不成"的意思，高明说，这里的"能"是"宁"即宁愿的意思，所以"能敝而不成"，指的是宁愿敝坏而不图成。（见《帛书老子校注》，第298页）董平顺着高明的理解进一步解释说："正因为不欲盈满，所以就宁愿处于敝坏不全的状态而不求完全……这正与前句'不欲盈'义相联属。"（《老子研读》，第99页）

对上述四种文字表述进行比较，可以发现，第一种表述"蔽不新成"含义不清，易生歧解，不如后面三种表述的意思清晰；第二、三两种表述"蔽而新成"和"能敝复成"的意思相似，都指去旧更新；第四种表述"敝而不成"意为宁守敝缺而不求完备。因此，关于该句文字表述的讨论可以简化为这样一个问题：宁守敝缺而不求完备，和去旧更新，这两者谁与上文的联系更为紧密？当然，这里所谓的"上文"，应指"孰能浊以静之徐清？孰能安以动之徐生？保此道者不欲盈。夫唯不盈"一段文字，而"浊以静之徐清""安以动之徐生"意为改变浑浊的原状，使变得清澈；改变安静的状态，使运动生长。而这，正是去旧更新的意思。因此，高明、董平等仅以"不欲盈"一句为依据，认为"能敝而不成"即宁愿敝坏不全而不求全备，与"不欲盈"意思吻合，故这里应作"敝而不成"，是值得商榷的。

据此，我们可以得出这样的结论：作"能敝复成"，当更符合老子的原意。虽然作"蔽而新成"也可以，因为其意思与"能敝复成"相似，但是，作"蔽而新成"的依据仅为《淮南子·道应训》中所引（且原引文作"是以能弊而不新成"），所谓王弼本"蔽不新成"之"不"系"而"字之误的说法虽有一定道理，但毕竟只是一种推测；"能敝复成"则有《老子想尔注》、景龙碑本等较为可靠的依据。

十六章

致①虚②极③,守静④笃⑤。万物并作⑥,吾以观复⑦。夫⑧物芸芸⑨,各复归⑩其根⑪。归根曰⑫静,静曰⑬复命⑭,复命曰常⑮,知常曰明⑯。不知常,妄作⑰凶。知常容⑱,容乃公⑲,公乃王⑳,王乃天㉑,天乃道㉒,道乃久,没(mò)身㉓不殆㉔。

【译文】

使心灵达到空无之极的状态,保持清静达于极致的境地。万物都生长、运动,我由此观察事物返回本源。万物纷繁众多,各自返回到它们的本源。返回本源则静,静则能还复本性,还复本性则恒常不变,懂得恒常不变之道则明智。不懂得恒常不变之道,任意妄为,就会有凶险。懂得恒常不变之道就能包容一切,包容一切就能公正无私,公正无私就能天下归往而为王,天下归往而为王就能合乎自然之天,合乎自然之天就能合乎道,合乎道就能长久,终身不会有危险。

【注释】

①致:通"至"。达到。　②虚:指无思无欲的心灵状态。　③极:极限;尽头。　④守静:保持清静,无所企求。　⑤笃:这里与"极"的意思一样。也可指诚笃、专一。　⑥作:兴起;发生。这里指生长、运动的意思。　⑦复:还;返回。这里指返回本源。　⑧夫:凡;所有的。　⑨芸芸:众多的样子。　⑩复归:回复;返回。　⑪根:事物的本源;根源。　⑫曰:则。一说意为叫作。　⑬静曰:王弼本作"是谓",傅奕本、景龙碑本等作"静曰",据之以改。　⑭复命:回归本源,还复本性。　⑮常:指恒常不变。一说指常道;一说指事物运动变化的永恒规律。　⑯明:明智;明察。　⑰妄作:无知而任意妄为。　⑱容:包容。　⑲公:公正无私。　⑳王:称王;担任最高统治者。一说应作"全",指周遍。　㉑天:指自然之天。　㉒道:见第一章注①。这里指合乎道。　㉓没身:终身。　㉔殆:危险。

【解读】

在本章中,老子向我们介绍了一种特殊的修养方法:"致虚极,守静笃",也就是使心灵达到空无之极的状态,保持清静达于极致的境地。同时指出,当心灵进入"虚极""静笃"的状态时,便会"发现"万物都向产生它们的本源回归。而事物回归本源,就会变得安静,就会恢复本性,就会恒久不变,即所谓"复命曰常"。因为"道"是万物的本源,向本源回归,便是向"道"回归,而"道"是恒久不变的,所以老子才会如此说。接着,老子告诫我们:人一旦懂得了恒久不变之"道",就会包容一切,就会大公无私,称王天下,与道合一;否则,如果人不能懂得恒久不变之"道",便会胡作非为,最后必遭凶险。

关于本章文字的含义及文字表述,值得我们注意的主要有这样四个方面:一是"致虚极""守静笃"的含义及两者之间的关系;二是"观复"的确切内涵;三是"静曰复命"的含义及"性"与"命"的关系;四是"公乃王,王乃天"的含义及其是否应作"公乃全,全乃天"。

一、"致虚极""守静笃"的含义及两者间的关系

"致虚极",意为使心灵达到空无之极的状态。这里的"致",是至、达到的意思;这里的"虚",指的是无欲无为的心灵状态,如高亨说"'虚',此指空虚无欲"(《老子注译》,第35页);这里的"极",则表示达到最高程度,意为极点、极致等。关于"守静笃"的含义,学者们多理解为守静达到极致的境地。这里的"笃",表示达到极致的意思。有的学者把"笃"理解为笃固专一,这样也能说通。

值得我们注意的是"致虚极"与"守静笃"之间的关系。关于这两者的关系,学者们有明显不同的两种观点。一种认为,"致虚极"与"守静笃"是并列的关系,如苏辙说:"致虚不极,则有未亡也;守静不笃,则动未亡也……不极不笃,而责虚静之用,难矣。"(《老子解》)另一种则认为,"致虚极"是目的,"守静笃"则是达到"致虚极"的手段,如董平说:"如何推致心灵之'虚'而达到其极致状态?这就要求'静',所以接着说'守静笃'。"(《老子研读》,第100页)

笔者认为,把"守静笃"视作"致虚极"的手段,虽然亦有一定道理,但不如把两者视作并列关系更为恰当。因为对于一个修行者来说,"致虚"和"守静",只是一个过程的两个方面,"致虚"固然需要"守静",但是,"守静"亦离不开"致虚",只有达到心灵之虚,才能真正保持清静。另外,"虚"相对于"实"而言,"静"相对于"动"而言,

因此,所谓"致虚极,守静笃",就是要使心灵既保持空无之极、无任何外物干扰的状态,又处于清静之极、无任何欲念活动的境地。

二、"观复"的内涵

所谓"观复",即观察事物返回本源,这里的"复",是返回本源的意思。"观复"是老子在本章中提出的重要概念,那么,这一概念的实质又是什么呢?综合古今学者关于"观复"的解释,笔者认为,对于老子的"观复",我们可以从以下三个方面加以把握:

首先,所谓"观复",不是通常意义下对事物的认识,而是在"致虚极,守静笃"的状态下对事物的观照。如王安石说:"万物并作,吾能观其复,非'致虚极,守静笃'者,不能与于此。"(见容肇祖辑:《王安石老子注辑本》,第22页)

其次,"观复"的特点不是观察者主动去"观",而是当观察者进入"致虚极,守静笃"的状态后,事物自然呈现出"复"即向本源返归的特点。因此,所谓"观复",只是对事物返回本源的体悟或察知。也就是说,万物必"复",是本来如此的,是天地间的必然规律。

再次,为什么"致虚极,守静笃"便能"观复"?原因有二,一是万物之"复",其实是万物由实、动的状态回归其本源,而其本源的特点即为虚静,因此,人若能保持虚静,便是与万物之本源合一,故能"观复"。二是人亦为万物之一部分,因此,人只有进入"虚极""静笃"的状态,才能超乎万物之上,不受"万物并作"的影响,从而体悟到万物之"复",此正如苏辙所说:"极虚笃静以观万物之变,然后不为变之所乱。知凡作之未有不复者也,苟吾方且与万物皆作,则不足以知之矣。"(《老子解》)

因此,从根本上说,所谓"观复",亦即"观道",因为万物之本源即"道","道"的特点即"虚静"。只是"观复"意义上的"道",是从万物向"道"回归的角度而言的。

三、"静曰复命"的含义及"性"与"命"的关系

"静曰复命"中的"静",指安静、清静的意思;"复命",是回归本源、还复本性的意思。因此,所谓"归根曰静",意即清静就能还复本性。然而,这只是泛泛而论,因为这里的"命"及"复命",实际上蕴含十分丰富而深刻的思想,需要细加剖析。

关于这里的"命"及"复命"的含义,古今学者主要有两种解释。一种认为,这里的"命"指性命,因此,所谓"复命",即复还性命,如

河上公说:"言安静者是为复还性命,使不死也。"(见王卡点校:《老子道德经河上公章句》,第63页)一种认为,这里的"命"指天命,因此,所谓"复命",即返于天之所命,如吴澄说:"天以此气生而为物者曰命,复于其初生之处,故曰复命。"(《道德真经注》)

那么"性命"是什么,"天命"与"性命"又是什么关系呢?对此,《中庸》中说:"天命之谓性。"意即"性"是由天命令的,也就是"性"是由天所决定的。这就好比人有人的本性,狼有狼的本性,此本性是从哪里来的呢?只能是由天决定的。当然,这里所谓的天,并非指有意志的天神,而是指自然,所以范应元说:"命,犹令也,天所赋为命,万物受之而生也……吾心之初,本来虚静,于此可以见道之令也,即天之所赋者。"(《老子道德经古本集注》,第27页)这就告诉我们,"性"是天或"道"所"命"者,它决定了万物不同的本性;而"命"因出于天或"道",故深奥莫测。然而,既然"性"来自天或"道",那么当人穷究自己的本性,并达到像"道"那样的虚静状态时,便可把握此天命。所以,在关于"性"与"命"的关系上,卢育三的论述可谓透彻:"命是万物得以生的东西,在中国哲学中,命与性内容上基本一致,所不同的是在天曰命,在物曰性。在这里,命指作为生生之源的道……复命,又回到万物的生生本原。"(《老子释义》,第88页)

因此,老子在这里说"静曰复命"的实质内涵是:清静就能还复本性,从而体悟到天之所命或"道"之存在。

四、"公乃王,王乃天"是否应作"公乃全,全乃天"

本章的最后一段:"知常容,容乃公,公乃王,王乃天,天乃道,道乃久,没身不殆",指一个人能懂得恒久不变之"道",便能包容一切,公正无私,担任君王,并最后与"道"合一,"没身不殆"。关于本段文字,值得我们注意的是其中"公乃王,王乃天"两句的含义及其文字表述上的争议。

"公乃王",意为公正无私就可以担任王,这反映了古人的一种理想,即认为只有真正能做到大公无私的人,才有资格担任最高的统治者。这里的"王"是动词,读作wàng,指称王、担任最高统治者的意思。如河上公说:"公正无私,〔则〕可以为天下王。"(见王卡点校:《老子道德经河上公章句》,第64页)因公正无私的人可使天下人诚心归附,故便可受天下人之拥戴而为王,因此这里的"王"的确切含义,当指天下归往而为王,不同于一些人凭借武力而称王。

"王乃天",指天下归往而为王就能合乎自然。这里的"天",是合乎天即合乎自然的意思。那么,为什么称王天下就能与天相合呢?对此,唐玄宗认为,天之德是覆育万物,为王者公正无私,庇护万物,故与天同德:"惟天为大,惟王则之,其德同天而无不覆,故云'王乃天'。"(《唐玄宗御制道德真经疏》)这样的解释是很有道理的。

值得注意的是,王弼释"王"的含义为"周普":"荡然公平,则乃至于无所不周普也。无所不周普,则乃至于同乎天也。"(见楼宇烈校释:《老子道德经注校释》,第36页)另外,在《老子想尔注》中,"公乃王,王乃天"一句作"公能生,生能天"。因此,马叙伦推测说,既然王弼释"王"为"周普",而"王"并无周普之义,则王弼本原文的"王"应作"周"字,"王"字当系"周"字损坏所致。(见《老子校诂》,第101页)

另外,劳健在《老子古本考》中则提出了另一种推测,他认为王弼本这两句应作"公乃全,全乃天","王"字系"全"字之讹:"此二句'王'字,盖即'全'字之讹。'公乃全,全乃天','全''天'二字为韵。王弼注云'周普'是也……今本'王'字,碑本'生'字,当并是'全'之坏字,'生'字尤形近于'全',可为蜕变之验也。今录如众本,并订'王'字形误,当作'全'。"

劳健的这一观点受到不少当今学者如陈鼓应、汤漳平等的赞同,因此,在他们的《老子》注译著作中,都直接把原文改成了"公乃全,全乃天",并释"公乃全,全乃天"为坦然大公才能无不周遍,无不周遍才能符合自然的意思。

然而,这种做法也遭到不少学者的反对,如高明明确指出,帛书甲乙本均作"公乃王,王乃天",且作"公乃王,王乃天"在意思上十分明畅,无须修改,劳健的说法只是一种推测,并无可靠的依据。(见《帛书老子校释》,第304页)董平则认为,劳健说"王"是"全"的"坏字",即"全"字因笔画缺损而变成了"王"字,但"公乃王,王乃天"中有两个"王"字,说两个"王"字均是由"全"字笔画缺损而成,这也太过巧合了,因此,他反对把"王"字改成"全"字。(见《老子研读》,第103页)

综合以上观点,笔者认为,虽然作"公乃全,全乃天"比"公乃王,王乃天"在意思上似乎更顺畅合理,但这毕竟只是一种推测,并无古代文本的确切依据。相反,河上公本、傅奕本等历史上有代表性的《老子》本子多作"公乃王,王乃天",帛书甲乙本亦作"公乃王,王乃天",因此,这两句文字应以作"公乃王,王乃天"为妥。

十七章

太上①，下②知有之③；其次④，亲而誉之；其次，畏之；其次，侮⑤之。信⑥不足，焉⑦有不信⑧。犹⑨兮其⑩贵言⑪。功成事遂⑫，百姓皆⑬谓我自然⑭。

【译文】

最好的君主，百姓只知道他的存在；次一等的君主，百姓亲近并且赞美他；再次一等的君主，百姓害怕他；再次一等的君主，百姓轻侮他。君主的诚信不够，于是百姓不信任他。最好的君主迟疑审慎，不轻易发号施令。等到功业建立了，事情成功了，百姓都说我们本来就是这样的。

【注释】

① 太上：最上；最好。这里指最好的君主。一说指最好的时代。　② 下：臣下；百姓。　③ 之：指君主、统治者。　④ 其次：这里指次一等的君主。下同。一说指次一等的时代或状况。　⑤ 侮：欺负；轻慢。　⑥ 信：诚信。　⑦ 焉：则；于是。　⑧ 信：相信；信任。　⑨ 犹：指迟疑、审慎的意思。一说应作"悠"。　⑩ 其：指最好的君主。　⑪ 贵言：不轻易说话。这里指不随便发号施令。　⑫ 遂：完成；成功。　⑬ 皆：郭店竹简本、马王堆帛书甲乙本及景龙碑本等均无"皆"字。　⑭ 自然：自己如此。

【解读】

在本章中，老子同时列举了几种不同类型的统治者：一种是老百姓不知道他的所作所为却能让老百姓安居乐业的，一种是受到老百姓亲近和赞美的，一种是让老百姓感到害怕的，一种是遭到老百姓轻侮的。老子认为，除了第一种，其他的都不是理想的统治者，因为只有第一种统治者自然无为，符合"道"的原则。

本章的意思相对好懂，但是，仍有不少存在争议或需要细加辨析的地方，主要有以下三个方面：一是为什么说百姓"亲而誉之"的君主算不上是理想的君主;二是围绕"信不足,焉有不信"的文字表述及句读的种种争议;三是"自然"的含义及为什么百姓都说"我自然"。

一、为什么百姓"亲而誉之"的君主不是理想的君主

老子说:"太上,下知有之",意即最好的君主,百姓只知道他的存在。学者们多作此种理解,如王弼说:"大人在上,居无为之事,行不言之教……故下知有之而已。"(见楼宇烈校释:《老子道德经注校释》,第40页)这是因为最好的统治者实行无为而治,对百姓的生活不加干预,故百姓只知道他的存在,而不知道他做了什么。老子接着又说:"其次,亲而誉之",这里的"其次",指与"太上"相比,位于次一等的君主;"亲而誉之"则指百姓亲近并赞美君主。那么,百姓为什么会亲近并赞美君主呢?对此,学者们较为一致地认为,那是因为君主以仁义治天下,施恩惠于百姓,故百姓对君主亲爱而赞美。如林语堂说:"次一等的国君,以德教化民,以仁义治民,施恩于民,人民更亲近他,称颂他"。(《老子的智慧》,第69页)

那么,为什么说以仁义治天下的君主是次一等的君主呢?这是因为,按照老子的思想逻辑,只有实施无为而治的君主,才是最好的君主,而以仁义治天下,属于有意而为,故这样的君主只能称为次一等的君主。如范应元说:"其次之君,渐不及古,仁义既彰,民虽亲爱而称美之,然朴自此散,不如相忘于道德也。"(《老子道德经古本集注》,第29页)不过,虽然以仁义治天下的君主是次一等的君主,但是这样的君主对于百姓来说,已属极为难得了。从中国古代几千年的历史来看,统治者大多自私自利,漠视民众疾苦,真正能称得上仁义之君的,大概亦只有到远古历史中去"寻找"了。

二、围绕"信不足,焉有不信"的文字表述及句读之争

"信不足,焉有不信",意为君主的诚信不够,于是百姓不信任他。第一个"信"字指诚信,且主语为君主、统治者;第二个"信"字指相信、信任,且主语为民众、百姓。对此,学者们大多作这样的理解,如河上公说:"君信不足于下,下则应之以不信,而欺其君也。"(见王卡点校:《老子道德经河上公章句》,第68页)

需要注意的是,"信不足,焉有不信"的文字表述,各种《老子》本子之间存在明显的差异,争议也较多。如王弼本作"信不足,焉有不信焉",傅奕本作"故信不足,焉有不信",景龙碑本作"信不足,有不信",范应元《老子道德经古本集注》作"故信不足焉,有不信焉"……

而且，即使是文字相同的本子，其句读也各不相同，如"信不足焉，有不信焉"，有的作"信不足，焉有不信焉"；如"故信不足焉，有不信"，有的作"故信不足，焉有不信"；等等。不同的文字和句读，自然会影响其所表达的意思，因此，我们必须对此作出深入的分析。

在关于该句文字的厘定上，最值得我们关注的是王念孙的观点。王念孙认为，该句应作"信不足，焉有不信"："王弼本第十七章'信不足焉，有不信焉'，河上公本无下'焉'字。念孙案：无下'焉'字者是也。'信不足'为句，'焉有不信'为句。'焉'，于是也。言信不足，于是有不信也……后人不晓'焉'字之义，而读'信不足焉'为一句，故又加'焉'字于下句之末，以与上句相对，而不知其谬也。"（《读书杂志》第5册，第2579—2581页）

王念孙的观点受到蒋锡昌、劳健等的赞同："王说是。下'焉'字当删。"（蒋锡昌：《老子校诂》，第110页）"按：此'焉'字属下句之首，作于是解，不作何字解，义犹则也……高邮王氏博征经史诸子，辨之甚确。"（劳健：《老子古本考》）

该句文字郭店竹简本作"信不足安有不信"，马王堆帛书甲本作"信不足案有不信"，乙本作"信不足安有不信"。关于这里的"安"和"案"，一些学者认为，它们的意思和"焉"一样，如高明说："按今本'焉'字，帛书甲本作'案'，乙本作'安'。'焉''案''安'三字皆如今语中之连词'于是'或'则'，意义相同。"（《帛书老子校注》，第308页）

综上所述，笔者认为，该句最恰当的表述，应当是"信不足，焉有不信"，因为这样的表述，一是有竹简本和帛书本的依据；二是在意思上十分明晰顺畅：因为统治者诚信不足，于是民众不信任他；三是与傅奕本"故信不足焉，有不信"相合，唯傅奕本多一"故"字，而据竹简本或帛书本，此"故"字或为后人所加；四是与王弼本"信不足，焉有不信焉"及景龙碑本"信不足，有不信"的表述在意思上差别也很小。

三、"自然"的含义及为什么百姓都说"我自然"

"功成事遂，百姓皆谓我自然"，意即功业建立了，事情成功了，百姓都说我自然如此，意思比较好懂。值得我们注意的是"自然"的确切含义以及为什么百姓会说"我自然"。

关于"自然"的含义，古今学者大多释为自己如此、本来如此或自然而然的意思。如河上公说："百姓不知君上之德淳厚，反以为己自当然也。"(见王卡点校:《老子道德经河上公章句》,第69页)陆希声说:"使百姓咸遂其性,皆曰我自然而然。"(《道德真经传》)陈鼓应说:"自然:自己如此。"(《老子今注今译》,第142页)那么,老百姓在"功成事遂",即过上了理想中的幸福生活后,不去感谢君主,不去感谢政府,却说我本来就是这样的,我就应该这样过日子,这又是为什么呢?对此,学者们大多认为:这是因为统治者以无为之道治国,对百姓的生活不横加干涉,一切顺其自然,从而使百姓过上了幸福的生活;统治者"功成事遂"后,不以功自居,百姓不知道这一切都是统治者实施无为之道的结果,从而误以为这一切都是自己理所应当的,所以"皆谓我自然"。如吴澄说:"盖圣人不言无为,俾民阴受其赐,得以各安其生,及其功既成,事既遂,而百姓皆谓我自如此,不知其为君上之赐也。"(《道德真经注》)

然而,对于"百姓皆谓我自然"的含义,刘笑敢反对作上述理解,他认为,"自然"概念在《老子》一书中有很高的地位,学者们对"自然"的通行理解未必符合"自然"的基本思想:"笔者认为,河上公所代表的通行理解未必符合《老子》全文中'自然'的基本思想⋯⋯'自然'在《老子》中有很高地位,不是一般性的描述性词语⋯⋯而是与道、与圣人、与万物密切相关的普遍性概念和价值。"(《老子古今》,第236页)刘笑敢进一步认为,这里"百姓皆谓我自然"中的"我",指的也不应是百姓,而应是圣人:"所以其句义应该是百姓称赞圣人无为而治的管理办法符合自然的原则。"(同上)

笔者认为,刘笑敢的这一观点是值得商榷的。因为在本章中,老子明确说"太上,下知有之",即最好的君主,百姓只知道他的存在,却不知其所作所为;又说"犹兮其贵言",即最好的君主悠闲自适,不轻易发号施令。正因为这样,所以百姓在"功成事遂"时,才说是自己本来如此。若说这里的"我"指圣人,又说这里的"自然"指普遍性的概念和价值,则会产生两个问题:一是刘笑敢说"百姓皆谓我自然"指"百姓称赞圣人无为而治的管理办法符合自然的原则",既然说"百姓称赞圣人",这便明显属于"其次"的"亲而誉之",而不是"太上"的"下知有之"了;二是百姓说圣人"自然",且此"自然"又是在普遍原则的意义上使用的,则无疑过于抬高了百姓的思维水平,不符合百姓说话的身份特点。因此,笔者认为,我们对老子的"自然"概念当然可以作各种各样深入的分析,但是就本章而言,把它理解为"自己如此""自然而然",当更为简洁明了,亦更为恰当。

十八章

大道①废②，有仁义③；智慧④出，有大伪⑤；六亲⑥不和，有孝慈⑦；国家昏乱⑧，有忠臣。

【译文】

大道被废弃了，仁义才会彰显；智慧出现了，才会有严重的诈伪；亲属之间不和睦，孝慈才会显现；国家政治混乱，忠臣才会显出。

【注释】

①大道：正道；常理。这里指最高的治世原则，亦即老子的自然无为之道。　②废：抛弃；废弃。　③仁义：仁爱和正义。　④智慧：王弼本作"慧智"，河上公本、傅奕本等均作"智慧"，据之以改。　⑤伪：欺诈；奸伪。　⑥六亲：六种亲属。具体所指说法不一，一说指父、子、兄、弟、夫、妻；一说指父、母、兄、弟、妻、子；等等。泛指亲属。　⑦孝慈：对尊长孝敬，对后辈或下属慈爱。　⑧昏乱：指政治黑暗，社会混乱。

【解读】

在本章中，老子再一次向我们展示了他认识事物的独特视角：在人们通常的观念中，仁义、智慧、孝慈、忠贞，这些无疑是一个社会需要大力提倡的重要价值观；然而，老子却认为，这些东西都是在大道被废弃、社会秩序发生混乱以后才受到人们重视的，在一个大道盛行的社会中，是根本不需要提倡这些东西的，因此，对它们的提倡，恰恰证明了社会已陷入混乱状态。

本章文字较少，亦无生僻难解的文字，但因为老子认识问题的角度比较独特，若不细细分析体会，便极易造成误读，故笔者拟从以下三个方面对本章内容展开分析：一是"大道废，有仁义"的确切含义；二是"智慧"的含义及老子对待智慧的态度；三是"智慧出，有大伪"两句是否应该删除。

一、"大道废，有仁义"的确切含义：大道被废弃，仁义才彰显

"大道废"，意即大道被废弃了。那么这里的"大道"指的又是什

么呢？对此，学者们认为，它指的就是老子提倡的自然无为之道，如王弼释"大道废"说："失无为之事"。（见楼宇烈校释：《老子道德经注校释》，第43页）这里需要说明的是，有的学者释"大道废"为大道毁坏或废坏，如"大道毁坏之后"（《傅佩荣译解老子》，第38页），"而'仁义'的缺失，恰好是'大道'废坏的结果"。（董平：《老子研读》，第106页）这样的解释是不够确切的，因为大道本身是恒久不灭的，它不可能毁坏，这里所谓的"废"，指的是人类社会抛弃或废弃大道，即不遵行大道，而不是大道本身废坏，此正如范应元所说："大道未尝废，废之者人也"。（《老子道德经古本集注》，第31页）

老子说"大道废，有仁义"，据文字直译，即大道被废弃以后，便有了仁义。如林语堂说："大道废弃以后，才有仁义"。（《老子的智慧》，第73页）对于"有仁义"的意思，有的学者亦释为提倡仁义，如高亨说："人类社会的大道被废弃了，才有人提倡仁义德行。"（《老子注译》，第38页）笔者认为，泛泛而论，这里的"有仁义"可以释为有了仁义或提倡仁义的意思，但是，确切而言，这里的"有仁义"应当理解为仁义才彰显或显现，理由如下。

一是把"有仁义"释为有了仁义或提倡仁义，有一个较为明显的缺陷，便是不能恰当地反映"大道"与"仁义"之间的关系，尤其是"有了仁义"的说法，仿佛大道未废时并无仁义，只是大道被废弃后才有了仁义。而事实上，"仁义"意为仁爱与正义，在大道盛行时即已存在，只是在那个时候人们顺乎其自然本性而生活，感觉不到仁义的存在罢了。对于这一道理，一些学者已有很好的揭示，如苏辙说："大道之隆也，仁义行于其中，而民不知。道既废，而后仁义见矣。"（《老子解》）也就是说，大道本身就包含仁义，因此，仁义在不同的时期不是有与无的问题，而是隐与显的问题：大道盛行时，仁义隐而不显；大道被废弃后，仁义才彰显出来。

二是把"有仁义"释为仁义才彰显或显现，可以避免对老子思想的实质及儒道关系的误解。在人们通常的理解中，"道"是老子道家的核心观念，"仁义"是孔子儒家的核心观念。在《老子》一书中，老子有不少"崇道抑仁"的思想，除了本章的"大道废，有仁义"，还有如第十九章"绝仁弃义，民复孝慈"；第三十八章"失道而后德，失德而后仁，失仁而后义"；等等。因此，有的学者认为，这说明老子藐视仁义，其眼界过于狭小。如唐代的韩愈在《原道》中说："老子之小仁义，非毁之也，其见者小也。坐井而观天，曰'天小'者，非天小也……老子之所谓道德云者，去仁与义言之也，一人之私言也。"韩愈之所以说老子"其见者小也"，就是因为他认为老子的"道"是不包含仁义的，而这无疑是对老子思想的误解。因此，如果把仁义视作"道"本身就蕴含的东西，而不是把它与"道"视作在某种程度上对立的双方，就不会发生韩愈那样的误解。

对于下文的"六亲不和，有孝慈""国家昏乱，有忠臣"，我们亦应作类似的理解，即在老子看来，并不是说六亲和睦时没有孝慈，天下太平时没有忠臣，六亲和睦和天下太平时都有孝慈和忠臣，只是那个时候人们自然做到了孝慈和忠诚，故孝慈和忠臣隐而不显罢了。

二、"智慧"的含义及老子对待"智慧"的态度

在人们通常的理解中，"智慧"指人的聪明才智或辨析判断、发明创造的能力，因此，"智慧"无疑是一个褒义词，是人们追求的目标。然而，老子却说"智慧出，有大伪"，即智慧出现了，才会有严重的诈伪，可见在老子的心目中，"智慧"并非像人们通常理解的那样值得大力倡导，因为它会导致"大伪"的产生。那么，老子所说的"智慧"又是什么意思呢？从古今学者关于此处"智慧"的解释来看，值得我们注意的主要有这样两种理解。一种认为，老子在这里所说的"智慧"，指的是用烦琐的法令来治国，如奚侗说："以智慧防止奸欺，而政法日繁"。（《老子集解》，见《老子注三种》，第84页）也就是说，在这些学者看来，老子在此所说的"智慧"，主要是指统治者费尽心机，想出种种的法令条文来防止社会上的奸伪欺诈之事。另一种理解认为，这里的"智慧"，是在贬义上使用的，它指的其实就是智巧，即机谋与巧诈，如林语堂说："随着智巧的出现，才产生诈伪"。（《老子的智慧》，第73页）

笔者认为，就老子的思想逻辑来看，对于"智慧"本身，老子并未采取贬抑的态度，老子所贬抑的，只是对"智慧"的不恰当的运用。因为只要有人，便会有智慧，只是在大道盛行之时，君主以自然无为之道治国，民众自由自在地生活，人们意识不到智慧的存在与作用罢了。而事实上，君主以自然无为之道治国，民众一任天性之自然而生活，这本身就是智慧。等到大道被废弃，社会秩序日益混乱，人们才把自己的聪明智慧运用于法令的制订、诈术的发明，从而使"智慧"沦为智巧。因此，在老子看来，要避免人们对智慧的滥用，最好的办法，便是不去提倡或有意识地运用智慧，而回到大道盛行时的浑厚质朴

状态。

三、"智慧出,有大伪"两句是否应删

"智慧出,有大伪",河上公本、王弼本、傅奕本等历史上有代表性的《老子》本子均有这两句,帛书甲本亦有(乙本残损),然而郭店竹简本却无此两句,因此,一些学者认为,这两句当系后人增补,非《老子》原文所有,或应删除:

> 帛书本及其以后各个版本都比竹简本多出"智慧出,安有大伪"一句。查竹简本原来三行文句……每行前一句都是否定意义的句子,如"大道废""六亲不和"和"邦家昏□",而"智慧出"则没有明显的否定意义。这三行的下一句是有"仁义"、有"孝慈"、有"忠臣",都是"有"正面意义的概念,而"大伪"又明显不在这些概念之列。显然,"智慧出,安有大伪"一句与上下文都不合,当是后人增改之句。(刘笑敢:《老子古今》,第247-248页)

> "大道废,有仁义"句下,帛书及通行本均衍"智慧出,有大伪"句,郭店简本无此句,当据删……郭店简本本章为三个对等句,下章亦同是三个对等句,从句型与句义看,郭店简本较合祖本原貌。(陈鼓应:《老子今注今译》,第145页)

那么,这两句是否应该删除呢?对此,笔者认为,应该从形式和内容两个方面作深入的考察。从形式的角度来看,这两句与前后文句相比,确实显得格格不入,因为"仁义""孝慈""忠臣"都是儒家主张的正面观念,而"大伪"则明显无法与之并列。因此,如果从形式的角度而言,删去该句,无疑能使本章文字显得更为整齐、协调。而从内容的角度来看,根据前面的论述,"智慧出,有大伪",意为智慧出现了,才会有严重的诈伪,这样的观点则是完全符合老子思想的宗旨的,与"大道废,有仁义""六亲不和,有孝慈"的论述手法也存在相似之处,因此,若把这两句删除,便会失去《老子》中关于"智慧"与"大伪"的论述,而这无疑是十分可惜的。

因此,笔者认为,若以郭店竹简本为参照,则"智慧出,有大伪"两句系后人增补的可能性确实比较大,但我们也不能据此就认为《老子》的原始本子中肯定就没有这两句;河上公本、王弼本等有代表性的《老子》本子均有这两句,说明它作为老子思想的一部分已深入人心,影响广泛,因此,就目前情况而言,保留这两句,应是比较妥当的做法。

十九章

绝①圣②弃智③,民利百倍;绝仁④弃义⑤,民复⑥孝慈⑦;绝巧⑧弃利⑨,盗贼无有。此三者⑩,以为文⑪不足⑫,故令有所属(zhǔ)⑬:见(xiàn)素⑭抱朴⑮,少私寡欲。

【译文】

摒弃聪明和智慧,民众可以得到百倍的利益;摒弃仁爱和正义,民众会复归本然的孝顺和慈爱;摒弃技巧和财物,就不会有盗贼。摒弃聪明和智慧、摒弃仁爱和正义、摒弃技巧和财物而进行教化,还有不够的地方,所以要让它有所依托:显现本色,持守质朴,减少私心和欲望。

【注释】

①绝:杜绝;摒弃。 ②圣:聪明睿智。 ③智:智慧;聪明。一说指智巧,即机谋与巧诈。 ④仁:见第五章注①。 ⑤义:公正合宜的道理;正义。 ⑥复:还;返回。 ⑦孝慈:对尊长孝敬,对后辈或下属慈爱。 ⑧巧:技巧;技艺。一说指巧诈、智巧。 ⑨利:财物。一说指私利。 ⑩此三者:指"绝圣弃智""绝仁弃义"和"绝巧弃利"。一说指圣智、仁义和巧利。 ⑪文:文饰。这里引申指教育、教化。一说指礼法制度。 ⑫不足:指有不够的地方。一说指不足以治理天下。 ⑬属:依托。一说指归属;一说指接续。 ⑭见素:显现本色。见:同"现",指显现。素:没有染色的丝,这里指事物的本色。 ⑮抱朴:持守质朴。抱:持守;抱持。朴:未经加工成器的木材,这里指质朴、朴素。

【解读】

上章指出了"仁义""智慧""孝慈"等都是大道被废弃以后,社会秩序混乱,才被人们提倡的,因此,在本章中,老子明确提出了针对性的措施:只有"绝圣弃智""绝仁弃义""绝巧弃利",才能恢复从前大道盛行时的状态。同时,老子也指出,"绝圣弃智""绝仁弃义""绝巧弃利""以为文不足",即依靠绝弃"圣智""仁义""巧利"来进行教化存在不足之处,所以还要从提高人的内心修养入手:"见素抱朴,少私寡欲。"

关于本章文字的含义,历来存在不少的争议,值得我们注意的主要有这样五个方面:一是"绝圣弃智"的含义及老子为什么主张"绝圣弃智";二是"绝仁弃义"的内涵及其与"民复孝慈"的关系;三是"绝圣弃智""绝仁弃义"两句是否应据郭店竹简本改为"绝知弃辩""绝伪弃诈";四是对"此三者,以为文不足"的两种不同解释;五是"见素抱朴,少私寡欲"的内涵及其与"此三者"的关系。

一、"绝圣弃智"的含义及为什么要"绝圣弃智"

在《老子》中,"圣人"都是指品德最高尚、智慧最高超的人,是老子心目中的理想人物。然而,老子在这里却明确提出要"绝圣",这不是自相矛盾吗?对此,有不少当代学者认为,这里的"圣",指的不是圣人,而是聪明、明通的意思,故老子没有自相矛盾,如高亨说:"此处言'绝圣',不是自相矛盾。《说文》:'圣,通也。'此处'圣'字,即明通之意。"(《老子注译》,第38页)笔者认为,把这里的"圣"理解为聪明,从而把"绝圣弃智"理解为摒弃聪明与智慧,是比较恰当的。

既然"圣""智"即聪明智慧,而聪明智慧无疑是人人都追求的,那么老子为什么主张"绝圣弃智"呢?这是因为,"智慧出,有大伪"(十八章),一些奸诈之人往往利用智慧贼害他人,以满足自己的私利,所以只有摒弃智慧,才能根绝"大伪"。从根本上说,老子之所以主张"绝圣弃智",则是因为运用智慧属于"有为",违背了自然无为的宗旨,因此,只有做到"绝圣弃智",才能给民众带来真正的好处。

二、"绝仁弃义"的内涵及其与"民复孝慈"的关系

"绝仁弃义"中的"仁"指仁爱,"义"指正义,因此,所谓"绝仁弃义",便是摒弃仁爱和正义。然而,这样的观点,不仅是让人难以接受的,亦与老子自己的说法不合,因为在第八章中,老子说"与善仁",即施与善于仁爱,明确肯定了仁爱的价值。那么,应该如何看待老子"绝仁弃义"的思想呢?在对前面第十七章的"其次,亲而誉之"及第十八章的"大道废,有仁义"的论述中,我们已经明确说明了老子对待仁义的态度:老子并不否定仁义的价值,但老子认可的仁义,是大道盛行之时,人们发自本性的、自然而行的仁和义,而不是大道被废弃、社会秩序混乱后人为提倡的仁和义,因为人为提倡的仁和义往往夹杂

虚伪的成分,且极易为别有用心的奸诈之人所利用。因此,对于老子"绝仁弃义"的确切含义,也应该从这个角度来理解。

老子说"绝仁弃义,民复孝慈",说明只要摒弃仁义,民众就会复归孝慈的本性。那么,为什么"绝仁弃义"就能"民复孝慈"呢？对此,较具代表性和说服力的一种解释,是认为在第十八章中,老子说"大道废,有仁义",即在大道盛行时,人们自然仁义孝慈;等到大道被废弃、天下秩序混乱后,便有人提倡用仁义来治理天下,从而要求人们孝顺慈爱,但是,这种受仁义束缚和强制的孝慈,已经失去了它的本真之性,变成了虚假和伪善的行为,因此,只有摒弃仁义,回到大道盛行的时代,人们才能复归天然的孝慈。也就是说,提倡仁义,既是大道被废弃、民众失去孝慈本性的标志,同时也会使子不孝、父不慈的情况更加严重,因此,只有"绝仁弃义",才能"民复孝慈"。

三、"绝圣弃智""绝仁弃义"是否应作"绝知弃辩""绝伪弃诈"

在此需要指出的是,通行本"绝圣弃智""绝仁弃义",郭店竹简本作"绝知弃辩""绝伪弃诈",对此,一些学者认为,作"绝圣弃智""绝仁弃义"系由后人所改,这两句应据郭店竹简本作出改正。(见陈鼓应《老子今注今译》,第147页;裘锡圭《老子今研》,第53页)

笔者认为,这两句文字还是以作"绝圣弃智""绝仁弃义"为妥,理由有二。一是据上所述,老子"绝圣弃智""绝仁弃义"的说法是完全能够成立的,因此没有必要把它改成"绝知弃辩""绝伪弃诈"。而且,除了郭店竹简本,历史上有代表性的各种《老子》本子均作"绝圣弃智""绝仁弃义",说明作"绝知弃辩""绝伪弃诈"的本子并没有在历史上产生影响,因此,把《老子》原文改为"绝知弃辩""绝伪弃诈",只会造成人们在理解和认识上的麻烦和混乱。二是"绝伪弃诈"的说法虽然看上去十分稳妥,但缺乏思想内涵和深度。如庞朴就曾指出:"伪和诈,应该弃绝,本是不待言的道理……宣称要弃绝它,迹近无的放矢。"(见刘笑敢:《老子古今》,第259-260页)而作"绝仁弃义,民复孝慈",则观点鲜明,立意深刻,且充分体现了老子思想的风格和特色。

四、对"此三者,以为文不足"的两种不同解释

对于"此三者,以为文不足"的含义,历来争议颇多,主要原因是对于其中的"三者""文""不足"的确切含义,学者们均有不同的理解。

关于这里的"此三者",有较多的学者认为指"圣智""仁义"和

"巧利",如吴澄说:"三者,仁义、圣智、巧利也。"(《道德真经注》)然而,也有学者认为,"此三者"指"绝圣弃智""绝仁弃义"和"绝巧弃利",如唐玄宗说:"三者,谓'绝圣弃智'一也,'绝仁弃义'二也,'绝巧弃利'三也。"(《唐玄宗御制道德真经疏》)

关于"以为文不足"中的"文",学者们主要有两种理解,一种认为指文饰,与"质"相对,如宋徽宗说:"先王以人道治天下,至周而弥文……文有余而质不足。"(《宋徽宗御解道德真经》)另一种认为指文治法度,如高亨说:"文,指文治法度。"(《老子注译》,第39页)笔者认为,把这里的"文"释为教育或教化,要更恰当些。

再来看"不足"的含义。关于"不足",学者们亦主要有两种理解,一种认为指不足以治理天下,如蒋锡昌说:"以上言三者为礼法,不足以治天下也。"(《老子校诂》,第121页)另一种理解则认为,这里的"不足"是缺失、不够的意思,如吕惠卿说:"此三者以为文而非质,不足而非全,故绝而弃之"。(《老子吕惠卿注》,第22页)

值得注意的是,从学者们的具体解释来看,凡主张把"此三者"理解为"圣智""仁义""巧利"的学者,通常都把"此三者,以为文不足"的意思理解为"圣智""仁义""巧利"三者,因为都属于人为的文饰,背离了大道的质朴与天真,所以不足以用它来治理天下。如奚侗说:"圣智、仁义、巧利三者,皆文饰之事,反乎素朴之道,不足资以为治也。"(《老子集解》,见《老子注三种》,第85页)而主张把"此三者"理解为"绝圣弃智""绝仁弃义""绝巧弃利"的学者,则通常把"此三者,以为文不足"的意思理解为:"圣智""仁义""巧利"都有其客观的价值,把它们绝弃以后,便会造成"文甚不足"或"于教不足"等状况。如王弼说:"圣智,才之善也;仁义,(人)〔行〕之善也;巧利,用之善也。而直云绝,文甚不足,不令之有所属,无以见其指。"(见楼宇烈校释:《老子道德经注校释》,第45页)

在以上两种对"此三者,以为文不足"的理解中,笔者认为,第二种理解当更符合老子的本意,理由如下:

一是老子说"绝圣弃智""绝仁弃义""绝巧弃利",明明涉及"圣""智""仁""义""巧""利"六者,而不是"圣智""仁义""巧利"三者;所谓"圣智""仁义""巧利"三者的说法,只是后人为了论述方便而作的一种归纳,所以,把"此三者"理解为"圣智""仁义""巧利"是不符合《老子》文字的本来含义的。而把"此三者"理解为前面的三句话,则是十分自然的事。

二是不少学者之所以会把"此三者"理解为"圣智""仁义"和"巧利",一个重要的原因,是老子说"此三者""以为文不足",所谓"不足",即不够、存在缺失,而根据前面的论述可知,"绝圣弃智""绝仁弃义""绝巧弃利"是老子的重要思想,它是不会存在"不足"的,因此,从逻辑上逆推,存在"不足"的便只能是"圣智""仁义"和"巧利"。而没有考虑到,其实老子是承认"绝圣弃智""绝仁弃义""绝巧弃利"作为一种"文"即用来教化是存在不足的,而这个不足,便是把绝弃"圣智""仁义""巧利"作为一种治国之道,在现实社会中具体实施时会存在某种困难。所以老子才会接着说:"故令有所属:见素抱朴,少私寡欲。"即要从人们的内心修养入手,来弥补这一不足。

五、"见素抱朴,少私寡欲"的内涵及其与"此三者"的关系

"见素抱朴,少私寡欲",直译的意思为:显现本色,持守质朴,减少私心和欲望。在不少学者看来,"见素抱朴"已是一种很高的修养,如李荣说:"万境无染,见素也;守一不移,抱朴也。"(《道德真经注》)

然而,如果"见素抱朴"是一种很高的修养,则把"少私寡欲"与之并列,总是让人觉得不太妥当:"少私寡欲"只是指减少私心和欲望,怎么能与"见素抱朴"相比呢?因此,笔者认为,"见素抱朴"中的"素"和"朴"并非从"万境无染""守一不移"的层次而言,而是人们通常所理解的真实、质朴的意思,也就是说,"见素抱朴"就是指做人要显得真实,要保持质朴,不要虚伪的意思。这样来理解,则"见素抱朴"与"少私寡欲"便处于同一层次上了。因此,王安石的观点无疑是很有启发意义的:"不言守素而言见素,不言返朴而言抱朴,不言无私而言少私,不言绝欲而言寡欲。盖见素然后可以守素,抱朴然后可以返朴,少私然后可以无私,寡欲则致于不见所欲者也。"(见容肇祖辑:《王安石老子注辑本》,第25页)

老子说"此三者,以为文不足,故令有所属:见素抱朴,少私寡欲",其中的"属",念作zhǔ,是依托、依赖的意思,因此,这段话的内在逻辑是:老子有见于"绝圣弃智""绝仁弃义""绝巧弃利"对于普通人来说过于理想化,为了使它们能付诸实施,所以要"令有所属",即要使它有某种依托,而这种依托便是"见素抱朴,少私寡欲"。也就是说,在老子看来,"绝圣弃智""绝仁弃义""绝巧弃利"的落实,关键在于人心的改造,如果从统治者到民众,都能做到"见素抱朴,少私寡欲",则"绝圣弃智""绝仁弃义""绝巧弃利"便是自然而然之事。

二十章

绝①学无忧。唯②之与阿③,相去④几何⑤?美⑥之与恶⑦,相去何若⑧?人之所畏,不可不畏。荒⑨兮,其未央⑩哉!众人熙熙⑪,如享太牢⑫,如春登台。我独⑬泊⑭兮,其未兆⑮,如婴儿之未孩⑯;儽(léi)儽⑰兮,若无所归。众人皆有余,而我独若遗⑱。我愚人之心也哉!沌沌⑲兮!俗人昭昭⑳,我独昏昏㉑;俗人察察㉒,我独闷闷㉓。澹(dàn)㉔兮其若海,飂(liù)㉕兮若无止。众人皆有以㉖,而我独顽㉗且鄙㉘。我独异于人,而贵㉙食㉚母㉛。

【译文】

摒弃知识,就不会有忧烦。恭敬应答的声音与大声呵斥,相差多少?美好与丑陋,又有多少差别?别人所畏惧的,我也不能不畏惧。广漠无边啊,没有尽头!众人兴奋快乐,如同享用太牢美味,如同春天登上高台赏景。只有我淡泊宁静,不露丝毫形迹,就像婴儿还不知道笑的时

【注释】

①绝:杜绝;摒弃。　②唯:恭敬应答的声音。
③阿:通"呵",大声呵斥。一说指怠慢的应答声。
④去:距离。　⑤几何:疑问代词。多少。
⑥美:王弼本作"善",傅奕本作"美",郭店竹简本、帛书甲乙本亦均作"美",据之以改。
⑦恶:丑陋。　⑧何若:几何;多少。王弼本作"若何",河上公本、傅奕本、景龙碑本等均作"何若",郭店竹简本、帛书甲乙本亦作"何若",据之以改。　⑨荒:广漠无边的样子。　⑩未央:无边无际,没有尽头。央:尽;完了。　⑪熙熙:追逐欲望,兴奋快乐的样子。　⑫太牢:祭祀时用作祭品的牛、羊、猪三种牲畜齐备。
⑬独:唯独;只有。　⑭泊:淡泊;恬静。
⑮未兆:尚未显出迹象。兆:征兆;迹象。
⑯孩:同"咳(hái)",指小儿笑。　⑰儽儽:

候；疲乏困顿啊，好像没有归宿。众人都有很多的欲望和追求，只有我好像遗失了它们。我真是愚人的心理啊！混沌不分啊！世俗之人都自炫聪明，只有我暗昧糊涂；世俗之人都清楚精明，只有我浑浑噩噩。沉静啊，好像大海一样；如疾速的风啊，好像没有止息之处。众人都有作用，只有我愚钝而且鄙陋。只有我与众人不同，我重视的是合于大道。

疲乏困顿的样子。 ⑱遗：指遗失、丢失。一说借作"匮"，指不足。 ⑲沌沌：混沌不分的样子。 ⑳昭昭：明白；清楚。这里指自我炫耀聪明的意思。 ㉑昏昏：糊涂；暗昧。有的本子作"若昏"。 ㉒察察：明辨；清楚。 ㉓闷闷：浑浑噩噩的样子。 ㉔澹：安静。 ㉕飂：高风，风疾速的样子。 ㉖以：用。也指作为。 ㉗顽：愚钝。 ㉘鄙：鄙陋。 ㉙贵：崇尚；重视；以为宝贵。 ㉚食：一说指用；一说指养。 ㉛母：指道。一说指母亲。

【解读】

本章文字较多，是《老子》八十一章中字数仅次于第三十九章的一章。在本章中，老子主要论述了圣人与世俗之人的区别，包括以下几个方面的内容。

一是世俗之人喜欢热闹，喜欢追求感官享乐；圣人则喜欢淡泊宁静："众人熙熙，如享太牢，如春登台。我独泊兮，其未兆"。

二是世俗之人都活得清楚明白、精细明察，即所谓"昭昭""察察"；圣人则似乎活得糊里糊涂、浑浑噩噩，即所谓"昏昏""闷闷"。

三是世俗之人都有作为，圣人则看上去愚钝而且鄙陋。

最后，老子指出，圣人之所以与世俗之人不同，就在于圣人重视的是合于大道。

关于本章文字的含义及文字表述，古今学者存在诸多的争议，对此，笔者拟从以下七个方面展开论述：一是"绝学"的含义及为什么"绝学"就能"无忧"；二是"唯"和"阿"的含义及"相去几何"的意蕴；三是为什么"人之所畏，不可不畏"；四是"如婴儿之未孩"中"孩"的含义；五是"儽儽兮，若无所归"的意蕴；六是"众人皆有余，而我独若遗"中"有余"与"遗"的确切含义；七是"食母"的实质内涵。

一、"绝学"的含义及为什么"绝学"就能"无忧"

"绝学无忧"中的"绝学",就文字本身来说,意为杜绝学习或摒弃知识。那么,老子反对人们学习知识吗?对此,学者们大多持否定的态度,他们认为,老子所谓的"绝学",并非指摒弃所有的知识,而是要弃绝"有为俗学""世俗末学"之类,亦即前面第十八、十九章等中所说的圣、智、仁、义、巧、利之类。如吕惠卿说:"上绝弃乎圣智仁义之善,下绝弃乎巧利之恶,不以累其心,则绝学矣。"(《老子吕惠卿注》,第23页)而老子主张"绝学"的目的,是要人们放弃对世俗知识的学习,而去学习或追求"道"。如苏辙说:"若夫圣人未尝不学,而以道为主……安用绝学耶?"(《老子解》)

老子说"绝学无忧",提出了"学"与"忧"的关系问题,而且指出了"绝学"即可使人"无忧"。那么为什么"绝学"就能使人没有忧愁烦恼呢?对此,古今学者主要从以下两个角度进行了解释。

一个是学则有忧。也就是说,老子之所以说"绝学无忧",首先是因为学则有忧。那么为什么学则有忧呢?对此,学者们又有各种不同的解释,如有的学者认为,因为世俗之人学习的目的是为了追求名利,因此常常为得不到名利而忧烦;有的学者认为,学习的目的是为了掌握知识,因此从事学习的人常常为自己不能很好地掌握知识而忧烦;有的学者认为,人学得越多,知道得就越多,烦恼也就越多。

另一个角度是"绝学"使人内心宁静,故无忧。因为老子提倡"绝学"的实质是摒弃对世俗知识的学习,而转向对"道"的追求,从而使心灵处于无思无欲的虚静状态,则一切忧愁烦恼自然就不复存在了。

笔者认为,这样的解释是比较充分的,亦有较好的说服力。

二、"唯"和"阿"的含义及"相去几何"的意蕴

"唯之与阿"中的"唯",古今学者较为一致地认为,是指恭敬应答的声音,然而,对于其中的"阿"字,学者们的理解则出现了明显的分歧。唐宋时期的学者如成玄英、苏辙等大多认为,"阿"是"慢应"的意思。所谓"慢应",指的是怠慢的应答声。然而,有不少学者则认为,这里的"阿",通"诃"或"呵",是大声呵斥或表示愤怒的应声。

值得注意的是,"唯之与阿"一句,郭店竹简本作"唯与呵",帛书甲本作"唯与诃",乙本作"唯与呵"。"诃"与"呵"都有责骂、呵斥的意思,"阿"又通"诃",可见把这里的"阿"理解为"诃"或"呵"的借字,释为大声呵斥,是较为妥当的。当然,把"阿"释为怠慢的应答声,

也没有问题,因为老子在此之所以举"唯"和"阿"为例,是因为它们是两种含义相对的声音。而恭敬应答的声音与大声呵斥,及恭敬应答的声音与怠慢的应答声,都能表达这一意思。

"相去几何",是相差多少的意思。那么老子说"唯"和"阿"相差多少,想表达什么样的意思呢?对此,学者们有诸多不同的解释,其中有代表性的,主要有这样两种:一种是认为"唯"和"阿"都出自口,本来相差不多,但是世俗之人却因此妄起喜怒爱憎,听到"唯"就高兴,听到"阿"则生气,却不去考虑真正重要的是事物的素朴本质和内心的修养,而不是这些外在的表现;一种是认为把"唯"视作恭敬的应答声,把"阿"视为怠慢的应答声,这都是世俗之人所作的人为的分别,在圣人或通达之人看来,它们本无什么区别,所以说"相去几何"。

笔者认为,老子思想有一个重要的特点,便是重视人先天的质朴本性,而反对后天的有意作为。"唯"和"阿"都是人从口中发出的声音,它们本来并无恭敬、怠慢或愤怒等特别的含义,所谓"唯"为恭敬的应答声,"阿"为怠慢的应答声,这些都是世人人为加上去的含义,所以老子发出反问:"唯"和"阿",究竟有多少差别呢?言下之意,它们本来并无什么差别,所谓的差别都是人为造成的。由此来反观上述两种理解,应该都是符合老子本意的,只是角度不同而已。

三、为什么"人之所畏,不可不畏"?

"人之所畏,不可不畏",意为别人所畏惧的,我也不能不畏惧。这里的"不可不畏"的主语,学者们大多认为是指圣人。然而,圣人是道德智慧超群的人,其修养、能力远在世人之上,那么,为什么对世人畏惧的东西,圣人也要畏惧呢?对此,学者们亦有各种不同的解释,其中值得我们注意的一种解释,是认为圣人当然不可能有世俗之人那样的畏惧之心,但圣人既然生活在世上,便不能特立独行,表现得与众不同,而应和光同尘,所以,别人畏惧的,圣人也要表现出畏惧。如苏辙说:"圣人均彼我,一同异,其心无所复留,然岂以是忽遗世法,犯分乱理而不顾哉?人之所畏,吾亦畏之;人之所为,吾亦为之。虽列于君臣父子之间,行于礼乐刑政之域,而天下不知其异也。其所以不婴于物者,其心而已。"(《老子解》)

笔者认为,苏辙的解释是很有道理的。因为由上文"唯之与阿,相去几何?美之与恶,相去何若"可知,"唯"与"美"是众人所喜的,"阿"与"恶"是众人所畏的。圣人则否定这种世俗之见,认为"唯"

与"阿"、"美"与"恶"之间的差别都是人为强加的,它们本无什么差别。这样的观点是从"道"的视角而得出的,然而,如果把这种由"道"观之而得出的观点直接在现实生活中加以应用,肯定会四处碰壁,因为如果你在尊长面前"阿",把众人认为"恶"的东西说成是不恶,甚至说成是美,你必将成为众人眼中的怪物,根本无法在现实社会中生存。所以,老子才从现实可行性的角度,提出了"人之所畏,不可不畏"的观点,指出,圣人虽然内心已经达到了对"唯""阿""美""恶"的超越性认识,但是作为在世俗社会中生活的一员,还是应该遵循世俗生活的规矩,只是在内心保持自己的独立性罢了。

四、"如婴儿之未孩"中"孩"的含义

与"众人熙熙"即众人都沉溺于物质享受、兴奋快乐不同,圣人对于外物诱惑的态度是"我独泊兮,其未兆,如婴儿之未孩",意即只有我淡泊宁静,不露丝毫形迹,就像婴儿还没有"孩"一样。那么这里的"孩"是什么意思呢?对此,学者们主要有这样两种解释。(1)有较多的学者认为,这里的"孩",同"咳",指小儿笑:"若赤子之未孩笑也。"(陆希声:《道德真经传》)"孩,小儿笑也。"(司马光:《道德真经论》)(2)一些学者认为,这里的"孩",指比婴儿大一些的孩子,因此,所谓"婴儿之未孩",即婴儿还未长到孩子那么大的时候,以此来形容没有知识和欲望的状态。如林希逸说:"婴,方生也;孩,稍长也。婴儿之心,全无知识。"(《道德真经口义》)

笔者认为,在上述两种解释中,第二种解释认为"孩"比婴儿要大,似缺乏充分的依据。因此,相比之下,第一种解释显得较为合理。因为人们通常认为,婴儿的笑分为两种,一种是天生自然的笑,一种是后天在他人引逗下的笑。刚出生的婴儿在做梦时就会笑,这是天生的;能在他人引逗下发笑则是在出生一两个月以后。老子在此说的"孩",当指婴儿在他人引逗下发笑,则"未孩"当指出生不超过一两个月的婴儿,这个时期的婴儿,除了进食、睡觉、哭泣及自然的新陈代谢,无知无识,无欲无求,因此老子以此来形容圣人与众不同的心理状态,是十分恰当的。

五、"儽儽兮,若无所归"的意蕴

"儽儽兮,若无所归",直译的意思,即疲乏困顿啊,好像没有归宿。这里的"儽儽",是疲乏困顿的意思。前面说圣人淡泊宁静,像婴儿那样无思无欲,形容圣人有很高的境界,接着却说圣人疲乏困顿,

没有归宿。就字面意思来看,两者无疑存在明显的反差。那么老子在此想表达的是什么意思呢?

笔者认为,关于该句的意蕴,我们不妨作这样的理解:圣人虽然对"人之所畏,不可不畏",但是对于人之所喜,则可不表现出喜,故在众人因沉溺于物欲而欣喜若狂的时候,圣人则淡泊宁静,心中波澜不起,此种心境表现在形貌上,便是"儽儽兮",即一副疲乏困顿的样子。当然,这里所谓的疲乏困顿,并非圣人真的感到自己疲乏困顿,而是在世俗之人看来,圣人的形貌是疲乏困顿的。那么,淡泊宁静、无思无欲之心表现在形貌上为什么会是世人看来的疲乏困顿呢?此中真意,或许只有真修实行之人才能真正体会得到吧。这里引用王阳明在《寿汤云谷序》中他对汤云谷说的一段话,以作为我们理解"儽儽兮,若无所归"之意蕴的参考:

> 古之有道之士,外槁而中泽,处隘而心广;累释而无所挠其精,机忘而无所忤于俗。是故其色愉愉,其居于于;其所遭若清风之披物,而莫知其所从往也。今子之步徐发改,而貌若益瘉,然而其精藏矣;言下意恳,而气若益衰,然而其神守矣。(《王阳明全集》〔上〕,第878-879页)

这里的"外槁而中泽",指外表枯槁而心中润泽;"貌若益瘉,然而其精藏矣""气若益衰,然而其神守矣",指汤云谷虽然看上去形貌衰瘉,但是精神内守。在王阳明看来,这些都是有道之士的特征。而外表枯槁,形貌衰瘉,与"儽儽兮"即疲乏困顿的意思是相似的。

六、"众人皆有余,而我独若遗"中"有余"与"遗"的确切含义

"众人皆有余",直译的意思,是众人都有多余的。那么,此"有余"指的是什么东西多余呢?对此,学者们的观点并不统一,如河上公认为"有余"是指多余的财物和智巧:"众人余财以为奢,余智以为诈。"(见王卡点校:《老子道德经河上公章句》,第80页)苏辙认为是指众人自以为所知的东西有余:"众人守其所知,各自以为有余。"(《老子解》)其中值得我们重视的一种观点,则是认为"有余"指众人有过多的欲望和追求:"众人无不有怀有志,盈溢胸心,故曰'皆有余'也。"(王弼,见楼宇烈校释:《老子道德经注校释》,第47页)"众生滞有,故耽染有余。"(成玄英:《老子道德经开题序诀义疏》)

笔者认为,把"有余"释为有过多的欲望或追求,这是十分恰当

的。因为在老子看来,众人与圣人的一个重要区别,便是众人有旺盛的欲望,而圣人则无欲无求,一切顺乎自然,故老子才会说"众人皆有余"。

与众人不同,老子说"而我独若遗",意即只有我好像"遗"。那么这里的"遗"是什么意思呢?对此,学者们主要有这样三种解释。(1)认为指遗失,如王弼说:"我独廓然无为无欲,若遗失之也。"(见楼宇烈校释:《老子道德经注校释》,第47页)(2)认为指遗弃,如林希逸说:"众人皆有求赢余之心,而我独若遗弃之。"(《道德真经口义》)(3)认为通"匮",是匮乏、不足的意思,如奚侗说:"'遗'借作'匮',不足之意。"(《老子集解》,见《老子注三种》,第86页)

笔者认为,在上述三种解释中,"遗弃"一说值得商榷。因为遗弃是抛弃、扔掉不要的意思,是主体主动实施的一种行为。根据老子的思想逻辑,众人都有过多的欲望和追求,圣人则抛弃这些欲望和追求,如成玄英说:"圣智体空,独遗弃不取。"(《老子道德经开题序诀义疏》)然而,老子在此说的是"而我独若遗",而非"而我独遗","遗"前多了一个"若"字,如果再把"遗"释为遗弃,就成了圣人好像抛弃这些欲望和追求,而这样的解释无疑是不够通顺的。

再来看把"遗"释为"不足"的观点。从文字本身来看,前面说"众人皆有余",则把"遗"释为不足,以"有余"配"不足",看上去是十分恰当的,故董平说:"'匮'即是'乏',即是'不足',与'有余'对文。"(《老子研读》,第114页)因此,把"遗"释为不足,不失为一种较为合理的解释。不过,笔者认为,若把这里的"遗"释为遗失、丢失,似更为恰当。因为把"遗"释为丢失,则"而我独若遗"便是只有我好像丢失了欲望和追求的意思。圣人无思无欲,无过分的欲望和追求,老子说就像圣人把它们遗失或丢失了一样,这样的表述,强调了圣人行为或境界的自然无为的特性,是十分契合老子思想的风格和特色的。

七、"食母"的实质内涵:合于大道

本章前面讲圣人与众人的各种区别,如众人"昭昭""察察",皆有作为,圣人则"昏昏""闷闷",愚钝鄙陋,等等。那么圣人为什么会如此与众不同呢?在本章的最后,老子点明了其中的原因:"我独异于人,而贵食母。"关于这两句,需要深入分析的,主要是"食母"的确切含义。

对于"食母"的含义,学者们有诸多不同的解释,概括起来,主要

▲老子像卷,元代赵孟頫(fǔ)绘。

▲老子骑牛图,宋代晁补之绘。

国学经典详注·全译·精解

▶老子授经图，清代任颐绘。

老子·二十章

* 本章集中论述了老子与世俗之人的区别，如"我独泊兮""我独若遗""我独昏昏""我独顽且鄙"，等等。既有心理上的描述，亦有形象上的写照。对于老子的形象，历代画家有不少的描绘，兹选择其中较有代表性的几幅。这些绘画中的老子，多为长着长长的白胡子（有的甚至是秃头）的老者形象。不过，需要指出的是，"老子"之"老"并非年老的意思，而很可能是姓氏，即老子姓老，名耳，字聃。

有这样四种。(1)认为"食"是用的意思(读作shí),"母"即"道",因此,"食母"即"用道"。如河上公说:"食,用也;母,道也。我独贵用道也。"(见王卡点校:《老子道德经河上公章句》,第82页)(2)认为"食"是养、供养的意思(读作sì),"母"即"道",因此,"食母"即养道的意思,而养道指"道"的涵养,实即修道、求道的意思。如陆希声说:"我独反于本,所贵养其母耳。夫所谓母者,道也……贵养其母者,以清静归于道也。"(《道德真经传》)(3)认为"食母"即"乳母"("食"读作sì),而乳母与婴儿相关,因此,"贵食母"即重视像婴儿一样保持淳朴天真状态的意思。如魏源说:"食母,见《礼记·内则》篇,即乳母也。贵食母者,即婴儿未咳之义也。"(《老子本义》,第48页)(4)认为"食母"即"得道"的意思。如刘师培说:"此文'食母',义不可晓。疑'食'当作'得',即五十二章之'得其母'也……'母'者,所以喻道本也。"(《老子斠〔jiào〕补》)

笔者认为,要弄清"食母"的含义,我们不妨先明确"母"的含义。关于"母"的含义,虽然有的学者把它理解为"母亲",但绝大多数学者都认为指"道",故把"母"释为"道",应是比较恰当的。接下来再看"食"的含义。由以上介绍可知,与"食母"相关的"食"主要有"用""养"两种含义,若释为"用",则"食母"即"用道",而所谓"用道",即按照"道"的要求来行动的意思;若释为"养",则"食母"即"养道",而所谓"养道",即修道以求得道的意思。而无论"用道"或"养道",都是符合老子的思想宗旨的。因此,为了表述的方便,笔者主张把"食母"释为合于大道,因为"用道"必须以合于大道为前提,而"养道"的目的是为了合于大道。所以,老子在这里要表达的,便是圣人重视与大道相合,而众人则追求世俗的名利和享受,而这正是圣人与世俗众人的根本区别所在,故老子说"我独异于人"。

二十一章

孔德①之容②，惟道③是从④。道之为物⑤，惟恍惟惚⑥。惚兮恍兮，其中有象⑦；恍兮惚兮，其中有物。窈⑧兮冥⑨兮，其中有精⑩；其精甚真⑪，其中有信⑫。自今及古⑬，其名⑭不去，以阅⑮众甫⑯。吾何以知众甫之然⑰哉？以此⑱。

【译文】

大德之人的外在表现，只顺从于道。道这个东西，似有似无，模糊不清。惚惚恍恍啊，其中有某种形象；恍恍惚惚啊，其中有某种东西。深远昏暗啊，其中有至精之物；至精之物十分真实，其中有称为"信"的东西。从现今到古代，道的本体之名即无名没有离去过，以此来观察万物的起始。我怎么知道万物的起始是这样的呢？就凭借这个。

【注释】

①孔德：大德；盛德。孔：大；盛。一说指以空为德（孔：即"空"）。　②容：这里指外在表现。一说指行动、动作；一说指容貌、样子。　③道：见第一章注①。　④从：顺从；听从。　⑤物：指存在。不是指具体之物。　⑥惟恍惟惚：指似有似无，模糊不清。恍：模糊；迷离。惚：隐约或游移而不可捉摸；不清晰。　⑦象：指若有若无的形象。　⑧窈：深远。　⑨冥：昏暗；不明。　⑩精：指至精，我国古代哲学家指一种极其精微神妙而不见形迹的存在。一说指精气。　⑪真：真实。　⑫信：一种比"精"更微妙的存在。一说指神；一说指信验；一说指诚信。　⑬自今及古：王弼本作"自古及今"，傅奕本、范应元《老子道德经古本集注》等作"自今及古"，帛书甲乙本亦作"自今及古"，据之以改。　⑭其名：指"无名"或"常名"。　⑮阅：观看；观察。一说指出、产生。　⑯众甫：万物的起始，这里指道的本体。甫：开始。　⑰然：如此；这样。王弼本作"状"，河上公本、傅奕本、景龙碑本等作"然"，帛书甲乙本亦作"然"，据之以改。　⑱此：指"自今及古，其名不去"。

【解读】

本章主要包含这样三层意思：（1）论述了"道"与"德"的关系。所谓"孔德之容，惟道是从"，意即大德之人的外在表现，只顺从于"道"。这里的"德"，指的是事物从"道"得到的特性。因为"德"来自"道"，故大德之人只顺从于"道"。（2）进一步描述了"道"之本体的特性。老子指出，"道"之本体的特点是似无而实有：虽恍恍惚惚，窈冥莫测，但"其中有精""其中有信"。（3）介绍了认识"道"之本体的方法、途径："自今及古，其名不去，以阅众甫。"不过，对于其中"其名"的含义以及何谓"众甫"，学者们有诸多的争议。

关于本章内容，笔者拟从以下六个方面展开分析和介绍：一是"其中有象"中"象"的含义；二是对"精"字的各种解释；三是"其中有信"中的"信"指的是什么；四是"其名不去"中的"其名"之所指；五是"自今及古"是否应作"自古及今"；六是"以阅众甫"的内涵。

一、"其中有象"中的"象"指的是气吗？

"道之为物，惟恍惟惚。惚兮恍兮，其中有象"，意即"道"这个东西，似有似无，模糊不清，在惚惚恍恍之中，有某种"象"。那么这个"象"指的是什么呢？对此，学者们主要有这样两种不同的解释。（1）认为此"象"就是气："中有象，即是气。"（成玄英：《老子道德经开题序诀义疏》）"象者，物生以前之气。"（吴澄：《道德真经注》）（2）认为此"象"是指既非"无"又非具体事物但又隐含万物形象的一种状态："谓其寂寥无形，不可为有而兆见万象。"（陆希声：《道德真经传》）"象者，疑于有物而非物也"。（《老子吕惠卿注》，第24页）

那么上述两种理解哪一种更为合理呢？笔者认为，要回答这个问题，我们不妨参考老子在第十四章中对"道"的相关论述："是谓无状之状，无物之象，是谓惚恍。"所谓"无状之状，无物之象"，意即没有形状的形状，没有物质的形象，用来描述"道"既非具体的事物，又非彻底的"无"，既客观存在，又无形无象、不可认知的特性。而且老子进一步把"道"的这种"无状之状，无物之象"的状态称为"惚恍"。若以此为依据来理解本章中的"惚兮恍兮，其中有象"，则此"象"实即"无物之象"，也就是没有物质的形象。由此来反观上述两种理解，则第二种理解无疑要更恰当一些。当然，把这里的"象"理解为"气"，也有一定的道理，因为气无形无象，看不见摸不着，具有"无"的特点；同时气又非真的"无"，气聚集起来即可成为有形可睹的具体事物。但是，把这里的"象"理解为气，又显得过于具体，遮蔽了"道"所蕴有的丰富的内涵。

二、众解纷纭的"精"字

老子说"窈兮冥兮，其中有精"，意即在深远莫测之中，存在着"精"。那么这个"精"指的又是什么呢？对此，古今学者有各种不同的理解，概括起来，主要有这样三种。(1)认为指"精实"或"精智"："道唯窈冥无形，其中有精实，神明相薄，阴阳交会也。"（见王卡点校：《老子道德经河上公章句》，第86页）"有精，即精智也。"（成玄英：《老子道德经开题序诀义疏》）那么此"精实"或"精智"又是什么呢？对此，我们很难根据上述文字作出确切的把握，但它们无疑具有某种神秘的成分。(2)认为老子在这里说"有精"，与前面的"有象""有物"一样，目的是强调"道"似无而实有、虽不可见却又实存的特点，如林希逸说："虽不可见而又非无物，故曰'其中有象''其中有物''其中有精'。"（《道德真经口义》）(3)认为这里的"精"是"至精"的意思："谓道既不可以有无言之，则幽微冥昧矣，然而中有至精也。"（范应元：《老子道德经古本集注》，第39页）而所谓"至精"，指的是一种极其精微神妙而不见形迹的存在。

当代学者对于"精"的理解主要有两种，一种认为，此"精"指的是最微小的原质，如陈鼓应说："精：最微小的原质……那样的深远暗昧，其中却有精质"。（《老子今注今译》，第157-159页）而所谓"原质"，实即元素的意思。另一种理解认为，这里的"精"，是指精气，如沙少海等说："精，精气……深远暗昧之中，却涵育着细微的精气。"（沙少海、徐子宏：《老子全译》，第39-40页）而所谓"精气"，指阴阳精灵之气，古人认为天地万物皆禀之而生。

综上所述，笔者认为，把这里的"精"理解为至精或精气，似更恰当一些。因为第一种理解释"精"为"精实"或"精智"，所指并不明确；第二种理解较为笼统，不够确切；当代学者有的释"精"为"原质"，亦有泛泛之嫌。而"至精"或"精气"均指一种极微妙的存在，故相比之下，这样的解释当更符合老子的原意。

三、"其中有信"中的"信"之所指：一种比"精"更微妙的存在

关于"其中有信"中"信"的含义，通行的观点是认为指诚信或真实的意思，如范应元说："则是其中有诚信矣"。（《老子道德经古本集注》，第39页）吴澄说："'信'，实也，与'真'字同义。"（《道德真经

注》）但这样的解释存在一个很明显的问题：前面讲"其中有象""其中有物""其中有精"，"象""物""精"都是名词，按理，这里的"信"也应该是名词，可是，所谓诚信、真实等等，则明显不是名词而是形容词。正是基于这样的认识，于省吾认为，这里的"信"，指的应该是"神"的意思：

> 自来皆读"信"如字，遂不可解结。"信""申"古通……"申""伸"古同用……"申"即"神"字……言精既甚真，故精之中有神也。自"信""神"之通假不明，世人遂不知《老子》言"精"言"神"之义矣。（《双剑誃〔yí〕诸子新证》，第238页）

笔者认为，于省吾释"信"为"神"，此观点能否成立，当然可以进一步讨论，但是于省吾的观点无疑是极具启发意义的。这里的"信"具体指的是什么，因老子没有明说，我们不好妄下结论，但它应该是一种比"精"更为精微、更为本质的东西，这一点应是确定无疑的。

四、"其名"即是"无名"

对于"自今及古，其名不去"的含义，学者们多解释为从古至今（有不少《老子》本子"自今及古"作"自古及今"），"道"的名字不能消去或没有离去过。这里的"其"，指"道"，因此，"其名"即指"道"的名字。如陆希声说："道之为名，常在不去耳。"（《道德真经传》）林语堂说："从古迄今，道一直存在，它的名字永远不能消去"。（《老子的智慧》，第83页）

但是，这样的解释并不符合客观事实：在人类产生以前，就没有"道"的名字；人类产生以后，也不是始终都有"道"的名字。更何况"道"本无名，所谓"道"的名字的说法本身就并不准确。

或许正是意识到了这一点，因此，一些学者在释"其名"时，不把它释为"道"的名字，而把它释为"道"的功用，如蒋锡昌说："'名'非空名，乃指其所以名之为道之功用而言。道名不去，犹言道之功用不绝"。（《老子校诂》，第148页）这样的解释虽然也勉强能够说通，但毕竟有明显的主观臆解的成分，很难获得大家的认同。笔者认为，问题的关键，在于不应把"其名"泛泛地释为"道"的名字，因为我们在前面已经说过，"道"包含本体与作用两个方面，"道"的本体无声无形，不可言说，无法命名；"道"之作用可见可知，可以命名。而老子在本章中所说的"道"，指的是"道"的本体，而非"道"的作用。"道"的本体无法命名，故"无名"即"道"的本体之名，因此，这里的"其名"，指的应该是"无名"；而"其名不去"，指的是"道"的本体始终只能以"无名"称之，"无名"这个名称从未离去过。

五、"自今及古"还是"自古及今"

"自今及古，其名不去"中的"自今及古"一句，河上公本、王弼本、景龙碑本等均作"自古及今"，只有傅奕本、范应元《老子道德经古本集注》等少数本子作"自今及古"。然而，马王堆帛书甲本和乙本该句均作"自今及古"，因此一些学者认为，该句应作"自今及古"，如高明说："帛书甲、乙本正作'自今及古'……足证今本作'自古及今'者，乃由后人所改。"(《帛书老子校注》，第333页)

当代有一些学者如张松如、陈鼓应、牟钟鉴等均认为应作"自今及古"，并且在他们的《老子》注译著作中，直接把原文改成了"自今及古"。那么，这里究竟应作"自今及古"还是"自古及今"呢？在通常的理解中，"自今及古"与"自古及今"的意思差不多，而且"自古及今"在意思上还要更顺畅一些。然而，笔者认为，这里当以作"自今及古"为妥，因为"自今及古"的意思是从今道至古道，而不是泛泛地指从现今到古代；而在老子思想中，今道与古道有明显的区别，今道是"道"之本体和作用并存，古道则只有"道"之本体。而称"道"之本体为"无名"，是"道"之本体显现其作用、有了天地万物与人类以后的事，故说"自今及古"，于理较顺。

六、"以阅众甫"的内涵：观察"道"之本体

"以阅众甫"中的"阅"字，有不少学者释为观察、观览的意思："阅，览也……故能览察古今，应乎终始也。"(成玄英：《老子道德经开题序诀义疏》)"谓观阅众物之某甫者耳。"(陆希声：《道德真经传》)因此，这里值得我们注意的是"众甫"的含义。

关于"众甫"的含义，学者们主要有这样三种解释。(1)认为"甫"即开始，"众甫"即众物或万物的起始，如王弼说："众甫，物之始也，以无名(说)〔阅〕万物始也。"(见楼宇烈校释：《老子道德经注校释》，第53页)(2)认为"甫"是美的意思，"众甫"即众美或万有的意思，如吴澄说："甫，美也。众甫，万有也……以其有常而遍历古今无常之万有也。"(《道德真经注》)(3)认为"甫"即"父"，"众甫"即"众父"，而众父即众物之父的意思，众物之父则可指天地或"天下母"等等，如俞樾(yuè)说："'甫'与'父'通，'众甫'者，众父也……

众父者,犹云万物母、天下母也。"(《老子平议》)

那么,在上述各种理解中,哪一种理解更有道理呢?笔者认为,要弄清"以阅众甫"的确切含义,首先需要明确"自今及古,其名不去"的确切内涵,因为根据老子"自今及古,其名不去,以阅众甫"的表述,老子是通过"自今及古,其名不去"来"阅众甫"的。而根据前面的分析,"自今及古,其名不去"的意思为从今道到古道,"道"的本体之名始终是无名,从未离去过,则其应当蕴含这样两个方面的意思:一是"道"之本体无声无形,不可捉摸,无法命名,故只能称为无名;二是"道"之本体虽然无名,但是我们可以从今道中,从"道"之本体显现的作用中去把握它的存在与特性。因此,"以阅众甫"应指从上述两个方面来观察"道"之本体的意思。理由如下。

一是从本章的主体内容来看,都是在描述"道"之本体的特性,如"恍兮惚兮""窈兮冥兮","其中有象""其中有物""其中有精""其中有信"等等。而在本章的结尾,老子又反复强调"以阅众甫","吾何以知众甫之然",则这里的"众甫",用来指"道"之本体,方显前后相承,逻辑完整。

二是老子明确指出,要从"自今及古,其名不去"来"阅众甫",也就是既要从"道"之无名、从"道"之无声无形来认识"众甫",又要通过"道"显现出来的作用来认识"众甫",则此"众甫",应当指"道"之本体。

三是本章的内容结构与第十四章极其相似,第十四章亦是先论述"道"之本体无声无形的特性,然后讲如何认识这个"道"之本体:"执今之道,以御今之有,能知古始",其中的"古始",即"道"的本体;而本章在论述"道"之本体恍兮惚兮、窈兮冥兮的特性后,说"自今及古,其名不去,以阅众甫",则这里的"众甫",亦应指"道"之本体。

以上述认识为基础,则本章的最后一句"吾何以知众甫之然哉?以此",意思便为:我怎么知道"道"之本体是这样的呢?就是依靠这个。这里的"此",指的便是"自今及古,其名不去"。因此,"吾何以知众甫之然哉?以此",实即对"自今及古,其名不去,以阅众甫"的进一步强调和解释。

二十二章

曲①则全②,枉③则直④,洼⑤则盈,敝⑥则新⑦,少则得,多则惑。是以⑧圣人⑨抱一⑩为天下式⑪。不自见(xiàn)⑫,故明⑬;不自是⑭,故彰⑮;不自伐⑯,故有功;不自矜⑰,故长(cháng)⑱。夫⑲唯⑳不争,故天下莫能与之争。古之所谓"曲则全"者,岂虚言㉑哉?诚㉒全而归之。

【译文】

委曲才能保全,弯曲才能伸直,低洼才能充满,破旧才能更新,少才能有得,多则反而会迷惑。所以圣人持守道作为天下的楷模。不自我显现,所以明智;不自以为是,所以彰显;不自我夸耀,所以有功劳;不自高自大,所以长久。正因为不与别人相争,所以天下没有人能与他相争。古人所说的"委曲才能保全"的话,难道是一句空话吗?它确实能让人得以保全。

【注释】

①曲:委曲,迁就顺从。 ②全:保全。 ③枉:弯曲。一说指委屈自己的意思。 ④直:不弯曲;伸直。一说指正直。 ⑤洼:低洼。 ⑥敝:破旧;衰败。 ⑦新:更新;使之新。 ⑧是以:因此;所以。 ⑨圣人:见第二章注⑭。 ⑩抱一:持守道。抱:持守;抱持。一:指道。 ⑪式:楷模;榜样。一说指法度、准则。 ⑫自见:自我表白;显露自己。见:同"现",指显现、显露。 ⑬明:明智;明察。 ⑭自是:自以为是;认为自己正确。 ⑮彰:明显;显著。 ⑯伐:自我夸耀。 ⑰自矜:自负,自以为了不起。 ⑱长:长久。一说指长处;一说指首领(读作zhǎng)。 ⑲夫:助词。用于句首,表发端。 ⑳唯:以;因为。 ㉑虚言:空话;假话。 ㉒诚:真正;确实。

【解读】

在本章中,老子向我们介绍了一种独特的处世之道:通过委曲顺从来保全自己,通过不争来使天下没有人能与自己相争。而这种处世之道的实质,便是"抱一",即持守"道"。本章的意思相对好懂,但亦存在一些争议。对于本章内容,笔者拟从以下五个方面展开介绍或论述:一是"曲则全"的意蕴;二是"少则得,多则惑"的含义及"多则惑"是否应删;三是"抱一"的确切含义;四是"争"与"不争"的辩证关系;五是对"诚全而归之"的两种不同理解。

一、"曲则全"的意蕴:委曲顺从才能保全

关于"曲则全"的含义,学者们多释为委曲才能保全的意思,如河上公说:"曲己从众,不自专,则全其身也。"(见王卡点校:《老子道德经河上公章句》,第89页)成玄英说:"屈曲随顺,不忤物情,柔弱谦和,全我生道。"(《老子道德经开题序诀义疏》)因此,这里的"曲",指的是让自己迁就顺从他人或外物,不与之相抵触的意思;"全",则是"全身",亦即保全生命或名节的意思。不过,也有学者认为,这里的"曲",指的不是迁就顺从他人或外物,而是指迁就顺从理或"道",如范应元说:"曲己以从道则全"。(《老子道德经古本集注》,第40页)

笔者认为,从《老子》的思想宗旨来看,老子提倡柔弱不争,因此,所谓"曲则全",无疑有迁就顺从他人或外物以求保全自身的意思;但是,老子又主张人的行为必须遵循"道"的原则,因此,所谓迁就顺从他人或外物,肯定不会是毫无原则地迁就顺从,而是指在坚持"道"的原则的前提下,在保持内心自由和独立性的情况下,和光同尘,与时俯仰,以求保全自身。所以,把上述两种观点结合起来进行理解,"曲则全"的意蕴方为完整。

二、"少则得,多则惑"的含义及"多则惑"是否应删

在"曲则全"之后,老子接着说:"枉则直,洼则盈,敝则新,少则得,多则惑",其中的"枉则直"指弯曲才能伸直,"洼则盈"指低洼之处才能充满,"敝则新"指破旧才能更新,意思比较好懂,这里值得我们注意的是"少则得,多则惑"的含义。

"少则得,多则惑",从文字本身来看,意为少的才能得到,多了反而会迷惑,说明了少比多好的道理。那么这里的"少"和"多"具体指的又是什么呢?对此,古今学者有不同的解释,概括起来,主要有这样两种。(1)认为这里的"少",指的是自己所取甚少的意思,因自己所取甚少,则既显谦虚之德,又不会遭人所忌,故反而能得到;"多",则指所取或所得很多的意思,因所取或所得过多,所以必然会

造成迷惑。如杜道坚说:"自守其少,久将自得。一或不诚,以多为得,则惑也,惑则不得也。"(《道德玄经原旨》)(2)认为这里的"少",指的是"道"或理只是一,不是多,因此,"少则得"指守"道"或理则有得;"多",则指追逐纷繁之外物而无统一之宗旨,故迷惑。如苏辙说:"道一而已,得一则无不得矣。多学而无以一之,则惑矣。"(《老子解》)

笔者认为,这里的"少"是泛指,既可以指财物少,也可以指知识少,还可以指欲望少,等等。与此相应,"多"也可以指财物多、知识多、欲望多,等等。至于"得",有不少学者理解为多得或得多,笔者认为,这种理解值得商榷,这里的"得",当指得理或得"道"的意思。因为老子说"少则得,多则惑",说明"少"与"多"相对,"得"与"惑"相对,"惑"指迷惑,则"得"当有不迷惑的意思,而一个人只有得理甚至得"道"才能真正做到不迷惑。

不过,这里也存在一个问题,因为从本章前面的文字来看,"曲则全""枉则直""洼则盈""敝则新",都是把每一句的最后一个字——"全""直""盈""新"作为追求的目标,接下来说"少则得,多则惑","得"当然亦是追求的目标,但"惑"无疑是人人所反对的,因此,"多则惑"的表述,与上面几句在内容上存在很明显的反差。对此,马叙伦认为,"少则得,多则惑"两句,应只作"少则得","多则惑"一句是后人妄加的。(见《老子校诂》,第130页)

笔者认为,从意思上来看,"多则惑"一句,确实有某种蛇足之嫌,然而,历史上有代表性的《老子》本子如河上公本、王弼本、傅奕本等多作"少则得,多则惑",马王堆帛书甲本和乙本亦作"少则得,多则惑",因此,我们最好还是不要去怀疑原文,而应尽量在内容上作出合理的解释。

三、"抱一"即是守"道"

"是以圣人抱一为天下式"一句,上承"曲则全""少则得"等五者,下启"不自见""不自矜"等,在本章中处于核心的地位。对于其中的"式"字,学者们多认为指模范、榜样的意思,争议较多的是"抱一"的含义。

对于"抱一"的"抱"字,学者们多释为守、守持的意思,如河上公说:"抱,守也。"(见王卡点校:《老子道德经河上公章句》,第90页)成玄英说:"抱,守持也。"(《老子道德经开题序诀义疏》)分歧较多的是对"一"字的理解。从学者们的解释来看,他们对"一"字主要有这样两种理解:(1)认为"一"指的是"道",所谓"抱一",指的是持守"道"的意思,如李荣说:"一,道也。圣人怀道,故言抱一。"(《道德真经注》)(2)认为"一"是最少的数,因此"抱一"体现的是上文所说的"少则得"的道理,如焦竑(hóng)说:"一,少之极也,抱一而天下式,则其得多矣。"(《老子翼》,第59页)

笔者认为,对于"抱一"的含义,当以理解为持守"道"为妥,因为把"一"理解为最少的数,从而认为"抱一"体现了"少则得"的道理,虽然也能说通,但总是给人某种牵强的感觉。因为从文字本身来看,老子说"曲则全,枉则直,洼则盈,敝则新,少则得,多则惑",然后说"是以圣人抱一为天下式",则"圣人抱一为天下式"当是对从"曲则全"至"多则惑"的道理的总结,而不光是就"少则得,多则惑"而言,故不宜从"一"为最少的数的角度去理解。

四、"争"与"不争"的辩证关系

老子说"夫唯不争,故天下莫能与之争",明确指出了"争"与"不争"的辩证关系:之所以会有人与你相争,是因为你采取了与别人相争的态度;如果你采取不与别人相争的态度,天下就不会有人与你相争,因为一个与世无争的人,怎么会有人与你相争呢?故河上公说:"此言天下贤与不肖,无能与不争者争也。"(见王卡点校:《老子道德经河上公章句》,第91页)

然而,以上只是"争"与"不争"辩证关系的一个方面,还有另一个方面,就是:只有以不争为手段,才能真正达到争的目的。这样的说法或许会遭到一些人的反对:老子提倡守柔不争,怎么会主张以不争为手段,去达到争的目的呢?这岂不成了要弄阴谋诡计了吗?对于这个问题,笔者认为应该从两个方面去加以分析。第一个方面,老子主张以不争为手段,来达到争的目的,这不是我们对老子思想的曲解,而是老子的论述本身就包含了的。因为在本章前面的文字中,"曲""枉""洼""不自见""不自伐"等等确实都是提倡不争的,但是,老子说"曲则全""枉则直""不自是,故彰""不自伐,故有功"等等,说明"全""直""彰""有功"等等才是老子想要达到的目的,只是老子提倡的达到目的的方法与世俗之人不同。世俗之人想要达到"全""直""彰""有功"等目的,是直接采取与他人相争的方式;老子则根据他对历史和现实的深刻洞察,发现为了达到上述目的而与他人相争，往往最终达不到目的，相反，如果你采取不与他人相争的方式，反而能更好地达到目的，因此，老子才提倡"不争"。所以，老子上述思想的实质，便是以"不争"为手段，来达到"争"的目的。

第二个方面，笔者认为，老子主张以"不争"为手段，来达到"争"的目的，并不是说老子主张耍弄阴谋诡计，而是体现了老子思想适合实际操作的一面。在第七章中，老子说："是以圣人后其身而身先，外其身而身存。非以其无私邪？故能成其私。"明确指出了"私"与"无私"的辩证关系。在对第七章的解读中，笔者亦已经指出，老子此话的实质，便是以"无私"为手段，来达到"成其私"的目的；"无私"是从"道"的层面而言的，"成其私"则是从"术"亦即实际操作的角度而言的。本章的"夫唯不争，故天下莫能与之争"，其思想实质与"非以其无私邪？故能成其私"是一样的，"不争"是从"道"的层面而言的，"天下莫能与之争"则是从"术"的层面而言的，亦即一个人想要达到天下没有人能与他相争的目标，就必须以"不争"为手段。

五、对"诚全而归之"的两种不同理解

"诚全而归之"中的"诚"字，古今学者多释为真正、确实的意思。然而，对于"全而归之"的含义，学者们则众说纷纭，其中值得我们注意的，主要有这样两种观点。（1）认为这里的"全"是整全或保全的意思，"归之"指归于"道"或天地等，如林希逸说："天地之与我无所欠阙（quē），我但当全而归之耳。"（《道德真经口义》）范应元说："盖道全而生之，吾当全而归之矣。"（《老子道德经古本集注》，第42页）也就是说，"全而归之"指"道"或天地赋予人以整全之性，人亦当持守此整全之性回归"道"或天地。（2）认为这里的"全"即"曲则全"中的"全"，指的是保全的意思，"归之"指归于他自己，因此，所谓"全而归之"，指的是保全之效果归于自己的意思，如蒋锡昌说："言人苟行'曲'之道者，则全身之效，能确实归其所有也。"（《老子校诂》，第155页）

在上述两种理解中，笔者倾向于第二种理解。因为从整段文字来看："古之所谓'曲则全'者，岂虚言哉？诚全而归之"，无疑是围绕"曲则全"而展开的，因此，"全而归之"中的"全"，应该即是"曲则全"中的"全"。既然如此，则"全而归之"的意思便是保全的效果归于他，亦即使他得以保全的意思。而第一种理解虽亦有一定的道理，但它是脱离"曲则全"来进行解释的，故存在一定的偏颇。

二十三章

希言①自然②。飘风③不终朝(zhāo)④,骤雨⑤不终日。孰⑥为此者?天地。天地尚不能久,而况⑦于人乎?故从事⑧于道⑨者,同⑩于道;德⑪者,同于德;失⑫者,同于失。同于道者,道亦得⑬之;同于德者,德亦得之;同于失者,失亦得之。信不足,焉有不信⑭。

【译文】

少发政令合乎自然。狂风刮不了一个早晨,暴雨下不了一整天。谁造成了狂风暴雨呢?是天地。天地尚且不能使狂风暴雨持久,何况是人呢?所以,致力于道的人,就与道相合;致力于德的人,就与德相合;致力于失道、失德的人,就与失道、失德相合。与道相合的人,道也得到他;与德相合的人,德也得到他;与失道、失德相合的人,失道、失德也得到他。君主的诚信不够,于是百姓不信任他。

【注释】

①希言:少发政令。希:少。言:指政令。一说指少说话。　②自然:自己如此。　③飘风:暴风;狂风。王弼本"飘风"前有"故"字,河上公本、景龙碑本等无"故"字,帛书甲乙本亦无,据之以删。　④终朝:早晨。　⑤骤雨:暴雨。　⑥孰:谁。　⑦而况:何况。　⑧从事:致力于(某种事情)。　⑨道:见第一章注①。　⑩同:相同;相合。王弼本在"同"字前有"道者"二字,帛书甲乙本均无,据之以删。　⑪德:一说指从道得到的特殊性质;一说通"得",指得到。　⑫失:指失道、失德。一说指失去。　⑬"得"字之前,王弼本有"乐"字(后面的两个"得"字前相同),傅奕本、景龙碑本、范应元《老子道德经古本集注》等均无"乐"字,帛书甲乙本亦无"乐"字,据之以删。　⑭信不足,焉有不信:这两句亦见于第十七章。一说系错简重出,应删。

【解读】

　　本章主要包含两个方面的内容，一是指出了统治者治理国家时少发政令才符合自然之道，其统治才能长久，并以"飘风""骤雨"不能"终朝""终日"为例，说明违背自然的暴戾之行必不能长久。二是说明了同声相应、同类相从的道理，所谓"从事于道者，同于道；……失者，同于失"，意即如果你把"道"作为追求目标，"道"就会与你同在；如果你把失道作为追求目标，失道就会与你同在。所以一个人最终是得道还是失道，取决于他一开始的选择及之后的所作所为。

　　对于本章内容，笔者拟从以下四个方面展开论述：一是"希言自然"的含义；二是"飘风不终朝，骤雨不终日"与"希言自然"的关系；三是自"故从事于道者"至"失亦得之"一段文字应作何种表述；四是"信不足，焉有不信"两句是否应删。

一、对"希言自然"的两种解释

　　"希言自然"中的"自然"，有不少学者认为指自己如此、自然而然的意思，因此，这里值得我们注意的是"希言"的含义。学者们对于"希言"主要有两种理解。（1）认为"希言"之"希"，即第十四章"听之不闻，名曰希"中的"希"；而"听之不闻，名曰希"，指"道"虽客观存在，但"道"无声，用耳朵无法听到它的声音，因此，"希"代表一种特殊的无声状态。据此，则"希言"便指一种特殊的"无言"，其实质则是"道"之所言或合于"道"之言。如王弼说："'听之不闻，名曰希'。下章言：道之出言，淡兮其无味也，视之不足见，听之不足闻。然则无味不足听之言，乃是自然之至言也。"（见楼宇烈校释：《老子道德经注校释》，第57页）（2）当代学者大多认为，"希言"即少言的意思，但这里的"言"，指的是政教法令，因此，"希言"即减少政教法令的意思，它反映的实即老子的无为而治思想。如蒋锡昌说："'希言'者，少声教法令之治……谓圣人应行无为之治"。（《老子校诂》，第156页）

　　笔者认为，上述两种解释各具特色，但第一种解释稍显曲折，不如第二种解释在意思上显得更为明确、顺畅。因此，笔者倾向于把"希言自然"释为少发政令合乎自然的意思。

二、"飘风不终朝，骤雨不终日"两句与"希言自然"的关系

　　"飘风不终朝，骤雨不终日"，意即狂风刮不了一个早晨，暴雨下不了一整天。这两句与"希言自然"之间在意思上似乎缺乏内在关联，因此有学者提出，这里或许存在文字脱漏。如奚侗说："然以文例求

之,必有偶语,上下或有脱简。"(《老子集解》,见《老子注三种》,第90页)也有学者认为,"希言自然"一句当属于第二十二章,置于"诚全而归之"之后。如姚鼐《老子章句》即把"希言自然"和"诚全而归之"连在一起进行解释。然而,有不少学者则认为,"希言自然"与"飘风""骤雨"两句存在密切的内在联系。如对于"希言自然"的含义,当代学者多释为少发政令合乎自然,由此来理解"飘风""骤雨"两句的含义,一些学者指出,"希言"即提倡无为而治,"多言"则是提倡有为而治,这里的"飘风""骤雨"就相当于有为而治,因此这两句是对"希言自然"的进一步解释,意为有为之治不能长久,只有清静无为方可长久。如蒋锡昌说:"'飘风''骤雨'皆所以喻人君治国,不能清静无为,而务以智治国也。"(《老子校诂》,第156页)

也有一些学者把"希言"释为少说话,因此,在他们看来,"飘风""骤雨"相当于多言,它违背自然,故不能长久;"希言"则相当于风雨应时而至,它符合自然,故能长久。如魏源说:"风之飘,雨之骤……皆非自然者也。盖时然后言,人不厌其言。如时雨之应会而至,不疾不徐。若非自然而强谈诡辩以惊世,此犹飘风暴雨,徒盛于暂时而已。"(《老子本义》,第53页)

笔者认为,上述两种理解,前一种把"飘风""骤雨"与统治者的"多言"即有为之治相联系,后一种则把"飘风""骤雨"与人的多言(或诡言)躁行相联系,在逻辑上均是能说通的。但这样理解是否符合老子之本意,则亦是存在疑问的。因此,刘笑敢的观点无疑值得我们参考:"这两句的关系较难理解,因此有人主张'希言自然'独立一章……愚意以为一句话不必独立一章,或许可以独立理解,而不必连下文串讲。"(《老子古今》,第298页)

三、对"故从事于道者,……失亦得之"一段文字的厘定

对于从"故从事于道者"至"失亦得之"一段文字,历史上各种《老子》本子有诸多不同的表述,若一一罗列,会让读者看得头昏脑涨,因此,笔者在此拟采取这样一种做法:先列出王弼本的文字,然后指出不同本子与王弼本的区别,再分析哪一种表述更为合理。该段文字王弼本为:"故从事于道者,道者同于道,德者同于德,失者同于失。同于道者,道亦乐得之;同于德者,德亦乐得之;同于失者,失亦乐得之。"(见楼宇烈校释:《老子道德经注校释》,第57—58页)

与王弼本不同且值得我们注意的,主要有以下三种表述。

（1）去掉王弼本"道者同于道"中的"道者"二字，作"同于道"。首先提出该观点的是俞樾（yuè），他认为，《淮南子·道应训》引《老子》该文中即无"道者"二字，从王弼对该句的注中也能发现，王弼本原无"道者"二字，因此"道者"二字应删：

> 下"道者"二字，衍文也。本作"从事于道者同于道"……《淮南子·道应》篇引老子曰"从事于道者，同于道"，可证古本不叠"道者"二字。王弼注曰："故从事于道者以无为为君，不言为教，绵绵若存，而物得其真，于道同体，故曰'同于道'。"是王氏所据本正作"故从事于道者，同于道"，然以河上公注观之，则二字之衍久矣。(《老子平议》)

值得注意的是，马王堆帛书甲乙本该句均无"道者"二字，这就进一步证明俞樾提出的观点是正确的，因此，笔者认为，王弼本"道者同于道"中的"道者"二字应当删去。

（2）去掉"道亦乐得之""德亦乐得之""失亦乐得之"中的三个"乐"字，作"道亦得之""德亦得之""失亦得之"。在各种《老子》本子中，有不少本子如河上公本、林希逸《道德真经口义》及为数较多的当代《老子》注译著作均如王弼本有三个"乐"字，然而，《唐玄宗御注道德真经》、范应元《老子道德经古本集注》等不少本子则无三个"乐"字。那么这里究竟是否应该有"乐"字呢？对此，劳健明确指出，不当有"乐"字："傅、范、开元、敦煌皆无此'乐'字。按：王弼注曰：……证此三句皆当有'同'字，无'乐'字。"(《老子古本考》)另外，马王堆帛书甲乙本亦无三个"乐"字，因此，一些学者认为，此三个"乐"字系衍文。

笔者认为，这里有或者没有三个"乐"字，在意思上并无实质性的区别，因此，该句有三个"乐"字，与无三个"乐"字，均是可以的。然而，因为傅奕本、景龙碑本、范应元《老子道德经古本集注》等均无"乐"字，且帛书甲乙本亦无"乐"字，故这里还是以无"乐"字为妥。

（3）把后半段文字"同于道者，道亦乐得之；同于德者，德亦乐得之；同于失者，失亦乐得之"以帛书本为依据，改为"同于德者，道亦德之；同于失者，道亦失之"。主张这种改法的主要有高明、陈鼓应等学者，他们认为帛书本该段文字的表述比王弼本为优，故应以帛书本为准。如高明说："帛书甲、乙本'同于德者，道亦德之。同于失者，道亦失之'，王本衍作……而且又将末句'同于失者，道亦失之'误作

'同于失者,失亦乐得之'。"(《帛书老子校注》,第347-348页)

笔者认为,关于该段文字,历史上不同的《老子》本子虽有不同的表述,但它们除了两个地方,即有的作"道者同于道",有的作"同于道";有的有三个"乐"字,有的无三个"乐"字,绝大部分文字都是一样的,这就令我们很自然地产生这样的想法:王弼本该段文字或有其更古老的源头,只是我们现在尚未发现罢了。因此,笔者认为,该段文字仍当以王弼本为依据,帛书本可作为重要的参考,但不应以帛书本中的文字直接替代王弼本。

四、"信不足,焉有不信"是否应删

"信不足,焉有不信",指君主的诚信不足,于是百姓不信任他。一些学者认为,"信不足,焉有不信"两句已见于第十七章,且帛书甲乙本均无此两句,因此,其在本章系错简重出,当删:"二句与上文不相应,已见第十七章,此重出。"(奚侗:《老子集解》,见《老子注三种》,第90页)"此节经文与注(指王弼注——引者)均为十七章文而误衍于此。……帛书《老子》甲乙本此章均无此节经文可证。"(楼宇烈校释:《老子道德经注校释》,第60页)

由上可见,主张从本章删去这两句文字的理由主要有两条:一是第十七章中已有这两句文字,二是帛书甲乙本无这两句文字。这样的理由当然是有较好的说服力的,但是,在笔者看来,它还不具备充分的说服力。一是因为同样的文字在不同的章节中重复出现,这在《老子》一书中并非孤立的现象,如"生而不有,为而不恃"一句,即既在第二章中出现,又在第十章中出现,亦在第五十一章中出现。二是历史上的各种《老子》本子多有这两句,不能因为帛书本无这两句即作为最终依据。另外,奚侗认为这两句系重出的一个依据是"二句与上文不相应",然此亦属见仁见智之事,因为有不少学者认为,这两句即对"失者,同于失"或"同于失者,失亦乐得之"的进一步解释,如蒋锡昌说:"此二句承上文'失者同于失'一谊而言。盖人君以智治国,人民则以奸伪应之"。(《老子校诂》,第161页)这样的解释是有一定道理的,因为所谓"失",指的是失道、失德,在本章中即指违背"希言自然",而如"飘风""骤雨"般骚扰百姓、以有为治国者,这样的统治者既无诚信,自然不会得到民众的信任与拥护,所以老子说"信不足,焉有不信"。因此,笔者认为,这两句文字还是以保留为妥。

二十四章

企①者不立,跨②者不行。自见(xiàn)者不明,自是者不彰,自伐者无功,自矜者不长(cháng)③。其在道④也,曰⑤余食⑥赘行⑦,物⑧或⑨恶(wù)⑩之,故有道者不处⑪。

【译文】

抬起脚跟站立,不能站得长久;跨着大步走路,不能远行。爱自我表现的人,不够明智;自以为是的人,不能得到彰显;爱自我夸耀的人,不会有功劳;自高自大的人,不能长久。它们从道的观点来看,就像是残剩的食物,是多余的、丑陋的行为,让人厌恶,所以有道的人不会这么做。

【注释】

①企:踮起脚;抬起脚后跟而立。　②跨:抬起一只脚向前或左右迈(一大步)。　③自见者不明,自是者不彰,自伐者无功,自矜者不长:第二十二章有"不自见,故明;不自是,故彰;不自伐,故有功;不自矜,故长"一段文字,与该段文字的意思相对,但思想实质相同。　④道:见第一章注①。　⑤曰:是。　⑥余食:残剩的食物。一说指多余的食物。　⑦赘行:多余的、丑陋的行为。赘:赘瘤。引申指多余、无用。一说即"赘形",指赘瘤(行:通"形")。　⑧物:指人。一说指人和鬼神。　⑨或:有。　⑩恶:讨厌;憎恨。　⑪不处:不居;不据有。

【解读】

本章列举了各种违背自然或"道"的行为,如踮起脚跟长久站立、跨越着向前行走、自我夸耀、自高自大等等。老子认为,这样的行为都是很不明智的,它们无法让人获得真正的成功。老子还进一步把这样的行为称为"余食赘行",认为有道之人是不会这样做的。

本章中的"自见者不明,自是者不彰,自伐者无功,自矜者不长"一段文字,与第二十二章的"不自见,故明;不自是,故彰;不自伐,故有功；不自矜，故长"文异而义同，具体含义可参见二十二章的论述。

本章意思较易理解，需要深入分析的主要是"企者不立，跨者不行"及"余食赘行"的确切含义及意蕴。

一、"企者不立，跨者不行"的意蕴

关于"企者不立，跨者不行"两句，需要我们弄清的主要是"企"和"跨"的确切含义以及老子说此话的目的是什么。

"企者不立"中的"企"字，河上公本、范应元《老子道德经古本集注》等均作"跂（qǐ）"。对此，朱谦之认为，"跂"即"企"："'企'与'跂'古通用。"（《老子校释》，第101页）

"企"同"跂"，那么，这里的"企"（或"跂"）又是什么意思呢？对此，有较多的学者认为，这里的"企"（或"跂"）是踮起脚跟的意思，因此，所谓"企者不立"，指踮起脚跟而立，则不能长久站立的意思："足不至地曰跂，……立而跂，立必不久。"（李嘉谋：《道德真经义解》）"翘起脚跟的人，不能长久站立。"（高亨：《老子注译》，第46页）

"跨者不行"中的"跨"，指抬起一只脚迈出一大步，因此，"跨者不行"意即跨着大步走路，不能行走或远行。对此，学者们多作此种理解，如杜道坚说："欲速进而大跨，未有能行者矣。"（《道德玄经原旨》）林语堂说："凡跨着大步想要走得快的，反走不了多远"。（《老子的智慧》，第92页）人在行走时，双腿有节奏地左右交替，便能行稳致远。而在跨步时，通常先要双腿蓄力，然后一条腿发力，另一条腿用力大步迈出，这样跨出的一步，当然比平常的走一步距离要大，走得要远，但是，跨步是很消耗体力的一种动作，如果你一直保持着这样的动作行走，不一会儿就会气喘吁吁，精疲力尽，所以老子说"跨者不行"。

由上可知，"企者不立""跨者不行"，这是生活中极为普通的常识，那么老子在此陈述这样的常识，想要表达什么样的意思呢？对此，学者们主要从以下两个方面作了揭示。

第一个方面，认为"企"的目的是为了增加自己的身高，以使自己能高人一头；"跨"的目的是通过加大步伐，以使自己的速度更快或超越别人。因此，"企"和"跨"反映的是一个人的争强好胜之心。老子提倡守柔不争，故"企者不立，跨者不行"反映的是争强好胜者不能长久的道理。如范应元说："跂也，跨也，以譬人之好高争先，所立所行不正，不可以常久也。"（《老子道德经古本集注》，第44页）

第二个方面,认为人不"企"而立,不"跨"而行,这是符合自然的行为;"企"而立,"跨"而行,则明显违背自然。老子提倡顺乎自然,故"企者不立,跨者不行"说明违背自然而行,必不能长久,必归于失败。如吴澄说:"立与行亦因其自然,或于自然之外而求益跂立,起其踵(zhǒng)而立以增高其身,跨开其足而行以增阔其步,暂时如此而不能久也,终必不可以立,不可以行而遂废。"(《道德真经注》)

笔者认为,以上两个方面,可谓对"企者不立,跨者不行"之意蕴的不同角度的揭示,都是很有道理的。当然,它们在实质上亦是相通的,因为争强好胜即是违背自然的一种表现。

二、"余食赘行"的确切含义

"余食赘行"中的"余食",指的是残余的食物或吃剩的食物,对此,学者们的理解较为一致:"余食犹残食也。"(成玄英:《老子道德经开题序诀义疏》)"'余食'则是吃剩的食物"。(董平:《老子研读》,第127页)

对于"赘行"的含义,学者们则存在明显不同的理解,其中有代表性的,主要有这样两种。(1)认为"赘行"的"赘",是赘瘤、肉瘤的意思,"行",指的是行为,因此,所谓"赘行",即指像赘瘤一样多余的、丑陋的行为,如唐玄宗说:"赘行者,疣赘之行也。……以此自见自是等行,其于道而论之,如残余疣赘,人所共恶也。"(《唐玄宗御制道德真经疏》)张默生说:"此处'余食赘行',就是多余的东西,赘疣的行为。"(《老子章句新释》,第30页)(2)认为"赘行"的"赘",是赘瘤、肉瘤的意思;"行",则通"形",指形体、形状。因此,所谓"赘形",即指赘瘤。如焦竑(hóng)说:"赘,疣赘也。'行',当作'形',古字通也。"(《老子翼》,第61页)易顺鼎说:"'行'疑通作'形','赘形'即王注所云'疣赘'。疣赘可言形,不可言行也。"(《读老札记》)

当代学者大多支持上述第二种理解,从而把"赘行"释为赘瘤,如朱谦之说:"'行'读作'形',是也。……附赘悬疣出乎形,故曰赘形。'赘行'当读作'赘形',古字通。"(《老子校释》,第103页)陈鼓应说:"'赘形',王弼本及其他通行古本都作'赘行'。'形'与'行'古字相通。但作'赘行'易生误解,仍应改为'赘形'。"(《老子今注今译》,第167页)

笔者认为,把"赘行"的"行"释为"形",并认为"赘形"即指赘瘤,这样理解当然也是可以的,但不如把"赘行"的"行"释为"行为"

更为妥当,理由如下。

一是正如陈鼓应所言,"王弼本及其他通行本都作'赘行'",马王堆帛书甲乙本亦作"赘行",目前所见的各种《老子》本子没有作"赘形"的。那么,上述学者为什么要把"赘行"的"行"释为"形"呢?易顺鼎的理由是"疣赘可言形,不可言行也",陈鼓应的理由是"作'赘行'易生误解",当然还有一个前提,就是"形"和"行"古字相通。对此,笔者认为,前面介绍的对"赘行"的第一种理解,把"赘行"释为像赘瘤那样多余的、丑陋的行为,这在意思上是十分顺畅、合理的,因为上文所说的"自见""自伐""自矜"等行为,在老子看来,恰如长在人身上的赘瘤一样,既多余,又丑陋。因此,把"赘行"的"行"释为"行为",不但不易引起误解,而且是十分恰当的。而且,易顺鼎说"疣赘可言形,不可言行也",这样的说法也是值得商榷的。因为"赘行"的"赘"可作两种理解,一是释为赘瘤,则"赘行"指像赘瘤一样多余的、丑陋的行为;一是把"赘"直接释为多余、无用,则"赘行"指多余的行为,这其实是从"赘"的引申义来理解的,如我们平时说的"赘言",指的是多余的、不必要的话,就是从"赘"的引申义来理解的。因此,"疣赘可言形,不可言行也"的说法并不确切。

二是易顺鼎说"'行'疑通作'形','赘形'即王注所云'疣赘'",这样的表述亦明显存在断章取义或误导之嫌。为了说明这一问题,我们先来看王弼对"余食赘行"所作的注:"其唯于道而论之,若郄(xì)至之行,盛馔(zhuàn)之余也。本虽美,更可薉(huì)也。本虽有功而自伐之,故更为疣赘者也。"(见楼宇烈校释:《老子道德经注校释》,第61页)由此可知,王弼释"赘行"为"若郄至之行",指的是像郄至那样的行为,因此,王弼是把"行"释为"行为",而不是"形"的。这里的"郄至",是春秋时晋国的大夫,他曾在别人面前夸耀自己的功劳,所以王弼把他作为"自伐""自矜"的例子。虽然易顺鼎没有明确说王弼释"行"为"形",但"'赘形'即王注所云'疣赘'"的说法,很容易让人误以为王弼亦是把"赘行"释为"疣赘",或把"行"释为"形"的。

综上所述,笔者认为,把"余食赘行"中的"余食"释为残剩的食物,而把"赘行"释为多余的、丑陋的行为,这样的解释是十分恰当的。因为残剩的食物肮脏而不可再食,赘瘤长在身上,既多余又丑陋,故老子用"余食赘行"来比喻"自伐""自矜"等不明智的、必然导致失败的行为。

二十五章

有物①混成②,先天地生。寂③兮寥④兮,独立而⑤不改,周行⑥而不殆⑦,可以为天下母⑧。吾不知其名,字⑨之曰道⑩,强⑪为之名曰大⑫。大曰⑬逝⑭,逝曰远⑮,远曰反⑯。故道大,天大,地大,王⑰亦大。域⑱中有四大⑲,而王⑳居其一焉。人法㉑地,地法天,天法道,道法自然㉒。

【译文】

有一个浑然一体、自然而成的东西,在天地产生以前就存在。它寂静无声,空虚无形,独立存在而不改变,普遍运行、循环不已而不倦怠,可以说是天下万物的母亲。我不知道它的名,给它取表字为"道",勉强给它取名为"大"。无所不包、作用广大无比的宇宙万物的本原运行不息,运行不息而到达极遥远之处,到达极遥远之处而又返回原处。所以道大,天大,地大,王也

【注释】

①物:这里指宇宙万物本原之本体。　②混成:浑然一体,自然而成。　③寂:没有声音。　④寥:空虚无形。　⑤而:王弼本无"而"字,河上公本、傅奕本、范应元《老子道德经古本集注》均有"而"字,帛书乙本亦有"而"字(甲本残损),据之以补。　⑥周行:普遍运行,循环不已。一说指循环运行。　⑦殆:通"怠",指倦怠。一说指危殆,即危险。　⑧母:母亲。一说指根源、根本。　⑨字:指"表字",即在本名外所取的与本名意义相关的另一名字。这里作动词用。有的本子在"字"字前有"强"字。　⑩道:见第一章注①。这里指宇宙万物本原的"字"。　⑪强:勉强。　⑫大:取宇宙万物的本原无所不包、作用广大无比之义。　⑬曰:一说指"而";一说指"则""就"。　⑭逝:去;往。　⑮远:这里指到达极遥远之处。　⑯反:回;还归。指返回原处。　⑰王:有的本子作"人"。　⑱域:指宇宙万物的本原。一说指宇宙。　⑲四大:指道、天、

大。宇宙万物的本原中包含四种可以称为大的东西，而王属于其中之一。人效法地，地效法天，天效法道，道效法自然。

地、王四者。　⑳王：有的本子作"人"。　㉑法：仿效；效法。　㉒自然：这里指宇宙万物本原之本体。因宇宙万物本原之本体的本性自然而然，故称。一说指自然而然。

【解读】

本章主要包含这样四个方面的内容：一是指出了"混成之物"即宇宙万物本原的特性，它寂静无声，空虚无形，先天地而存在，周行不息；二是明确指出了"道"只是"混成之物"之"字"，而非"名"，这对于准确把握《老子》思想具有十分重要的意义；三是把作为人之代表的"王"视为"四大"之一，与"道"、天、地并列，高扬了人的地位和价值；四是提出了"人法地，地法天，天法道，道法自然"的效法系列，其实质则是人法"自然"。

在《老子》八十一章中，本章是极其重要的一章，也是争议极多的一章。关于本章内容，值得我们注意的主要有这样四个方面：一是"周行而不殆"中"周行"的确切含义；二是"字之曰道，强为之名曰大"的内涵；三是"域中"之所指；四是"道法自然"的真谛。

一、"周行而不殆"中"周行"的含义：普遍运行，循环不已

老子说"有物混成，先天地生。寂兮寥兮，独立而不改"，意即在天地产生之前，存在一个浑然一体、自然而成的东西，它寂静无声，空虚无形，独立存在而不改变。对此，学者们的理解比较一致，但是，对于接下来的"周行而不殆"一句，学者们的理解就出现了明显的分歧。如对于其中的"周行"的含义，古代学者多把"周"释为周遍、遍及的意思，从而释"周行"为普遍运行、无所不至的意思："周行无所不至"（王弼，见楼宇烈校释：《老子道德经注校释》，第63页），"无处不在，周行也。"（李荣：《道德真经注》）当代学者则多把"周"释为环绕、循环的意思，从而释"周行"为循环运行："周行，循环运行。"（高亨：《老子注译》，第47页）"循环运行而生生不息"。（陈鼓应：《老子今注今译》，第173页）

那么，以上这两种对"周行"的理解哪一种更为合理呢？对此，笔者认为，因为"周"既有周遍、遍及的意思，又有循环、环绕的意思，因此，把"周行"释为普遍运行或循环运行均有其依据。而从本章的下文

所说的"大曰逝,逝曰远,远曰反",即无所不包、作用广大无比的"混成之物"运行不息,运行不息而到达极遥远之处,到达极遥远之处又返回原点来看,这里的"周行",就应当既有普遍运行的意思,又有循环运行的意思,因此,把它释为普遍运行,循环不已,是较为恰当的。

二、"字之曰道,强为之名曰大"的内涵

老子说"字之曰道,强为之名曰大",说明"道"是"混成之物"之"字","大"是为"混成之物"勉强而取的"名"。那么,"混成之物"为什么没有明确的"名"呢?对此,学者们认为,因为只有有形体的东西才可以命名,"混成之物""寂兮寥兮",无声无形,故无法命名:"名以定形。混成无形,不可得而定"。(王弼,见楼宇烈校释:《老子道德经注校释》,第63页)不过,老子认为,"混成之物"虽然无法命名,但是可以给它取字,即"字之曰道"。那么,"字之曰道"又是什么意思呢?笔者认为,要了解"字之曰道"的含义,必须先了解"字"的含义。"字"在这里相当于"取表字"的意思,所谓"表字",指在本名之外所取的与本名意义相关的另一名字,如孔子名丘,字仲尼,"仲尼"即与"丘"意义相关的另一名字。此正如吴澄所说:"字者,名之副而非名也。"(《道德真经注》)因先天地而生的"混成之物"无声无形,看不见摸不着,所以无法对它命名。但是,此"混成之物"生化天地万物,其作用却是能为人所知的,故老子便根据其作用对它进行命名;因命名的是其作用而非其本体,所以只能说"字之曰道",而不能说"名之曰道"。

老子给"混成之物"取"字"为"道"之后,又说"强为之名曰大",对于其中的"大",学者们较为一致地认为,它指的是"混成之物"无限广大、无所不包的意思,如河上公说:"'大'者高而无上,罗而无外,无不包容,故曰'大'也。"(见王卡点校:《老子道德经河上公章句》,第102页)正因为"大"有无限广大之义,所以老子认为"大"可以作为"混成之物"的"名"。但与此同时,老子又强调指出,这个"大"作为"混成之物"之"名"其实并不恰当,因为"混成之物"无声无形,无法命名,所以以"大"为"名"只是勉强为之。

笔者认为,深入把握老子这里关于"字"与"名"的论述,对于我们理解老子的相关思想具有十分重要的意义,因为它告诉我们:"道"只是"混成之物"之"字"而非"名";"混成之物"之"名"是"大",但此"大"只是勉强命名,因此无法作为"混成之物"之真名;"大"虽非

▲"有物混成，先天地生"，意为有一个浑然一体、自然而成的东西，在天地产生前就存在。说明作为宇宙万物本原的"道"是先天地而存在的。此为元代朱德润的"浑沦图"，图中之圆圈颇有意味。作者在"图赞"中说"浑沦者，不方而圆，不圆而方，先天地生者，无形而形存"，颇合老子之"道""先天地生"之旨。

"混成之物"之真名,但"道"却是"混成之物"之"真字",故可以用"道"代指此"混成之物";"道"虽可代指此"混成之物",但"道"反映的只是"混成之物"之作用,而非其本体。以此为基础来理解老子关于"道"与"名"的思想,则其间存在的不少疑问均可迎刃而解:如第一章"无名,天地之始",河上公解释说:"无名者谓道,道无形,故不可名也。"(见王卡点校:《老子道德经河上公章句》,第2页)王弼解释说:"言道以无形无名始成万物"。(见楼宇烈校释:《老子道德经注校释》,第1页)看了这样的解释,人们很自然地会发出这样的疑问:"道"不就是其名吗,怎么能说"无名者谓道""道以……无名始成万物"呢?而据本章的"吾不知其名,字之曰道"便可清晰地知道:所谓"无名者谓道"中的"无名者",指的是先天地生的"混成之物","道"只是它的字,而不是它的名,因此,这里的"道"只是"无名者"的代称,故所谓"无名,天地之始",指的其实是"混成之物"是天地的本始。还有如第三十二章中,老子说"道常无名",意即"道"没有名,然而既已称之为"道","道"即是其名,怎么能说它没有名呢?原来,这里的"道",亦是"混成之物"的代称,"混成之物"无名,"道"只是其"字",故说"道常无名"。如第四十一章中,老子说"道隐无名",意即"道"幽隐而没有名,其道理亦与"道常无名"相同。

然而,令人遗憾的是,当代学者大多未能充分认识老子这一思想的重要意义,他们通常只是把"道"和"大"理解为"混成之物"的两个不同的名称,轻描淡写地一笔带过,如蒋锡昌说:"但为便利人意沟通计,故不得不有一假定之名。其曰'道',曰'大',正犹呼牛、呼马,毫无所分。"(《老子校诂》,第169页)这一情况告诉我们,老子思想博大精深,逻辑严密,但因其文字晦涩难懂,故稍有不慎,便会造成疏忽或误读。

三、"域中"是指宇宙之中吗?

老子说"域中有四大,而王居其一焉",对于其中的"域中"的含义,古代学者或释为"八极之内"(见王卡点校:《老子道德经河上公章句》,第102页),或释为"六合"之内(见陆希声:《道德真经传》),或释为"宇内"(见范应元:《老子道德经古本集注》,第47页)。所谓"八极",指八方极远之地;"六合",指天地四方,即整个宇宙的巨大空间;"宇内",指上下四方,天地之间。因此,它们指的都是极其巨大的空间。

正是沿着这样的理解，学者们多把"域中"释为宇宙之中："此'域'字当作宇宙解。"（陈柱：《老子集训》）"域中：空间之中，犹今人所称宇宙之中。"（陈鼓应：《老子今注今译》，第172页）

然而，对于把"域中"释为宇宙，蒋锡昌明确表示反对："今人陈柱以为'域'当作宇宙解，其谊太狭，恐非老子本谊也。"（《老子校诂》，第173页）蒋锡昌认为，对于"域中"的解释，当依王弼注："老子谓道与天、地、王同在域中，然则此域中之范围，尤非后人所可致诘。故王弼注：'无称不可得而名，曰域也。道、天、地、王皆在乎无称之内，故曰"域中有四大"者也。'"（同上）然而，与蒋锡昌相反，张松如则认为，王弼的注文让人不知所云，陈柱释"域中"为宇宙是正确的："王弼注：……泛谓'域中'曰'无称之内'，不知其意何云。……近人陈柱以为域中当作宇宙解，得之矣。"（《老子说解》，第146页）

因此，现在的关键，便是如何理解王弼注文之含义。王弼关于"域中有四大"的完整注文为："四大，道、天、地、王也。凡物有称有名，则非其极也。言道则有所由，有所由，然后谓之为道，然则（是道）〔道是〕称中之大也，不若无称之大也。无称不可得而名，〔故〕曰域也。道、天、地、王皆在乎无称之内，故曰'域中有四大'者也。"（见楼宇烈校释：《老子道德经注校释》，第64页）笔者认为，王弼说"道是称中之大也，不若无称之大也"，意为"道"是最大的名称，但是"道"不如"无称"大，这里的"无称"，指的便是"混成之物"，因"混成之物"无名，故王弼称之为"无称"；"无称不可得而名，故曰域也"，指"混成之物"无法命名，所以这里称它为"域"，也就是说，老子所说的"域中"，指的就是"混成之物"；"道、天、地、王皆在乎无称之内，故曰'域中有四大'者也"，指"道"、天、地、王四者都是在"混成之物"的范围之内，所以才说"域中有四大"。

笔者认为，王弼对"域中"之含义的理解是十分准确的，但因文字表述上比较晦涩，故一千多年以来，很少为学者们所理解，这实在是学界的一大憾事。其实，把"域中"释为宇宙，其存在的问题和矛盾亦是十分明显的。因为从"宇宙"与"天地"的含义来看，古人所谓的"宇宙"即"天地"。如《庄子·让王》中说"余立于宇宙之中，冬日衣皮毛，夏日衣葛絺（chī）"，其中的"宇宙"即"天地"的意思。既然宇宙即天地，则所谓宇宙中有四大，亦即天地中有四大。当然，泛泛而言，说天地中有"道"、天、地、王四大，也看不出有什么明显的问题，但若依据老子的思想逻辑，则这样的表述无疑是很不严谨的。因为首先，老子说"道大，天大，地大，王亦大"，这四者虽然皆曰"大"，但其"大"的含义是明显不同的，其中"道"是最大的，天地虽大，但其大无法与"道"相比拟，现在却说天地中有"道"、天、地、王四大，这明显给人一种天地比"道"还要大的错觉，因此是很不妥当的。其次，老子说"道""先天地生"，亦即"道"在宇宙诞生之前即已存在，宇宙有成毁，"道"则无生灭，现在却说宇宙中有四大，而"道"只是其中之一，这明显颠倒了"道"和宇宙的位置。而若依王弼的解释，则上述问题或矛盾便不复存在，因为"域中"指"混成之物"，"道"指"混成之物"之"字"，也就是"混成之物"的作用，则所谓"域中有四大"，便是指"混成之物"中包含了"道"、天、地、王四大，因为这四者都由"混成之物"而来，都在"混成之物"的范围之内，故称。

四、"道法自然"的真谛

"道法自然"一句，是本章的难点所在，历来争议极多。从文字上来说，所谓"道法自然"，便是道效法自然，如林希逸说："道又法于自然，是自然又大于道与天地也。"（《道德真经口义》）但是这样的理解被不少学者反对，他们认为，如果这样理解，则据"人法地，地法天，天法道，道法自然"，便出现了"人""地""天""道""自然"这样一个五者递进的序列，"自然"为其中的最高者，这不仅与前面"域中有四大"的说法相矛盾，因为加上"自然"，便变成了"五大"，而不是"四大"；而且"自然"高于"道"，与"道"作为宇宙万物本原的思想亦相矛盾。

正是因为觉得把"道法自然"理解为"道"效法自然会带来种种思想上的混乱和内在矛盾，一些学者在对"人法地，地法天，天法道，道法自然"进行理解时采取了一种特殊的做法，就是把全句的主语理解为"人"，"法地""法天""法道""法自然"均是人之所为，以避免"道法自然"一语造成的混乱。如魏源说："末四语以人法为主，……言王者何以全其大乎？亦法天之无不覆，法地之无不载，法道之无不生成而已。道本自然，法道者亦法其自然而已。"（《老子本义》，第56页）

除了上述理解，还有一种目前学界较为通行的理解，就是把"道法自然"理解为"道"的本性就是自然而然，"道"并无所法，如河上公说："道性自然，无所法也。"（见王卡点校：《老子道德经河上公章句》，第103页）陈鼓应说："道法自然：道纯任自然，自己如此。"（《老子今注今译》,第173页)然而,对于这样的理解,刘笑敢提出了质疑:"这样读从语法上来讲则有些不妥。因为在'人法地,地法天,天法道,道法自然'四句中,前三句的'法'都是动词,惟独最后一句的'法'突然解释为名词,殊为突兀,于理未惬。"(《老子古今》,第316页)

笔者认为,古今学者对于"道法自然"的理解之所以会陷入种种困境,关键在于对"自然"的理解出现了偏差。学者们通常把"自然"理解为自然而然,而这是不够全面的。在笔者看来,这里的"自然",指的就是"混成之物",因为"混成之物"的特性是自然(意为自然而然),故以"自然"代指;这里的"道",指的是"混成之物"的具体作用,而非"混成之物"之本体。因此,所谓"道法自然",便是指"道"效法"混成之物",说得再具体些,便是"道"效法以"自然"为特性的"混成之物"。对于这一道理,其实古代学者已有一些揭示,只是因为语言过于晦涩,未能引起学者们足够的重视:

> 道不违自然,乃得其性,〔法自然也〕。法自然者,在方而法方,在圆而法圆,于自然无所违也。自然者,无称之言,穷极之辞也。(王弼,见楼宇烈校释:《老子道德经注校释》,第64页)

> 道是迹,自然是本。以本收迹,故义言法也。(成玄英:《老子道德经开题序诀义疏》)

王弼的"自然者,无称之言,穷极之辞也"一句,有的本子亦作"自然,无称穷极之辞也"(见楼宇烈校释:《老子道德经注校释》,第68页),意即"自然"是"无称"的推到至极之处的文词。而所谓"无称",我们在上文已经讲过,它指的即是"混成之物",因此,这里的"自然",指的亦是"混成之物"。成玄英说"道是迹,自然是本",意为"道"是形迹,"自然"是根本或本体,则此"自然"当指"混成之物"无疑,因为我们在前面已经讲过,"混成之物"是本体,"道"指"混成之物"之作用,亦即成玄英所谓的"迹"。因此,以上引文均说明,这里的"自然",指的就是"混成之物";这里的"道",指的就是根据"混成之物"的作用而确定的"字"。故所谓"道法自然",即"道"效法"混成之物",而所谓"道"效法"混成之物",指的是"道"作为"混成之物"之作用,充分体现、展示以自然而然为特性的"混成之物"。不过,在此必须说明的是,"道"与"混成之物"只有体用之别,它们属于一"物",而非二"物"。

二十六章

重为轻根①,静为躁君②。是以③君子④终日行不离辎重⑤。虽有荣观⑥,燕处⑦超然⑧。奈何⑨万乘(shèng)之主⑩而以身轻天下⑪?轻则失本⑫,躁则失君。

【译文】

重是轻的根本,安静是躁动的主宰。所以君子整天行走,不离开装有重物的辎车。虽然有华丽的宫室,却能安闲而处,超然物外。为什么拥有一万辆兵车的大国的君主,要轻用其身而不顾天下呢?轻就会失去根本,躁动就会失去主宰。

【注释】

①根:事物的本源;根源。 ②君:主宰。 ③是以:因此;所以。 ④君子:指有道之士。也指统治者或地位高的人。王弼本作"圣人",傅奕本、景龙碑本、范应元《老子道德经古本集注》等作"君子",帛书甲乙本亦作"君子",据之以改。 ⑤辎重:指装有重物的辎车。辎:辎车,古代有帷盖的车子。既可载物,又可作卧车。一说指外出时携载的物资。 ⑥荣观:一说指华丽的宫室(观:楼台,宫室);一说指荣华之境可以游观(观:观看,观览);一说指荣盛的景象(观:景色,景象)。 ⑦燕处:一说指"燕居",即退朝而处;一说指安居。 ⑧超然:指离尘脱俗。 ⑨奈何:为何;为什么。 ⑩万乘之主:拥有一万辆兵车的国家的君主。乘:车子,春秋时多指兵车,包括一车四马。 ⑪以身轻天下:指轻用其身而不顾天下。一说指轻率地治理天下。 ⑫本:即"根",指根本。有的本子作"根",有的本子作"臣"。

【解读】

本章首先提出重与轻、静与躁两对矛盾,并认为重与静在其中处于更为关键的地位;以此为基础,老子指出人尤其是统治者应该"行不离辎重""虽有荣观,燕处超然",而不应该轻率躁动,因为"轻则失本,躁则失君"。

关于本章文字，值得我们注意的主要有这样四个方面：一是"重为轻根，静为躁君"的实质内涵；二是"辎重"是指辎车还是重物；三是"荣观"之所指；四是"以身轻天下"是指轻身，还是轻天下。

一、"重为轻根，静为躁君"：守"重""静"，戒"轻""躁"

"重为轻根，静为躁君"，这两句话指出了"重"和"轻"、"静"和"躁"的关系，并强调了"重"和"静"的重要性，意思比较好懂。不过，关于这两句文字的确切含义，学者们亦存在不同的理解。

"重为轻根"中的"根"，学者们多理解为"本"或"根本"，因此，所谓"重为轻根"，指的是重是轻的根本、轻以重为根基、轻依赖于重的意思，如高亨说："重是轻的根本，轻要附属于重。"（《老子注译》，第49页）

然而，也有一些学者不从上述思路去理解"重为轻根"的含义，其中值得我们重视的主要有这样两种理解。（1）把这里的"轻"视作贬义，相当于轻率、轻浮的意思，因此，所谓"重为轻根"，是指轻必会造成不好的后果，重则能带来好处，故重比轻优。如河上公说："人君不重则不尊，治身不重则失神，草木之花叶轻故零落，根重故长存也。"（见王卡点校：《老子道德经河上公章句》，第106页）（2）从重能克制、驾驭轻的角度去释"重为轻根"，如唐玄宗说："重者制轻，故重为根。"（《唐玄宗御注道德真经》）

笔者认为，从"重为轻根"的本义来看，当指重是轻的根基、轻依赖于重的意思。但是，既然轻依赖于重，就说明重比轻更重要，由此可引申出重比轻优、重可以驾驭或克制轻等意思，因此，后面的两种理解，是就"重为轻根"的引申义而言的。

"静为躁君"中的"静"，指安静；"躁"，指急躁、躁动；"君"，指主宰。因此，所谓"静为躁君"，即安静是躁动的主宰，安静能控制、制约躁动。如吕惠卿说："静者役物，躁者役于物，躁常为静之所役，则静为躁之君矣。"（《老子吕惠卿注》，第30页）

由上可知，"重为轻根，静为躁君"两句，其实质便是强调"重"和"静"的重要性，并要求人们努力避免"轻"和"躁"。因为一个遇事轻浮、狂躁的人，是不可能取得成功的；相反，一个稳重谨慎的人，一个每遇大事有静气的人，才能取得真正的成功。

二、"辎重"的含义：载重物的车，还是重物？

对于"是以君子终日行不离辎重"中"辎重"的含义，学者们亦有各种不同的解释,概括起来,主要有这样三种。(1)认为"辎"是"静"的意思,因此,"辎重"指"重与静"的意思,如河上公说:"辎,静也。圣人终日行道,不离其静与重也。"(见王卡点校:《老子道德经河上公章句》,第106页)(2)认为"辎"指辎车,辎车是古代一种用来载运粮食、衣物、器械等的车子,因其所载之物沉重,故又称之为辎重,即"辎重"是指车而不是指物。如朱谦之说:"盖辎重为载物之车,前后有蔽,载物有重,故谓辎重。"(《老子校释》,第110页)(3)认为"辎"指辎车,"重"指辎车所载之物,因此,"辎重"指辎车所载的物资,即"辎重"指的是物而不是车,如唐玄宗说:"辎,车也。重者,所载之物也。"(《唐玄宗御注道德真经》)

在以上三种理解中,第一种理解受到一些学者的批评,如蒋锡昌说:"河上注:'……',分辎重为二义,失之。"(《老子校诂》,第175页)释"辎"为"静",确实较为独特,笔者亦认为不可取。因此,接下来的问题,便是"辎重"究竟是指车还是指物。笔者认为,从老子说"是以君子终日行不离辎重"一句的用意来看,主要是说明"重"的重要性,而说"君子整天行走不离开装有重物的辎车",与说"君子整天行走不离开用辎车装载的重物",都能说明"重"的重要性,两者并无实质上的区别,故这两种理解都是可以的。不过,相比之下,说"君子整天行走不离开装有重物的辎车",在意思上显得更顺畅些。

三、"荣观"之所指

对于"虽有荣观"中的"荣"字,学者们多认为指荣华、显荣、华丽的意思,理解上较为一致,争议较多的,在于对"观"字的理解。"观"是个多义字,有guān、guàn两个发音。读作guān的"观",主要有观看、观览、景象等义;读作guàn的"观",可指古代官门外的双阙(què),也可指楼台、庙宇等。正是由于"观"字这一多义的特点,导致学者们对"荣观"的种种不同的解释。其中值得我们注意的,主要有这样三种解释。(1)认为"观"指楼台、宫观,因此,"荣观"指华丽的宫室之类,如成玄英说:"言重静之人,虽有荣华之宫观,燕寝之处所,而游心虚澹,超然物外。"(《老子道德经开题序诀义疏》)(2)认为"观"是观看、游观的意思,因此,"荣观"指荣华之境可供游观的意思,如吴澄说:"虽有荣华之境可以游观,……然常在内闲居静处,超然无一物累其心。"(《道德真经注》)(3)认为"观"是景色、景象的意思,因此,"荣观"指荣盛的景象或美好的景观:"荣观,美好的景

▲ "燕处超然",意为安闲而处,超然物外,表达了君子不受外物诱惑、内心安然超脱的境界。此为明代杜琼绘制的"游心物表图",所谓"游心物表",即心灵不为世俗所累的意思。

观。"（汤漳平、王朝华译注：《老子》，第 101 页）

那么这里的"荣观"究竟指的是什么呢？笔者认为，从"虽有荣观，燕处超然"一句来看，对于"燕处超然"的含义，学者们的理解较为一致，认为指安闲而处，超然物外的意思，由此再来看"荣观"的含义，可以发现，把"荣观"释为华丽的宫室，释为荣华之境可以游观，释为荣盛的景象，指的其实都是外物的诱惑，因此，不论从上述哪种意思来理解，"虽有荣观，燕处超然"表达的都是不受外物诱惑、内心安然超脱的意思。所以，从这个意义上来说，上述三种理解都是可以的。但是，相比之下，身居华丽的宫室，过着荣华富贵的生活，却能不沉溺其中，超然物外，比面对可以游观的荣华之境或荣盛的景象而超然物外，在难度上要大，在境界上亦要更高，故把"荣观"释为华丽的宫室，要更为恰当一些。

四、"以身轻天下"的含义：轻视自身，还是轻视天下？

对于"奈何万乘之主而以身轻天下"中"以身轻天下"的含义，学者们亦有不同的理解，主要有这样三种。（1）把"以身轻天下"理解为君主轻其身，或把自身视为天下最轻之物，而这样的人是不能承担天下之重任的，如苏辙说："人主以身任天下，而轻其身，则不足以任天下矣。"（《老子解》）（2）把"以身轻天下"理解为以轻率躁动的方式治理天下，如林语堂说："一个万乘之国的君主，怎么可以轻浮躁动来治理天下呢？"（《老子的智慧》，第 104 页）（3）把"以身轻天下"理解为轻用其身而不顾天下，如陆希声说："为人之主者，轻用其身，……不顾天下，则天下之民相率而去之矣。"（《道德真经传》）

笔者认为，上述三种理解，在实质上是相通的，只是角度不同，因此，我们可以把"以身轻天下"分为三个层次来进行理解：首先，把"以身轻天下"理解为君主轻其身即轻视自身；其次，君主轻其身的具体表现是纵欲自残，轻率躁动；最后，明确这种轻其身的君主不足以治理天下。不过，这里需要指出一点，就是所谓君主轻其身，是从老子的视角而言，若从君主的视角而言，则不是轻其身，而是厚其身，因为这类君主把自身看得比天下重要，所以剥夺天下民众之利益，以厚养自己，且荒淫无耻，纵欲无度。而在有道之士看来，这样的行为，一方面会使君主短寿夭折，另一方面则会使他失去天下，故称之为"以身轻天下"。

二十七章

善行①，无辙迹②；善言，无瑕谪(zhé)③；善数④，不用筹策⑤；善闭⑥，无关楗(jiàn)⑦而不可开；善结⑧，无绳约⑨而不可解。是以⑩圣人⑪常善救⑫人，故无弃人；常善救物，故无弃物。是谓袭⑬明⑭。故善人者，不善人之师；不善人者，善人之资⑮。不贵⑯其师，不爱其资，虽智大迷，是谓要妙⑰。

【译文】

善于行事的人，不会留下痕迹；善于说话的人，言语不会有过失；善于计算的人，不需要使用筹策；善于关闭的人，不用门闩别人也打不开；善于捆缚的人，不用绳索别人也解不开。因此圣人常常善于救助别人，所以没有被遗弃的人；常常善于挽救物，所以没有被遗弃的物。这叫作承袭常道。所以，善人，是不善之人的老师；不善之人，是善人的资借。不要重视老师，不要爱惜可供资借的东西，即使聪明人也会对此感到十分迷惑，这是精深微妙的道理。

【注释】

①行：指做、行动。一说指行走。②辙迹：痕迹。辙：车轮碾过的痕迹。迹：足迹。③瑕谪：缺点；过失。④数：计算。⑤筹策：古代计算用的竹码子。⑥闭：关闭；闭合。⑦关楗：关门的木闩。横的叫关，竖的叫楗。⑧结：系；捆缚。⑨绳约：绳索。约：绳子（一说指约束）。⑩是以：因此；所以。⑪圣人：见第二章注⑭。⑫救：救助；挽救。⑬袭：掩藏。也指承袭、因顺的意思。⑭明：明智；明察。也指道。⑮资：资借；凭借。⑯贵：崇尚；重视；以为宝贵。⑰要妙：精深微妙。

【解读】

本章主要包含这样四个方面的内容：一是介绍"善行""善言""善

数"等"五善"的内容及其特点；二是说明圣人利用这"五善"来救人救物，从而使人尽其才，物尽其用；三是指出"善人"与"不善人"之间的关系；四是说明"不贵其师，不爱其资"属于精深微妙的道理。

关于本章内容，笔者拟从以下三个方面展开讨论：一是"善行""善言""善数"等"五善"的确切内涵；二是"袭明"的双重含义；三是"不贵其师，不爱其资，虽智大迷，是谓要妙"之实义。

一、"善行""善言""善数"等"五善"的确切内涵

"善行，无辙迹；善言，无瑕谪；善数，不用筹策；善闭，无关楗而不可开；善结，无绳约而不可解"，指出了"善行""善言""善数""善闭""善结"之人的种种过人的本领，如行为不留痕迹，关门时不用门闩而别人却无法打开，等等。那么老子这段话的确切含义是什么，其深层意蕴又是什么呢？这需要我们作出深入的分析。

1. 善行，无辙迹

"善行，无辙迹"中的"辙迹"，指的是马车行驶时留下的车辙马迹，也可泛指痕迹，如释德清说："辙迹，犹言痕迹。"（《老子道德经解》，第60页）这里值得我们关注的是"善行"的意思。当代学者多把"善行"释为善于行走，如陈鼓应说："善于行走的，不留痕迹"。（《老子今注今译》，第181页）但是这样的表述其实是有问题的，因为人不会飞，怎么可能在地上行走而不留痕迹呢？那么这里的"善行"指的究竟是什么意思呢？从古代学者对于"善行"的解释来看，值得我们注意的主要有这样两种理解。（1）认为这里的"善行"，指的是修道行道，修道行道者求之于自身，而无表现于外的行动，故"无辙迹"。如河上公说："善行道者求之于身，不下堂，不出门，故'无辙迹'。"（见王卡点校：《老子道德经河上公章句》，第108页）（2）认为这里的"善行"，指顺乎自然或理而行，因顺乎自然或理而行则无人为的做作，故"无辙迹"。如王弼说："顺自然而行，不造不（始）〔施〕，故物得至，而无辙迹也。"（见楼宇烈校释：《老子道德经注校释》，第70页）

笔者认为，以上两种理解在逻辑上均能说通。不过，第一种理解把"善行"释为善于修道行道，取义较窄，不如第二种理解显得更为全面。故所谓"善行，无辙迹"，即善于行事的人，不会留下痕迹。

2. 善言，无瑕谪

对于"善言，无瑕谪"中的"善言"，学者们主要有这样三种理解。（1）认为"善言"即善于说话。具体而言，所言合乎道理，顺乎事物的

本性而言,或所言适合当时的环境、场合,等等,都可以称为善于说话。(2)认为"善言"即第二章中的"行不言之教",亦即实行不依靠语言的教化。(3)认为"善言"指"不言之言"或以不言为言,而所谓"不言之言",即符合"道"之言。

笔者认为,老子之"言"有多种含义,如"多言数穷"中的"言"指政教法令,"不言之教"中的"言"指语言,等等。因此,对于"善言"之"言",我们当然亦可以从上述不同的含义去理解。不过,相比之下,笔者还是倾向于上述第一种理解,即把"善言"理解为善于说话,因为这样的理解既平实易懂,又可与前一句"善行"即善于行事能较好地配合。

"瑕谪"的"瑕"字,本义指玉上的斑点或裂痕,引申指事物的缺点或人的过失、毛病;"谪"亦为过失、缺点之义。因此,所谓"瑕谪",便是缺点、过失的意思。故所谓"善言,无瑕谪",意即善于说话的人,言语不会有过失。

3. 善数,不用筹策

"善数,不用筹策",意为善于计算的人,用不着使用筹策。这里的"筹策",指的是古代用于计算的竹码子。对于这句话的意思,我们可以从两个层面去认识。首先,天下万物之数,纷繁复杂,即使借助筹策,也是算不清楚的,如唐玄宗说:"夫执言滞行,辩是与非,适令巧历亦不能计。"(《唐玄宗御制道德真经疏》)其次,正是因为认识到天下万物之数即使依靠筹策也算不清楚,因此,这里的"善数"者,指的是善于把握"道"并依据"道"去认识世界的人,因大道之数极简,用"道"的观点去看待世界,便能顺其自然,不用计数而一切全在掌握之中,当然就不需要什么筹策了。如河上公说:"善以道计事者,守一不移,所计不多,则不用筹策而可知也。"(见王卡点校:《老子道德经河上公章句》,第109页)笔者认为,这样的解释,说理较为透彻,应是契合老子的思想宗旨的。

4. 善闭,无关楗而不可开

"善闭,无关楗而不可开"中的"关楗",指的是关门的木闩,其中横的叫"关",竖的叫"楗"。因此,所谓"善闭,无关楗而不可开",指的便是善于关闭门户的人,即使不用门闩,别人也无法打开。

然而,这样的说法无疑是与常识不符的,因为如果关门时不用门闩,人们很容易便能把门推开,怎么会无法打开呢?那么老子此话想表达的究竟是什么意思呢?对此,不少古代学者认为,这里的"善闭"

是指善于守道闭塞欲望,使外物的诱惑不得其门而入的意思,如范应元说:"善闭情欲者以道,故无关楗。"(《老子道德经古本集注》,第49页)此外还有各种别的解释,如司马光把"善闭"解释为善于使国家稳固:"固国不以山豀(xī)之险。"(《道德真经论》)吴澄认为,有道之人"以不闭为闭",即本来就没有关门,又有谁能把它打开呢:"善闭者以不闭为闭,故无关楗而其闭自不可开。"(《道德真经注》)

笔者认为,把"善闭"释为善于守道闭塞欲望、善于使国家稳固,乃至释为以不闭为闭,等等,都有一定的道理。不过,相比之下,把"善闭"释为善于守道闭塞欲望,要显得更恰当,亦更易理解些。

5. 善结,无绳约而不可解

对于"善结,无绳约而不可解"中的"绳约",学者们通常认为指的是绳索,"约"也是绳子的意思。"善结"的"结"字,通常认为指系、扎缚的意思,因此,当代学者多把"善结"释为善于捆绑或扎缚的意思,如陈鼓应说:"善于捆缚的,不用绳索却使人不能解。"(《老子今注今译》,第181页)然而,这样的表述在逻辑上其实亦是存在问题的:既然是用来捆绑物体,则必然要用到绳索或类似绳索的东西,现在却说不用绳索却使人解不开,这不是明显有违常识吗?或许正是意识到了这一点,不少学者对该句文字采用了另外的解释思路,概括起来,主要有这样三种。(1)把"善结"理解为善于结纳人心,既然所结的是人心,当然就既不需要绳索,也不容易解脱离开了。(2)把"善结"理解为因顺自然而结,而所谓因顺自然而结,实即无所结或以不结为结;既然是无所结或不结,当然也就"不可解"了。(3)把"善结"理解为心与"道"相结相合,而心一旦与"道"相合,当然就"无绳约而不可解"了。

笔者认为,以上三种理解,在逻辑上都是能自圆其说的。因此,对于"善结,无绳约而不可解"的含义,我们不妨从两个角度来理解:一个是纯粹从文字的角度,把它理解为善于捆绑的人,不用绳索别人也解不开;一个是从其引申义的角度,则上述三种理解均可成立。

由上可知,对于上述五句文字,我们都可以从两个角度去理解,即一个是从文字本身的含义,一个是从其引申的意义。但是,它们的实质是一样的,这就是一切以"道"为依据,顺乎自然去言、去行,一个人便可以达到异乎常人的超越之境,故林希逸说:"善言、善行、善计、善闭、善结,五者皆譬喻也。其意但谓以自然为道,则无所容力,亦无所著迹矣。"(《道德真经口义》)

二、"袭明"的双重含义

老子说，"圣人常善救人，故无弃人；常善救物，故无弃物。是谓袭明。"那么这里的"袭明"是什么意思呢？这是老子留给学界的又一个难解之谜。

关于"明"的含义，学者们主要有两种理解。一种认为，这里的"明"，是聪明、明智的意思，如任继愈说："这叫做隐蔽着的聪明。"（《老子绎读》，第60页）一种认为，这里的"明"，指的就是"道"，如蒋锡昌说："'明'即'常'谊，'常'者，即一章所谓'常道'也。"（《老子校诂》，第184页）其实，在老子思想中，真正的聪明、智慧与对"道"的领悟密不可分，因此，上述两种理解其实存在内在的统一，故陈鼓应亦把"明"释为"指了解道的智慧"（《老子今注今译》，第180页）。

关于"袭"的含义，学者们在理解上分歧较多，其中有代表性的理解，主要有这样三种。（1）认为"袭"是掩藏的意思，因此，所谓"袭明"，即掩藏其聪明或不使聪明暴露的意思，如林希逸说："和光同尘而与之为一，故曰'袭明'。袭者，藏也。"（《道德真经口义》）（2）认为"袭"是沿袭、承袭的意思，因此，所谓"袭明"，指的是承袭"道"的意思，如成玄英说："袭，承也，用也。此即结叹常善圣人利物无弃，可谓承用圣明之道也。"（《老子道德经开题序诀义疏》）（3）认为这里的"袭"，是因袭、因顺的意思，因此，所谓"袭明"，指因顺"道"或事物本来之"明"的意思，如奚侗说："袭，因也……'袭明'谓因顺常道也。"（《老子集解》，见《老子注三种》，第95页）

那么究竟哪种理解更有道理呢？笔者认为，从"是谓袭明"前面的文字来看，圣人"常善救人""常善救物"亦可理解为用"善行""善言"等"五善"来救人与物，而从前面对"五善"的具体分析可知，"五善"包括文字本身的意思和引申义两个方面。从文字本身的意思来看，"善行，无辙迹""善结，无绳约而不可解"等指圣人拥有常人不具备的本领，圣人运用此本领去救人、救物，但不炫耀，不张扬，因此，称之为"袭明"，便有掩藏自身之聪明智慧的意思。而从其引申义来看，则"五善"指的是一切以"道"为依据，顺乎自然去言、去行，从这个意义上说，则所谓"袭明"，便是承袭或因顺"道"的意思。因此，笔者认为，把"袭明"的"袭"释为掩藏或承袭、因顺，把"明"释为聪明或"道"，都是可以的。

三、"不贵其师,不爱其资,虽智大迷,是谓要妙"之实义

对于"不贵其师,不爱其资,虽智大迷,是谓要妙"一段文字,值得我们注意的,主要是老子对于"不贵其师,不爱其资"的态度:究竟是反对"不贵其师,不爱其资",还是提倡"不贵其师,不爱其资"?

"不贵其师"中的"师"指老师,根据上文,实即指善人;"不爱其资"中的"资"指可供资借的东西,根据上文,实即指不善之人。按照通常的观念,对老师应该尊重,对可供借鉴的东西应该珍惜,据此来进行理解,则该段话的意思很容易被解释为:不尊重老师,不珍惜可供借鉴的东西,这样的人,虽然自以为聪明,实际上却是糊涂之极。一些学者如河上公、林希逸、林语堂等正是这么理解的。

然而,有不少古代学者却不按上述思路来理解,他们认为,"不贵其师,不爱其资",反映的是"师"和"资"兼忘的境界,因此这是老子倡导的正面价值;而"虽智大迷",则指的是虽智者亦不能明白或虽有智慧而浑然不作分别、虽智若愚的意思,如苏辙说:"圣人无心于教,故不爱其资;天下无心于学,故不贵其师。圣人非独吾忘天下,亦能使天下忘我故也。圣人之妙,虽智者有所不谕也。"(《老子解》)

那么,究竟哪种理解更有道理呢?笔者认为,这有赖于对"是谓要妙"之含义的理解。对于"要妙"的含义,学者们主要有两种理解。一种认为,"要妙"即精深微妙的意思,在这里则指精深微妙的道理,如陈鼓应说:"它真是个精要深奥的道理。"(《老子今注今译》,第181页)一种认为,这里的"要妙",指的实际上就是"道",如董平说:"'要妙',义同'窈冥',幽深玄妙之意,实际上也即是道本身。"(《老子研读》,第140页)

由上可知,无论把"要妙"释为精深微妙的道理,还是精深微妙之"道",都说明其极其深奥,非世俗之智慧所可轻易理解。由此反观"不贵其师,不爱其资,虽智大迷"一句,若把它释为不尊重自己的老师,不爱惜可供资借的东西,虽然自以为聪明,实际上却糊涂之极,则此道理实在是稀松平常得很,说它精深微妙,会让人觉得老子是在危言耸听,故弄玄虚。而若依上述第二种理解,把它释为不要重视老师,不要爱惜可供资借的东西,即使是智者也会对此感到十分糊涂,则这样的道理恰好与世俗之见相反,人们听后肯定会感到惊讶,并很想知其究竟,而这才当得起"要妙"即精深微妙之义。因此,笔者认为,上述第二种理解应较为符合老子之本义。

二十八章

知其雄①，守其雌②，为天下豀(xī)③。为天下豀，常德④不离，复归⑤于婴儿。知其白⑥，守其黑⑦，为天下式⑧。为天下式，常德不忒(tè)⑨，复归于无极⑩。知其荣⑪，守其辱⑫，为天下谷⑬。为天下谷，常德乃足⑭，复归于朴⑮。朴散则为器⑯，圣人⑰用之⑱，则为官长⑲，故大制⑳不割㉑。

【译文】

知道雄强，而安守柔弱，做天下的小河沟。做天下的小河沟，恒久不变的品德就不会离去，就能回复婴儿般纯真的状态。知道光明，而安守暗昧，做天下的榜样。做天下的榜样，恒久不变的品德就不会有差失，就能回复没有穷尽的道的境界。知道尊荣，而安守卑辱，做天下的山谷。做天下的山谷，恒久不变的品德就会充足，就能回复质朴本真的状态。质朴本真的东西分散后就成为有形的具体事物，圣人效法道与万物的关系，从而成为君

【注释】

①雄：雄强，强大有力。　②雌：指柔弱。　③豀：同"溪"，指小河沟。　④常德：恒久不变的品德。　⑤复归：回复；返回。　⑥白：光明；昭明。也指明白。　⑦黑：晦暗；暗昧。　⑧式：一说指榜样、楷模；一说指法度、准则；一说通"栻(shì)"，指一种古代占卜用的器具。　⑨忒：差错；差误。　⑩无极：没有穷尽。这里也指道。　⑪荣：尊荣；荣耀。　⑫辱：卑辱，卑微屈辱。　⑬谷：山间深凹的低地。　⑭足：充满；充足。　⑮朴：淳朴；朴实。这里也指道。　⑯器：器物；有形的具体事物。　⑰圣人：见第二章注⑭。　⑱用之：这里指效法道与万物的关系。用：使用；运用，这里有效法的意思。之：指道与万物的关系，包括道创生万物而不加宰制等。一说指圣人运用具体之物；一说指圣人被任用。　⑲官长：指君主。一说指官

主,所以以道统御万物是不会割裂或伤害万物的本性的。

员。 ⑳大制:指以道统御万物。制:裁制;制作。也指宰制、制御。 ㉑割:割裂;伤害。

【解读】

本章内容由如何得道及如何以"道"统御天下两部分组成。具体而言,从"知其雄"至"复归于朴",论述的是怎样修道得道。其中的"婴儿""无极""朴"指的实际上都是"道",而获得"道"的具体方法则是"知其雄,守其雌""知其白,守其黑""知其荣,守其辱",即在明知"雄""白""荣"之好处的前提下,却反而去安守作为其对立面的"雌""黑""辱"。从"朴散则为器"至"故大制不割",则论述得道之圣人如何统御天下万物。具体的方式则是设立"官长","大制不割",即设官分职以统御天下万物,顺乎万物之本性,对万物不作割裂与损伤,无为而治,从而使万物能最终"复归于朴"。

本章中值得我们关注的,主要有以下三个方面的内容:一是"知其雄""守其雌"的含义及其相互关系;二是"朴"及"朴散则为器"的双重含义;三是自"守其黑"至"知其荣"的二十三个字是否应删。

一、"知其雄""守其雌"的含义及其相互关系

对于"知其雄,守其雌"的含义,我们可以从以下三个方面进行认识。(1)"雄"和"雌"在这里的含义。"雄"的本义指公鸟,引申指一切雄性的动物。"雌"的本义指母鸟,引申指一切雌性的动物。在自然界中,雄性的动物往往强健、好动,雌性的动物则往往柔弱、好静,由此又引申出"雄"的阳刚、躁动,以及"雌"的阴柔、安静之义。进一步引申至社会生活领域,则"雄"又有尊贵、处上、居先之义,"雌"又有卑微、处下、居后之义。因此,老子在此所说的"雄"与"雌"具有丰富的含义,举凡阴阳、刚柔、动静、先后、尊卑、上下等莫不包含于其中。(2)强调了守雌的重要性。"知其雄,守其雌"两句,核心在于"守其雌"。而所谓"守其雌",主要指安守柔弱的意思。之所以要安守柔弱,是因为崇尚刚强、坚强往往会带来不好的后果,而且,在刚强与柔弱的较量中,最终居于优势或获胜的往往是柔弱的一方。(3)"守其雌"必须以"知其雄"为前提。虽然"知其雄,守其雌"的核心是"守其雌",但这并不意味着"知其雄"不重要,相反,它是"守其雌"的前提和基础。因为首先,雄和雌是一对矛盾,两者是互相依赖的,没有雄,

老子·二十八章

也就无所谓雌,反之亦然。其次,虽然崇尚雄强会造成种种不好的后果,但我们不能因此就认为雄强是不好的,因为如前所述,雄强代表强大、尊贵、成功等等,这本身就是人们所追求的,老子之所以主张知雄而不守雄,是因为根据历史的经验和教训,一个人想要达到雄强,或者想要守住已有的雄强,只能以守雌为手段。同样,老子主张守雌,也不是要求一味守雌,彻底排斥雄强,而是要在柔弱中蕴含雄强,并以达到或守住雄强为目标。

有的学者进一步认为,"知其雄,守其雌"两句的核心虽然在"守其雌",但其命脉或要害则在"知其雄",如严复说:"今之用《老》者,只知有后一句,不知其命脉在前一句也。"(《老子道德经评点》)笔者认为,这样的观点是很有启发意义的。一个本来就十分弱小的人,或一个本来社会地位就很低的人,你让他安守柔弱,这更多的只是起一种安慰或麻醉的作用;只有对一个现实生活中的强者或成功者,你告诫他恃强逞强的危险后果,告诉他安守柔弱的积极作用,这样的劝告才有真正实质性的意义。

对于下文的"知其白,守其黑""知其荣,守其辱"的含义,均可仿照对"知其雄,守其雌"的解释来理解。至于文中的"婴儿""无极",其实都是"道"的代名词,也就是说,在老子看来,一个人,只要能切实遵行"知其雄,守其雌"等原则,便能达到与"道"合一的境界。

二、"朴"及"朴散则为器"的双重含义

对于"为天下谷,常德乃足,复归于朴。朴散则为器"中的"朴"字的含义,学者们主要有两种解释。(1)认为指的就是"道",如唐玄宗说:"常德圆足,则复归于道矣。朴,道也。"(《唐玄宗御注道德真经》)(2)认为指的是质朴、纯朴的意思,如河上公说:"复当归身于质朴,不复为文饰。"(见王卡点校:《老子道德经河上公章句》,第114页)

笔者认为,"朴"的本义指没有经过加工的木材,引申指淳朴、朴实的意思;因"道"具有浑然大全、自然无为等特性,"朴"的含义与之相吻合,故亦可用"朴"来指"道"。也就是说,这里的"朴"应具有双重的含义,既指像未经加工的木材或材料那样质朴、纯朴的意思,亦可用来指"道"。据此,则"朴散则为器"也可以作两种意义的理解,一种是释其中的"朴"为未经加工的木材或材料,则"朴散则为器"意为把原来整全的材料分割或加工制成各种器物,一些学者正是这样理解的,如吴澄说:"木朴之未散也,抱其天质之全,及破碎其全,则散之而为所斫之器。"(《道德真经注》)另一种是释"朴"为"道",则"朴散则为器"意为"道"散而为万物,亦即万物由"道"而生,并禀有"道"的特性,如蒋锡昌说:"'朴散则为器',言道散而为万物也。"(《老子校诂》,第191页)

三、"守其黑……知其荣"二十三字是否应删

在《庄子·天下》篇中,有对《老子》本章文字的引用:"知其雄,守其雌,为天下谿;知其白,守其辱,为天下谷。"其特点是"知其白"直接接"守其辱",而不像通行本那样接"守其黑",而且没有"守其黑"及之后的"为天下式。为天下式,常德不忒,复归于无极"共二十三个字。据此,易顺鼎率先提出,"守其黑"等二十三字系"后人窜入之语",应删:"此章有后人窜入之语,非尽《老子》原文。《庄子·天下》篇引老聃(dān)曰……此老子原文也。盖本以雌对雄,以辱对白,辱有黑义……后人不知辱与白对,以为必黑始可对白,必荣始可对辱,如是加'守其黑'一句于'知其白'之下,加'知其荣'一句于'守其辱'之上,又加'为天下式,为天下式,常德不忒,复归于无极'四句,以叶黑韵,而窜改之迹显然矣。"(《读老札记》)

易顺鼎的上述观点受到不少学者的赞同,如高亨、蒋锡昌、陈鼓应等均认同其观点,认为应删去"守其黑"等二十三字。

然而,马王堆帛书甲乙本均有"守其黑"等文字,其中乙本的相关文字为:

> 知其雄,守其雌,为天下溪。为天下溪,恒德不离。恒德不离,复(归于婴儿。知)其白,守其辱,为天下谷。为天下谷,恒德乃足。恒德乃足,复归于朴。知其白,守其黑,为天下式。为天下式,恒德不忒。恒德不忒,复归于无极。

把帛书乙本与通行本相比较,可以发现两者有这样三个主要的不同:一是帛书乙本"知其白,守其黑……"一段位于三个"知其"句的最后,而不像通行本那样位于三个"知其"句的中间;二是帛书乙本有两个"知其白",与"守其辱"相对的为"知其白",与"守其黑"相对的亦为"知其白";三是帛书乙本比通行本多"恒德不离""恒德乃足""恒德不忒"十二个字。

虽然存在上述区别,但是有一点是很明显的,这就是帛书乙本有"知其白,守其黑……"一段文字,说明易顺鼎等认为该段文字系后

人增补的观点并不确切。因此,对于认为应删去"守其黑"等文字的观点,高明、董平等明确表示反对。高明甚至认为,帛书乙本中与"守其辱"相对的"知其白"中的"白"字,当为"日"字之误(因为帛书甲本该句正作"知其日"),而"日"即"荣"的意思,说明通行本作"知其荣,守其辱",以"荣"与"辱"相对并无问题。(见《帛书老子校注》,第371页)

笔者认为,"守其黑"等二十三字应予保留,理由如下。

一是从上述主张"守其黑"等二十三字应删的观点来看,其最关键、最重要的证据是《庄子·天下》篇中所引作"知其白,守其辱",无通行本中紧接"知其白"的"守其黑"等二十三字。然而,我们必须注意的是,《庄子》所引《老子》文字只是节选,而非完整引述,纯粹根据节选的文字来确定《老子》原文的面貌,这样做是很不严谨的。而且,笔者推测,《庄子·天下》的作者所依据的《老子》文字与帛书乙本应该十分接近,因为帛书乙本中三个"知其"的文字及顺序为:"知其雄,守其雌,为天下溪……""(知)其白,守其辱,为天下谷……""知其白,守其黑,为天下式……"因第二、三两段文字的开头均为"知其白",故《庄子·天下》的作者在引述时便节引了前面两段:"知其雄,守其雌,为天下谿;知其白,守其辱,为天下谷。"而没有节引第三段。因此,根据《庄子·天下》中的《老子》引文来推断"守其黑"等二十三个字系后人所加,在逻辑上存在十分明显的漏洞。

二是一些学者根据《庄子·天下》所引作"知其白,守其辱",而通行本则作"知其荣,守其辱",从而认定"荣"字系后人所改,并进一步把它作为"守其黑"等二十三字系后人所加的一条重要证据,对此,笔者认为,帛书乙本有两个"知其白",则其中一处肯定有误(高明认为其中一处应据帛书甲本作"知其日",而"日"即"荣"的假借字,此说值得我们重视),后来的学者把与"守其辱"相对的"知其白"改为"知其荣",这样做亦无可厚非。因此,即使后人把"知其白"的"白"改为"荣",这也只是涉及个别文字的改动,而不应据此就上纲上线,认定其他二十二字亦由后人所加。

三是河上公本、王弼本、傅奕本等有代表性的《老子》本子均有"守其黑,为天下式……"一段文字,说明两千多年来历代学人看到的《老子》文字即是如此,现在仅凭易顺鼎的缺乏充分依据的怀疑便从《老子》原文中删去该段文字,这样做无疑是很不严谨的。

二十九章

将欲取①天下而为②之,吾见其不得已③。天下神器④,不可为也。为者败之⑤,执⑥者失之。故⑦物或行⑧或随⑨,或嘘⑩或吹⑪,或强或羸⑫,或载⑬或隳(huī)⑭。是以⑮圣人⑯去甚⑰,去奢⑱,去泰⑲。

【译文】

想要取得天下而采取有为的方式,我看他是达不到目的的。天下是神圣的东西,不能对它采取有为的方式。采取有为的方式,一定会失败;想要把持它,一定会失去。万物有的前行,有的在后跟随;有的呵气使暖,有的吹气使冷;有的强壮,有的瘦弱;有的平安,有的危险。所以圣人去除过分、奢侈和骄纵。

【注释】

①取:取得;得到。一说指治理。 ②为:这里指有为,即违背自然,强力去做。一说指治理。 ③已:语气助词。 ④神器:指神圣的东西。一说指人;一说指政权。 ⑤之:句末助词,无实义。 ⑥执:把持;执持。 ⑦故:用于句首,作助词,相当于"夫"。 ⑧行:前行。 ⑨随:跟随。 ⑩嘘:慢慢地呼气。这里指呵气使暖。王弼本作"歔",景龙碑本作"嘘",据之以改。 ⑪吹:合拢嘴唇用力出气。这里指吹气使冷。 ⑫羸:瘦弱。 ⑬载:平安;安定。也指完成、成功。王弼本作"挫",河上公本作"载",据之以改。 ⑭隳:毁坏;废弃。也指危险。有的本子作"堕"。 ⑮是以:因此;所以。 ⑯圣人:见第二章注⑭。 ⑰甚:过度;过分。一说指极端。 ⑱奢:奢侈。 ⑲泰:骄傲;骄纵。一说指过度、过分。

【解读】

本章主要论述了自然无为之道对于取得或治理天下的重要性。具体内容则主要包括三个方面:一是指出想要用有为的方式去取得或治理天下,最终必归于失败,即"为者败之"。二是说明为什么用有为的方式去取得或治理天下必归于失败,是因为天下万物"或行或随""或强或羸"等等,既千差万别,又互相对立、转化,如果不能随顺万物的自然本性,企图凭借自己的主观意志去加以改变,当然就只能以失败告终。三是明确指出,圣人正因为认识到了上述道理,所以遵行自然无为之道,不做过分过度之事:"去甚,去奢,去泰"。

本章的意思相对易懂,但是对其中的一些文字如"取""为""神器"等的含义,学者们在理解上仍存在不少的分歧,故笔者拟从以下三个方面对本章内容展开介绍:一是"取天下而为之"的确切含义;二是何谓"天下神器";三是围绕"或载或隳"的文字表述之争。

一、"取天下而为之"的确切含义

从古今学者对"将欲取天下而为之"的解释来看,对于它的含义,主要有三种理解。(1)认为这里的"取",是取得、获得的意思;"为",指治理的意思,在这里则指用有为的手段来治理。因此,所谓"将欲取天下而为之",指的是想要取得天下而用有为的方式去治理,如河上公说:"欲为天下主也,欲以有为治民。"(见王卡点校:《老子道德经河上公章句》,第118页)(2)认为这里的"取",是治理的意思;"为",指违背自然强力而为的意思。因此,所谓"将欲取天下而为之",指的是想要治理天下却违背自然强力去做,如蒋锡昌说:"言世君将欲治天下而为有为者,吾见其无所得也。"(《老子校诂》,第193页)(3)认为这里的"取",是取得、获得的意思;"为",是强力而为的意思。因此,所谓"将欲取天下而为之",指的是想要用强力取得天下的意思。持此种理解的学者认为,天下是凭借天命和德行获得的,依靠强力甚至暴力是不可能获得天下的。

从上述三种理解来看,第一、三两种理解均把"取"释为取得、获得的意思,唯有第二种理解把"取"释为"治理"的意思。然而,对于把"取"释为治理,刘笑敢明确表示反对:"从古代辞书、韵书以及先秦典籍中的用法来看,把'取'解释为治理之治是没有根据的。"(《老子古今》,第354页)笔者认为,刘笑敢的观点是很有启发意义的,释"取"为"治理"的观点确实值得商榷。《汉语大词典》中有释"取"为"治理"的义项:"《老子》:'取天下,常以无事;及其有事,不足以取天下。'河上公注:'取,治也。'《荀子·王制》:'成侯、嗣公,聚敛计数之君也,未及取民也。'俞樾(yuè)《诸子平议·荀子二》:'此取字,亦当训治。取民,言治民也。'"需要注意的是,河上公释"取天下，常以无事"之"取"为"治"，然而，河上公在释本章的"将欲取天下"时却说"欲为天下主也"，说明河上公是把这里的"取"释为取得的意思，而非治理的意思。另外，上引《荀子·王制》中的"未及取民也"中的"取"字，俞樾释为"治"，亦不妥当。因为成侯、嗣公都是战国时卫国的国君，说他们"未及取民"，当指他们未能取得民心，即未能获得民众的支持，而不是指他们没有来得及治理民众，因此，这里的"取"，亦是取得、获得的意思，而非治理的意思。

因此，笔者认为，除了上述第二种理解，第一、三两种理解均是能够成立的。第一种理解释"将欲取天下而为之"为想要取得天下而用有为的方式去治理，则这里的"取得天下"实即获取天下人心、受到天下民众拥护的意思。第三种理解释"将欲取天下而为之"为想要用强力取得天下的意思，在意思上则更为清晰、直接。

二、何谓"天下神器"

对于"天下神器"的含义，学者们主要有这样四种理解。（1）认为"神器"指的是人，因此，"天下神器"即天下之人，如蒋锡昌说："'神器'即人，以人为万物之灵也。"（《老子校诂》，第194页）（2）认为"天下神器"指的是帝王之位，亦即国家的统治权、政权，如杜道坚说："天下神器，乃帝王之宝位，民生系焉。"（《道德玄经原旨》）（3）认为"天下神器"指天下是有神主宰的东西，如吴澄说："天下者至大之器，有神司之。"（《道德真经注》）（4）认为"天下神器"指天下是一种神圣的东西，强调的是其贵重和神圣性，如林语堂说："天下本是一种神圣的东西"。（《老子的智慧》，第114页）

在上述四种理解中，笔者倾向于第四种理解。因为老子在本章开头说"将欲取天下而为之，吾见其不得已"，即想通过有为的手段取得天下，是不可能的。接下来解释为什么不可能，是因为"天下神器，不可为也"，即天下是神圣的东西，不能通过有为的方式得到或进行治理。这样理解在意思上显得比较顺畅。至于天下为什么是神圣的东西，则与天下的内涵有关。在古人的理解中，天下主要指中国范围内的全部土地，当然也包括此土地上的人民、物产等。那么这个天下是怎么来的，其间有无神异的东西在支配着它？尤其是在古代中国人的经验中，在同一个时间段内，主宰天下的最高统治者通常只有一个，那么为什么只有他有资格主宰天下，而不是别人？这一切，都会让人觉得这个天下既神秘又神圣，故魏源说："神器者，天命人心，去就靡

（mí）常，不可人力争，故神之也。"（《老子本义》，第64页）当然，把"神器"释为政权或人也是可以的，但取义较窄，不如释为神圣的东西蕴含更丰富，意思更平实。

三、围绕"或载或隳"的文字表述之争

"故物或行或随，或嘘或吹，或强或羸，或载或隳"一段文字，主要用来说明天下之事物千差万别，各具特色，既互相对立，又互相转化。这里值得我们注意的是围绕"或载或隳"的文字表述之争。

"或载或隳"一句，各种《老子》本子有很多不同的表述。河上公本、《唐玄宗御注道德真经》等不少历史上有代表性的本子均作"或载或隳"，傅奕本、范应元《老子道德经古本集注》等作"或培或堕"，王弼本作"或挫或隳"，成玄英《老子道德经开题序诀义疏》、李荣《道德真经注》等作"或接或隳"，等等。要弄清哪一种文字表述更为合理，首先需要弄清各种不同表述的具体含义。

（1）或载或隳。对于"或载或隳"的含义，学者们多释"载"为安、平安，释"隳"为危险，如河上公说："载，安也。隳，危也。有所安必有所危。"（见王卡点校：《老子道德经河上公章句》，第119页）也有学者释"载"为成功，而释"隳"为毁坏，如林希逸说："成者听其自成，隳者听其自隳，是皆自然而然而已……载，成也。"（《道德真经口义》）笔者认为，上述两种理解，一以安宁对危险，一以成功对毁坏，从道理上均能说通。

（2）或挫或隳。王弼本及一些当代出版的《老子》注译著作作"或挫或隳"。然而，对于"或挫或隳"的含义，王弼未作解释，当代学者对它的解释则各不相同，如蒋锡昌释为："或好摧折，或好毁坏。"（《老子校诂》，第197页）高亨释为："'挫'，借为'侳（cuò）'……指安坐在车上……'隳'，即堕也，坠也，坠落车下。"（《老子注译》，第53页）汤漳平等释为："挫，小的损坏。隳，毁坏……有的小受挫折，有的全部毁伤。"（汤漳平、王朝华译注：《老子》，第113-114页）上述三种解释，除了高亨的观点，另外两种均未把"挫"和"隳"的含义作对立或相反的理解。然而高亨说"挫"借为"侳"，亦只能说是其一家之言，并无充分的依据。

（3）或培或堕。对于"或培或堕"中的"培"字，学者们多释为增益、增高的意思，如奚侗说："'培'者，'增'高。"（《老子集解》，见《老子注三种》，第97页）然而，对于"堕"的含义，学者们则有不同的理解，有的认为是落下的意思，读作duò，如范应元说："或有堕落者"。(《老子道德经古本集注》，第54页)有的则认为"堕"是损毁、毁坏的意思，读作huī，如陈鼓应说："有的自毁"。(《老子今注今译》，第190页)笔者认为，落下与增益、损毁与增益，都不是含义明显相反的词，因此，这种表述明显值得商榷。

（4）或接或隳。对于"或接或隳"中的"隳"，学者们多释为毁败。然而，对于"接"的含义，学者们的理解则并不一致，如成玄英认为指连续的意思："夫接者，连续也。"(《老子道德经开题序诀义疏》)于省吾则认为指"捷"即战胜、成功的意思："'接'应读为'捷'……捷胜与堕败，义正相反也。"(《双剑誃〔yí〕诸子新证》，第239页)

笔者认为，该句文字应作"或载或隳"，理由如下。

一是历史上很多有代表性的《老子》本子如河上公本、《唐玄宗御注道德真经》等均作"或载或隳"，作其他表述的本子则相对较少。

二是作"或载或隳"，意为有的安宁，有的危险，或有的成功，有的毁坏，在意思上较为合理、顺畅。而作其他的文字表述，则往往在理解上会产生各种争议，而且在意思上亦显得不甚合理，这一点，在前面对不同表述的含义的介绍中可清晰地看出来。

三是作"或挫或隳"，其存在的问题比较明显，因为"挫"和"隳"的含义并不相反，与前面的"或嘘或吹""或强或羸"明显不同。

四是傅奕本、范应元本等作"或培或堕"，但是，对于"或培或堕"的含义，学者们则有不同的理解，而且，把"培"和"堕"释为意义相对的字，亦比较勉强。

因此，笔者认为，除非发现更为可靠的证据，就目前情况而言，作"或载或隳"，应是较为恰当的。当然，亦可作"或载或堕"，只是其中的"堕"应读作huī，与"隳"的意思相似。

最后需要说明的是，"或行或随""或载或隳"等八"或"，是用来强调万物的纷繁多样的；而强调万物纷繁多样的目的，则是为了说明对待万物应持的正确态度，这便是顺其本性之自然，而不人为地加以干涉。因为既然物性丰富多样，便当因顺物性，以不同的态度待之，如果对它们采取统一的模式，强求一律，则必然会导致失败。因此，这里的八"或"，是对上文"为者败之，执者失之"的进一步说明。故成玄英说："举此八法不定，以表万物无常。故治国治身者，不可以有为封执而取之也。"(《老子道德经开题序诀义疏》)

三十章

　　以①道佐②人主③者,不以兵④强天下⑤。其事⑥好还⑦。师⑧之所处⑨,荆棘生焉。大军⑩之后,必有凶年⑪。善者⑫果⑬而已,不敢⑭以取强。果而勿矜⑮,果而勿伐⑯,果而勿骄,果而不得已,是谓⑰果而勿强。物壮⑱则老⑲,是谓不道⑳,不道早已㉑。

【译文】

　　用道辅佐君主的人,不靠兵力逞强于天下。运用兵力逞强很容易得到报应。军队驻扎过的地方,荆棘丛生。重大的军事行动之后,一定会有荒年。善于用兵的人,只求获得成功罢了,不敢依靠兵力来逞强。获得成功而不妄自尊大,获得成功而不自我夸耀,获得成功而不骄傲自满,获得成功而只是因为迫不得已,这叫作获得成功而不逞强。事物发展到壮盛就走向衰老,这叫作不合乎道,不合乎道就会提早终结。

【注释】

①以:用。　②佐:辅佐;辅助。　③人主:人君;君主。　④兵:军队;兵力。　⑤强天下:指逞强于天下。　⑥其事:指"以兵强天下"之事。　⑦好还:极易得到报应。　⑧师:军旅;军队。　⑨处:居住。这里指驻扎。　⑩大军:指重大的军事行动。　⑪凶年:荒年。　⑫者:王弼本作"有",河上公本、傅奕本、景龙碑本等作"者",郭店竹简本、帛书甲乙本亦作"者",据之以改。　⑬果:成功;成就。表示结果与预期相合。一说指救济;一说指果决;一说指胜利。　⑭敢:郭店竹简本、帛书甲乙本、景龙碑本等均无"敢"字。　⑮矜:自尊自大;自夸。　⑯伐:自我夸耀。　⑰是谓:王弼本无此二字,范应元《老子道德经古本集注》有此二字,郭店竹简本、帛书乙本亦有,据之以补。　⑱壮:强壮;壮盛。　⑲老:衰老;凋谢。　⑳不道:指不合乎道。　㉑已:停止;终结。

【解读】

本章的核心思想是"不以兵强天下",即不依靠兵力逞强于天下。那么老子为什么要主张"不以兵强天下"呢?原因有两个:一是"以兵强天下"极易遭到报应,包括在战争中失败,战争结束后遭遇巨大的灾荒,等等;二是"物壮则老",事物壮盛就会走向衰亡,"以兵强天下"即是逞强用"壮",故很快就会导致灭亡,而这在老子看来是明显不合乎"道"的。

不能"以兵强天下",那么该如何正确地对待用兵呢?老子提出的原则是:"果而勿矜,果而勿伐,果而勿骄,果而不得已。"即当用兵取得成功后,不要沾沾自喜,不要自鸣得意,更不要骄傲自大,而要认识到用兵是迫不得已的行为。

本章文字相对好懂,值得我们注意的,主要有这样四个方面:一是"其事好还"的内涵;二是"大军之后,必有凶年"两句是否应删;三是"果而勿强"与"果而勿矜"等四"果"的关系;四是"物壮则老"是否合乎"道"。

一、"其事好还"的内涵及原因

老子说"以道佐人主者,不以兵强天下,其事好还",意即臣子应当以"道"辅佐君主,不要依靠兵力逞强于天下,否则极易遭到报应。这里值得我们注意的,是"其事好还"的具体内涵。

"其事好还"中的"其事",指上面所说的"以兵强天下"之事;"好还"的"好",是容易的意思;"还",是还报、报应的意思。因此,"其事好还"指依靠兵力逞强于天下,极易遭到报应的意思。如成玄英说:"还,返也,报也。言外用兵刃,即有怨敌之仇;……此事必尔,故云好还。"(《老子道德经开题序诀义疏》)

那么,为什么依靠兵力逞强于天下,会极易遭到报应呢?对此,学者们有不同的解释,概括起来,主要有这样两种。(1)认为依靠武力逞强于天下,必会遭到对方的抵制和反抗,如吕惠卿说:"以兵强天下,亦将阻是而抗我矣。出乎尔者,反乎尔者也。"(《老子吕惠卿注》,第35页)(2)认为胜败乃兵家常事,靠兵力逞强于天下,就难免有兵败的时候,如杜道坚说:"况兵无常胜,其事好还,败亦随之,可不戒乎?"(《道德玄经原旨》)

那么,上述说法中哪一种更有道理呢?笔者认为,作为统治者而依靠兵力逞强于天下,要么会因遭遇激烈的抵抗而失败,要么虽得意于一时，但最终会被彻底推翻。因此，上述两种解释系从不同的角度揭示"其事好还"的含义，故都是有道理的。

二、"大军之后，必有凶年"两句是否应删

"师之所处，荆棘生焉。大军之后，必有凶年"，指军队驻扎过的地方，荆棘丛生。重大的军事行动之后，一定会有荒年。指出了战争带来的严重危害：田地荒芜，粮食匮乏，民众饥饿。然而，值得注意的是，该段文字景龙碑本、敦煌本及成玄英《老子道德经开题序诀义疏》等均作"师之所处，荆棘生"，无"焉。大军之后，必有凶年"九字。帛书甲乙本该段文字有残损，但均为"焉"字作"之"，且无"大军之后，必有凶年"两句。因此，一些学者认为，"大军之后，必有凶年"的文字当系后人所加，如高明说："今本'大军之后，必有凶年'二句，甲、乙本皆无，景龙、遂州、敦煌丁三本亦无……足证其为后人增入无疑"。（《帛书老子校注》，第381-382页）

另外，郭店竹简本不仅无"大军之后，必有凶年"两句，连"师之所处，荆棘生焉"两句亦无。因此，根据现有资料，《老子》原本无"大军之后，必有凶年"两句的可能性确实较大。正是基于这样的认识，陈鼓应在其《老子今注今译》中直接删去了"大军之后，必有凶年"两句。不过，笔者认为这两句还是以保留为妥，理由如下。

一是在历史上流传的《老子》本子中，除了极少数的本子，绝大多数本子均有"大军之后，必有凶年"两句，而且历代学者对这两句文字亦有丰富的注解，因此，若去掉这两句，便是人为地抹去了其在历史上已有的影响。

二是"大军之后，必有凶年"两句是对客观历史经验的总结，与老子的思想宗旨并无冲突。而且，在"师之所处，荆棘生焉"后加上这两句，能使意思更加完整，在文字形式上亦显得更为整齐、协调。

三、"果而勿强"与"果而勿矜，……果而不得已"的关系

"果而勿矜，果而勿伐，果而勿骄"中的"果"字，指获得成功的意思；矜，指自尊自大的意思；伐，指自我夸耀的意思；骄，指骄傲自大的意思。由此可见，"矜""伐""骄"在这里是近义词，都有以自我为中心、自夸自大的意思。因此，老子在这里一连串的"勿矜""勿伐""勿骄"，说明了他对谦虚、知止之德的重视和强调。

"果而不得已"中的"不得已"，是无可奈何、不能不如此的意思。因为老子主张"不以兵强天下"，即不靠兵力逞强于天下，因此，便反

对动辄以兵力来解决矛盾和冲突,认为只有在用其他手段都无法解决矛盾和冲突时,才不得不采用武力来解决问题,故所谓"果而不得已",指的是获得军事上的成功而只是因为迫不得已的意思。

接下来的"是谓果而勿强",意即这叫作获得成功而不逞强。与前面的"果而勿矜,果而勿伐,果而勿骄,果而不得已"的四"果"不同,在"果"字前加了"是谓"二字,说明"果而勿强"是对前面四"果"的总结,即只有做到了上述四"果",才是真正做到了获得成功而不逞强。

然而,"是谓果而勿强",这是以范应元《老子道德经古本集注》为代表的《老子》本子中的文字,河上公本和王弼本均作"果而勿强",前面无"是谓"二字。无"是谓"二字,则"果而勿强"与前面的四"果"便是并列关系,而不是对前面四"果"的总结。当代学者如林语堂、高亨、陈鼓应等的《老子》注译著作亦均以王弼本为依据,作"果而勿强",并把"果而勿强"与前面的文字释为并列关系。

除了上述,傅奕本、景龙碑本、成玄英《老子道德经开题序诀义疏》等则均作"是果而勿强"。对于"是果而勿强",学者们多认为它是对上面四"果"的总结,如苏辙说:"勿矜、勿伐、勿骄、不得已四者,所以为勿强也。"(《老子解》)

那么,这里的文字应作"是谓果而勿强",还是"果而勿强"或"是果而勿强"呢?笔者认为,这里应作"是谓果而勿强",理由如下。

一是从本章自"以道佐人主"至"果而勿强"的文字来看,其核心是反对依靠兵力逞强于天下,故老子反复说"不以兵强天下""不敢以取强""果而勿强",因此,这里的"果而勿强"与前面的"果而勿矜,果而勿伐,果而勿骄,果而不得已"不应该是并列关系,而应是对上述四"果"的总结。既然如此,则在"果而勿强"前加"是"或"是谓"以示区别,是很有必要的。

二是该句文字郭店竹简本作"是谓果而不强",帛书甲本作"是胃(谓)□而不强",乙本作"是胃(谓)果而强",对此,高明认为:"乙本……在末句'强'前脱'不'字,抄写之误,当同甲本均作'是谓果而不强'。"(《帛书老子校注》,第384页)因此,作"是谓果而不强"当更接近《老子》原本,且意思更为明确。

三是帛书本等"是谓果而不强"中的"不"字,历史上绝大多数《老子》本子均作"勿",虽然"不"与"勿"在这里的意思一样,但考虑到在历史上流传的客观情况,还是以作"勿"为妥,且范应元《老子道德经古本集注》正作"是谓果而勿强",故该句宜作"是谓果而勿强"。

四、"物壮则老"合乎"道"吗?

"物壮则老,是谓不道"两句,从文字本身来看,指事物发展到壮盛就走向衰老,这叫作不合于"道",一些学者也正是这样理解的,如陈鼓应说:"凡是气势壮盛的就会趋于衰败,这是不合于道的"。(《老子今注今译》,第194页)

然而,另一些学者的理解则与上述明显不同,他们认为,"物壮则老",这是自然的规律,怎么会不合乎"道"呢? 因此,这两句文字其实有隐含的意思,即"是谓不道"指的不是"物壮则老",而是指违背了"物壮则老"的规律,是不合乎"道"的,如魏源说:"物壮则老,此天道也,而违之者,是不道矣。"(《老子本义》,第67页)

那么这样的观点有无道理呢? 笔者认为,这里的关键,是如何认识"物壮则老"一语的实质。若泛泛而论,认为"物壮则老",这是自然的规律;既然是自然的规律,则老子主张自然无为,怎么可能认为自然的规律不合乎"道"呢? 然而在笔者看来,这样的理解,看似合理,其实是陷入了明显的误区。因为老子在此讲"物壮则老,是谓不道",是从"道"与具体事物之关系的角度来讲的。在老子看来,"道"永恒存在,具体事物则有生有灭,存亡无常。而具体事物之所以有生有灭,便是因为它用"壮",即都有一个强壮的过程;"道"之所以永恒不灭,是因为"道"守柔处雌,永不用"壮";既然"道"没有强壮的时候,当然也就没有衰亡的时候。正是从这个意义上,老子说"物壮则老,是谓不道"。对于这一道理,苏辙曾明确指出:"壮之必老,物无不然者。唯有道者成而若缺,盈而若冲,未尝壮,故未尝老,未尝死。"(《老子解》)

一些学者则进一步认为,这里的"物壮则老",实际上指的是依靠兵力逞强于天下,因为此种行为不可能长久,故老子说它"不道"。如王弼说:"壮,武力暴兴,喻以兵强于天下者也。飘风不终朝,骤雨不终日,故暴兴必不道"。(见楼宇烈校释:《老子道德经注校释》,第78页)陆希声也说:"於(wū)乎物壮必老,兵强必败,自然之势,可不戒哉。且道以弱为用,而兵以强取胜,斯不合于道也,明矣。"(《道德真经传》)笔者认为,这样的理解,应是深合《老子》义旨的。

三十一章

夫佳兵①者,不祥②之器,物③或④恶(wù)⑤之,故有道者不处⑥。君子⑦居⑧则贵⑨左,用兵则贵右。兵者不祥之器,非君子之器,不得已而用之,恬淡⑩为上。胜而不美,而⑪美之者,是乐杀人。夫乐杀人者,则不可以得志于天下矣。吉事⑫尚左⑬,凶事⑭尚右⑮。偏将军⑯居⑰左,上将军⑱居右,言⑲以丧礼处⑳之。杀人众多㉑,以悲哀㉒泣㉓之;战胜,以丧礼处之。

【译文】

精良的兵器是不吉利的东西,让人厌恶,所以有道的人不会使用它。君子平时家居以左为贵,用兵打仗时则以右为贵。兵器是不吉利的东西,不是君子使用的东西,迫不得已而使用它,以内心清静淡泊为最好。获胜后不要得意,如果因为获胜而得意,这就是喜欢杀人。喜欢杀人的人,是不能在天下实现自己的愿望的。吉祥之事以左为尊,不祥

【注释】

①佳兵:指精良的兵器。兵:兵器。一说指爱好用兵。马王堆帛书甲乙本无"佳"字,一些学者认为"佳"字系衍文,当删。　②不祥:不吉利。　③物:指人。一说指人和物;一说指万物。　④或:有。　⑤恶:讨厌;憎恨。　⑥不处:不居;不据有。　⑦君子:指有道之士。也指统治者或地位高的人。　⑧居:平时家居。　⑨贵:崇尚;重视;以为宝贵。　⑩恬淡:清静淡泊。　⑪而:连词。相当于"如果"。　⑫吉事:吉祥之事。古指祭祀、冠礼、婚嫁等。　⑬尚左:以左为尊。　⑭凶事:不祥之事。常指兵事。也指丧事。　⑮尚右:以右为尊。　⑯偏将军:指副将。　⑰居:处在;处于。　⑱上将军:指主将、统帅。　⑲言:解释引文、词语或某种现象的发端词,相当于"就是说"或"意思是"。　⑳处:对待。　㉑众多:王弼本作"之众",

之事以右为尊。副将处在左边,主将处在右边,就是说要用丧礼来对待。杀人众多,要以悲哀的心情来对待;打了胜仗,要按照丧礼来处理。

河上公本、傅奕本、景龙碑本等均作"众多",据之以改。 ㉒悲哀:王弼本作"哀悲",河上公本、傅奕本、景龙碑本等均作"悲哀",据之以改。 ㉓泣:一说是"莅"字之讹,意为临视、对待;一说指哭泣。

【解读】

本章明确表达了老子对待战争的态度:兵器是不吉利的东西,所以有道的人不会使用它。这无疑是旗帜鲜明地反对战争。不过,老子虽然反对战争,但是当战争无法避免时,老子亦不反对通过战争来解决问题。但老子同时亦强调了战争中应持的心态及取得胜利后的处理办法:"不得已而用之,恬淡为上""杀人众多,以悲哀泣之""战胜,以丧礼处之",即在战争中不贪功,不嗜杀,取得胜利后不得意,不夸耀,而且还要怀着悲伤的心情,按照丧礼来处理。而老子之所以要作这样的强调,是因为在他看来,用兵者若在胜利后得意庆祝,便说明他喜欢杀人,而喜欢杀人的人是不会有好结果的:"夫乐杀人者,则不可以得志于天下矣。"

对于本章内容,笔者拟从以下四个方面进行介绍或讨论:一是"夫佳兵者,不祥之器"的含义及"佳"字是否应删;二是"胜而不美"中"胜而"二字是否应删;三是"以悲哀泣之"中的"泣"是否应作"莅";四是本章文字是否非《老子》正文。

一、"夫佳兵者,不祥之器"的含义及"佳"字是否应删除

关于"夫佳兵者,不祥之器"的含义,值得我们注意的主要有这样两种解释。(1)认为这里的"佳"指美、好的意思,"兵",指兵器,因此,"佳兵"即指精良的兵器,如坚甲利兵之类;"不祥之器",即不吉利的器具、凶器。故所谓"夫佳兵者,不祥之器",指的是精良的兵器是不吉利的器具。如蒋锡昌说:"'佳兵',美利之兵器也,老子谓此美利之兵器为不祥者,因兵戈所至,无物不受其害也。"(《老子校诂》,第206页)(2)认为这里的"佳"指喜爱、爱好的意思,"兵"指军队或军事谋略的意思,因此,"佳兵"指爱好用兵或运用军事谋略的意思;"器"在这里指人。故所谓"夫佳兵者,不祥之器"指的是爱好用兵或运用军事谋略的人,是不祥之人。如林希逸说:"佳兵,喜用兵者也。

以用兵为佳,此不祥之人也。以不祥之人而行不祥之事,故曰'不祥之器'。"(《道德真经口义》)

那么,哪一种理解更有道理呢?笔者认为,上述两种理解在道理上均能说通,但是相比之下,第一种理解显得更为恰当,因为既已称之为"不祥之器",而"器"是器物的意思("器"虽也可释为人,但不如释为器物意思更直接),则把前面的"兵"释为兵器,意思上要更为顺畅。

需要指出的是,这两句文字一些本子有不同的表述,如傅奕本作"夫美兵者,不祥之器",吴澄《道德真经注》作"夫佳兵者不祥",礌(pán)溪官道德经幢(chuáng)作"夫佳(wéi)兵者,不祥之器",等等。对于上述文字上的不同,学者们提出了各种不同的观点,其中值得我们注意的主要是王念孙的观点。王念孙认为,这里的"佳",当是"隹"字之误,"隹"即古"唯"字,意为"因为",正好与后面"故有道者不处"中的"故"字相应:"'佳'当作'隹',字之误也。'隹',古'唯'字也。……唯兵为不祥之器,故有道者不处。上言'夫唯',下言'故',文义正相承也。"(《读书杂志》第5册,第2582页)

王念孙的观点得到奚侗、朱谦之等学者的支持。但是,也有一些学者明确表示反对,如卢文弨(chāo)说:"佳者,以为嘉美而喜悦之也。……或曰'佳'乃'唯'字之文脱耳。'唯'古作'隹',故讹为'佳'也。曰:是不然。《老子》之文,凡云'夫唯'者众矣,……凡九见矣。……若云'佳'为古文'唯'字,岂九处皆从今文,而此一字独为古文乎?"(《抱经堂文集》,第320页)

笔者认为,卢文弨的观点是很有道理的,"夫唯"的"夫"是助词,"唯"是因为的意思,因此,在《老子》一书中,凡用到"夫唯"一词,多是承上文而来。"夫佳兵者"是本章开头的一句,若"夫佳兵者"为"夫唯兵者",无疑是十分突兀的,《老子》原文不应如此。

值得注意的是,马王堆帛书甲乙本这两句均作"夫兵者,不祥之器也",无"佳"字。因此,一些学者指出,今本"佳兵"的"佳"字系衍文,当据帛书本予以删除。如高明说:"今本在'兵'前增'佳''嘉'或'美'诸字,犹似指用兵者言之,远失《老子》经义,当从帛书甲、乙本作'夫兵者'为是,今本皆非。"(《帛书老子校注》,第389页)另外,一些当代学者如陈鼓应、沙少海、傅佩荣等在其《老子》注译著作中均直接把原文改成了"夫兵者"。

笔者认为,以帛书本为依据,删去"佳"字,作"夫兵者",确实能使该句的意思变得简单明晰，但就目前情况而言，还是以作"夫佳兵者"为妥，理由如下。

一是历史上有代表性的《老子》本子如王弼本、景龙碑本等多作"夫佳兵者"，只有帛书甲乙本作"夫兵者"，若完全以帛书本为准，则显得证据过于单薄。且通行本为什么偏偏会多出一个"佳"字来，也需要有合理的解释。

二是据前所述，所谓"佳兵"，指精良的兵器，老子在此之所以要强调精良的兵器，而不是泛泛地说兵器，或是因为精良的兵器体现了制作者的好杀之心，或是因为兵器越精良，则杀人的威力越大，老子尤其厌恶之，故特别予以强调。当然，必须承认，这里用"佳兵"一词，也确实存在一些问题，如下文作"兵者不祥之器"，该如何理解这一区别？且兵器即是不吉利的东西，专门加"佳"字来强调，似并无很大必要，关键是它还会造成理解上的种种歧义。因此，对于"佳兵"的"佳"字，我们不妨姑且存疑，而不应简单地把它一删了之。

二、"胜而不美"中的"胜而"二字是否应删

老子反对战争，故当不得不采用战争的手段来应对战争时，老子一方面强调要"恬淡为上"，即以内心清静淡泊为最好，另一方面又指出要"胜而不美"，意即胜了而不以之为美，打了胜仗而不认为是美事。为什么要"胜而不美"呢？一些学者指出，那是因为君子不崇尚武力，打仗是迫不得已的事情，而且打仗本身亦说明君子之德尚不能使对方心服，存在某种不足，故即使打了胜仗也不要得意。

值得注意的是，"胜而不美"一句，傅奕本、范应元《老子道德经古本集注》等作"故不美也"，景龙碑本、成玄英《老子道德经开题序诀义疏》等作"故不美"，郭店竹简本作"弗美也"，帛书甲乙本作"勿美也"，都没有"胜而"二字。对此，裘锡圭认为，没有"胜而"二字，则"不美"是指不修饰兵器使美；有了"胜而"二字，则"不美"成了对待用兵的态度，《老子》原本当无"胜而"二字，意即"兵器是在不得已的情况下使用的东西，只要锋利坚固合于实用就好，不应加以装饰使之美观"。(《郭店〈老子〉简初探》，见《道家文化研究》第17辑，第52页)

笔者认为，裘锡圭的观点是十分值得关注的，从现有《老子》版本的情况来看，竹简本、帛书本、傅奕本、景龙碑本等不少有代表性的《老子》本子均无"胜而"二字，则"胜而"系由后人所加的可能性还是

不小的。不过,考虑到河上公本、王弼本及历史上其他有代表性的《老子》本子多作"胜而不美",故这里还是以作"胜而不美"为妥。

三、"以悲哀泣之"中的"泣"是否应作"莅"

对于"以悲哀泣之"中的"泣"字,古今学者存在明显不同的理解。古代学者多释为"哭泣"的意思:"古者战胜,将军居丧主礼之位,素服而哭之"(见王卡点校:《老子道德经河上公章句》,第127页),"夫人惟邦本,本固邦宁,今交战杀之,故仁心恻隐,为之哀泣,不亦宜乎?"(《唐玄宗御制道德真经疏》)

然而,不少当代学者认为,这里的"泣",是"莅"字的误写,"莅"字也写作"涖""蒞",意为参加、临视,这里有"对待"的意思:"以哀悲泣之,谓以哀悲莅临其事,'泣'字不可作哭泣解也。"(高亨:《老子正诂》)"'泣'是'莅'字的误写。'莅''蒞''涖'同字,莅临,对待的意思。"(陈鼓应:《老子今注今译》,第196页)

根据现有资料,认为"泣"字系"莅"字之讹,当始见于1928年印行的罗运贤的《老子余义》。后来出土的帛书甲乙本中,"泣"字均作"立",整理者认为即"莅"字;郭店竹简本中该字作"位",整理者亦读为"莅"。对此,裘锡圭说:"与今本'泣'字相当之字,帛书本作'立',简文作'位',整理者都读为'莅',无疑是正确的。"(《郭店〈老子〉简初探》,见《道家文化研究》第17辑,第53页)

笔者认为,"悲哀泣之",意为悲哀哭泣;"悲哀莅之",意为以悲哀的心情来对待,在意思上并无实质性的差别,因此,从这个角度而言,两说亦可并存。但是,值得注意的是,竹简本的"位"可释为"莅",帛书本的"立"则既可释为"莅",亦可释为"泣",如《晏子春秋·谏上十八》中"及晏子卒,公出屏而立"中的"立"字,即"泣"字,这或许可以解释"以悲哀泣之"的"泣"字的来历。不过,从"位""立"均可释为"莅"来看,该字释为"莅"应更为恰当。

四、本章文字非《老子》正文吗?

读本章文字,给人的一个印象,就是觉得它不像《老子》其他章的文字那样严整、精炼,如开头说"夫佳兵者,不祥之器",后面又说"兵者不祥之器";如在前面说"君子居则贵左,用兵则贵右",说到"左""右"方位,隔了一些文字又说"吉事尚左,凶事尚右。偏将军居左,上将军居右",并没有把它们放在一起来论述;……因此,有不少学者认为,本章文字必有窜误,或有注文混入正文,或文字排列顺序有误，应作进一步的调整："此节王本无注，而古注及王注恒混入正文，如'不祥之器，非君子之器'二语，必系注文，盖以'非君子之器'释'不祥之器'也。"（刘师培：《老子斠（jiào）补》）"惟此章语颇冗复，疑有古注误入正文，'言以丧礼处之'，观一'言'字，即似注家之语。"（易顺鼎：《读老札记》）

尤其值得注意的是，因本章王弼无注释文字，且宋太守张氏《道德真经集注》中有"弼曰：'疑此非老子之作也'"一语，而晁说之在《老子道德经王弼注·序》中亦说"弼知'佳兵者，不祥之器'，至于'战胜，以丧礼处之'，非老子之言"，从而引起一些学者关于本章文字非老子所作的猜疑，如蒋锡昌说："本章经文极芜杂，或全部非老子之作，或一部与其他古注羼（chàn）混。"（《老子校诂》，第214页）

然而，晁说之的观点亦遭到一些学者的怀疑或反对，如易顺鼎说："此章乃老子精言，与下篇抗兵相加哀者胜矣同意。不解晁氏何以为此谬论也？"（《读老札记》）劳健也说："盖闻古王弼本原无篇目，则其注语所疑，或亦止在此数句，宜无由确证必指全章而言。晁说似未尽可据"。（《老子古本考》）

帛书本《老子》的出土，为我们解决上述疑问提供了十分有力的证据。今观帛书甲乙本该章文字，虽个别文字与今本有出入，但大部分文字大致相同，故楼宇烈明确指出："今据长沙马王堆三号汉墓出土帛书《老子》甲乙本考之，均有此章文字，并无王弼注文混入。"（楼宇烈校释：《老子道德经注校释》，第80页）

此外，郭店竹简本除了无开头的"夫佳兵者，不祥之器，物或恶之，故有道者不处"一段，后面的文字和顺序与今本大致相同，亦进一步证明了该章非《老子》正文或该章文字中有后人之注文杂入的观点不能成立。

三十二章

道常无名①、朴②,虽小③,天下莫能臣④。侯王⑤若能守之,万物将自宾⑥。天地相合,以降甘露⑦,民⑧莫之令而自均。始⑨制⑩有名,名亦既有,夫亦将知止⑪,知止所⑫以不殆⑬。譬⑭道之在天下,犹川谷⑮之与⑯江海。

【译文】

道永远是没有名、浑然整全的,虽然微妙无形,天下却没有谁能使它臣服。侯王如果能持守它,万物将自然宾服。天地间的阴阳之气和谐融合,就降下甜美的露水。人们没有谁去命令它,却自然分布均匀。道分散而为万物,就有了各种名称,有了各种名称以后,也要知道适可而止,知道适可而止所以没有危险。譬如道存在于天下,就像川谷必汇入江海一样。

【注释】

①道常无名:指道永远没有名。道:见第一章注①,这里指宇宙万物本原之本体。常:恒久;永远。一说即常道没有名,"道常"即"常道"。这样解释也可以。　②朴:这里用来指道的浑然整全、纯一不散的特性。　③小:指微妙无形。　④臣:以之为臣;使臣服。王弼本"臣"后有"也"字,傅奕本、范应元《老子道德经古本集注》等无"也"字,据之以删。　⑤侯王:泛指诸侯,古代帝王所分封的各国君主。　⑥宾:宾服;服从。　⑦甘露:甜美的露水。　⑧民:人。泛指人类。一说指民众。　⑨始:指道。一说指才、开始。　⑩制:裁割;使分散。一说指制御、管理;一说指造作、创造。　⑪知止:懂得适可而止。　⑫所:王弼本作"可",河上公本、傅奕本等作"所",郭店竹简本、帛书甲乙本亦作"所",据之以改。　⑬殆:危险。　⑭譬:比喻;比方。　⑮川谷:河流。　⑯与:王弼本作"于",河上公本、傅奕本、景龙碑本等皆作"与",郭店竹简本、帛书甲乙本亦作"与",据之以改。

【解读】

　　本章主要论述了"道"的特性,并指出了守"道"遵"道"的重要性。

　　关于"道"的特性,老子主要强调了这样四个方面:一是"常无名",即"道"永远没有名;二是"朴",即浑然整全、纯一不散;三是虽然"小"即微妙无形,但是天下没有谁能使其臣服;四是"始制有名",即由"朴散为器",从而有了万物之名称,但万物最终仍会像川谷汇入江海一样回归于"道":"譬道之在天下,犹川谷之与江海。"

　　关于守"道"遵"道"的重要性,老子主要从三个方面进行论述:一是"侯王若能守之,万物将自宾",即侯王如果能守持"道",万物将自然宾服;二是正如天地阴阳之气和谐融合,就会均衡地降下甘露,侯王守"道",就能使"民莫之令而自均",即不需要统治者发布命令,民众自然就能均平或太平;三是只有遵"道"而行,适可而止,才能没有危险,即"知止所以不殆"。

　　关于本章文字,需要我们深入分析的主要有这样四个方面:一是围绕"道常无名、朴,虽小"的断句之争及其中的"朴"和"小"的含义;二是"民莫之令而自均"中"莫之令"的对象是什么,是甘露,还是民众？三是"始制有名"的确切内涵是什么;四是对于"譬道之在天下,犹川谷之与江海"的几种不同理解。

一、"道常无名、朴,虽小"中"朴"和"小"的含义及关于该段文字的断句之争

　　"道常无名",意即"道"永远没有名,这里的"道",指的是"道"的本体,因"道"的本体无声无形,故无法命名。相关的思想我们在第二十五章中已有详细的论述和说明。

　　老子说"道常无名、朴,虽小",对于其中的"小"字,有不少学者认为,它不是指形体大小的小,而是指微妙无形的意思,如王安石说:"小者,至微而不可见者也。"(见容肇祖辑:《王安石老子注辑本》,第33页)笔者认为,老子在第十四章中说"道""视之不见,名曰夷;听之不闻,名曰希;搏之不得,名曰微",即这里的"小"的实质内涵。

　　对于"道常无名、朴"中"朴"的含义,学者们则有不同的理解,其中有代表性的,主要有这样三种。(1)有较多的学者认为,这里的"朴"即"道",如范应元说:"朴,指道而言。"(《老子道德经古本集注》,第58页)(2)认为"朴"指"道"未散而为万物时的状态,如蒋锡昌说:"'朴'者,真之未散,即指初成之道而言"。(《老子校诂》,第

215页）(3)认为"朴"是素朴、质朴的意思，用来形容"道"的特性，如林语堂说："道体虚无，永远处于不可名而朴质的状态。"（《老子的智慧》，第122页）

那么，上述三种理解中，哪一种理解更为合理呢？笔者认为，这有赖于我们对"道常无名朴虽小"整段话的理解。然而，要弄清"道常无名朴虽小"整段话的含义，我们又面临一个十分棘手的问题，这便是关于该段话的断句之争。

对于"道常无名朴虽小"，学者们主要有两种读法，一种是从"名"字断句，读作"道常无名，朴虽小"，并认为"朴"即"道"，"朴虽小"，即"道"微妙无形的意思，如高亨说："朴，指道，……道（宇宙本体）本来是没有名称的，这个自然物，虽然微小至于无形"。（《老子注译》，第57页）一种是读作"道常无名、朴、虽小"，并把"朴"释为形容词的朴质的意思，故"道常无名、朴"，即"道"永远无名而处于朴质状态的意思，如陈鼓应说："道永远是无名而朴质状态的。"（《老子今注今译》，第200页）

笔者认为，该段文字宜读作"道常无名、朴，虽小"，理由如下。

一是据上所述，把该段文字读作"道常无名，朴虽小"的学者，通常认为这里的"朴"即"道"，既然如此，则"朴"在这里无疑成了多余之字，因为老子完全可以把该段文字表述为"道常无名，虽小"，没有必要多此一举，加此"朴"字，既使句意显得不够连贯、顺畅，又给人们的理解徒增了不少麻烦和困扰。

二是把该段文字读作"道常无名、朴，虽小"，则句意便十分明确、顺畅："道"是该段文字的主语，"无名""朴""小"则均是用来描述"道"之特性的，亦即"道"同时具有"无名""朴""小"的特点。而据前面的介绍，"小"指微妙无形，则这里的"朴"，亦当释为形容词的质朴、浑然整全的意思，而不应释为名词性的"道"。因此，所谓"道常无名、朴，虽小"，意即"道"永远是没有名、浑然整全的，虽然微妙无形。故接下来说"天下莫能臣"，即正因为"道"具有上述种种特性，所以天下没有谁能使其臣服。因此，这样的理解，无疑是较为合理的。

二、"莫之令"的对象是甘露，还是民众？

在介绍了"道"具有"无名""朴""小"的特性后，老子接着说"侯王若能守之，万物将自宾。天地相合，以降甘露"，意即侯王如果能守持"道"，万物将自然宾服。天地间的阴阳之气和谐融合，就降下甜美的露水。意思比较容易理解。但老子紧接着又说"民莫之令而自均"，对于该句话的含义，学者们则有不同的理解，其中有代表性的，主要有这样两种。一种认为，"民莫之令"中的"民"指人，该句意为甘露降下时，没有谁去命令它，却自然均匀；侯王遵循"道"，公平地对待天下万物，从而使万物"自宾"，与此类似。如魏源说："譬犹阴阳交和，成雨露以生万物，虽无人使令之而自溥（pǔ）遍。侯王执道纪，莫之令而万物自宾，亦犹是耳。"（《老子本义》，第69页）一种认为，"民莫之令"中的"民"指民众，该句意为不须在上的统治者发布命令，民众自然能均平或太平，而这都是"道"的作用使然。如林希逸说："民之在天下，自生自养，莫不均平，谁实使之，自然之道也。若容心而使，则不得其均平矣。"（《道德真经口义》）

上述两种理解的区别，在于第二种理解认为"莫之令"的对象是民众，在上者不发号施令，民众却能自然均平或平安，体现的是无为而治的思想。第一种理解则认为"莫之令"的对象是甘露，意为没有人去命令甘露，甘露却能均匀分布；侯王公平地对待万物，从而使万物宾服，则可谓对甘露"莫之令而自均"的仿效。笔者认为，上述两种理解均能成立，但相比之下，第一种理解显得更恰当些。因为老子说"天地相合，以降甘露，民莫之令而自均"，此"莫之令"的对象应该指甘露，若把其对象直接理解为民众，则上下两句之间便失去了内在的联系，显得很突兀。

三、"始制有名"的内涵

"始制有名"一句，因"始"和"制"均是多义字，历代学者对其含义存在诸多不同的理解，其中有代表性的，主要有以下三种。

（1）认为"始"指的是"无名，天地之始"中的"始"，亦即是"道"；"有名"指有了名称，也指有各种名称的万物；"制"，是指裁割、使分散。因此，所谓"始制有名"，指的是"道"分散而为万物，于是有了各种名称。如蒋锡昌说："'始'即万物之始，指道而言。……言大道裁割以后，即有名号，二十八章所谓'朴散则为器'也"。（《老子校诂》，第218页）

（2）认为"始制有名"的主语应是侯王或圣人，"始"是开始、才的意思，"制"是制御、管理的意思，"有名"指天下有名称之物。因此，所谓"始制有名"，指的是侯王或圣人开始制御或管理有名之物的意思，或指侯王或圣人开始设置名分尊卑等制度以管理有名之物的意思。如王弼说："'始制'，谓朴散始为官长之时也。始制官长，不可不

立名分以定尊卑,故'始制有名'也。"(见楼宇烈校释:《老子道德经注校释》,第81页)

（3）认为"始制有名"指老子开始给宇宙万物的本原创造了"道"这个名字。如高亨说:"我开始给它创造个名字,称它为道,它就有了名字了。"(《老子注译》,第58页)

笔者认为,在上述三种理解中,第三种理解存在明显的问题,因为我们在第二十五章的相关解释中已明确指出,"道"只是宇宙万物本原的"字",而不是"名"或"强名",因此,把"始制有名"释为开始给宇宙万物的本原以"道"之"名"的观点不能成立。至于其他两种理解,笔者认为均是可以成立的,只是相比之下,第一种理解显得更直接、更易把握,第二种理解则在意思上稍显曲折。

四、对"譬道之在天下,犹川谷之与江海"的三种不同理解

"譬道之在天下,犹川谷之与江海"两句,从文字本身来说,意为:譬如"道"存在于天下,就好像川谷与江海的关系一样。那么老子这两句话的确切含义又是什么呢？对此,学者们有不同的理解,其中有代表性的,主要有这样三种。（1）有较多的学者认为,老子这两句话是以江海比喻"道",以川谷比喻天下万物,故以川谷必最终汇归江海,来说明天下万物亦必最终复归于"道"。如牟钟鉴说:"道对于天下万事万物来说,好像江海对于川谷,万川入江,百江归海,一切都要回归大道。"(《老子新说》,第103页)（2）认为老子这两句话的含义是:川谷归于江海,是自然而然之事,以此比喻圣人行道于天下或实施好的社会治理方式,使天下得到治理,亦是自然而然之事。如刘笑敢说:"好的社会管理方式有如百川入海,百姓民心可以自然归附,社会秩序可以自然形成。"(《老子古今》,第374页)（3）认为老子这两句话指川谷与江海在天下泽被万物,比喻"道"在天下亦是如此。如张默生说:"因道之在天下,就和川谷与江海之在天下是一样。川谷江海之在天下,物被其泽,人受其利；道在天下,也是如此。故以川谷江海作为譬喻。"(《老子章句新释》,第43页)

笔者认为,在上述三种理解中,第三种理解似存在明显的偏颇,因为"川谷之与江海",当是指川谷与江海之间的关系,具体而言,便是指川谷必归于江海,而不应理解为"川谷与江海"。至于前面两种理解,则均是有其道理的。不过,相比之下,笔者更倾向于第一种理解,因为这样的理解意思比较明晰,亦更容易把握。

三十三章

知人者智①,自知者明②。胜人者有力,自胜者强。知足者富。强行③者有志。不失其所④者久,死而不亡⑤者寿。

【译文】

了解别人的有智慧,了解自己的可谓达到了内心澄明。战胜别人的有力,战胜自己的可谓坚强。自知满足的就是富有。勤勉力行的有志气。不离开道所在之处的能够长久,身死而道不亡失的长寿。

【注释】

①智:智慧;聪明。　②明:明智;明察。这里指内心澄明的意思。　③强行:勤勉力行。　④所:处所,这里指道所在之处。　⑤不亡:指不亡失道。一说指精神不亡;一说指不夭亡。

【解读】

本章文字不多,所述多为蕴意丰富的个人修养原则,如提倡"自知""自胜""知足""强行"等等。这些修养原则对中国文化产生了深远的影响。关于本章内容,需要我们深入分析的主要有这样三个方面:一是"自知者明"中"自知"的确切内涵;二是为什么自知满足就是富有?三是"死而不亡者寿"的确切含义。

一、"自知"的内涵

"知人者智,自知者明",这是人们耳熟能详的句子,意为能了解别人的有智慧,能了解自己的可谓明彻。这里需要注意的是,关于"自知者明"中的"自知",一些学者认为它并非泛泛地指了解自己,而是指人排除外物的干扰,反照内察而达到的内心澄明的境界,如范应元说:"自知以明言,乃本明也,犹止水之湛然也……水静犹明,而况精神。圣人之心静乎,天地之鉴也,万物之镜也。"(《老子道德经古本集注》,第59页)还有一些学者则用第十六章中的"知常曰明"来解释这里的"自知者明",认为所谓"自知",指的是自己能知常道的意思,人能知常道,当然就能内心澄明了,如吕惠卿说:"复命曰常,而知常曰明。不能自知,非所以知常也,则知常者乃所以自知也。"(《老子吕惠卿注》,第38页)

  笔者认为,"自知"的含义是了解自己,在一般人看来,了解自己似乎是十分容易的事情,因为我只要把自己作为考察对象,扪心自问就可以了,这又有什么难的呢?那么,"有自知之明"、了解自己真的就那么容易吗?答案是否定的,因为人的生命是一种十分复杂的存在,迄今为止,围绕人体的生命结构,仍存在众多难解之谜;而人的心灵则更是复杂之极,所谓"人心惟危",所谓"心猿意马",都说明人心易受外物影响,难以控制和把握。因此,老子提出"自知者明",实在是有十分深刻的含义的,我们切不可等闲观之。也就是说,老子在此所说的"自知",并非泛泛地指了解自己的意思,而是指对自己的彻底、全面的把握和了解;而要达到对自己的彻底、全面的把握和了解,唯一的途径,便是排除一切外物的干扰和影响,"致虚极,守静笃,万物并作,吾以观复",最后达到归根复命、与"道"合一的境界。因为人的生命来源于"道",并禀有"道"的特性,因此,只有达到对"道"的体悟和把握,才是真正、彻底地了解了自己,故上述学者的观点都是很有道理的。

  二、为什么自知满足就是富有?

  老子说"知足者富",意即自知满足的就是富有。然而,根据通常的理解,所谓富有,指的是拥有大量的财物,这是一种客观的状况,而自知满足则是一种主观的心态,这两者怎么能发生必然的联系呢?也就是说,自知满足怎么会就是富有呢?对此,学者们有不少的解释,如唐玄宗认为,一个知足的人,就不会去贪求,因此,即使是过像颜回那种"箪(dān)食瓢饮"的生活,也会感到很富有:"知足在心,心若知足,则无贪求,虽箪食瓢饮,傲然自足,可谓富矣。"(《唐玄宗御制道德真经疏》)吴侗亦认为,知足之人少私寡欲,所以感到富有:"少私寡欲,常若有余。"(《老子集解》,见《老子注三种》,第101页)这样的理解是很有启发意义的,因为对于富有,我们可以从两个层面去认识:一个是客观上拥有大量财物,一个是主观上感觉自己富有。对于一个知足的人来说,即使吃着粗茶淡饭,穿着破衣烂衫,也会感觉自己很充实、很富有;而对于一个不知足的人来说,即使住着高楼大厦,整天锦衣玉食,也会觉得自己的财富不够多,自己还不够富有。因此，老子所说的"知足者富"中的"富"，应该主要是就人的主观感受而言的。

三、"死而不亡"的确切含义

"死而不亡者寿"一句，因为涉及人的生死存亡以及长寿的问题，受到历代学者较多的关注和重视。然而，对于该句文字的含义，学者们的解释却是五花八门。其中有代表性的，主要有这样四种理解。（1）认为"死而不亡者寿"中的"死"，指身死；"不亡"，指"道"不亡。因此，该句的意思是身死而"道"不亡，所以长寿，如陆希声说："身死而道不亡，故为寿。"（《道德真经传》）（2）认为"死而不亡者寿"中的"不亡"，指的是神永存不亡。因此，该句的意思是身死而神长存，所以长寿，如范应元说："其形虽死，其神不亡，如此者方为寿也。"（《老子道德经古本集注》，第60页）但是，所谓"神不亡"的说法容易导致灵魂不灭的神秘主义理解，故不少学者进一步把"不亡"明确为精神永存，而精神指的是人的思想、学说、德行等，如沙少海等说："身死而精神长存的，叫做长寿。"（沙少海、徐子宏：《老子全译》，第65页）（3）认为"死而不亡者寿"中的"亡"，指的是夭亡，因此，该句意为：身死而不是中途夭亡的，便是长寿，如蒋锡昌说："'死'者，及天年而死，'亡'者，中道夭亡。……及天年而死，不中道夭亡者，是寿也。"（《老子校诂》，第222-223页）（4）一些学者则从道教修炼的角度来理解"死而不亡者寿"，认为它指的是修道之人得道后永生不死的意思，如李荣说："修道者以百年将尽之身，获万劫无期之寿，此亦死而不亡也。"（《道德真经注》）

笔者认为，在上述四种理解中，较具启发意义的是第三种理解，即认为身死而不是中途夭亡的，便是长寿。但它把"亡"释为"夭亡"并不妥当。笔者认为，这里的"亡"，当释为丢失、丧失的意思，具体而言，"不亡"是指不丧失"道"的意思。因此，所谓"死而不亡者寿"，指的是身死而不丧失"道"的人长寿。不过，这样的解释，很容易被误认为与上述第一种解释相同，其实不然。因为所谓身死而不丧失"道"，实质上指的是"抱道而亡"的意思。也就是说，一个人活着时求道修道，达到了与"道"合一的境界，这样的人死时便属于"抱道而亡"，即虽死而没有丧失"道"；而"道"是不生不灭、永恒存在的，因此，这样的人就可以称得上长寿。故王弼的观点是值得我们重视的："虽死而以为生之道不亡，乃得全其寿。身没而道犹存，况身存而道不卒乎？"

（见楼宇烈校释:《老子道德经注校释》,第84页）在笔者看来,王弼"虽死而以为生之道不亡,乃得全其寿"的解释是十分重要的,它明确指出了"死而不亡"的实质是"抱道而亡"。

关于"抱道而亡",值得我们注意的主要有这样两点:一是"抱道而亡"者与普通人的死亡有实质的区别,普通人因为不修道,死时便与"道"悬隔,故其最终必然与草木同腐,因此普通人的死亡是不能称为"寿"的。二是修道之人"抱道而亡",其最终的归宿是什么呢?对此,笔者认为,这样的问题纯粹属于信仰的问题,而不是理论的问题,故林语堂所说很有启发意义:"老子在本章……谈了不少至理名言,其中的'死而不亡者寿'非常接近他的'不朽'观。当然,在此他只是点到为止"。(《老子的智慧》,第125-126页)

三十四章

大道①泛②兮,其可左右③。万物恃之而④生而不辞⑤,功成不名有⑥。衣养⑦万物而不为主,常无欲,可名于⑧小⑨;万物归⑩焉⑪而不为主,可名为大⑫。是以圣人终不为大⑬,故能成其大。

【译文】

大道广泛流行啊,它可左可右,无所不到。万物依靠它生长而顺其自然,功业成就了也不称自己有功。庇护养育万物而不自以为是主宰,永远没有私欲,可以称为"小";万物都归附它而不自以为是主宰,可以称为"大"。因此圣人始终不认为自己"大",所以能成就他的"大"。

【注释】

①道:见第一章注①。　②泛:广泛;普遍。这里指广泛流行。一说指没有拴缚;一说指漂浮。　③左右:方位词。指左和右两方面。一说指支配、控制。　④而:傅奕本、景龙碑本等作"以"。　⑤不辞:不推辞拒绝。一说指不道谢;一说指不说话。　⑥不名有:不称自己有功。名:称。　⑦衣养:即覆养,指庇护养育。有的本子作"爱养";有的本子作"衣被"。　⑧于:即"为(wéi)",指"是"的意思。　⑨小:指道微妙无形。　⑩归:归附;依附。　⑪焉:代词。相当于"之""此"。　⑫大:指道包容一切而不以主宰者自居的特性。　⑬是以圣人终不为大:因此圣人始终不认为自己"大"。是以:因此;所以。圣人:见第二章注⑭。该句王弼本作"以其终不自为大",河上公本、景龙碑本等作"是以圣人终不为大",据之以改。

【解读】

本章着重论述了"道"的特性:广泛流行,创生万物,庇护养育万物,使万物各得其所;然而,"道"对万物却无欲无求,既不居功自傲,对万物亦不主宰、不占有。对于"道"的上述特性,老子进一步用"小"

和"大"两个字来形容:"道"创生养育万物,却隐微无形,无私无欲,这可以称为"小";万物都依附于"道","道"包容一切,却不以主宰者自居,这可以称为"大"。因此,这里的"小"和"大",并非就形体的大小而言,而是从"道"之特性的角度而言的:道体微妙无形,其作用过程隐秘不显,却有丰富多彩的大千世界呈现在我们面前,因此,"道"既可谓"小",亦可谓"大",其实质则是"道"的本体微妙无形,"道"的作用广大无比。

关于本章文字,值得我们注意的主要有这样四个方面的内容:一是对"大道泛兮,其可左右"的不同理解;二是"万物恃之而生而不辞,功成不名有"中"辞"及"不名有"的含义;三是"可名于小"的实质;四是"可名为大"的双重含义。

一、对"大道泛兮,其可左右"的不同理解

对于"大道泛兮"的含义,学者们主要有这样三种理解。(1)认为"泛"指广泛流行的意思,"大道泛兮"指大道广泛流行,无所不到的意思,如王弼说:"言道泛滥,无所不适。"(见楼宇烈校释:《老子道德经注校释》,第85页)(2)认为"泛"是"无系"即没有拴缚的意思,"大道泛兮"指大道无所拴系,不滞于某处,故往来不穷,如宋徽宗说:"泛然无所系铠(kǎi),故动静不失,往来不穷。"(《宋徽宗御解道德真经》)(3)认为"泛"有普遍之意,"大道泛兮"指大道普遍存在的意思,如董平说:"'大道泛兮',是说道的自身存在是广泛的、普遍的,是遍一切处的,也即是无限的。"(《老子研读》,第157页)

笔者认为,上述三种理解中,第一、三两种理解意思较为接近,第二种理解强调"道"不滞于某处,因不滞故能遍在,因此,其思想实质与第一、三两种理解类似,只是切入的角度不同。故上述三种理解均是可以的。不过,相比之下,笔者倾向于第一种理解,因为这样的理解在意思上更为直接、顺畅。

关于"其可左右"的含义,历代学者大多认为,它指的是大道的流行可左可右,不滞于一处,故能无所不至,如范应元说:"大道泛泛兮,……今言其可左右者,谓可以左,可以右也,无可无不可,无在无不在也。"(《老子道德经古本集注》,第60页)蒋锡昌说:"言大道泛滥,左右周行,而无所不至也。"(《老子校诂》,第224页)上述解释有一个特点,即都是把"其可左右"中的"其"理解为"道"或大道。然而,高亨认为,这里的"其",应该是"岂""难道"的意思,表示诘问:

"其,犹岂也。……岂可以说它在左边,或在右边?它是无处不存在的。"(《老子注译》,第59页)

笔者认为,高亨把"其"解释为"岂",而把"其可左右"释为"岂可以说它在左边,或在右边?"其意思与上述把"其可左右"释为大道的流行可左可右,并无实质的区别。因此,不如把这里的"其"释为代词,在意思上更为直接,亦更容易理解。

二、"万物恃之而生而不辞,功成不名有"中"辞"及"不名有"的含义

"万物恃之而生而不辞,功成不名有"中的"万物恃之而生",学者们多释为万物依赖"道"而生的意思,如成玄英说:"一切万物恃赖至道而得生成"。(《老子道德经开题序诀义疏》)对于"不辞"的含义,一些学者指出,其与第二章"万物作焉而不辞"中的"不辞"意思一样,如吴澄说:"前章云'万物作而不辞'是也。"(《道德真经注》)笔者认为,这种观点是很有道理的。在对第二章的"万物作焉而不辞"的解释中,笔者曾说:"把'辞'理解为辞拒、拒绝,应该是比较恰当的"。据此来理解这里的"万物恃之而生而不辞",则其意为:万物依靠它生长而不拒绝。换言之,亦即万物依靠"道"生长而"道"对万物不加干预、任其自然生长的意思。

"功成不名有"中的"功成",即成功,具体而言,指"道"创生万物之大功既成,因此,这里值得我们注意的是"不名有"的意思。从古今学者对"不名有"的解释来看,值得我们注意的主要有两种观点。一种认为,"不名有"中的"名"是"称"的意思,"有"指有功,因此,"不名有"即不称自己有功,如奚侗说:"功成不以有功自名。"(《老子集解》,见《老子注三种》,第102页)一种认为,这里的"名"是"称"的意思,"有"则指占有的意思,因此,所谓"不名有",即"道"生成万物,却并不把万物称为自己的所有物,如董平说:"道虽然成就了一切万物,但是它也并没有因此而把一切万物称为自己的所有物,也即并不占有万物"。(《老子研读》,第157页)

笔者认为,在《老子》第二章中,有"生而不有,为而不恃,功成而弗居"一段文字,其中的"生而不有"指生成万物而不去占有,"功成而弗居"指功业成就而不以功自居。上述两种解释,第一种可谓从"功成而弗居"的角度所作的解释,第二种则可谓从"生而不有"的角度而作的解释。因此,这两种解释均是有道理的。不过,相比之下,第一种解释在意思上要更为顺畅一些,且从古今学者的解释来看,有较多的

学者亦是取第一种解释。

三、"可名于小"的实质

"可名于小"中的"于",指"是"的意思,故"可名于小"即可以称为"小"或可以说是"小"的意思。那么,老子在此说"道""可名为小",其确切含义又是什么呢?对此,学者们有不同的理解,其中有代表性的,主要有这样三种。(1)认为这里的"可名于小",指的是"道"的存在或作用微妙无形的意思,如林语堂说:"从道体的隐微虚无看,它可说很渺小"。(《老子的智慧》,第134页)(2)认为这里的"可名于小",指的是"道"自处卑小,反映的是"道"的谦虚之德,如杜道坚说:"常无欲,可名于小,谦德至矣。"(《道德玄经原旨》)(3)认为这里的"可名于小",指的是"道"好像微小,但并非真的微小,如河上公说:"道匿德藏名,怕然无为,似若微小也。"(见王卡点校:《老子道德经河上公章句》,第137页)

综上所述,我们至少可以得出这样两点认识:一是"可名于小"中的"小",不是就"道"的形体或作用的大小而言的,而是从"道"的形体或作用隐微无形的角度而言的;二是"可名于小"并非指"道"真的很"小",而是指"道"无私无欲,自处卑小。

四、"可名为大"的双重含义

"万物归焉而不为主,可名为大"中的"归"字,学者们多释为归附、依附的意思,因此,所谓"万物归焉而不为主",指的是万物都归附于"道",但是"道"不以主宰者自居的意思。

"可名为大"与上句的"可名于小"相对,对于"可名为大"的含义,学者们主要有两种解释。(1)认为"可名为大"指的是万物皆归附于"道","道"却不以主宰者自居,这种特性,可以称为"大",因此,这里的"大",既有其大无比、无所不容之意,又有无私无欲、崇高伟大之意。(2)认为这里的"可名为大",指的其实是不可用"大"来称说"道",如李荣说:"可名于大,言不大也。"(《道德真经注》)

笔者认为,这里的"可名为大",应该同时包含上述两方面的含义。一方面,"道"生成万物、万物皆依附于"道","道"却不以主宰自居,这无疑是极其之"大"、极其伟大的;另一方面,老子在第二十五章中明确说过,对于作为宇宙万物本原的"道","吾不知其名""强为之名曰大",意即"道"没有名,"大"只是对"道"勉强命名而已,因此,"道"事实上不可以"大"称之。

三十五章

执①大象②,天下③往④。往而不害,安平太⑤。乐⑥与饵⑦,过客⑧止。道之出口⑨,淡乎其无味,视之不足⑩见,听之不足闻,用之不可⑪既⑫。

【译文】

能持守无形无象的道,天下的人都会来归附。对前来归附的人不伤害,人们就会安宁、平安、通泰。音乐与食物,能使路过的客人停下脚步。对道的语言表述,则让人觉得淡而无味,看它看不见,听它听不到,但道的作用却没有穷尽。

【注释】

①执:持守。 ②大象:最大的形象,指道。 ③天下:古时多指中国范围内的全部土地。这里指天下之人。 ④往:归向;归附。一说指去。 ⑤安平太:安宁、平安、通泰。对它的理解有很多分歧,一说指安于太平;一说指于是平泰(安:乃;于是);等等。 ⑥乐:音乐。 ⑦饵:泛指食物。 ⑧过客:路过的客人。 ⑨出口:出言;说出话来。 ⑩足:得。一说指足以,够得上。 ⑪可:王弼本作"足",河上公本、傅奕本、景龙碑本等皆作"可",郭店竹简本、帛书甲乙本亦作"可",据之以改。 ⑫既:尽;完。

【解读】

　　本章论述了"道"的三个方面的特性:一是无味、无形、无声:"淡乎其无味,视之不足见,听之不足闻";二是其作用不可穷尽:"用之不可既";三是说明掌握了"道"以后,就可以使天下之人前来归附:"执大象,天下往。"

　　本章中需要我们深入分析的主要有这样四个方面的内容:一是"执大象,天下往"的确切含义;二是"安平太"之所指;三是"乐与饵,过客止"的寓意;四是为什么老子说对"道"的言说"淡乎其无味"。

一、"执大象,天下往"的确切含义

"执大象"中的"大象",古今学者较为一致地认为,它指的就是"道"。如王安石说:"大象者,道之喻。"(见容肇祖辑:《王安石老子注辑本》,第35页)那么为什么说这里的"大象"是指"道"呢?一些学者认为,老子在第四十一章中说"大象无形",即最大的形象没有形体,而"道"无形无名,故这里的"大象"即"道"。如奚侗说:"大象,道也。道本无'象',强云'大象'。四十一章所谓'大象无形'也。"(《老子集解》,见《老子注三种》,第103页)笔者认为,这样的理解是很有道理的,这里的"大象",强调的是"道"的无形无象却又为天下有形事物之根源的特性。

"天下往"中的"往"字,学者们多释为归往、归向的意思,因此,"天下往"即天下的人都会来归附的意思。不过,对于"天下往"的含义,一些学者亦有不同的理解,他们认为,"天下往"的主语不是天下之人,而是圣人;这里的"往",不是归往,而是"去"的意思。因此,"天下往"指的是圣人持守大道,则天下各处均可去得,均可畅行,如林希逸说:"天下往者,执道而往行之天下也。"(《道德真经口义》)

那么,上述两种理解哪一种更有道理呢?对于这一问题,笔者将在分析下文"往而不害,安平太"时一并作出分析。

二、众解纷纭的"安平太"

对于"安平太"一句的含义,学者们在理解上则可谓众说纷纭,其中有代表性的,主要有这样四种理解。(1)认为"安平太"即安于太平或安于平泰的意思,如唐玄宗说:"以道抚绥,而不伤害之,则安于太平矣。"(《唐玄宗御制道德真经疏》)(2)对"安平太"的具体含义不作解释,但认为它们属于并列关系,如苏辙说:"则其于万物皆无害矣,故至者无不安,无不平,无不泰。"(《老子解》)(3)对"安平太"的具体含义不作解释,但认为它们的意思存在递进关系,如杜道坚说:"往而不害,来则安之,安则平,平则泰矣。"(《道德玄经原旨》)(4)认为"安"是乃、于是、则的意思,"安平太"指乃得平泰或于是太平等意思,如蒋锡昌说:"言万民归往圣人而莫有害之,于是圣人平泰不殆也。"(《老子校诂》,第232页)

笔者认为,因为老子在此对"安平太"的意思并没有作明确的限定或说明,因此,对"安平太"三个字的含义,我们必须联系上文来进行理解。从前面的介绍可知,对于"执大象,天下往。往而不害"的意

思,学者们主要有两种理解,一种认为指圣人持守大道,则天下之人皆归附,而圣人对归附之人不作伤害;一种认为指圣人持守大道,则往行天下而不会受到伤害。从文字本身来说,这两种理解当然都是可以成立的。但是,若从老子思想的内在逻辑而言,笔者认为,第一种理解当更合理些。因为老子在第三十二章中说:"道常无名,……侯王若能守之,万物将自宾。"意即侯王若能持守"道",万物将会自然宾服,此即"执大象,天下往"之意;老子在第三十四章中又说:"万物归焉而不为主,可名为大",意即万物皆归附于"道","道"不以主宰者自居,可以称为"大",这里的不以主宰者自居,即对万物不加干涉、损害,此即"往而不害"之意。既然如此,则"安平太"指的便应是天下之人因不受伤害而"安平太",也就是说,"安平太"指的是人们不受伤害的状况。故笔者主张取"安""平""太"三个字中较有代表性且含义相近的意思,而释之为安宁、平安、通泰。

三、"乐与饵,过客止"的寓意

"乐与饵,过客止"中的"乐",指音乐;"饵",指食物。因此,"乐与饵,过客止",即音乐和食物,能使路过的客人停下来,意思十分好懂。当然,老子在此说"乐与饵,过客止",并不只是为了描述社会生活中一种普通的现象,而是有其特殊的寓意。那么老子说此话的寓意又是什么呢?对此,学者们有不同的理解,概括起来,主要有这样三种。(1)认为其意指世俗之人沉迷于外物的享受,如王安石说:"夫五味之于口,五音之于耳,世皆沉溺而不知反者,以其悦之于口耳之间也。"(见容肇祖辑:《王安石老子注辑本》,第35页)(2)认为其意指用乐与饵吸引过客,只能起短暂的作用,不能长久,因为乐终食尽,过客便会离去,如苏辙说:"作乐设饵,以待来者,岂不足以止过客哉?然而乐阕(què)饵尽,彼将舍之而去。"(《老子解》)(3)认为其意指乐与饵对人的吸引是短暂的,只有执守大道之人才能使天下之人归附而不相离,如牟钟鉴说:"'乐与饵'即音乐与美食,代表所有感官享受,它们无法与大道的功能相比。"(《老子新说》,第111页)

综上所述,我们至少可以得出这样三点认识:一是"道"是一种特殊的存在,它作用巨大无比,但"淡乎其无味",不容易使普通人对其感兴趣。二是"乐与饵"虽然容易使人感兴趣,但它的缺陷或危害也是很明显的,包括曲终食尽而人散,不能长久;"五音使人耳聋,五味使人口爽"(十二章),会给身体带来实质性的伤害;等等。三是由以上两点可知,"道"的"欠缺"是表面的,实质上却有极大的好处;"乐与饵"则只是表面上有好处,实际上却有很大的隐患。因此,老子在此说"乐与饵,过客止"的实质,便是用反面的例子来进一步说明"道"的虽平淡无味却作用巨大的特点。

四、对"道"的言说为什么"淡乎其无味"?

"道之出口,淡乎其无味"中的"道之出口",意即"道"说出口,亦即"道"用语言表述出来。"淡乎其无味",学者们多释为淡然无味、淡而无味、平淡无味的意思。那么,老子说"道之出口,淡乎其无味",想要表达怎样的意思呢?从历代学者对它的解释来看,值得我们注意的主要有这样两点。一是老子说"道之出口,淡乎其无味",是相对于"乐与饵"有滋有味而言的,如高亨说:"可是这个道,与乐、饵不同,它从口里讲出来,是淡淡然没有滋味的"。(《老子注译》,第60页)二是"道"说出来淡而无味的原因,或是因为"道"有无味之味,普通俗人难以体味;或是因为大道清静无为,不像世俗言教那样与人的利害直接相关;或是因为"信言不美",真理不会有美丽的装饰。

笔者认为,以上观点从不同的角度对"道之出口,淡乎其无味"的原因作了揭示,都有一定的道理,但所言似乎还不够通透。因为在第一章对"道可道,非常道"的解释中,笔者已经指出,"道"的作用可以言说,"道"的本体不可言说,因此,对这里的"道之出口",亦应从对"道"之作用的言说与对"道"之本体的言说两个方面来进行理解。从对"道"的作用的言说而言,因"道"的作用包括自然无为、谦下不争、守柔守雌等一系列的原则,这些原则均与世俗之人喜欢争强好胜、热衷于功名利禄、爱好声色享受等相反,所以在世俗之人看来,关于"道"的言论当然是寡淡无味的。从对"道"的本体的言说而言,虽然老子认为"道"的本体不可言说,但从《老子》一书来看,亦涉及不少对"道"之本体的描述,如"恍兮惚兮""窈兮冥兮""视之不见""听之不闻"之类,但这样的描述,因模棱不定,并未说出一个明确的所以然来,当然亦是"淡乎其无味"的。

三十六章

将欲①歙（xī）②之，必固③张④之；将欲弱之，必固强之；将欲废之，必固兴⑤之；将欲夺⑥之，必固与之。是谓微明⑦。柔弱胜刚强。鱼不可脱于渊⑧，国之利器⑨不可以示人。

【译文】

想要让它收缩，一定要姑且让它张开；想要让它衰弱，一定要姑且让它强大；想要把它废除，一定要姑且让它兴旺；想要夺取它，一定要姑且先给予它。这叫作道理隐微而效果明显。柔弱胜过刚强。不能让鱼在深渊中逃脱，国家实施的变通之道不能拿出来给人看。

【注释】

①将欲：将要；打算。　②歙：收缩；收敛。　③固：通"姑"，指姑且、暂且。一说指一定、必定。　④张：张开；展开。　⑤兴：兴旺；兴盛。一说应作"举"。　⑥夺：一说应改为"取"。　⑦微明：隐微而明显。既指道理隐微而效果十分明显，亦可指道理看上去隐微而其实十分明显。一说指洞察微妙的明智。　⑧脱于渊：指在深渊中逃脱。脱：逃脱；脱失。于：在。一说指脱离深渊。　⑨利器：锐利的武器。这里指"权道"，即变通之道。一说指赏罚；一说指柔弱；一说指权势。

【解读】

本章内容主要围绕"将欲歙之，必固张之；将欲弱之，必固强之；将欲废之，必固兴之；将欲夺之，必固与之"这八句话而展开。这八句话的特点，是指想要达到"歙之""弱之""废之""夺之"的目的，就一定要采取"张之""强之""兴之""与之"的手段；通过让对方强大而达到削弱对方的目的，通过先给予对方而达到夺取对方的目的，等等。本章中的"是谓微明""柔弱胜刚强"，是老子对上述八句话的特点的概括和揭示；"鱼不可脱于渊，国之利器不可以示人"则是通过类比的手法来说明上述方法在具体运用时要隐秘进行,不可拿出来示人,否则容易被不轨之人所利用而导致失败。

关于本章文字,需要我们细加分析的主要有以下四个方面的内容:一是对"将欲歙之,必固张之"等八句话的两种不同解释思路;二是"将欲歙之,必固张之"等八句话是否说明老子主张权谋之术;三是"微明"的确切含义;四是"鱼不可脱于渊"是指鱼不能离开深渊,还是不能让鱼在深渊中逃脱?

一、对"将欲歙之……必固与之"的两种不同解释思路

"将欲歙之"中的"歙",学者们多释为收缩、收敛、合上的意思,如成玄英说:"歙,合也,敛也。"(《老子道德经开题序诀义疏》)因此,"将欲歙之",就是想要让它收缩的意思。"必固张之"中的"固",学者们多释为通"姑",意为姑且、暂且,如马叙伦说:"'固'读为'姑且'之'姑'。"(《老子校诂》,第189页)"张"与"歙"为反义词,在这里指扩张、张开的意思,因此,所谓"必固张之",指一定要姑且让它扩张的意思。需要说明的是,这里的"之"泛指事物,因此,这两句文字指某事物之收缩或扩张,背后都有一个主导者,该主导者想要让某事物收缩,所以采取某种手段:先姑且让它扩张。如想控制人的欲望,必先让其欲望膨胀之类。

"将欲弱之,必固强之",意即想要让它衰弱,一定要姑且让它强大,与"将欲歙之,必固张之"一样,反映的是想要削弱某事物时采用的先使之强大的特殊手段,如张默生说:"将要使他弱,不妨姑且使他强。"(《老子章句新释》,第46页)

"将欲废之,必固兴之"中的"废",意为废弃、废除;"兴",意为兴旺、兴盛。因此,这两句的意思是:想要把它废除,一定要姑且让它兴旺。如任继愈说:"将要废弃它,暂且兴起它"。(《老子绎读》,第80页)"将欲夺之,必固与之"则指的是想要夺取它,一定要姑且先给予它。

从前面的介绍中,我们已经可以看出,关于"将欲歙之,必固张之"等八句文字,指的是人们想要达到某种目的,一定要先如何去做。

然而,从古今学者对这八句话的具体解释来看,还存在着另外一种解释思路,即认为这八句话是指事物本身的一种特点或规律,即事物在有某种表现之前,一定会先有另外一种表现,如憨(hān)山德清说:"天下之物,势极则反。譬夫日之将昃(zè),必盛赫;月之将缺,

必极盈；灯之将灭，必炽明。斯皆物势之自然也。"(《老子道德经解》，第77页)刘笑敢也说："某物将要收缩，必然先会扩张；某物将要衰弱下去，往往会先有增强的过程；将要废除某物，必让它先经过兴盛的阶段；要夺取甚么，先要给予一些"。(《老子古今》，第405页)

那么上述两类理解中，哪一类理解更为合理呢？笔者认为，相比之下，当以第一种理解更为合理，理由如下。

一是第一种理解更为明晰顺畅。因为这种理解把"歙之""弱之""废之""夺之"视作目的，把"张之""强之""兴之""与之"视作手段，说明人们想要达到前面的目的，就一定要采取后面的手段，意思十分清楚，逻辑亦很顺畅。而第二种理解则明显存在意思不能贯通的情况，如上引刘笑敢的解释，在前两句中，"某物"是主语；在第三句中，"某物"则成了宾语；在第四句中，则"某物"已然不见。因此，这样的理解，有较强的主观随意性，恐不符合老子的本意。

二是历史上有代表性的解《老》著作大多作上述第一种理解，这亦从一个侧面说明这样的理解更易为人们所接受，当然，也可能更符合老子的本意。

二、"将欲歙之，必固张之"等是一种权谋之术吗？

如上所述，"将欲歙之，必固张之"等八句话说明了老子认为，想要达到某种目的，一定要先采取某种特殊的手段，但这样便很容易让人认为老子是在教人们某种权谋之术。而从一些学者对这八句话的解释来看，他们也正是从权谋之术的角度来进行理解的，如河上公说："先开张之者，欲极其奢淫。先强大之者，欲使遇祸患。先兴之者，欲使其骄危。先与之者，欲极其贪心。"（见王卡点校：《老子道德经河上公章句》，第142页）程子说："老子书，其言自不相入处如冰炭，其初意欲谈道之极玄妙处，后来却入做权诈者上去（如'将欲取之，必固与之'之类）。然老子之后有申、韩，看申、韩与老子道甚悬绝，然其原乃自老子来。"（《二程集》〔上〕，第235页）

不过，对于把老子的这八句话理解为权谋之术甚或阴谋之术，一些学者明确表示反对，如范应元说："或者以此数句为权谋之术，非也。圣人见造化消息盈虚之运如此，乃知常胜之道是柔弱也，盖物至于壮则老矣。"（《老子道德经古本集注》，第63页）

那么，老子的这八句话究竟是不是在讲权谋之术呢？对此，笔者认为，我们必须弄清以下几个相互关联的问题。

首先,老子的这八句话确实可以作为一种"术"在现实生活中有效地运用。如对其中的"将欲夺之,必固与之",任继愈举例说:"北宋时,宰相王安石劝神宗皇帝暂弃熙河地,与西夏国讲和,培养国力。神宗还在犹豫,王安石引用《老子》'将欲取之,必固与之'以说服神宗皇帝。"(《老子绎读》,第80页)因此,在现实生活中对上述八句话进行灵活运用,确实能收到出奇制胜、异乎寻常的效果。

其次,老子的这种"术"与普通所谓的"术"即权术、计谋不同,因为权术、计谋是只求达到目的,为达目的可以不择手段,老子的这种"术"则是要以合理或合"道"的手段来达到目的。为什么这么说呢?因为老子的这种"术"体现了物极必反、对立面互相转化的道理。如前所述,"歙之""弱之""废之""夺之"是要达到的目的,"张之""强之""兴之""与之"是所采取的手段。把手段与目的进行比较,可以发现,"歙"和"张"、"弱"和"强"、"废"和"兴"、"夺"和"与"恰好互为矛盾的对立面,而老子此"术"的实质,则是让事物矛盾的其中一方发展到极致,然后使其自然向对立的一方转化,如张到极处自然歙合,强到极处自然转衰,等等。因此,老子的这种"术",只是对物极必反原理的自觉运用。

再次,正因为老子的这种"术"以合理或合"道"为特点,故也有一些学者称之为"行权"或"权"术,如成玄英说:"将欲行权,摄化群品,令其歙敛,不为贪染者,必先开张纵任,极其奢淫,然后歙之。"(《老子道德经开题序诀义疏》)那么什么是"行权"呢?所谓"行权",即用变通的方法来处理问题。在中国古代,"权"常常与"经"即常道、准则相对而言,被认为是一种很高的智慧。"权"的实质是通权达变,即在坚持原则的前提下,灵活变通地处理问题。

最后,既然老子这八句话的实质是"行权",而"行权"是一种很高的智慧和境界,非普通人所能掌握,因此,一些学者明确指出,这八句话究竟是不是一种权谋之术,关键要看什么人来运用,圣人或君子用它,便是"行权";小人用它,便是行诈。如陆希声说:"圣人行权所以合乎道,小人窃权所以济乎奸。"(《道德真经传》)

综上所述,对于老子的这八句话是不是一种权谋之术,我们可以得出这样的结论:一是它不是一种权谋之术,而是一种在认识事物的本质和规律的基础上得出的处理问题的高超智慧;二是小人和阴谋家也可以利用这种智慧去达到其不可告人的目的,但是我们不能据此就认为老子的这八句话是一种权谋之术,更不能因此而归咎于老子。三是我们必须承认,老子的这八句话是处理具体问题的有效手段和方法,是一种"术",只不过这种"术"是以"道"为基础的。我们不要讳言老子讲"术",认为老子只讲"道",不讲"术",说老子讲"术",就是降低了老子思想的层次,这种观点是要不得的。

三、"微明"的含义

对于"是谓微明"中的"微明",学者们有各种不同的理解,其中较有代表性的,主要有这样三种。(1)认为"微明"的"微",指道理很微妙;"明",指效果很明显。因此,"微明"指道理微妙而效果明显的意思,如河上公说:"其道微,其效明也。"(见王卡点校:《老子道德经河上公章句》,第142页)(2)认为"微明"指道理看似隐微而实际上很明显,如林语堂说:"这个道理,看似隐微,其实很明显"。(《老子的智慧》,第139页)(3)认为"微明"指"知微之明",即洞察微妙的明智或智慧,如卢育三说:"微明,洞察几微的明智。"(《老子释义》,第155页)

那么"微明"的确切含义应该是什么呢?对此,笔者认为,这里的"微明",是对上述"将欲歙之,必固张之"等八句话的概括和总结,而上述八句话的实质,是指为了达到"歙之""弱之""废之""夺之"的目的,一定要采取"张之""强之""兴之""与之"的手段,这就明显与世俗之人的所作所为相反,因为世俗之人为了达到"废之""夺之"等目的,必会采用强力的手段,而不会先让对方兴旺或先把要夺取的东西送给对方。然而,世俗之人的做法往往因为会引起对方的警觉或反抗而达不到目的,或即使达到了目的,也会留下不少后患。而老子提倡的做法却往往能出人意料地达到目的,因为老子提倡的做法是随顺事物的自然之势:事物强壮到极点,必走向衰弱;不断满足对方的贪欲之心,对方便会因贪得无厌而失去理智,故很容易便能夺其所有;……因此,老子提倡的这种做法或道理至少有两个明显的特点:一是与世俗的做法或道理相反,很难为普通人所认知,此可谓"微"即微妙、隐微;二是它十分实用,效果明显,或道理看上去隐微而其实十分明显,此可谓"明"。因此,把"微明"释为隐微而明显,是十分恰当的。至于释为"知微之明"、洞察微妙的明智,当然也是可以的,只是不如前一种理解更为直接、易懂,而且释"微"为"知微",亦有增字作解之嫌。

四、"鱼不可脱于渊"：鱼不能离开深渊，还是不能让鱼在深渊中逃脱？

对于"鱼不可脱于渊"的含义，学者们主要有两种不同的理解。一种认为，这里的"脱"，是离开、失去的意思，"渊"指深潭，因此，"鱼不可脱于渊"，指鱼不能离开深渊，否则鱼就会因失去水而为人所擒或死亡。如李荣说："鱼不可以失水，失水则鱼亡。"（《道德真经注》）一些学者还进一步认为，老子在此是以鱼比喻人，以渊比喻"道"，人不能离开"道"，人离开"道"就会死，就像鱼离开渊就会死一样。如魏源说："人之有道，如鱼之有水。……鱼无一时可离于水，此圣人柔道藏身之固，而守以终身者也。"（《老子本义》，第76页）另外一种理解则认为，"鱼不可脱于渊"中的"脱"，是逃遁或失去的意思，因此，鱼脱于渊，指的是鱼在渊中逃脱或脱失；鱼逃入深渊则无法控制，故"鱼不可脱于渊"。如王弼说："鱼脱于渊，则必见失矣。"（见楼宇烈校释：《老子道德经注校释》，第89页）

那么上述两种理解哪一种更有道理呢？笔者认为，要弄清楚这一问题，有待于对"国之利器不可以示人"的确切含义的理解。

"国之利器不可以示人"，意为国家的"利器"不可拿出来给人看，那么这里的"利器"指的是什么呢？对此，学者们有众多不同的理解，其中有代表性的，主要有这样五种。（1）认为这里的"利器"指"权""权道"或"微明"之理，也就是本章前面所说的"将欲歙之，必固张之"等八句，如陆希声说："夫权之为物，国家之利器也，必深藏之，密用之，不可显示于人。"（《道德真经传》）（2）认为"利器"指赏罚，它是君主控制臣下的手段，所以不能让它显示出来，如张松如说："'利器'云者，乃指人君赏罚之权，所以控制臣下者也。"（《老子说解》，第208页）（3）认为这里的"利器"指圣智之类，圣智为老子所弃绝，故不可显示于人，如奚侗说："老子以'渊'喻'道'，以'利器'喻'圣知'，绝圣弃知，盗贼乃止，故云'国之利器不可以示人'也。"（《老子集解》，见《老子注三种》，第104页）（4）认为这里的"利器"指柔弱，如苏辙说："圣人居于柔弱，而刚强者莫能伤，非徒莫能伤也，又将以前制其后，此不亦天下之利器也哉？"（《老子解》）（5）认为这里的"利器"指国家政权的威力、力量之类，如高亨说："利器，指政权，或指军事力量。"（《老子注译》，第61页）

那么在以上五种解释中，哪一种较为合理呢？笔者倾向于第一种解释，理由主要有二：一是把"利器"释为权道，具体指本章开头的

老子·三十六章

195

八句话，这样就使本章内容前后呼应，很好地贯通了起来；二是老子所说的"将欲废之，必固兴之；将欲夺之，必固与之"等等，虽是极其有效的手段，但其在具体运用时，必须隐秘地进行，不可把它公开出来，否则便起不到应有的效果，故老子说"不可以示人"。因此，笔者认为，"利器"本指锋利的武器，在这里指"权道"即变通之道，也就是"将欲歙之，必固张之"等八句话所代表的处事或治国方法，此种方法亦可称之为"行权"，即改变常规，权宜行事，其实质则是以柔弱胜刚强。

  由此来反观"鱼不可脱于渊"的内涵，笔者认为，因为其中的"于"既有"在"的意思，又有"自""从"的意思，故若把这里的"于"理解为"在"，则"脱"指逃脱、脱失的意思，"鱼不可脱于渊"指不能让鱼在深渊中逃脱，因为否则就无法控制它；若把这里的"于"理解为"自""从"，则"脱"指脱离、失去的意思，"鱼不可脱于渊"指鱼不能从深渊脱离，即鱼不能离开深渊，因为否则鱼就会因失水而死。因此，若纯从文字本身来讲，上述两种理解均是可以的。但若从其与"国之利器不可以示人"的联系来讲，则笔者认为，"鱼不可脱于渊"当指不能让鱼在深渊中逃脱。因为若把"鱼不可脱于渊"释为鱼不能脱离深渊，则关于它与"国之利器不可以示人"的内在关联，可姑且把它简单地概括为：鱼失去水则亡，利器示人则危。那么，这两句话之间有什么内在的关联呢？对此，我们只能无奈地说，这两件事实在是风马牛不相及。而若把"鱼不可脱于渊"释为不能让鱼在深渊中逃脱，情况就不同了，因为这样它与"国之利器不可以示人"的关系可简单地概括为：鱼在渊中逃脱则失，利器示人则危。以鱼在渊中逃脱，与利器（即"权道"）不受控制而显现出来相类比，无疑是很恰当的。

三十七章

道①常②无为③而无不为④。侯王⑤若能守之,万物将自化⑥。化而欲作⑦,吾将镇⑧之以无名之朴⑨。无名之朴,夫⑩亦将不欲⑪。不欲以⑫静⑬,天下将自定⑭。

【译文】

道永远顺乎自然,不有意去做什么,实际上却没有什么不是其所做。侯王如果能持守它,万物将自然生长变化。在生长变化的过程中产生了贪欲,我将用无名的道来使它安定。用无名的道来使它安定,也就不会产生贪欲。不产生贪欲而至于宁静,天下将会自然安定。

【注释】

①道:见第一章注①。　②常:恒久;永远。　③无为:顺其自然,不有意去做。　④无不为:没有什么不做的;没有什么不是其所做。　⑤侯王:泛指诸侯,古代帝王所分封的各国君主。　⑥自化:自然化育;自然生长。　⑦欲作:产生贪欲。作:兴起;发生。一说指想要有所作为。　⑧镇:安抚;使安定。　⑨无名之朴:没有名的道,即道的本体。朴:指道。这里强调道的浑然整全、纯一不散的特性。一说指"道"的真朴(无名:指道。朴:真朴;朴质)。　⑩夫:助词。用于句首,表发端。有的本子无该字。　⑪不欲:王弼本作"无欲",河上公本、傅奕本、景龙碑本等均作"不欲",据之以改。　⑫以:而;则。　⑬静:安静;平静。　⑭自定:自然安定。定:有的本子作"正"。

【解读】

　　本章的宗旨,便是提倡"无为",因为老子在本章一开头即说:"道常无为而无不为,侯王若能守之,万物将自化。"意即侯王若能持守无为之道,便可使万物自然生长变化。然而,本章中接下来的内容亦十分值得我们重视:"化而欲作,吾将镇之以无名之朴。"意即万物在生长变化的过程中产生私欲,我将用"无名之朴"来镇抚,来使其安定。这两句话至少告诉我们两点:一是"无为"的作用虽然巨大,但它不能确保万物在生长变化的过程中不产生私欲；二是当万物之私欲萌动时，就不能只是安守往常的"无为"，而要用"无名之朴"来镇抚。因此，本章实际上向我们揭示了老子"无为"思想的较为完整的内涵：老子的"无为"思想包括两个方面的内容：一是"道"之"无为"，它顺乎自然，不有意去做；二是依据"道"之"无为"确立的行事原则，即"为无为"。因此，"无为"和"为无为"相结合，才是老子"无为"思想的实质和完整内容。

对于本章内容，笔者拟从以下三个方面展开介绍：一是"道常无为而无不为"的内涵；二是"化而欲作"的原因及如何用"无名之朴"来镇"欲"；三是对于"无名之朴，夫亦将不欲"的两种理解及文字表述上的争议。

一、"道常无为而无不为"的内涵

"道常无为"中的"常"，学者们通常释为恒久、永远，故所谓"道常无为"，即"道"永远"无为"的意思。对于"无为"的意思，学者们多认为指顺应自然而为、不妄为，如陈鼓应说："'无为'是顺其自然，不妄为"。（《老子今注今译》，第212页）"无不为"，意为没有什么不做的，没有什么不是其所做，如任继愈说："没有一件事物不是它所为。"（《老子绎读》，第82页）一些学者指出，这里的"无不为"，实际上即是指"道"创生、养育万物，如范应元说："天地人物得之以运行生育者，无不为也。"（《老子道德经古本集注》，第65页）

因此，综上所述，所谓"道常无为而无不为"，指的是"道"虚无清静，从不有意去做什么，然而却生养万物，没有什么不是其所做，而这一切都是自然而然发生的。

在关于"道常无为而无不为"的解释中，有一种值得我们重视的观点，即从"道"之体用的角度去理解"无为而无不为"，认为"无为"体现的是"道"之本体虚无清静，"无不为"体现的是"道"之作用广大无边，如成玄英说："凝常之道，寂尔无为，从体起用，应物施化，故曰而无不为。前句是本，后句是迹。"（《老子道德经开题序诀义疏》）笔者认为，这样的理解是很有道理的，"道"的本体无形无象，清静无欲，无意志无目的，它从来不会刻意去做什么，此即"无为"；然而，丰富多彩的大千世界由"道"而产生，此即"无不为"。"道"对天下万物不主宰、不干涉，任其自然生长、发展，此即"无为"；然而万物都能各适其性而存在，天地之间秩序井然，此即"无不为"。因此，正是道体本身的清静无为，才使"道"的作用广大无边，没有穷尽。

二、"化而欲作"的原因及如何用"无名之朴"来镇"欲"

老子说"侯王若能守之,万物将自化",意即侯王如果能持守"道",万物将自然生长变化。这里的"自化",指的是自然生长变化的意思。接下来说"化而欲作",其中的"化",即上句"万物将自化"中的"化";"欲作"的"欲",指欲望、贪欲;"作",学者们多认为指起、产生、萌动的意思。因此,"化而欲作"指在生长变化的过程中欲望产生或私欲萌动的意思。

这里值得我们注意的是,老子在上文中说"侯王若能守之,万物将自化",那么,万物既已"自化",为什么还会"欲作"呢?对此,一些学者指出,因为人心最易受外物的影响,人们在顺其本性自然生长变化的过程中,难免会产生贪欲或有为之心,如苏辙说:"圣人以无为化物,万物化之,始于无为而渐至于作,譬如婴儿之长,人伪日起。"(《老子解》)这就告诉我们,侯王持守无为之道,对万物不加主宰、干涉,可以确保万物自然生长变化,但是并不能防止人们产生私欲和诈伪,故当"欲作"之时,便需要下文所说的"镇之以无名之朴"。

对于"吾将镇之以无名之朴"中的"镇"字,学者们主要有两种理解。一种认为,"镇"是压住或压定使不动的意思,如焦竑(hóng)说:"镇者,压定之使不动也。"(《老子翼》,第91页)一种认为,这里的"镇"是安抚、使安定的意思,如董平说:"'镇'者,安也,安止、安抚、安定之意。"(《老子研读》,第165页)笔者认为,老子治国,主张无为而治,行不言之教,均是以柔性的方式来加以治理,故这里的"镇",不宜释为压、压定的意思,而应释为安抚、使安定的意思。

对于上面所说的"化而欲作",老子说"吾将镇之以无名之朴",那么"无名之朴"又是什么意思呢?对此,学者们亦有不同的理解,其中值得我们注意的,主要有这样三种。(1)认为"无名之朴"就是"道",如范应元说:"无名之朴,道也。"(《老子道德经古本集注》,第65页)(2)认为"无名之朴"中的"无名"指"道","朴"指真朴、朴素,因此,"无名之朴"指"道"的真朴,如陈鼓应说:"我就用道的真朴来安定它。"(《老子今注今译》,第213页)(3)认为"无名之朴"中的"无名",指没有名称;"朴",指"道"。因此,"无名之朴"即没有名称的"道",如沙少海等说:"我将用没有名称的'道'来镇伏它们。"(沙少海、徐子宏:《老子全译》,第72页)

笔者认为,从字面意思来说,"无名"指没有名称,也可指"道";"朴"指朴质、真朴,也可指"道"。因此,以上三种理解均是有道理的，只是相比之下，第一种理解认为"无名之朴"即"道"，虽显得直截清楚，但无疑有简单化之嫌，因为如果"无名之朴"即"道"，那么老子直接说"道"或"朴"就可以了，大可不必用四个字来表述。因此，这里的"无名之朴"，或当指无名的"道"，或当指"道"的真朴。而在这两种理解中，笔者认为，指无名的"道"又要更恰当些。因为笔者在解释第一章"道可道，非常道"的含义时曾经说过，作为宇宙万物本原的"道"，包含本体和作用两个方面，其本体无声无形，不可言说，故"无名"；其作用可见可知，可以命名，故"有名"。而老子在这里之所以说"无名之朴"，意在用"无名"强调这里所说的"道"，指的是"道"的本体而非"道"的作用，因此，若把这里的"无名"直接释为"道"，便是把"道"的本体和作用混为一谈了。而这里的"朴"，指的才是"道"，但强调的是"道"的浑然整全、纯一不散的特性。

那么，当人们的私欲萌动时，"镇之以无名之朴"该怎样来具体操作和实施呢？为了回答这个问题，我们有必要来看一下老子在第五十七章中的相关论述："故圣人云：'我无为，而民自化；我好静，而民自正；我无事，而民自富；我无欲，而民自朴。'"把它与本章内容进行对比，可以发现："我无为，而民自化"，与本章的"道常无为而无不为，侯王若能守之，万物将自化"相对应；"我好静，而民自正"，与本章的"不欲以静，天下将自定"相对应，因为"自定"与"自正"的意思是一样的；而"我无欲，而民自朴"，则正好与本章的"化而欲作，吾将镇之以无名之朴。无名之朴，夫亦将不欲"相对应，说得更明确一些，便是"我无欲"与"吾将镇之以无名之朴"相对应，这种对应说明，所谓"镇之以无名之朴"，实即"无欲"的意思。也就是说，当民众在自然生长变化的过程中萌生私欲时，侯王要用无欲来镇抚，至于如何用无欲来镇抚，使民众消除私欲，《老子》一书中有不少相关的论述："不尚贤，使民不争；不贵难得之货，使民不为盗；不见可欲，使民心不乱。……常使民无知无欲，使夫智者不敢为也。"（三章）"绝圣弃智，民利百倍；绝仁弃义，民复孝慈；绝巧弃利，盗贼无有。此三者，以为文不足，故令有所属：见素抱朴，少私寡欲。"（十九章）等等。

三、对于"无名之朴，夫亦将不欲"的两种理解及文字表述上的争议

对于"无名之朴，夫亦将不欲"的含义，学者们存在明显不同的两种理解。一种认为，这两句的意思为连"无名之朴"也不要去执着，

也要忘去。而之所以连"无名之朴"也不要去执着,是因为当人们的私欲产生时,侯王用"无名之朴"去镇抚,从而使私欲自然消散,既然如此,就不应再执滞于此"无名之朴",而应把它一并遣除。如李荣说:"但以起有之心者是病,以圣人将无名之朴为药,药本除病,病去药忘,故云'无名之朴,亦将不欲'也。"(《道德真经注》)一种认为,其中的"无名之朴",即上文的"镇之以无名之朴";"夫亦将不欲",指的是民众将没有贪欲。如河上公说:"言侯王镇抚以道德,民亦将不欲"。(见王卡点校:《老子道德经河上公章句》,第144页)

笔者认为,对于这两句文字的理解,之所以会出现明显不同的两种观点,与"无名之朴,夫亦将不欲"的文字表述本身有关。因为从其文字来看,我们很容易作上述第一种理解。可是这样的理解又很难说是老子的本意。但是把"无名之朴"理解为即上文的"镇之以无名之朴",又明显有主观臆解的成分,故易顺鼎认为,据陆德明《经典释文》,这里应作"吾将镇之以无名之朴,夫亦将无欲",因此,其中的"无名之朴"四字当删。(见《读老札记》)

易顺鼎的观点得到马叙伦和高亨的赞同,两人均称"易说是也"。然而,蒋锡昌对此明确表示反对,说:"《释文》不重'无名之朴'四字,恐系脱去。谳(yàn)义,有之为是。"(《老子校诂》,第242页)

笔者认为,把"无名之朴"视作衍文的观点无疑是值得我们重视的,因为若无此四字,则"吾将镇之以无名之朴,夫亦将无欲"两句的意思十分清晰,不会造成歧解。而且,这两句郭店竹简本作"将镇之以亡名之朴,夫亦将知足",明显没有重复的"无名之朴"四字。另外值得我们注意的是,这两句马王堆帛书本作"镇之以无名之朴,夫将不辱",对此,高明认为,其中的"辱"即"欲"字:"'辱'字当假借为'欲'。……故此当作'夫将不欲'。"因此,这两句应依帛书本作"镇之以无名之朴,夫将不欲"。(见《帛书老子校注》,第427页)

综上所述,笔者认为,这里的"无名之朴"若作"镇之以无名之朴",则句意清晰,不会引起歧解,且语势及意思上也比较紧凑、顺畅,因此,该句应作"镇之以无名之朴"。但是,考虑到历史上有代表性的《老子》本子如河上公本、王弼本、傅奕本、景龙碑本等均作"无名之朴",故还是以作"无名之朴"为妥,只是在意思的理解上,我们要知道它是对上句"吾将镇之以无名之朴"的重复。

三十八章

上德①不德②,是以③有德;下德④不失德⑤,是以无德。上德无为⑥而无以为⑦,下德为之而有以为⑧。上仁⑨为之而无以为,上义⑩为之而有以为。上礼⑪为之而莫之应⑫,则攘(rǎng)臂⑬而扔⑭之。故失道而后德⑮,失德而后仁,失仁而后义,失义而后礼。夫⑯礼者,忠信⑰之薄⑱,而乱之首⑲。前识⑳者,道㉑之华㉒,而愚之始。是以大丈夫㉓处其厚㉔,不居其薄㉕;处其实㉖,不居其华。故去彼㉗取此㉘。

【译文】

上德的人自然无为,不刻意追求德,所以才有德;下德的人刻意去追求德,所以反而没有德。上德的人自然无为而无心于为,下德的人有作为而且有心去为。上仁的人有作为而无心于为,上义的人有作为而且有心去为。上礼的人有作为而没有人回应时,就扬起袖子,露出胳膊,硬拉着别

【注释】

①上德:至德;最高的德。也指上德之人。德:从道得到的特殊性质。　②不德:指自然无为,不刻意求德。一说指不自恃有德或自以为有德。　③是以:因此;所以。　④下德:指德之下者,即处于下面的德。其特点是刻意追求无为。不是指品德低下。　⑤不失德:指刻意去追求德。一说指不失去仁、义等品德;一说指自居有德。　⑥无为:顺其自然,不有意去做。　⑦无以为:指无心于为。　⑧有以为:指有心于为。　⑨上仁:至仁,最大的仁德。也指最仁爱的人。仁:见第五章注①。　⑩上义:至义,最高的义。也指最正义的人。义:公正合宜的道理;正义。　⑪上礼:最高的礼。也指有最高之礼的人。礼:社会生活中由于风俗习惯而形成的为大家共同遵守的规范和仪式。　⑫莫之应:没有谁回应。莫:没有谁。应:响应;回应。　⑬攘臂:捋(luō)

人顺从。所以失去了道,然后就有了德;失去了德,然后就有了仁;失去了仁,然后就有了义;失去了义,然后就有了礼。礼,标志着忠信衰薄,是祸乱的开端。人们对事物已有的认识,是道的虚华,愚昧的开始。因此,大丈夫立身于忠信之厚,而不居于忠信衰薄之礼;立身于道的朴实,而不居于道的虚华。所以舍弃忠信衰薄、浮华不实而采取淳厚、朴实。

起衣袖,伸出胳膊。　⑭扔:牵引;拉。一说指因、就。　⑮德:这里指下德。 ⑯夫:助词。用于句首,表发端。　⑰忠信:忠诚信实。　⑱薄:衰薄,衰败浇薄。 ⑲首:开端;开始。　⑳前识:前已有之的认识,即人们对事物已有的认识(前:从前的;以往的)。这里主要指仁、义、礼等。一说指先见之明;一说指预设的种种礼仪规范。 ㉑道:见第一章注①。　㉒华:虚华,浮华不实。　㉓大丈夫:有志气、有节操、有作为的男子。这里指"上德"之人。 ㉔厚:敦厚;淳厚。这里指忠信之厚。 ㉕薄:即忠信之薄,这里指礼。　㉖实:指道之实,即道的朴实。　㉗彼:指"薄"和"华"。　㉘此:指"厚"和"实"。

老子······三十八章

【解读】

　　通行本《老子》通常分为上下两篇,上篇自第一章至第三十七章,又称"道经";下篇自第三十八章至第八十一章,又称"德经"。本章作为"德经"的第一章,文字较多。在本章中,老子集中论述了"上德""下德""上仁""上义""上礼"等的内涵和特点,并提出了"失道而后德,失德而后仁,失仁而后义,失义而后礼"的观点,对"道""德""仁""义""礼"的出现顺序作了说明,同时也是对"道""德""仁""义""礼"的高低层次的明确排序,反映了老子的思想宗旨和价值观。

　　本章文字较多,存在的问题和争议亦较多,对此,笔者拟从以下六个方面展开介绍和论述:一是"上德"及"不德"的含义;二是"下德不失德"的内涵;三是"无以为"及"有以为"的含义;四是"下德为之而有以为"的含义及其是否应该删除;五是"攘臂而扔之"中"攘臂"和"扔"的含义;六是对"前识"的各种不同理解。

　　一、"上德"及"不德"的含义

　　"上德不德,是以有德",短短八个字中,出现了三个"德"字。在

《老子》前面的章中，亦经常提到"德"字。关于"德"字的含义，我们在前面已经讲过："德"者，得也，指人或万物从幽隐无形的"道"而得到的特殊性质，因此，"德"亦可谓"道"在具体事物中的显现或"道"的作用。本章中的"德"，其含义亦大致相同。

对于"上德"的含义，一些学者认为，它指的是最高的德，如徐大椿说："上德，德之最上者也。"（《道德经注》）不过，亦有不少学者把这里的"上德"释为具有上德的人，如王弼说："是以上德之人，唯道是用"。（见楼宇烈校释：《老子道德经注校释》，第93页）笔者认为，把"上德"释为最高的德或上德之人都是可以的，因为这里的"德"本来就指的是人从"道"而获得的特性。

对于"不德"的含义，学者们多把它释为不以有德自居或不自恃有德的意思，如李荣说："为而不恃，成功不居，故云'不德'。"（《道德真经注》）因此，对于"上德不德，是以有德"的含义，居于主流的理解，便是最高的德或上德之人不以有德自居，所以才是真正有德。如陈鼓应说："上德的人不自恃有德，所以实是有德"。（《老子今注今译》，第218页）

不过，笔者认为，一些学者把"不德"释为不自以为有德或不以德自居，虽大意不差，但仍不够确切。在笔者看来，这里的"不德"，当指不刻意求德的意思。因为"上德"的实质，是与"道"相合；而要做到与"道"相合，唯一的办法，就是无思无欲，一切顺乎自然；而正因为自然无为，不刻意求德，才能真正得到"德"，所以老子说"是以有德"。因此，"上德不德，是以有德"的确切含义应该是：上德的人自然无为，不刻意求德，所以才有德。

二、"下德不失德"的内涵

"下德不失德"中的"下德"，与上文的"上德"相对而言，因"上德"指最高尚的德或具有最高尚之德的人，因此，一些学者想当然地把"下德"释为"品德低下的人"（见沙少海、徐子宏：《老子全译》，第75页），这无疑是一种误解。有不少学者认为，这里的"下德"，指的是比"上德"低一层次的德，因其比不上"上德"，故称之为"下德"，如河上公说："德不及'上德'，故言'下德'也。"（见王卡点校：《老子道德经河上公章句》，第147页）这样的理解是有道理的。

有的学者则认为，这里的"下德"，其实指的就是仁、义等世俗的道德标准，如王弼说："凡不能无为而为之者，皆下德也，仁义礼节是也。"(见楼宇烈校释:《老子道德经注校释》,第94页)既然"下德"指仁、义等道德,故一些学者认为,"下德不失德"中的"不失德",指的便是不失去仁、义等品德,如董平说:"'下德'之人或以行仁,或以行义,以'仁''义'为'有德'"。(《老子研读》,第167页)

  以上对"下德不失德"的解释,有一个共同的特点,就是都以儒家的"德"来理解"下德不失德"中的"德"。这样的理解,乍看之下,似乎也并无什么不妥,不过,在笔者看来,这种解释对老子思想存在明显的误读。因为从"上德不德,是以有德;下德不失德,是以无德"这段文字来看,一共出现了六个"德"字,按照常理,这六个"德"字的意思应该是一样的,而不应该一会儿指道家之"德",一会儿指儒家之"德"。根据我们在前面对"上德不德,是以有德"的分析可知,其中的三个"德",指的都是道家之"德",即从"道"而得到的特性,故其意思为:上德的人自然无为,不刻意求德,所以才有德。据此,则按照逻辑一贯的原则,"下德不失德,是以无德",就应当指下德之人不能自然无为,刻意去追求德,所以就没有德。笔者认为,这样的解释,严格按照老子的思想特点来进行,无论在意思上还是逻辑上都是很顺畅的。而把"下德"释为仁、义、礼等儒家之德,则不仅在思想上存在跳跃,而且在理解下文的"失道而后德,失德而后仁,失仁而后义"时亦会造成明显的逻辑混乱:既然"下德"包括仁、义、礼等,则"失德而后仁"中的"德"与"仁"又是什么关系?因为根据"失道而后德",这里的"德"指的即是"下德",而"下德"已包含仁、义、礼,则"失德而后仁"的说法是无论如何都讲不通的。

  三、"无以为"的含义:无心于"无为",还是无心于"为"?

  "上德无为而无以为",其中的"无为",在前面已多次出现,指的都是顺其自然,不有意去做,兹不赘述。这里需要我们注意的是"无以为"的含义。对于"无以为"的含义,学者们有诸多不同的理解,其中值得我们关注的,主要有这样三种。(1)认为"无以为"指没有"无为"之心的"无为",也就是纯粹的"无为",不光实行"无为",连实行"无为"的心都没有,如苏辙说:"无为而有以为之,则犹有为也。唯无为而无以为者,可谓无为矣。"(《老子解》)(2)认为"无以为"中的"以"是"用"的意思,因此,"无以为"指不用为或不用有为的意思,如司马光说:"我无为民自化,'无以为'犹言无用有为也。"(《道德真经论》)(3)认为"无以为"中的"以"是有心、有目的的意思,因此,"无以为"即无心作为的意思,如陈鼓应说:"上德的人顺任自然而无心作为。'以',有心,故意。"(《老子今注今译》,第215页)

笔者认为,以上三种理解,虽具体解释各不相同,但大致可归纳为两类观点:一类是把"无以为"释为无心于"无为",一类是把"无以为"释为无心于为。考虑到无心于为可以包含无心于无为的意思(因"无为"亦可作为"为"的对象,如《老子》第六十三章中说"为无为"),且下文又有"上仁为之而无以为"的说法,若把其中的"无以为"释为无心于无为,则该句意为上仁之人有作为而无心于无为,文义不通顺,而释为上仁之人有作为而无心于作为,则较通顺。故把"无以为"释为无心于为,是比较恰当的。因此,所谓"上德无为而无以为",意为上德之人自然无为而无心于为。

四、"下德为之而有以为"的含义及其是否应该删除

"下德为之而有以为"中的"为之",有较多的学者认为,它指的是刻意追求无为之德,如林语堂说:"而下德的人,有心为道"。(《老子的智慧》,第146页)笔者认为,"下德为之",是对上句"下德不失德"的进一步解释,正如"上德无为"是对"上德不德"的进一步解释一样,因此,这里的"为之",当指对"德"的刻意追求。

对于"有以为"的含义,笔者认为,根据前面的讨论,"上德无为而无以为"中的"无以为",意为无心于为,则把"有以为"释为有心于为,是比较恰当的。因此,所谓"下德为之而有以为",意即下德之人有作为而且有心去为。当然,这里所说的有作为,指的是对无为的追求。

需要说明的是,"下德为之而有以为"一句,河上公本、王弼本等均如此表述,但亦有不少本子作其他的表述,如傅奕本、范应元《老子道德经古本集注》作"下德为之而无以为",景龙碑本作"下德无为而有以为";陶鸿庆、马叙伦等认为应作"下德为之而有不为",奚侗认为应作"下德为之而无不为",马其昶(chǎng)、朱谦之等学者认为应作"下德无为而有以为",等等。

具体分析上述学者的观点,可以发现一个共同的现象,就是有些学者之所以不认同王弼本作"下德为之而有以为",就是因为下文有"上义为之而有以为"一句,他们认为"下德"与"上义"均为"为之而有以为",《老子》原文不应该如此。而有些学者之所以不认同傅奕本作"下德为之而无以为",是因为下文有"上仁为之而无以为"一句,

他们认为"下德"与"上仁"均为"为之而无以为",《老子》原文也不应该如此。这就表明,在这些学者看来,紧接"下德"的文字,既不能是"无为而无以为"(这属于"上德"),也不能是"为之而有以为"(这属于"上义"),还不能是"为之而无以为"(这属于"上仁"),因此,便自然有了"无为而有以为""为之而有不为""为之而无不为"等各种不同的选择。

然而,值得注意的是,马王堆帛书本在"上德无为而无以为"后无通行本"下德为之而有以为"一句,如帛书乙本作"上德无为而无以为也。上仁为之而无以为也"(甲本残损)。因此,一些学者明确指出,"下德为之而有以为"一句系后人妄增,当删,如高明说:"据帛书甲、乙本分析,德仁义礼四者的差别非常整齐,逻辑意义也很清楚。今本衍'下德'一句,不仅词义重叠,造成内容混乱,而且各本衍文不一,众议纷纭。……由此可见,'下德'一句在此纯属多余,绝非《老子》原文所有,当为后人妄增。"(《帛书老子校注》,第3页)刘笑敢亦说:"从这一段的结构来看,帛书本作'上德''上仁''上义''上礼',排列整齐有序,与下节'失道—失德—失仁—失义—后礼'的顺序若合符节,而传世本加入'下德'一句,以与'上德'对偶,却使结构变得不合理。"(《老子古今》,第423页)

然而,笔者认为,"下德为之而有以为"一句,当以保留为妥,理由如下。

一是上述观点虽有帛书本作为依据,但它也只有帛书本一种依据,因为历史上有代表性的《老子》本子对于该句文字虽有不同表述,但均是有该句文字的。

二是这种观点的一个重要理由,就是认为若无"下德为之而有以为"一句,则从"上德""上仁""上义"至"上礼",层次清晰,逻辑意义清楚;多了"下德"一句,则变成了"上德""下德""上仁""上义""上礼"的顺序,显得层次混乱。然而,令人遗憾的是,这些学者大多只是根据纯粹的文字表述形式,即认为在"上德"与"上仁"之间插入一个"下德",显得不够顺畅,而没有人从内容上来论证"上德"与"上仁"之间为什么不应插入"下德"。因为在笔者看来,从意思上来看,在"上德"与"上仁"之间加入"下德"是很合理的,并无什么不顺畅之处。因为"下德"意为对"无为"的刻意追求,所以老子认为它位于以无心于"无为"为特征的"上德"之下;但是"下德"毕竟以"无为"为目标,所以它无疑比"仁"的层次要高。故从内容上来说,"上德""下

"德""上仁"等的排列不存在任何问题。

三是这种观点的另一个重要理由,是王弼本"下德为之而有以为"中的"为之而有以为"与下文"上义为之而有以为"重复,傅奕本"下德为之而无以为"中的"为之而无以为"与下文"上仁为之而无以为"重复。对此,笔者认为,把文字重复视为"下德"句应该删去的重要理由,是存在明显偏颇的。因为"上义为之而有以为"的具体含义是:上义之人依靠公正合宜的道理来处理事物,而且是有意这么做的;而"下德为之而有以为"的具体含义是:下德之人追求无为,而且是有意这么做的。因此,同样是"为之而有以为",但处于不同的语境之中,其具体含义并不相同,我们不能以纯粹的文字形式为依据来判定"下德"句该作何种文字表述或应该删去。

五、"攘臂而扔之"中"攘臂"和"扔"的含义

老子说:"上仁为之而无以为,上义为之而有以为。上礼为之而莫之应,则攘臂而扔之。"根据我们前面对"为之""无以为""有以为"的解释,则所谓"上仁为之而无以为",意为最高的仁或具有最高仁德的人有作为而无心于作为。"上义为之而有以为",指的是上义之人有作为,而且有心于作为。"上礼为之而莫之应"中的"莫之应",意为没有谁响应,因此,所谓"上礼为之而莫之应",便是指上礼之人有作为(即实施或推行礼)而没有谁响应。那么为什么会发生"上礼为之而莫之应"的情况呢?对此,一些学者认为,那是因为礼崇尚修饰,轻视朴质,与"道"相背,故没有人响应。如河上公说:"礼华盛实衰,饰伪烦多,动则离道,不可应也。"(见王卡点校:《老子道德经河上公章句》,第149页)

这里需要我们细加分析的是"攘臂而扔之"的含义。对于"攘臂而扔之"中的"攘臂",有不少学者认为,其所指为捋起衣袖,伸出胳膊,如高亨说:"攘臂,即伸出胳臂,卷起衣袖。"(《老子注译》,第67页)不过,也有学者认为,这里的"攘臂",指的是出臂拱手以行礼的意思,如蒋锡昌说:"言上礼之君为礼,人莫之应,则出臂拱手,强行敬礼"。(《老子校诂》,第248页)

"扔之"的"扔"字,帛书甲乙本作"乃",学者们多认为即"扔"字。《韩非子·解老》、河上公本、傅奕本、景龙碑本等"扔"作"仍"。对此,一些学者认为,这里作"扔"或"仍"均可,意思差不多。既然如此,则这里还是以作"扔"为妥。

对于"扔之"(或"仍之")的"扔"(或"仍")的含义,学者们主要有两种解释。一种认为,"扔"(或"仍")指引、牵引、拉的意思,如董平说:"'扔'的意思是'引''拉'"。(《老子研读》,第169页)一种认为,"扔"(或"仍")是因、就的意思,如奚侗说:"'扔,因也。''因'有'就'谊。"(《老子集解》,见《老子注三种》,第107页)

在介绍了"攘臂"和"扔"的含义后,我们再来看"攘臂而扔之"一句的完整意思。关于该句话的含义,学者们主要有这样四种理解。(1)认为"攘臂而扔之"指因为自己行礼,别人不响应,于是心生愤怒,便将袖伸出胳膊,与别人牵引拉扯,如唐玄宗说:"行礼于彼,而彼不应,则攘臂而怒,以相仍引也。"(《唐玄宗御注道德真经》)(2)认为"攘臂而扔之"指伸出胳膊牵引拉扯,强迫别人顺从,如林希逸说:"民不从而强以手引之,强掣拽之也。"(《道德真经口义》)(3)认为"攘臂而扔之"指出臂拱手以就人或就礼,如蒋锡昌说:"出臂拱手,强行敬礼,而就人也。"(《老子校诂》,第248页)(4)认为"攘臂而扔之"指因为礼过于烦琐,造成愤怒争斗,人们伸出胳膊,互相牵引拉扯,如李荣说:"礼烦则乱,下不能行,……则生怨争,是以挥拳攘臂,更相牵引。"(《道德真经注》)

在上述四种理解中,笔者认为,第二种理解要更为合理些。因为上礼之人在实行礼时,没有人响应他,面对这样的局面,他"攘臂而扔之",即捋起衣袖,露出胳膊,牵引拉扯别人,强迫他们行礼,老子在此是用比喻的手法,来说明礼的强迫的性质。因此,这样的解释,是比较顺畅,亦比较合理的。第一、四两种理解实质上与第二种理解类似,只是不如第二种理解更为清晰、直接。至于第三种理解,释"攘臂而扔之"为出臂拱手以就人或就礼,认为"攘臂""扔之"是自己拱手行礼,而不是强迫别人行礼,则不如第二种理解能更好地反映礼的弊端。

六、对于"前识"的各种不同理解

老子说:"前识者,道之华,而愚之始。"对于其中的"前识"的含义,学者们有种种不同的理解,其中较有代表性的,主要有这样三种。(1)认为"前识"指先知、先见之明,即认识事物在众人之前,也就是"智",如陆希声说:"前识者,智也。智为先见之明,而照于未形之理者也。"(《道德真经传》)(2)认为"前识"指意度,即主观猜测,如韩非子说:"前识者,无缘而妄意度也。"(《韩非子·解老》)(3)认为"前识"指制礼之人预先设定种种礼仪规范等,如陈鼓应说:"'前

识'，指预设种种礼仪规范。"（《老子今注今译》，第218页）

那么"前识"究竟应该指什么呢？在回答这个问题前，我们先来看"道之华，而愚之始"的含义。

"道之华"中的"华"字，学者们通常认为它与"实"相对，指"虚华"的意思，如奚侗说："'华'云'虚华'，与'真实'相对。"（《老子集解》，见《老子注三种》，第107页）而"虚华"即浮华不实，因此，所谓"道之华"，便是指"道"的虚华，亦即不是"道"的质朴的本质，而是不合乎"道"的浮华不实的东西。"愚之始"的含义很好理解，即愚昧的开始。因此，"前识者，道之华，而愚之始"的意思为："前识"，是"道"的虚华，愚昧的开始。

由此再来反观"前识"的含义，笔者认为，这里的"前"，当指以前的、过去的，"识"，指认识，因此，所谓"前识"，当指前已有之的认识，亦即人们对事物已有的认识，在此则主要指仁、义、礼等。理由有二。一是本章的核心是论述德、仁、义、礼等的特点，若按上述第一、二两种理解，"前识"指先见之明或主观猜测，则明显脱离了本章的主题。一些学者认为，"前识"实即指"智"，因此，老子在此加上"前识"，说明是继前面讨论仁、义、礼后，接着谈"智"。如吴澄说："前识犹先知，智也。"（《道德真经注》）但是，若果真如此，老子为什么不像前面说仁、义、礼一样直接说"智者，道之华"，而要用令人费解的"前识"一词？因此，此种说法，明显缺乏说服力。二是上述第三种理解认为"前识"指预先设定的种种礼仪规范等，其思路有一定的启发意义，但它把"前识"局限于预先设定的礼仪规范，则明显存在偏颇。在笔者看来，此种理解的依据应该是"前识者"句与"夫礼者"句系对文，故认为上一句讲礼，则下一句亦应该讲礼，而事实上，上一句讲礼，后一句不一定必然也是讲礼。在笔者看来，"前识者"一句，当是就从"上仁为之而无以为"至"乱之首"的整段文字而言，即在老子看来，凡仁、义、礼等世俗推行的种种品德、规范等，均属于"前识"，均是前已有之的对事物的认识，它们都是"道之华"，即都是不合乎"道"的浮华不实的东西；对它们的大力推行，终将造成民众远离大道，陷于愚昧，故称之为"愚之始"。

三十九章

昔①之得一②者：天得一以清③，地得一以宁④，神得一以灵⑤，谷⑥得一以盈⑦，万物得一以生，侯王⑧得一以为天下正⑨。其致之⑩，天无以清⑪，将恐裂⑫；地无以宁，将恐发⑬；神无以灵，将恐歇⑭；谷无以盈，将恐竭⑮；万物无以生，将恐灭⑯；侯王无以贵高⑰，将恐蹶（jué）⑱。故贵以贱为本，高以下为基。是以⑲侯王自谓⑳孤、寡、不谷㉑。此其㉒以贱为本邪㉓？非乎？故致㉔数㉕舆㉖无舆。不欲琭（lù）琭㉗如玉，珞（luò）珞㉘如石。

【译文】

从前得到"一"的：天得到"一"而清明，地得到"一"而宁静，神得到"一"而灵验，河谷得到"一"而盈满，万物得到"一"而生长，侯王得到"一"而成为天下的君长。推而言之，天不能清明，恐怕就会破裂；地不能宁静，恐怕就会震动；神不能灵

【注释】

①昔：从前；过去。与"今"相对。　②一：这里指宇宙万物本原的作用。一说指道；一说指道之子。
③清：清明。　④宁：宁静。　⑤灵：灵验；灵妙。　⑥谷：山间流水的通道。　⑦盈：指（水）盈满。　⑧侯王：泛指诸侯，古代帝王所分封的各国君主。　⑨正：君长。一说指公正合理；一说指标准、准则。有的本子作"贞"。　⑩其致之：推而言之（致：推）。一说指推至极点（致：极）。有的本子作"其致之一也"；有的本子作"其致之也"。
⑪天无以清：指天不能得"一"而清明。下同。一说指天无休止地保持清明（无以：不停止）。　⑫裂：破裂。　⑬发：震动。一说应读为"废"，指塌毁；一说指发泄、发散。　⑭歇：消失。　⑮竭：干涸；枯竭。　⑯灭：灭绝。　⑰贵高：即高贵。一说应作"正"；一说应作"为正"。　⑱蹶：覆亡。　⑲是以：因此；所以。　⑳谓：称呼。有的本子作

验,恐怕就会消失;河谷不能盈满,恐怕就会干涸;万物不能生长,恐怕就会灭绝;侯王不能保持高贵,恐怕就会覆亡。因此,尊贵以卑贱为根本,高以下为基础。所以侯王自称为孤、寡、不谷。这难道不是以贱为根本吗?不是吗?所以想得到过多的荣誉反而会没有荣誉。不愿像玉那样珍贵,而愿像石头那样粗劣卑贱。

"称"。　㉑不谷:不善(谷:善)。古代王侯自称的谦辞。　㉒其:副词。表诘问。犹岂、难道。王弼本作"非",傅奕本、景龙碑本等作"其",帛书甲乙本亦作"其",据之以改。　㉓邪:语气助词。表反诘。有的本子作"耶"。　㉔致:获得;得到。　㉕数:屡次。一说指数说。　㉖舆:通"誉"。名誉;荣誉。一说指车。　㉗琭琭:珍贵的样子。　㉘珞珞:坚硬的样子。又同"落落",指粗劣的样子。

【解读】

　　本章主要包含两个方面的内容。一是从正反两个角度说明了得"一"的重要性。从正面来讲,天得到"一"而清明,地得到"一"而宁静,侯王得到"一"而成为天下的君长,等等。从反面来讲,则天不能得"一"就无法清明,就会破裂;地不能得"一"就无法宁静,就会震动;侯王不能得"一"就无法保持高贵,就会覆亡;等等。二是说明了尊贵以卑贱为根本、高以下为基础的道理。对此,老子专门以侯王自称"孤、寡、不谷"为例来进行说明。因为侯王是天下的尊贵之人,但侯王不以尊贵的名称来称呼自己,却以"孤、寡、不谷"这些低贱的名称来称呼自己,说明侯王是深深懂得"贵以贱为本"之道理的。

　　本章是《老子》八十一章中文字最多的一章,同时也是争议较多的一章。关于本章内容,值得我们重视并需要深入分析的主要有以下五个方面:一是本章中的"一"之所指;二是"无以"的含义;三是"其致之"的含义;四是围绕"故致数舆无舆"文字表述的诸多争议;五是老子主张不愿"珞珞如石",还是宁愿"珞珞如石"。

　　一、"一"指的是"道""道之子",还是"道"之作用?

　　"昔之得一者:天得一以清,地得一以宁,神得一以灵,谷得一以盈,万物得一以生,侯王得一以为天下正"一段文字,一共出现了七个"一"字,强调了"一"的重要性:天、地、神、侯王等均是因为得到了"一"而成其为天、地、神、侯王的。那么这里的"一"又是什么意思呢？对此，古代学者主要有两种解释。一种认为，这里的"一"，指的就是"道"，如苏辙《老子解》说："一，道也。"一种认为，这里的"一"，指的是"道之子"，如陆希声说："夫一者，道之子，物之始也。"（《道德真经传》）

一些学者之所以认为这里的"一"指的是"道之子"，主要依据当是第四十二章中所说的"道生一"，因为既然"一"由"道"所生，则它当然就是"道之子"。不过，也有学者认为，"道生一"中的"一"，指的也是"道"，如蒋锡昌说："四十二章：'道生一'，是'一'即'道'也。"（《老子校诂》，第252页）不过，笔者认为，既然把"得一"的"一"理解成与"道生一"中的"一"相同，则认为"一"即是"道"便是不够严谨的，因为正如子由母而产生，但子不是母一样。而根据笔者在第二十五章中关于"道"的确切含义的论述，在《老子》一书中，与宇宙万物本原相关的"道"字其实具有三重含义：一是作为宇宙万物本原之"字"，指的是宇宙万物本原的作用；一是代指宇宙万物的本原；一是代指宇宙万物本原之本体。因此，"道生一"中的"道"，指的是宇宙万物本原之本体，"一"，指的是宇宙万物本原之作用，它是宇宙万物本原之本体的显现。由此来理解本章中的"得一"，则我们可以说"一"是"道之子"，即作为宇宙万物本原的"道"显现之作用；我们也可以说"一"就是"道"，但此"道"非宇宙万物本原之本体，而是宇宙万物本原之作用。据此，则"天得一以清，地得一以宁"等指的便是天因为得到"一"即"道"的作用而清明，大地得到"一"即"道"的作用而宁静。这里需要稍加分析的则是"侯王得一以为天下正"的含义。

对于"侯王得一以为天下正"中的"正"字，学者们主要有这样三种理解。（1）认为这里的"正"指"平正"即公平正直的意思，如河上公说："侯王得一故能为天下平正。"（见王卡点校：《老子道德经河上公章句》，第155页）（2）认为这里的"正"指安定的意思，如林语堂说："侯王得一才能使得天下安定。"（《老子的智慧》，第151页）（3）认为这里的"正"指准则、标准的意思，如张松如说："侯王得到一，因而做天下的准绳。"（《老子说解》，第224页）

那么这里的"正"的确切含义应该是什么呢？笔者认为，"正"既有公正的意思，又有准则的意思，还有君长的意思，因此，以上学者对于"正"的理解均有其依据。至于具体应该是哪种含义，则取决于对"为天下正"中的"为"的理解，因为"为"在这里既可理解为做、成为的意思，亦可理解为使、致使的意思。若把"为"理解为做、成为的意思,则"为天下正"可释为做天下的君长、首领,或成为天下的模范、准则等意思;若把"为"理解为使、致使的意思,则"为天下正"可释为使天下公正、使天下安定等意思。而从根本上来说,侯王得到了"一"(即"道"),则既可成为天下人的模范、准则,亦可使天下公正合理,因此,上述理解在道理上都是能够说通的。不过,相比之下,笔者还是倾向于把"为"释为成为的意思,因为"天得一以清,地得一以宁"等中的"以"字,当指"而"的意思,则"侯王得一以为天下正"中的"以为",当指"而为"的意思,而把"而为"释为"而成为",意思上比较通顺。因此,"侯王得一以为天下正",当指侯王得到"一"而成为天下的君长的意思。

二、"无以"的含义:不能,没有,还是不停止?

自"天无以清,将恐裂"至"侯王无以贵高,将恐蹶"一段文字,有一个较为明显的特点,就是其中的句子均以"……无以……,将恐……"的形式构成,"将恐"的含义比较清楚,指恐怕将会、恐怕就会的意思;"无以"的含义则比较复杂,历代学者对它有种种不同的解释,从而成为理解本段文字之实质的关键所在。因这六句话的句式一样,故在此拟以第一句"天无以清,将恐裂"为例,对"无以"的含义展开分析。

首先要说明的是,"将恐裂"中的"裂"字,学者们多把它释为破裂。对于"无以"的含义,值得我们注意的则主要有这样三种理解。(1)认为这里的"无以"指不能用、没有、失去等意思,因此,"天无以清,将恐裂"指天不能用"道"而清明,或失去"道"而无清明,恐怕就会破裂的意思,如成玄英说:"以,用也。无,不也。裂,坏也。言天不能用道清虚,则日月悖蚀,星辰失度,灾变屡彰,恐当坼(chè)裂。"(《老子道德经开题序诀义疏》)高亨说:"天若不得道,天就没有清朗,将会崩裂"。(《老子注译》,第70页)(2)认为"无以"的"以"是用的意思,"天无以清"指天不要用清,而要把重点放在守道上,因为清只是守道的结果,如王弼说:"用一以致清耳,非用清以清也。守一则清不失,用清则恐裂也。故为功之母不可舍也。是以皆无用其功,恐丧其本也。"(见楼宇烈校释:《老子道德经注校释》,第106页)(3)释"无以"为"无已时",即没有停止的时候,因此,"天无以清"指天只想要清明,没有停止的时候,而天不停地用清明,便会破裂,如河上公说:"言天当有阴阳弛张,昼夜更用,不可但欲清明无已时,将恐分

裂不为天。"（见王卡点校：《老子道德经河上公章句》，第155页）

值得注意的是，帛书甲乙本"无以"皆作"毋已"，而"毋已"当为不停止的意思，因此，高明认为，此处原文应作"毋已"，河上公的解释是正确的，各家注解则多系臆测。（见《帛书老子校注》，第13页）

高明的观点受到一些学者的重视，如刘笑敢说："如高说，这一节的辩证观念就很鲜明，和下文'故必贵以贱为本，必高矣而以下为基'就完全连贯起来了。按传世本解释，上下文就成了不相关的两个部分，下文'故贵以贱为本'就没有着落。"（《老子古今》，第438页）

在上述三种理解中，第二种理解在历史上很少有学者认同，因此，在此值得我们重视的是第一、三两种理解。那么这两种理解哪一种更为合理呢？笔者倾向于第一种理解，因为第三种理解的一个主要理由，便是这样的理解可以与下文"故贵以贱为本，高以下为基"很好地贯通，而按传世本来解，则上下文意便不连贯。那么事实是否就真的如此呢？按照传世本的理解，"侯王无以贵高，将恐蹶"，意为侯王不能保持高贵，恐怕就会覆亡，接下来说"贵以贱为本，高以下为基"，这从表面上来看，确实存在意思上的脱节，然而，如果从老子思想的内在逻辑来看，却并不存在脱节。为什么这么说呢？因为在对"侯王得一以为天下正"的理解中，学者们大多忽视了一个十分重要的问题："天得一以清""地得一以宁"等中的"得一"，与"侯王得一以为天下正"中的"得一"，存在实质的区别，因为天地等之"得一"，指的是天地等产生时自然禀有"道"的特性，而侯王之"得一"，则指的是侯王通过自然无为、守柔不争、无思无欲等方式与"道"合一，因此，"侯王得一以为天下正"中的"得一"，自然包含了守柔守雌、谦卑低下之意；而"侯王无以贵高，将恐蹶"，亦即侯王不能通过谦卑低下而得以高贵，便会覆亡。因此，老子接下来说"故贵以贱为本，高以下为基"，这在逻辑上是十分严密、顺畅的，并不存在任何脱节之处。故关于"无以"的文字表述，笔者亦不主张依帛书本改为"毋已"。

三、"其致之"的含义

值得我们注意的是，在"天无以清，将恐裂"之前，有"其致之"一句。对于其中的"致"字的含义，学者们有各种不同的理解，概括起来，主要有这样三种。（1）认为这里的"致"是导致、获得的意思，"致之"指因为"一"而导致或获得"天清""地宁""神灵""谷盈""万物生""侯王正"的结果，如王弼说："各以其一，致此清、宁、灵、盈、生、贞。"（见楼宇烈校释：《老子道德经注校释》，第106页）（2）认为这里的"致"是"极"的意思，"致之"指到极点的意思，如苏辙说："'致之'言极也。天不得一未遽（jù）裂也，……然其极必至于此耳。"（《老子解》）（3）认为这里的"致"是推的意思，"其致之"指推而言之的意思，如高亨说："致，犹推也。推而言之如下文。"（《老子正诂》）

笔者认为，从文字表述来看，本章前面说"昔之得一者：天得一以清，地得一以宁……"，已经明确表示天清、地宁等是得"一"之结果，若把接下来的"其致之"再理解为因为"一"而导致或获得天清、地宁等结果，则意思重复，显得十分啰唆，因此，上述第一种理解并不恰当。至于第二和第三两种理解，则均是可以的，但相比之下，第三种理解要更恰当些。因为自"天无以清"至"将恐蹶"一段文字，是对上文自"天得一以清"至"侯王得一以为天下正"一段文字的进一步解释或补充说明，而"天得一以清，地得一以宁，神得一以灵……"从文字本身来看，是指天、地、神等正因为得"一"，才能清明、宁静、灵验，而其实质，则是天、地、神等若不能得"一"，便不能存在，而不光是是否清明、宁静、灵验的问题，因为根据老子的思想逻辑，天、地、神等均是由"道"创生的，其产生与存在均是得"一"的结果，故若没有"一"，它们便必不能存在。故老子接下来说"天无以清，将恐裂；地无以宁，将恐发；神无以灵，将恐歇"等等，便是进一步说明天、地、神若不能得"一"便会破裂、震动、消失，亦即将不能存在的意思，因此，老子在此用"将恐"一词，只是一种委婉的说法。而既然天、地、神等不能得"一"便必然会不存在，则"其致之"便当释为推而言之的意思，而不应释为推到极点的意思，因为只要不能得"一"，则天、地、神等的破裂、震动、消失等便必然会发生，而不是要推到极点才会发生。

四、围绕"故致数舆无舆"文字表述的诸多争论

在本章的最后，老子说："故致数舆无舆。不欲琭琭如玉，珞珞如石。"然而，其中的"故致数舆无舆"一句，有的本子作"故致数誉无誉"，有的本子作"故至誉无誉"，有的本子作"故致数车无车"；此外，还有"故造舆于无舆""故致誉无誉""故致舆无舆""故致数与无与"等诸多不同的表述。那么，究竟哪一种表述比较合理呢？为了说明这一问题，在此拟首先对其中影响较大的四种表述："故致数舆无舆""故致数誉无誉""故致数车无车""故至誉无誉"，分别展开讨论。

（1）故致数舆无舆。在对于该句的各种文字表述中，"故致数舆

无舆"的影响是最大的,王弼本、苏辙《老子解》及帛书乙本等均作此种表述。然而,对于"故致数舆无舆"的含义,学者们则有不同的理解,其中有代表性的,主要有这样两种。一种认为,这里的"舆"指车,所谓"数舆无舆",指数车的时候,只见轮、箱、辕、轴等车的部件,并不见有车,如陆希声说:"今指舆而数之,则皆轮辕箱轴耳,不见有舆也。"(《道德真经传》)一种认为,这里的"舆"通"誉",是名誉、荣誉的意思,所谓"致数舆无舆",指想得到更多的荣誉,反而没有荣誉,如任继愈说:"所以追求荣誉就没有荣誉。"(《老子绎读》,第89页)

(2)故致数誉无誉。在各种《老子》本子中,作"故致数誉无誉"的本子亦不少,傅奕本、范应元《老子道德经古本集注》等均作此种表述。对于"故致数誉无誉"的含义,学者们多认为,它指的是去追求各种赞誉,则反而无誉的意思,如蒋锡昌说:"贵致数誉,则反无誉;贱而无誉,则反有誉,故侯王应以贱为本也。此句乃承上句而言。"(《老子校诂》,第264页)

(3)故致数车无车。河上公本、景龙碑本、林希逸《道德真经口义》等均作"故致数车无车"。对于"故致数车无车"的含义,学者们认为,它指的是数车时只见轮、毂、軾等,不见有车,如河上公说:"致,就也。言人就车数之,为辐、为轮、为毂(gǔ)、为衡、为舆,无有名为车者,故成为车。以喻侯王不以尊号自名,故能成其贵。"(见王卡点校:《老子道德经河上公章句》,第157页)

(4)故至誉无誉。吴澄《道德真经注》、奚侗《老子集解》以及一些当代学者的《老子》注译著作均作"故至誉无誉"。对于"故至誉无誉"的含义,学者们认为,它指的是最高的称誉是没有称誉,如陈鼓应说:"所以最高的称誉是无须夸誉的。"(《老子今注今译》,第225页)

由上可知,关于"故致数舆无舆"一句的文字表述及其含义,确实众说纷纭,令人眼花缭乱。不过,笔者认为,在上述种种芜杂的解释背后,我们也可以发现一条清晰的线索,这就是:该句文字本来即应为"故致数舆无舆",因"舆"字既有车的含义,又通"誉",从而导致了两种不同的解释路径:一种是作"车"解,并进一步把"舆"字改成了"车";一种是作"誉"解,并进一步把"舆"改成了"誉",至其极端,则把"故致数誉无誉"改成了"故至誉无誉"。在笔者看来,把"舆"释为车的解释路径并不可取,所谓数车时只见轮、毂、軾等而不见车的说法显得十分牵强,因此,把"舆"释为"誉"是比较合理的。但是,笔者亦不赞成把该句文字改为"故至誉无誉",因为作"故至誉无誉",

始见于吴澄的《道德真经注》，但吴澄如此表述的依据何在，则不得而知。因此，该句文字还是以作"故致数舆无舆"为妥。至于其意思，因这里的"舆"通"誉"，故为：所以想得到过多的荣誉，反而会没有荣誉。

五、"不欲""珞珞如石"，还是宁愿"珞珞如石"？

"不欲琭琭如玉，珞珞如石"中的"琭琭"，意为珍贵的样子，因此，"不欲琭琭如玉"意即不愿像玉那样珍贵，如河上公说："言不欲如玉为人所贵"。（见王卡点校：《老子道德经河上公章句》，第157页）"珞珞"意为坚硬的样子，又同"落落"，指粗劣的样子，在此当为粗劣低贱之意。因此，"珞珞如石"，意为像石头那样粗劣低贱的意思，如陆希声说："珞珞然如石之凡贱也"。（《道德真经传》）故所谓"不欲琭琭如玉，珞珞如石"，便是不愿像玉那样珍贵，像石头那样粗劣低贱的意思。那么，此话的实质内涵又是什么呢？对此，学者们形成了明显不同的两种理解。一种认为，它指的是既不愿像玉那样珍贵（或为人所贵），也不愿像石头那样粗劣低贱（或为人所贱），而是抱"一"而处于两者之中间，如河上公说："玉少故见贵，石多故见贱。言不欲如玉为人所贵，如石为人所贱，当处其中也。"（见王卡点校：《老子道德经河上公章句》，第157页）另一种理解则认为，这两句指的是不想像玉那样珍贵，而选择像石头那样粗劣低贱，如范应元说："是以王侯不欲琭琭若玉之贵，但落落若石之贱也。"（《老子道德经古本集注》，第73页）

那么，上述两种理解中，哪一种理解更有道理呢？对此，笔者认为，第一种理解完全是按文字本身进行的解释，因为"不欲琭琭如玉，珞珞如石"，其中的"不欲"应贯通全句，意即既不欲琭琭如玉，亦不欲珞珞如石。而且，这样的理解，亦符合老子无为无执而守"一"的思想宗旨。但是，这样的理解，与前面"贵以贱为本，高以下为基"的论述则存在明显的脱节。因为从"故贵以贱为本"至"故致数舆无舆"的文字来看，老子明确指出高贵以卑下为基础，故侯王以卑下自守，自称"孤、寡、不谷"；而玉高贵，石卑下，因此，按照逻辑一贯的原则，老子在此想要表达的应是不愿像玉那样高贵，而宁愿像石那样卑下的意思。故笔者认为，对"不欲琭琭如玉，珞珞如石"两句，当取上述第二种理解，把它释为不愿像玉那样珍贵，而宁愿像石头那样粗劣低贱。

四十章

反①者道②之动,弱③者道之用④。天下万物生于有⑤,有生于无⑥。

【译文】

返回自身是道运动的特点,柔弱是道发挥作用的方式。天下万物从道的作用中产生,道的作用是道的本体的显现。

【注释】

①反:回;还归。亦可指相反。　②道:见第一章注①。　③弱:柔弱。　④用:运用。一说指作用。　⑤有:这里指道的作用。因道创生天地万物,其作用可为人们所认识,故称。　⑥无:这里指道的本体。因道的本体无形无象,不可捉摸,故称。

【解读】

本章全文仅21个字,是《老子》八十一章中文字最少的一章。然而,本章在老子思想中又有十分重要的地位,其重要性主要表现在两个方面。一是提出了"反者道之动"的观点,说明了"道"的运动的特点是向其自身返回和向相反的方向转化。二是指出了"无"和"有"的关系:"无"是"道"的本体,"有"是"道"的作用,亦是本体之显现,它们同属于"道";正是"道"的作用创生了天下万物。

然而,在对于本章文字的理解上,学者们的争论亦很多,主要体现在以下三个方面:一是"反"的含义,指的是返回,还是相反?二是"有"的确切所指;三是"有生于无"一句,一些学者认为应作"生于无",不应有"有"字。

一、"反者道之动"中"反"的含义:返回,还是相反?

"反者道之动"中的"道之动",学者们通常释为"道"的运动,如唐玄宗说:"行权者是道之运动"。(《唐玄宗御注道德真经》)那么这里的"反"又是什么意思呢?对此,古代学者主要有这样两种理解。(1)认为"反"是返回的意思,具体而言,是指返回事物的本性;事物返回其本性则静,然静极则动,因此,"反者道之动",指"反"即返回本性而静是运动产生的原因,如苏辙说:"复性则静矣,然其寂然不动,感而遂通天下之故,则动之所自起也。"(《老子解》)(2)认为"反"是相反的意思,具体而言,事物都有对立相反的双方,如有无、高下、贵贱等,看到事物显现的一方时,就能知道其隐含的相反的一方,如此去行动,便能与"道"相合,因此,有的学者认为,这里的"反",有权变的意思,如王弼说:"高以下为基,贵以贱为本,有以无为用,此其反也。动皆知其所无,则物通矣。"(见楼宇烈校释:《老子道德经注校释》,第110页)陆希声说:"夫权也者,以反为动而合于正者也。"(《道德真经传》)

对于"反者道之动"的含义,当代学者的理解亦各有不同,其中有代表性的,主要有这样三种。(1)认为"反"是返回的意思,"反者,道之动"即第二十五章中所说的"大曰逝,逝曰远,远曰反"的意思,指的是"道"的运动就是向其自身回归,如朱谦之说:"'反'即复也。……'大曰逝,逝曰远,远曰反',此待其远而后反也。反自是动,不动则无所谓反,故曰:'反者道之动。'"(《老子校释》,第173页)(2)认为"反"字包含相反和返回双重含义,如牟钟鉴说:"'反'的含义有两层:一,向相反的方向转化;二,返本归初。"(《老子新说》,第125页)(3)认为这里的"反"指相反的意思,但不同的学者对它的具体理解又稍有不同,如张默生认为,这里的"反"与"正"相对,"道"的本体是静的,无所谓正反,因此,当"正"和"反"产生时,说明"道"已由静向动了。(见《老子章句新释》,第53页)刘笑敢则认为,"反"既可释为反面之反,亦可释为返回之返,但是,反面之反可以包含返回之返,返回之返则不能包含反面之反,因此,这里的"反"应释为反面之反。(见《老子古今》,第449页)

笔者认为,要弄清楚"反者道之动"中的"反"的含义,我们首先必须弄清楚"道之动"的含义。据前面所述,关于"道之动",有不少学者释为"道"的运动,那么"道"的运动又是什么意思呢?对此,很少有学者作出解释。我们在前面已经说过,作为宇宙万物本原的"道",包含本体和作用两个方面,其本体无声无形,不可命名;其作用可见可知,可以言说。则所谓"道"的运动,亦应从"道"的本体和"道"的作用两个方面去进行认识。那么"道"的本体是怎样运动的呢?在《老子》第二十五章中有明确的论述:"有物混成,先天地生,……周行而不殆,……大曰逝,逝曰远,远曰反。"也就是说,"道"的本体是普遍运行,循环不已的,它广大无比而运行不息,运行不息而到达极遥远之处,到达极遥远之处而又返回原处。据此可知,"道"之本体的运动特点是向原处返回,因此,所谓"反者道之动"中的"反",就"道"之本体而言,应是返回的意思。那么,就"道"之作用而言,"反"又是什么意思呢?笔者认为,就"道"之作用而言,则所谓"道"之动,指的就是"道"显现作用的方式、特点,而从《老子》一书中的论述来看,作为"道"显现作用的方式、特点,与"反"相关的,就既有返回的意思,如"夫物芸芸,各复归其根"(十六章),又有物极必反,向相反的方向转化的意思,如"有无相生,难易相成,长短相形,高下相倾"(二章),等等。因此,综上所述,"反者道之动"中的"反",应当同时包含返回和向相反的方向转化双重的含义。

下一句"弱者道之用"中的"弱",是柔弱的意思,而"道之用",指的是"道"的运用或"道"发挥作用的方式,也就是说,"道"虽然广大无比,但是"道"在发生作用时通常采用柔弱的方式。

二、对于"有"的含义的不同理解

关于"天下万物生于有,有生于无"中"无"的含义,古今学者的理解较为一致,认为它指的就是"道",因为"道"无形,故称。如河上公说:"道无形,故言生于无也。"(见王卡点校:《老子道德经河上公章句》,第162页)

然而,对于"有"的含义,古今学者则有众多不同的理解,概括起来,主要有这样三种。(1)认为这里的"有"即天地,如高亨说:"有,指天地,天地由无形的道产生,而天地是有形体的,是万物之母。"(《老子注译》,第71页)(2)认为这里的"有"指具体的有形之物,如陆希声说:"天下之物皆生于有形。"(《道德真经传》)(3)认为这里的"有",不同于具体的有形之物,而是处于"无"和万物之间,相当于第四十二章所说的"道生一"中的"一",如牟钟鉴说:"'天下万物生于有,有生于无'。把这句话和四十二章'道生一,一生二,二生三,三生万物'联系起来,那么这里的'有'便是那个'一','无'便是'道'。"(《老子新说》,第126页)

笔者认为,在上述三种对"有"的理解中,第一种理解认为"有"即天地,我们很难说这就是老子的观点,因为在《老子》一书中,我们找不到老子认为"有"即天地的证据,而且老子也没有天地生万物的思想。第二种理解把"有"释为具体的有形之物,认为天下万物都是由具体的有形之物所生,那么此具体的有形之物指的又是什么呢?

这些注解者都没有明确的交代,因此这种理解亦存在明显的偏颇。第三种理解指出"有"是"无"和万物之间的一个阶段,这当然是很有道理的,因为老子既然说"天下万物生于有,有生于无",便自然包含了这样的意思。只是对于这个"有"的确切内涵,一些学者说得不够通透,未能揭示其真谛。而在笔者看来,这里的"有",指的就是"道",但它指的是"道"的作用,而非"道"的本体;而这里的"无",指的才是"道"的本体。因此,所谓"天下万物生于有,有生于无",便是指天下万物生于"道"的作用,而"道"的作用生于"道"的本体。说得更确切些,便是:因为有了"道"的作用,从而有了天下万物;而"道"的作用则是"道"的本体的外化、显现。

三、"天下万物生于有,有生于无"中的"有生于无"是否应作"生于无"

"天下万物生于有,有生于无"中的"有生于无",郭店竹简本作"生于无",没有前面的"有"字。对此,学者们主要有三种认识。(1)认为这是竹简本在抄写时少抄了代表"有"字的重文号。(见刘笑敢:《老子古今》,第446页)(2)认为即使竹简本无此"有"字,其意思亦与传世本差不多。(见汤漳平、王朝华译注:《老子》,第154页)(3)认为竹简本少一"有"字,在意思上与通行本差距甚大,它说明"无"并不比"有"更根本,"有"和"无"是并列的关系,两者是万物的共同始源:"如果是'天下之物生于有,有生于无',便是有意将'有'降格,被'无'所领属;而实际上老子明言'有无相生'(二章),二者是并列的。"(赵建伟:《郭店竹简〈老子〉校释》,见《道家文化研究》第17辑,第278-279页)

对于上述观点,笔者有两点认识。首先,今所见郭店竹简本作"天下之物生于有,生于亡(无)",则讨论应以此文字为基础,说竹简本少抄了一个"有"字,这只是依据通行本所作的推测,不足为凭。其次,竹简本作"天下之物生于有,生于亡(无)",其意思与通行本并无实质性的区别,因为我们在前面已经说过,"无"和"有"是宇宙万物本原的两个方面,"无"为其本体,"有"为其显现的作用,因此,通行本多一个"有"字,只不过是强调了一下"有"是"无"的显现,使意思更为明晰而已。

四十一章

上士①闻道②,勤而行之;中士③闻道,若存若亡④;下士⑤闻道,大笑之,不笑,不足以为道。故建言⑥有之⑦:明道⑧若昧⑨,进道⑩若退,夷道⑪若颣(lèi)⑫,上德⑬若谷⑭,大白⑮若辱⑯,广德若不足,建⑰德若偷⑱,质真⑲若渝⑳,大方㉑无隅㉒,大器㉓晚成,大音㉔希㉕声,大象㉖无形,道隐㉗无名。夫㉘唯㉙道,善贷㉚且成。

【译文】

具有上等智慧和德行的人听说了道,就努力去实行;中等智慧和德行的人听说了道,半信半疑,有时记在心里,有时则忘掉;智慧、德行差的人听说了道,便哈哈大笑,不被智慧、德行差的人嘲笑,就不足以称为道。所以前人说过这样的话:光明的道路好像昏暗不明,前进的道好像后退,平坦的道好像崎岖不平,最高的德好像

【注释】

①上士:具有上等智慧和德行的人。　②道:见第一章注①。　③中士:中等智慧和德行的人。　④若存若亡:有时记在心里,有时则忘记掉(若:或;或者。亡:通"忘")。也有将信将疑的意思。　⑤下士:智慧、德行差的人。

⑥建言:立言。这里指前人提出的见解或主张。

⑦之:指从"明道若昧"至"道隐无名"的文字。

⑧明道:指明白道的人。也指光明的道路。

⑨昧:暗;昏暗。　⑩进道:前进的道路。

⑪夷道:指平夷的"道",也指平坦的道路。夷:平;平夷。　⑫颣:丝上的结,引申指不平。有的本子作"类"。　⑬上德:至德;最高的德。也指上德之人。　⑭谷:山间流水的通道。也指山间深凹的底地。　⑮大白:最纯的白。也指最洁白的人。　⑯辱:污浊;污垢。有的本子作"黥(rǔ)"。　⑰建:通"健",指刚健。也指建立。　⑱偷:苟且;怠惰。　⑲质真:指质朴纯真。一说"真"当作"惠",指"德","质德"指质朴之德。

223

低下的川谷,最洁白的东西好像有污垢,广大的德好像空虚不足,刚健的德好像苟且怠惰,质朴纯真好像变化无常,方正之极就没有棱角,最贵重的器物需要很长时间才能完成,最大的声音没有声响,最大的形象没有形象,道隐微而没有名称。只有道,善于施与并且成就万物。

⑳渝:变;改变。一说通"窬"(yú),指空虚。 ㉑大方:指方正之极。 ㉒隅:角;棱角。 ㉓大器:古代指钟鼎等宝物。比喻有很高的才能、能干大事业的人。 ㉔大音:至大之音。一说指大的声音。 ㉕希:无声。一说指少、稀疏。 ㉖大象:最大的形象,指道。 ㉗隐:隐微;幽隐。 ㉘夫:助词。用于句首,表发端。 ㉙唯:独;只有。 ㉚贷:施与;给予。

【解读】

在本章中,老子主要指出了"上士""中士""下士"三类不同的人对"道"的态度及其中的原因。

在本章的一开头,老子指出,"上士"听说"道"以后,便会努力去实行;"中士"听说"道"以后,他们会将信将疑,有时候记在心里,有时候便会忘记;"下士"听说"道"以后,便会加以讥讽嘲笑,根本不会相信有"道"的存在,当然也就说不上按"道"的要求去行动了。接着,老子指出了为什么"下士闻道,大笑之"的根本原因,这就是"道"有一个重要的特点:与世俗的观念相反。如"明道若昧""进道若退""大器晚成",等等。因为世俗之人看到的只是"道"或修道者的"若昧""若退""若辱""若不足"的外在表现,看不到其内蕴的"明""进""大白""广德"等等,所以才会视"道"为荒诞无稽,对它讥嘲不已。

关于本章内容,笔者拟从以下四个方面展开介绍和论述:一是"上士"的含义及关于"勤而行之"文字表述的争议;二是"下士""大笑"的原因及其实质;三是十三条"建言"的实质内涵;四是"善贷且成"的含义及其是否应作"善始且成"。

一、"上士"的含义及关于"勤而行之"文字表述的争议

老子说"上士闻道,勤而行之",对于其中的"上士",学者们有不同的理解,有的释为"上智"即上等智慧的人,如唐玄宗说:"上智之士,深识洞鉴"。(《唐玄宗御制道德真经疏》)有的释为有志之士,如

张默生说:"上士,是有志的人"。(《老子章句新释》,第55页)

笔者认为,这里的"上士",与下文中的"中士""下士"相对而言,因此,本章中的"士"字,当泛指成年男子。而从"中士"对"道"半信半疑,下士对"道"加以嘲笑来看,"上士"能对"道"信之不疑,"勤而行之",当具备两个方面的特点:一是有过人的智慧,能清楚地辨别真假是非;二是敦厚朴实,志向高远而又坚定。因此,把这里的"上士"释为具有上等智慧和德行的人,是比较恰当的。"勤而行之",意为努力实行,如陈鼓应说:"上士听了道,努力去实行。"(《老子今注今译》,第230页)

需要指出的是,"勤而行之"一句,成玄英《老子道德经开题序诀义疏》作"勤能行之",因"能"有"而"的意思,故"勤能行之"与"勤而行之"的意思一样。不过,该句帛书乙本作"堇能行之"(甲本残毁),高明认为,"堇"假为"勤"(见《帛书老子校注》,第19页),因此,"堇能行之"即"勤能行之",亦即"勤而行之"。然而,一些学者不同意这样的解释,他们认为,帛书本中的"堇"字应释为"仅",不应释为"勤"。另外,郭店竹简本该句作"堇能行于其中",这些学者认为,其中的"堇",亦应释为"仅",而所谓"仅能行之",指仅仅能行道,不能发扬道的意思,如高亨说:"帛书甲本无此章,乙本作'堇能'。堇似当读为仅,仅能行之,是说上士仅仅能行道,不能发扬道,因上士不能与圣人比。"(《老子注译》,第72页)

笔者认为,以上观点无疑有很好的启发意义,但就目前情形而言,该句还是以作"勤而行之"为妥,理由有二。

一是历史上流传的有代表性的《老子》本子如河上公本、王弼本、景龙碑本、范应元《老子道德经古本集注》等多作"勤而行之",竹简本和帛书本虽有重要的参考价值,但其"堇能行之""堇能行于其中"的文字毕竟未在历史上产生影响,故不宜贸然据之以改。

二是从意思上来看,"勤而行之"即努力去实行,因此,说"上士"听说"道"以后,就努力去实行,这样的表述,是十分合理,亦十分顺畅的。而说"上士"听说"道"以后,"仅能行之",即只是能实行"道",不能把"道"发扬光大,这样的理解,既别扭,又不甚合老子的本意。因为从第十五章中老子说"古之善为士者,微妙玄通,深不可识"来看,老子对"善为士者"并无丝毫贬抑之意,而"善为士者"与这里的"上士"的意思是差不多的,因此,说"上士"仅仅只能实行"道",这样的理解并不妥当。所以,笔者认为,对于"堇能行之"或"堇能行于其中",把它释读为"勤而行之"或"勤而行于其中",应更为恰当。

二、"下士""大笑"的原因及其实质

对于"下士闻道"中"下士"的含义,学者们或认为指愚笨之人,或认为指庸俗鄙陋或多欲望之人。笔者认为,"下士"相对于"上士""中士"而言,从我们前面对"上士"的解释来看,是同时从智慧和德行两个方面来理解的,则"下士"亦应从这两个方面去理解。故把"下士"释为智慧、德行差的人,是比较恰当的。

老子说"下士闻道,大笑之",意即下士听说"道"以后,哈哈大笑。当然,这里的"笑",不是因高兴而笑,而是讥笑、嘲笑的意思。那么"下士闻道"以后,为什么要大加讥笑呢?对此,一些学者指出,那是因为"下士"只知世俗之事,"道"与世俗相反,"下士"无法理解,便认为"道"的说法虚无荒诞,从而大加讥笑,如成玄英说:"下机之人,……闻真道玄远,至言宏博,心既不悟,谓为虚诞,遂生诽谤,拊(fǔ)掌笑之。"(《老子道德经开题序诀义疏》)

在普通人看来,一个人,若他发明的思想或理论受到别人的讥嘲,这无疑是十分令人难受的事情。然而,老子的态度则刚好相反,他认为,"道"的理论被"下士"讥笑,这是十分正常的事情,相反,如果"道"的理论不被"下士"讥笑,那才是不正常的事情:"不笑,不足以为道",意即不被"下士"嘲笑,就不足以称为"道"了。对于这其中的道理,学者们有这样的解释:"道深甚奥,下士之所难知。微妙玄通,下愚故非易识。今笑之,不能令真使混浊,适足彰道之清远也。"(李荣:《道德真经注》)"至道幽玄,深不可识,明而若昧,理反常情,下士蒙愚,所以致笑。若不为下士所笑,未曰精微,乃是浅俗之法,不足以为道。"(《唐玄宗御制道德真经疏》)

这样的理解无疑是很有道理的,因为我们从老子对"道"的论述来看,老子说"道""视之不见""听之不闻""搏之不得",这样一个看不见摸不着的东西却是"天下母",而世俗之人则只相信看得见摸得着的东西;老子要求人们按照"道"的原则行事,无为不争,守雌守柔,而世俗之人都是争强好胜的;老子说"五色令人目盲,五音令人耳聋",要求人们少私寡欲,而世俗之人通常都是沉溺于欲望之中的;……因此,老子之"道"与世俗之人的追求恰好相反,自然会遭到世俗之人的排斥和嘲笑。相反,若世俗之人赞成、支持老子之"道",则说明老子之"道"与世俗之人的追求相一致,那又怎么能称得上是

"道"呢？所以老子说"不笑，不足以为道"。

三、十三条"建言"的实质内涵

自"故建言有之"至"道隐无名"，老子介绍了"明道若昧""进道若退""大象无形"等十三句"建言"。所谓"建言"，学者们多认为指前人提出的见解或主张，老子在此系引用前人的言论来说明自己的观点，如苏辙说："建，立也。古之立言者有是说。"（《老子解》）从这十三句"建言"来看，有一个基本相同的特点，便是事物的实质与其表现出来的样子似乎正好相反，如前进的道好像后退（"进道若退"）、刚健的德好像苟且息惰（"建德若偷"）、最大的声音没有声响（"大音希声"）等等。因此，老子其实是通过这些文字来表达"道"与世俗观念相反的特点，同时也说明了"下士闻道，大笑之"的原因。在此选择其中较为重要或争议较多的几则"建言"作扼要的介绍。

1."明道若昧"的双重含义

"明道若昧"中的"昧"字，学者们多认为指暗昧、昏昧的意思，因此，这里值得我们注意的是"明道"的含义。

关于"明道"的含义，学者们主要有这样两种解释。一种认为，这里的"明道"，指明白"道"的人，因此，所谓"明道若昧"，指明白"道"的人，看上去却像很暗昧的样子，它反映的是体"道"之人不露锋芒、和光同尘，如成玄英说："昧，暗也。照达真道之人，晦迹同俗，不显其明，若愚暗也。"（《老子道德经开题序诀义疏》）一种则是把"明道"笼统地释为"光明的道"，如陈鼓应说："光明的道好似暗昧"。（《老子今注今译》，第231页）所谓"光明的道"中的"道"，当指途径、思想等意思，如刘笑敢说："真正的光明之途看起来有些暗昧不明"。（《老子古今》，第461-462页）因此，笔者认为，对于"明道若昧"的含义，我们不妨同时从以下两个方面去理解：一是指明白"道"的人，看上去却像很暗昧的样子；一是指光明的道路好像昏昧不明。

2.对"建德若偷"的不同理解

对于"建德若偷"的含义，首先值得我们注意的，是历史上以俞樾（yuè）为分界线，形成了两种明显不同的解释思路。在俞樾以前，学者们多把"建德"释为建立道德或建立道德之人。对于"偷"的含义，则主要有以下两种理解。（1）认为"偷"是偷窃、盗窃的意思，因此，所谓"建德若偷"，指建立道德或进行道德修养通常是私下里默默进行，就像偷盗东西时不想被人知道一样，如成玄英说："偷，盗也。言建立大德之人，藏名隐迹，如彼偷窃，不用人知。故上经云：犹若畏四邻。"（《老子道德经开题序诀义疏》）（2）认为这里的"偷"是苟且、怠惰的意思，因此，所谓"建德若偷"，指的是顺应自然而不有意去做，表面上看是苟且怠惰，却有实实在在的建树，如苏辙说："因物之自然而无所立者，外若偷惰，而实建也。"（《老子解》）

然而，至清代的俞樾，则提出了对"建德若偷"的一种新的解释思路，他认为"建德"的"建"通"健"，"建德"指刚健之德，"建德若偷"指刚健之德反而像"偷惰"即苟且怠惰一样："今按'建'当读为'健'，……'建德若偷'，言刚健之德反若偷惰也。正与上句'广德若不足'一律。"（《老子平议》）俞樾的观点受到不少学者的支持，如马叙伦说："'建'字，俞先生说是"。（《老子校诂》，第214页）张默生说："俞樾说：'建'当为'健'，……默按其说甚是，当从之。"（《老子章句新释》，第54页）

笔者认为，与以前的解释相比，俞樾的解释确实要显得更为顺畅和合理些，故其观点能得到众多学者的支持。不过，把"建德若偷"释为建立德行而在私下里默默进行，好像偷窃东西时不想被别人知道一样，这样的解释也是符合老子思想的，因为在第十五章中，老子描述"善为士者"的形象时说"犹兮若畏四邻"，意即善于修道行道之人行事极其慎重，就像生怕被邻居发现他在做违法之事一样。至于把"建德若偷"释为不有意去做而有建树，看上去好像偷惰，亦是符合老子的自然无为之旨的，只是这样的解释有增字作解之嫌。

3. "大器晚成"的含义及"晚"是否应改为"免"或"曼"

对于"大器晚成"的含义，古今学者的理解较为一致，认为它原指贵重的器物需要很长时间才能完成，引申指有大才之人取得成就往往比较晚，如河上公说："大器之人若九鼎瑚琏（húliǎn），不可卒成也。"（见王卡点校：《老子道德经河上公章句》，第165页）高亨说："伟大的器物需要晚些才能制成（比喻圣人老年才成为圣人）。"（《老子注译》，第73页）

然而，值得注意的是，帛书乙本该句作"大器免成"，因此，一些学者认为，该句应作"大器免成"，意为大器不成："帛书《老子》经文此句甲本残缺，乙本作'大器免成'。'免'或为'晚'之借字，然据以上之分析，似非'晚'之借字，而当以'免'本字解为是。……如此，则与'大方无隅''大音希声''大象无形'等文义一致。"（楼宇烈校释：《老子道德经注校释》，第115-116页）"就《老子》文本而言，宜作'免

成'为是,因为'无隅''免成''希声''无形'均为对文,其义相通。"(董平:《老子研读》,第183页)

另外,郭店竹简本该句作"大器曼成",对于其中的"曼"字,学者们通常释读为"晚"。但是,一些学者认为,这里的"曼",应读作"无"的意思,与帛书本"大器免成"的意思一样,如刘笑敢说:"窃以为'曼'当读'无'。……古本似为'大器免成'或'大器无成',与今本'大器晚成'意义不同。"(《老子古今》,第459-460页)

笔者认为,说"大器晚成",这无疑是对日常生活经验和历史经验的总结,故《韩非子·喻老》中以楚庄王三年"不鸣","一鸣惊人"为例,来说明"大器晚成"的道理:"庄王不为小害善,故有大名;不蚤见示,故有大功。故曰:'大器晚成,大音希声。'"这同时也告诉我们,战国时期的韩非子所见《老子》该句亦作"大器晚成"。因此,考虑到除了竹简本和帛书本,历史上有代表性的《老子》本子均作"大器晚成",故该句文字还是以作"大器晚成"为妥。当然,作"大器曼成"或"大器免成",并把"曼""免"释为"无"的意思,在思想内涵上与"大方无隅""大音希声"等显得更协调一致些,故这两种表述或理解亦可作为重要的参考。

四、"善贷且成"的含义及其是否应作"善始且成"

"夫唯道,善贷且成",这是本章的最后两句。"夫唯道"即"只有道"的意思,学者们多持此种理解。"善贷且成"中的"贷",学者们多释为施与、给予的意思,如林希逸说:"贷者,与也,推以及人也。"(《道德真经口义》)"成"字,学者们多释为成就、完成的意思。因此,所谓"夫唯道,善贷且成",意为只有"道",善于施与万物并成就万物的意思。

不过,对于该句的含义,学者们亦有别的理解,如李道纯认为,这里的"贷"指宽恕的意思,意为宽恕"下士"之过;"成"是成就"上士"之功的意思:"'善贷且成'者,贷下士笑侮之过,而成上士勤行之功也。"(《道德会元》)有的学者则认为,这里的"成",不光指成就万物,也指"道"自身的完成,如林希逸说:"成者,道之大成也,成己成物,而后谓之大成也。"(《道德真经口义》)也有学者强调,这里的"善贷且成",强调的是"道"的功用,正好与上文的"道隐无名"指"道"的本体相对,如王安石说:"道之体,隐乎无名,而用乃善贷且成。"(见容肇祖辑:《王安石老子注辑本》,第40页)这些论述,都是很有道理的，有利于我们对"善贷且成"之内涵的深入认识。

然而，"善贷且成"一句，范应元《老子道德经古本集注》作"善贷且善成"，敦煌本作"善始且成"，帛书乙本该句作"善始且善成"（甲本残损）。对于究竟应作何种表述，学者们提出了各种不同的观点。如高明认为，通行本中的"贷"应据帛书本改为"始"。（见《帛书老子校注》，第26页）笔者推测，该句文字原本有可能或作"善贷且善成"，或作"善始且善成"，因两句中"善成"的"善"字省略后意思不变，故河上公本、傅奕本等作"善贷且成"，敦煌本作"善始且成"。至于《老子》原本究竟是作"善贷"还是"善始"，则目前尚难确定。但是，考虑到历史上流传的有代表性的《老子》本子如河上公本、王弼本、傅奕本等多作"善贷且成"，且"善贷且成"的意思亦完全符合老子思想，故还是以作"善贷且成"为妥。

四十二章

道①生一②，一生二③，二生三④，三生万物。万物负阴而抱阳⑤，冲气⑥以为和⑦。人之所恶(wù)⑧，唯⑨孤、寡、不谷⑩，而王公⑪以为称。故物或损之而益，或益之而损。人之所教，我亦教之。强梁⑫者不得其死⑬，吾将以为教父⑭。

【译文】

道显现出它的作用("一")，由道的作用而有了天和地("二")，天和地加上"一"便是"三"，"一"流行于天地之间("三")而产生了万物。万物都蕴含着阴和阳，冲虚之气使阴阳和谐。人们所厌恶的，是孤、寡、不谷，而王公却用它们来自称。所以事物有时减损它反而得到增益，有时增益它反而造成减损。别人用来教导的，我也用它来教导。强横凶暴的人不得善终，我将把它作为教人的根本。

【注释】

①道：见第一章注①。这里指宇宙万物本原之本体。 ②一：指宇宙万物本原的作用。因其独立无偶，故称。 ③二：指天和地。一说指阴和阳。 ④三：指天、地和"一"。一说指天、地、人；一说指阴阳相交产生的和气。 ⑤负阴而抱阳：指蕴含着阴和阳两个方面(负：抱持)。一说指背阴而向阳。 ⑥冲气：指冲虚之气(冲：空虚)。一说指阴阳二气相互激荡(冲：激荡)。 ⑦和：和谐；协调。 ⑧恶：讨厌；憎恨。 ⑨唯：助词。表示肯定。 ⑩不谷：不善(谷：善)。古代王侯自称的谦辞。 ⑪王公：天子与诸侯。也指被封为王爵和公爵者。 ⑫强梁：强横凶暴。 ⑬不得其死：不得善终。 ⑭教父：教人的根本(父：本；根本)。一说指教戒的开始(父：开始)。

【解读】

　　本章内容主要由前后两个部分组成,前半部分从"道生一"至"冲气以为和",讲述宇宙生成论;后半部分则讲人生论。其中特别值得我们重视的是前半部分的宇宙生成论。因为与别处笼统地讲"道"生万物、"道"为万物之宗等不同,老子在此明确提出了"道"生万物时"道生一,一生二,二生三,三生万物"的具体步骤。本章的后半部分内容主要讲述谦卑守柔的好处,如王公自称"孤、寡、不谷",是因为"物或损之而益",事物往往因为减损自己而得到增益;而"强梁者不得其死",即强横凶暴的人不得好死,则说明执守柔弱的重要性,故老子说"吾将以为教父",即我将把它作为教人的根本。

　　关于本章内容,笔者拟从以下四个方面展开具体的分析和介绍:一是"道生一,一生二,二生三,三生万物"中"一""二""三"的含义;二是"负阴而抱阳"的确切含义;三是"冲气"之所指;四是"教父"的含义及其是否应作"学父"。

　　一、"道生一,一生二,二生三,三生万物"的含义

　　在《老子》一书中,"道生一,一生二,二生三,三生万物"一段文字可谓千古未解之难题。因为对于其中的"一""二""三"(尤其是其中的"二"和"三")的确切含义,迄今未见有令人信服的解释。

　　关于"道生一"的含义,学者们有种种不同的解释,其中有代表性的,主要有这样四种。(1)认为"道生一"中的"一",指的是一种气,此气学者们有的称之为元气,有的称之为冲和之气或冲虚之气,如吴澄说:"道自无中生出冲虚之一气。"(《道德真经注》)(2)认为这里的"一",指的就是"道",所谓"道生一",是就"道"与万物的关系而言的,万物为杂多,而"道"独立无偶,故称之为"一",如吕惠卿说:"道之在天下,莫与之偶者,莫与之偶则一而已矣,故曰'道生一'。"(《老子吕惠卿注》,第48页)(3)认为"道生一",即无极生太极,因此,这里的"一",指的是太极,如林语堂说:"道是万物化生的总原理,无极生太极"。(《老子的智慧》,第163页)(4)认为"道生一"即由"无"生"有","道"即是"无","一"即是"有",如司马光说:"自无入有。"(《道德真经论》)

　　对于"一生二"中的"二"的含义,学者们主要有这样两种理解。(1)有较多的学者认为,这里的"二"指阴阳,如河上公说:"一生阴与阳也。"(见王卡点校:《老子道德经河上公章句》,第168页)(2)

老子·四十二章

▲"道生一,一生二,二生三,三生万物",意为"道"显现其作用("一"),由"道"的作用而有了天和地("二"),"一"流行于天地之间("三"),从而产生了万物。这是老子对其宇宙生成论思想的明确说明。而《周易》中则提出了另一种宇宙生成论思想,这便是"易有太极,是生两仪,两仪生四象,四象生八卦",意即易道中包孕着太极,太极生出阴阳,阴阳生出老阴、老阳、少阴、少阳四象,四象生出八卦。此为绘于清代的《钦定补绘萧云从〈离骚〉全图》中的"天问图",描绘了由天地阴阳生成八卦、万物的过程。

一些学者认为,这里的"二"指天地,如高亨说:"这个一产生了二,即天地。"(《老子注译》,第75页)

对于"二生三"中的"三"的含义,学者们亦有各种不同的理解,其中有代表性的,主要有这样三种。(1)认为这里的"三"指天、地、人,它由"二"即阴阳而产生,因此,所谓"三生万物",指的亦是天、地、人(也叫"三才")产生万物,如李道纯说:"一气判阴阳。阴阳成三才,三才生万类。"(《道德会元》)(2)认为这里的"三"指和气,由天地阴阳之气相交而产生,因此,所谓"三生万物",指的是由和气产生万物,如奚侗说:"天地气合而生和,二生三也。和气合而生物,三生万物也。"(《老子集解》,见《老子注三种》,第111页)(3)认为这里的"三"是"道生一"之"一"与"一生二"之"二"相加之和,并非别的东西,如吴澄说:"道自无中生出冲虚之一气;冲虚一气生阳生阴,分而为二;阴阳二气合冲虚一气为三,故曰'生三',非二与一之外别有三也。"(《道德真经注》)

值得注意的是,在对于"道生一,一生二,二生三,三生万物"的解释中,有一种观点认为,老子这里所说的"一""二""三",只是表示"道"生万物的一个过程,一种模式,它们并无具体所指,把"一"释为元气、"二"释为阴阳或天地、"三"释为天地人之类都属于画蛇添足之举:"老子一二三,只是以三数字表示道生万物,愈生愈多之义。如必以一二三为天地人,或以一为太极,二为天地,三为天地相合之和气,则凿矣。"(蒋锡昌:《老子校诂》,第279页)"这里的一、二、三都不必有确切的指代对象,……对一、二、三的任何具体的解释都可能是画蛇添足。"(刘笑敢:《老子古今》,第467页)

那么上述观点中哪一种更为合理呢?笔者认为,在此首先值得我们关注的,便是认为对"一""二""三"不必作具体解释的观点,因为它关系到我们对"一""二""三"的种种具体解释是否费力不讨好,弄巧反拙。为了说明这一问题,我们有必要先来看看《老子》一书中关于"道"与万物关系的各种论述:"有名,万物之母。"(一章)"道冲,而用之或不盈。渊兮,似万物之宗。"(四章)"大道泛兮,其可左右,万物恃之而生而不辞。"(三十四章)"万物得一以生。"(三十九章)"天下万物生于有,有生于无。"(四十章)"道者,万物之奥。"(六十二章)由此可知,除了本章,其他各章在提到"道"与万物的关系时,均是直接说明"道"生万物、"道"是万物之母或之宗的意思,并无中间环节。那么,老子在此为什么不继续说"道生万物",

而要加上"生一,一生二,二生三,三生万物"的内容呢?若这里的"一""二""三"并无什么含义,仅仅是表示一种模式,那么老子为什么要这么做呢?因为这对于惜字如金的老子来说,无疑是十分奢侈或浪费的事情,因此,认为对这里的"一""二""三"的含义不需作具体解释的观点,并不能令人信服。

其次,由前面的介绍可知,有的学者认为,"道生一"即从"无"生"有"的意思,因此,这里的"一"即是"有",这种观点是很有启发意义的。在笔者看来,"道生一"中的"道"指的是宇宙万物本原之本体,"道生一"中的"一"即第三十九章"昔之得一者"中的"一",它指的是宇宙万物本原之作用。宇宙万物本原之本体无形无声,视之不见,搏之不得,可称之为"无";但宇宙万物本原创生天地万物,其作用是可见可知的,故称之为"有",而此"有"独立无偶,故又可称之为"一"。因此,所谓"道生一",指的是宇宙万物本原之本体显现其作用。这就说明,这里的"一"的含义,其实是可以把握的,因此,我们不能笼统地说"对一、二、三的任何具体的解释都可能是画蛇添足"。

第三,对于"一生二"中的"二"的含义,学者们或释为阴阳,或释为天地。但是,相比之下,把这里的"二"释为天地,应该更符合老子的思想宗旨。因为在《老子》一书中,常常把"道"与天地放在一起来进行论述,如"无名,天地之始"(一章)、"玄牝之门,是谓天地根"(六章)、"有物混成,先天地生"(二十五章),等等,却未见有把"道"与阴阳放在一起论述的例子。更为重要的是,老子在第二十五章中强调域中有四大:道、天、地、王,并未涉及阴阳,因此,把这里的"二"释为天地,应是比较恰当的。

第四,在"道生一,一生二,二生三,三生万物"一段文字中,最难解释的是"三"之所指。从前面的介绍可知,学者们有的释"三"为天、地、人,有的释"三"为阴阳之气相交而产生的和气,但是,这样的解释至少存在以下几个方面的问题:一是在《老子》一书中,老子始终强调"道"生万物,而从来没有说过别的什么东西生万物,因此,所谓天、地、人生万物或和气生万物的说法多属于注解者的主观猜测,缺乏有说服力的证据。二是众所周知,人为万物之一,因此,说天、地、人生万物,这在逻辑上并不自洽。三是天地生万物的说法亦值得商榷。因为准确的说法,应是万物从天地间生长出来,至于万物为什么能从天地间生长出来,是天地本身就有此功能,还是因为别的原因,是需要进一步讨论的。四是和气生万物的说法亦经不起推敲,因为和气为什么能生万物,和气如何生万物,对此我们皆不得而知。有的学者认为和气即是"一",但这亦只是一种猜测而已,在《老子》一书中找不到相关的证据。

综上所述,笔者认为,要解决"三"是什么的问题,我们首先要弄清这里的"生"字的确切含义。因为"生"有生育、产生、显现等含义,对"生"字的不同理解,会直接影响对"一""二""三"的含义的理解。笔者认为,对于这里的"生",我们不妨从更宽泛的意义上去理解,即把"生"字之前者理解为前提条件,"生"字之后者理解为自然出现的结果,则所谓"道生一",便是由"道"而有了一;"一生二",便是由一而有了二;"二生三",便是由二而有了三;"三生万物",便是由三而有了万物。而根据笔者在前面的论述,"一"指的是宇宙万物本原的作用,"二"指的是天地,则"道生一"便是指由"道"而有其作用之显现,"一生二"便是由"道"的作用而有了天地,"二生三"便是由天地而有了"三"。那么这个"三"指的是什么呢?笔者认为,此"三"应该指天、地和"一"。具体而言,便是由"一"而有了天和地("二");有了天和地("二"),"一"流行于天地之间,合而称之为"三";正是有了此"三",才有了万物。那么为什么说这里的"三"指天、地和"一"呢?具体理由有二。(1)根据老子"天下万物生于有"以及学者们关于"一即是有"的观点,真正能产生万物的只能是"一"。而把"三生万物"中的"三"理解为天、地和"一",便可使"'一'生万物"的观点一以贯之。(2)这样的理解使"道""一"、天地、万物之间的关系得到了明确的呈现,十分契合老子的思想宗旨,比把"道生一,一生二,二生三,三生万物"笼统地理解为宇宙生发的模式,从而对"一""二""三"之所指不作具体解释,在思想内容上要更为丰富,同时亦可避免逃避问题之嫌。

二、"负阴而抱阳"的含义:蕴含阴阳,还是背阴向阳?

对于"万物负阴而抱阳"的含义,学者们有诸种不同的理解,其中值得我们注意的,主要有这样两种。(1)认为"负阴而抱阳"指既有阴又有阳,即蕴含着阴阳的意思,如张松如说:"万物内涵着阴又包容着阳"。(《老子说解》,第246页)(2)认为"负阴而抱阳"指背阴向阳即背对着阴、面向着阳的意思,如陈鼓应说:"万物背阴而向阳"。(《老子今注今译》,第237页)

当代学者多持上述第一种理解。笔者认为,第一种理解确实是比较合理的,因为阴阳是矛盾对立的两个方面,任何事物都是对立面的统一,正是此对立面的统一、和谐共存,使事物得以保持稳定的状态;同时,也正是此对立面的互相斗争,彼此间力量的消长,推动着事物向前发展。所以老子说"万物负阴而抱阳",即万物蕴含着阴和阳,这样的思想是十分深刻的,揭示了事物内在的本质。上述第二种理解,把"负阴抱阳"释为背阴向阳,虽然也在某种程度上反映了事物的某种共性,但未免有绝对化之嫌,因为我们不能说天地间的所有事物都是背阴而向阳的,也有不少生物是喜阴而忌阳的。而且,把"负阴抱阳"释为背阴向阳,亦有把深刻的哲理平庸化之嫌。

三、"冲气"的含义:冲虚之气,还是摇动阴阳之气?

对于"冲气以为和"的含义,学者们也是众说纷纭,其中值得我们注意的,主要有这样三种理解。(1)认为这里的"冲气"即"道生一"中的"一","冲气以为和"指冲气使万物得以柔和或使阴阳得以调和,如吴澄说:"道自无中生出冲虚之一气,冲虚一气生阳生阴,……和谓阴阳适均而不偏胜。万物之生以此冲气,既生之后,亦必以此冲气为用,乃为不失其本。"(《道德真经注》)(2)认为"冲气"的"冲"是"虚"的意思,因此,"冲气以为和"指无形之虚气使阴阳得以调和,如张默生说:"'冲',有'虚'字义,……万物之所以成万物,又必须有虚灵之气调和其间,否则万物是不能成的。"(《老子章句新释》,第56—57页)(3)认为"冲气"的"冲"不是"虚"的意思,而是摇动的意思,"冲气以为和",指摇动阴阳之气使调和的意思,如蒋锡昌说:"《说文》:'冲,涌摇也';此字老子用以形容牝牡相合时,摇动精气之状,甚为确切。……'冲气以为和',言摇动精气以为调和也。"(《老子校诂》,第280—281页)

笔者认为,上述第一、二两种理解意思差不多,但第二种理解要更恰当些,因为按照老子的思想逻辑,万物皆由"道"而生,万物产生后,皆禀有"道"的特性,而且,正是此"道"的特性,使万物(包括人)得以生存和发展,而"虚"正是"道"的重要特性,因此,把这里的"冲"释为"虚",认为是虚气(实即是"道")使万物得以保持和顺、和谐的状态,这样的解释是比较顺畅的,也契合老子的思想宗旨。至于把"冲"释为摇动、震荡,认为"冲气"是阴阳之气互相激荡,这样虽然也能说通,但是我们很难从《老子》一书中找到其他与之相关的论述,因此难免让人怀疑这样的解释是否符合老子的本意。

四、"教父"的含义及其是否应作"学父"

本章的最后两句"强梁者不得其死,吾将以为教父",其中的"强梁者不得其死"一句,意为强暴凶横的人不得好死,在此值得我们注意的,是"吾将以为教父"中"教父"的确切含义。关于"教父"的含义,学者们主要有这样两种理解。一种认为,这里的"父"是"本"即根本的意思,因此"教父"指施教或教人的根本,如李荣说:"父,本也,以强梁为教本也。"(《道德真经注》)一种认为,这里的"父"是"始"即开始的意思,因此"教父"指教导或施教的开始,如河上公说:"父,始也。老子以强梁之人为教戒之始也。"(见王卡点校:《老子道德经河上公章句》,第170页)

笔者认为,"强梁者不得其死"的实质,是从反面说明柔弱的好处,而"柔弱"在老子思想中具有十分重要的地位,如第四十章:"弱者,道之用。"第七十六章:"故坚强者死之徒,柔弱者生之徒。……强大处下,柔弱处上。"等等。那么"柔弱"在老子思想中是否最为重要呢?这恐怕还说不上,因为"道""无""一"等无疑处于更为重要的地位。但是,"坚强者死之徒,柔弱者生之徒"的说法,把"柔弱"与生存联系在了一起,而生命、生存又是一切的基础和根本,因为人若失去了生命,则一切都无从谈起,故老子把它作为"教父",则这里的"父",释为"根本""开始",都是可以的,此正如成玄英所说:"父,始也。……父亦本也。"(《老子道德经开题序诀义疏》)

需要指出的是,"教父"的"教"字,傅奕本、范应元《老子道德经古本集注》等作"学",帛书甲本亦作"学"(乙本残损)。一些学者认为,这里作"教父"与"学父"均可:"'教父',范应元据古本及王弼、严遵本作'学父',其谊亦通。盖自授者言之曰'教',自受者言之则曰'学'。《广雅·释诂》四:'学,教也。'"(奚侗:《老子集解》,见《老子注三种》,第112页)"'教父'即学父,犹今言师傅。"(朱谦之:《老子校释》,第185页)

笔者认为,从现有情况分析,《老子》原文很有可能作"斅父"。而"斅"既有教导之义,又有学习之义。教导义的"斅"读作xiào,后又写作"教";学习义的"斅"读作xué,后又写作"学"。于是才有"教父""学父"两种不同的文字表述。但从上文"人之所教,我亦教之"分析,这里应作"教父",若作"学父",则"学"字不是学习之"学",而是"斅"字之省,但这样过于曲折,故还是以作"教父"为妥。

四十三章

天下之至柔①，驰骋②天下之至坚③。无有④入无间⑤，吾是以⑥知无为⑦之有益。不言⑧之教⑨，无为之益，天下希⑩及⑪之。

【译文】

天下最柔软的东西，纵横畅行于天下最牢固坚硬的东西中。没有形体的东西可以进入没有空隙的东西，我因此知道无为的好处。不依靠语言的教化，无为的好处，天下很少有人能认识到或做到。

【注释】

①至柔：最柔弱的东西。一说指水；一说指气或水；一说指道。　②驰骋：纵马疾驰；奔驰。这里有纵横畅行的意思。一说指驾驭；一说指贯穿、穿过。　③至坚：最牢固坚硬的东西。一说指金属、石头。　④无有：指没有形体的东西。一说指气；一说指道。　⑤无间：没有空隙的东西。间：空隙；缝隙。　⑥是以：因此；所以。　⑦无为：顺其自然，不有意去做。　⑧不言：不依靠语言。　⑨教：教化，教育感化。　⑩希：少；罕有。　⑪及：至；到达。这里指认识到或做到。

【解读】

在本章中，老子集中论述了关于"无为"的思想，主要包含这样两个方面的内容。一是老子指出，他之所以知道"无为"是有益的，是因为发现天下最柔弱的东西可以纵横畅行于天下最坚硬的东西中，即"天下之至柔，驰骋天下之至坚"；没有形体的东西可以进入没有空隙的东西中，即"无有入无间"。这就说明，在老子看来，天下最柔弱的东西、没有形体的东西都是符合"无为"之道的。二是老子对天下之人不能实行无为感到遗憾："无为"的益处是如此明显，天下却很少有人能认识到或做到，即"天下希及之"。

本章文字不多，其中需要我们深入分析或讨论的主要有以下三个方面：一是"至柔"及"驰骋"的含义；二是"无有"之所指；三是"无有入无间"是否应作"出于无有,入于无间"。

一、"至柔"之所指及"驰骋"的含义

对于"天下之至柔,驰骋天下之至坚"两句的含义,由于学者们对"至柔""驰骋"的含义有不同的理解,所以出现了诸多不同的解释,其中有代表性的,主要有这样四种。(1)认为"至柔"指的是水,"至坚"指的是金石一类的东西;"驰骋",则是贯穿、穿行的意思。因此,这两句意为水能贯穿金石,如蒋锡昌说:"此言水为天下至柔之物,金石为天下至坚之物;然水能贯穿金石,而无所不入。"(《老子校诂》,第285页)(2)认为"柔"指柔软或柔弱,"坚"指坚强、刚强等,"驰骋"指役使、驾驭,因此,这两句指天下最柔弱的东西能驾驭天下最刚强的东西,如林语堂说:"天下最柔弱的东西,能驾驭天下最坚强的东西。"(《老子的智慧》,第165页)(3)认为"至柔"指的是气和水,"驰骋"是透入、穿行之意,因此,这两句指气和水能透入或穿行于至坚之物,如吴澄说:"水至柔能攻穿至坚之石,气无有能透入无罅(xià)隙之金石墙壁。"(《道德真经注》)(4)认为"至柔"指的是"道",因此这两句实际上是指"道"主宰天下万物的意思,如董平说:"在老子的思想中,道本身即是无形无象的,其存在是无为而自然的,是真正为'天下之至柔'。而道则普遍地存在于一切万物,并且实际主导着一切万物之生存毁亡的全部存在过程,是正所谓'天下之至柔'而'驰骋天下之至坚'。"(《老子研读》,第190页)

综上所述,笔者认为,对于"天下之至柔,驰骋天下之至坚"两句的理解,值得我们关注的主要有两个问题:一是"天下之至柔"中的"至柔",指的是水、气和水、"道"还是泛指最柔弱的东西;二是"驰骋"指的是穿行、驾驭,还是主宰?

关于"至柔"的含义,笔者认为,因为老子在第七十八章中明确说"天下莫柔弱于水,而攻坚强者莫之能胜",所谓"天下莫柔弱于水",亦即水为天下最柔弱之物,则"天下之至柔"中的"至柔",亦当指水。把"至柔"释为气或"道",虽有一定的道理,但不如把它释为水更为确切。关于"驰骋"的含义,笔者认为,"驰骋"本指纵马疾驰,纵马疾驰有纵横自如、畅行无阻义,故老子在此用"驰骋"一词,当是指至柔之物在至坚之物中纵横畅行的意思。因此,综上所述,所谓"天下之至柔,驰骋天下之至坚",意为天下最柔弱的东西,纵横畅行于天下最牢固坚硬的东西中。具体而言,则亦可指水能纵横畅行于金石之中。

二、"无有"之所指

"无有入无间"中的"入",是进入、穿透的意思。"无间",学者们多释为没有缝隙、空隙或间隙的意思,如林希逸说:"无间,无缝隙也。"(《道德真经口义》)关于"无有"的含义,学者们则主要有这样四种理解。(1)认为"无有"指的是气,如杜道坚说:"无有,气也。气无质,故曰无有。"(《道德玄经原旨》)(2)认为"无有"指的是"道",如河上公说:"无有谓道也。道无形质,故能出入无间"。(见王卡点校:《老子道德经河上公章句》,第173页)(3)认为"无有"可指气和光,如王道说:"天地之气,本无形也,而能贯乎金石;日月之光,本无质也,而能透乎蔀(bù)屋。无有入于无间者,此类是也。"(《老子亿》)(4)认为"无有"即没有形体的意思,如董平说:"'无有'即无形体"。(《老子研读》,第190页)

笔者认为,这里的"无有",当指没有形体的东西,因为气、光、"道"等都没有形体,故此三者可作为"无有"的具体例子。但是,根据人们的常识,光不一定能进入没有空隙的东西中,因此,这里的"无有",当以指气和"道"为妥。故所谓"无有入无间",指的是没有形体的东西可以进入没有空隙的东西。

三、"无有入无间"是否应作"出于无有,入于无间"

"无有入无间"一句,王弼本、河上公本均如此表述;严遵《老子指归》作"无有入于无间",帛书甲本亦作"无有入于无间"(乙本残损),多一个"于"字;《淮南子·原道训》、傅奕本、范应元《老子道德经古本集注》等作"出于无有,入于无间"。对于究竟应该作何种表述,学者们有不同的看法,其中有代表性的,主要有以下两种。

(1)认为该句当以《淮南子·原道训》所引《老子》为准,作"出于无有,入于无间",如易顺鼎说:

> 王注云"气无所不入,水无所不出于经",注十二字在本文"无有入无间"之上,尝疑"出于经"之语不可解,且句亦参差。后读《淮南·原道训》引《老子》云"出于无有,入于无间",乃悟王注当作"气无所不入,水无所不经","出于"二字即系《老子》正文,在"无有"二字之上,不知何时误入注中,又误在注中"经"字之上,而正文"入"下又夺"于"字,竟莫能辨之矣。傅奕本尚作

"出于无有,入于无间",可证。(《读老札记》)

(2)认为该句文字应作"无有入于无间",不应作"出于无有,入于无间",如高明说:

> 王弼、河上诸本在"入"字后脱一介词"于"字;……易顺鼎、刘师培……均谓经文句前原有"出于"二字,后人将其误入注中。……如依易、刘二氏之说,而在句前增添"出于"二字,……则与经义相违。今以帛书经文证之,易、刘之说不确,而傅、范二本俱有衍误。(《帛书老子校注》,第36—37页)

综上所述,笔者认为,关于该句是否应作"出于无有,入于无间",当根据其意思来加以判定。根据前面的分析,若作"出于无有,入于无间",则其主语是"至柔",该句旨在补充说明"至柔"来自"无有",能进入"无间"。若作"无有入无间",则此"无有"可指"道"、气等(但不能指水),含义在前一句的基础上进一步拓展。两相比较,笔者认为,前一种表述与前面的句子在意思上存在重叠之处,不如第二种表述的含义更为丰富,且与下一句"吾是以知无为之有益"的衔接也更为自然。因为根据前一种表述,老子仅仅是根据"至柔"(即水)的特点知道"无为之有益";而根据后一种表述,老子则是根据"至柔"及"无有"(可包括"道"、气)的特点知道"无为之有益",这样的表述当然更有说服力,亦更为合理。

至于该句应作"无有入于无间"还是"无有入无间",则笔者倾向于作"无有入无间",理由有二。一是这两种表述在意思上几乎一样,无实质性差别。二是帛书本该句及前面的文字合起来作"天下之至柔,驰骋于天下之至坚。无有入于无间",在"入"的后面有"于",在"驰骋"的后面亦有"于",这就说明,若在后一动词"入"后加"于",则在前一动词"驰骋"后亦应加"于"。而历史上各种有代表性的《老子》本子如河上公本、王弼本、傅奕本、景龙碑本等在"驰骋"后均没有"于"字,故"入"后亦以不加"于"字为妥。

四十四章

名与身①孰②亲?身与货③孰多④?得⑤与亡⑥孰病⑦?甚爱⑧必大费⑨,多藏必厚亡⑩。故⑪知足不辱,知止不殆⑫,可以长久。

【译文】

名声与生命,哪一个更亲近?生命与财物,哪一个更重要?得到名利与失去生命,哪一个更有害?过分爱惜一定会造成巨大的耗费,储藏过多一定会造成很多的亡失。所以,知道满足就不会受到侮辱,知道适可而止就不会有危险,这样就能长久存在。

【注释】

①身:身体;生命。　②孰:谁;哪个。　③货:财物,金钱珠玉布帛的总称。　④多:贵重;重要。　⑤得:这里指得到名利。　⑥亡:这里指失去生命。一说指失去名利。　⑦病:危害;害处。一说指忧虑。　⑧甚爱:过分爱惜。一说指过分吝惜。王弼本"甚爱"前有"是故"二字,河上公本无此二字,郭店竹简本、帛书甲本亦无此二字(乙本残毁),据之以删。　⑨费:花费;耗费。　⑩厚亡:亡失很多。　⑪故:王弼本无该字。景龙碑本有该字,郭店竹简本、帛书甲本亦有该字(乙本残毁),据之以补。　⑫殆:危险。

【解读】

本章主要论述了如何正确对待生命与名利的问题。

首先,老子向人们发问:名声与生命,哪一个更亲近?生命与财物,哪一个更重要?得到财物与失去生命,哪一个害处更大?答案当然是十分明显的:没有生命,什么名声、财物,一切都无从谈起。接着,老子向我们揭示了生活中的客观真理:"甚爱必大费,多藏多厚亡",过分爱惜一定会造成巨大的耗费,储藏过多一定会造成很多的亡失。因此,老子最后得出结论:"知足不辱,知止不殆,可以长久",只有知道满足而不贪求,知道适可而止,才能不受侮辱,避免危险,从而得以长久存在。

本章文字不多，意思也较易理解，但是仍存在一些充满争议的问题，对此，笔者拟从以下三个方面展开讨论：一是"得与亡孰病"的确切含义；二是老子对待生命的态度，是"贵身"，还是"忘身"；三是"甚爱必大费，多藏必厚亡"两句与上文的关系。

一、对"得与亡孰病"的不同理解

老子说："名与身孰亲？身与货孰多？得与亡孰病？"对于第一句"名与身孰亲？"学者们的解释较为一致，即认为指名声与生命哪一个更亲近的意思。第二句"身与货孰多？"学者们的解释亦较为一致，认为指生命与财物哪一个更重要的意思，其中的"多"，指重要、贵重的意思，如奚侗说："《说文》：'多，重也。'谊为重叠之重，引申可训为轻重之重。"（《老子集解》，见《老子注三种》，第113页）然而，对于"得与亡孰病"的含义，学者们在理解上则存在较多的分歧。

对于"得与亡孰病"中的"病"字，学者们多释为祸害、害处的意思，如高亨说："病，犹害也。……哪一样有害？"（《老子注译》，第77页）任继愈说："'病'，有害。……哪一个更有害？"（《老子绎读》，第97页）对于"得与亡"的具体内涵，学者们则有不同的理解，其中有代表性的，主要有这样三种。（1）认为"得"指得到上文所说的"名"与"货"，亦即名利；"亡"指失去上文所说的"身"，亦即生命。如林语堂说："得到名利与失掉生命，哪一样对我有害呢？"（《老子的智慧》，第167页）（2）认为这里的"得"与"亡"，指得到名利与失去名利，如唐玄宗说："此总问上二句得名货与亡名货，谁为病也？"（《唐玄宗御制道德真经疏》）（3）认为这里的"得"与"亡"泛指得到与失去，如张松如说："获得与丢失，何者更有害？"（《老子说解》，第256页）

那么这里的"得"与"亡"究竟该作何种理解呢？笔者认为，从"得与亡孰病"的前两句"名与身孰亲，身与货孰多"来看，它们有两个明显的特点：一是道理十分清楚：名和利当然不如生命重要，这还用问吗？二是道理虽然十分清楚，可是世俗之人却往往不按此道理去做，为名利而丧失生命的大有人在。以此推论，则"得与亡孰病"亦当符合这两个特点。而在上述三种理解中，第三种理解只是泛泛地说得到和失去，涉及的只是得与失的辩证关系，与上文内容存在脱节，故并不是一种十分恰当的解释。第一、二两种解释对"得"的理解相同，都认为指得到名利，不同的是对"亡"的理解，一种认为指失去生命，一种认为指失去名利。两相比较,当以第一种理解更为恰当,因为根据上面所说的两个特点,说得到名利与失去名利,哪一个更有害,容易造成逻辑上的混乱:因为在世俗之人看来,得到名利总比失去名利要好,所以他们会很自然地去追逐名利,这就与上述第二个特点即道理虽清楚却不按此道理去做发生了冲突。而说得到名利与失去生命哪一个更有害,则道理十分清楚,谁都不会说自己为了名利宁可不要生命;然而,所谓"人为财死,鸟为食亡",有不少人又恰恰是为了名利而失去了生命。

二、老子对待生命的态度:"贵身",还是"忘身"?

老子问:"名与身孰亲?身与货孰多?得与亡孰病?"明确表达了老子重视生命而轻视名利的思想。因此,一些学者进一步指出,这几句话反映了老子的"贵生"(或"贵身")即把生命本身视作目的的思想:"老庄贵生之思想在先秦为一大发明,贵生思想之精义,在视生命本身为一'目的',且为一绝对之'主体',具有绝对之'价值',凡无益于生之身外之物,皆不值得重视"。(王淮:《老子探义》,第181页)"老子的三个设问,……表达了独特的'贵身'思想,表达了对于生命自身价值的深沉关切。在他那里,'贵身'即是'贵生'。"(董平:《老子研读》,第192页)

然而,苏辙的理解则明显与上述不同。苏辙认为,"贵身"只不过是一个过渡环节,老子真正的目的是通过"贵身"而忘我,而忘我的实质是"身且不有",即无身:"先身而后名,贵身而贱货,犹未为忘我也。……使天下知名之不足亲,货之不足多,而后知贵身;知贵身,而后知忘我。此老子之意也。"(《老子解》)

笔者认为,从"名与身孰亲?身与货孰多?得与亡孰病"这一段文字来看,老子只是强调生命比名利更重要,并无其他意思。抽象地谈某种思想是贵生还是轻生,意思并不大,因为生命是一切的基础,没有生命,其他问题都无从谈起,故中国古代思想中的儒、道、法等各家没有哪一家说生命不重要,而主张人们放弃生命的。只有当把生命与其他东西放在一起进行衡量时,才能看出它是贵生还是轻生。如孟子说"生,我所欲也,义,亦我所欲也,两者不可得兼,舍生而取义者也"(《孟子·告子上》),说明孟子是把"义"看成更高的价值追求,但是我们不能据此就说儒家思想是"轻生"的。因此,笔者认为,在如何认识老子对待生命的态度的问题上,苏辙的观点无疑更有启发意义。

一个思想家如何看待生命,如果只依据其关于生命和名利何者为重的论述,是不能得出正确的结论的,因为从终极的意义上说,名利与生命没有可比性,没有人会主张为了名利而不要生命。真正能在终极意义上与生命相比较的,唯有仁、义、道等超越性的东西。以此来推论老子的思想,便可发现:"道"是老子思想的核心,因此其地位肯定要高于生命,故当两者发生冲突时,相信老子肯定也会"舍生取道"。而要达到"道"的境界,就必须做到无私无欲,虚无自然,也就是必须忘身,因此,苏辙说"知名之不足亲,货之不足多,而后知贵身;知贵身,而后知忘我",是较为契合老子对待生命之态度的。

三、"甚爱必大费,多藏必厚亡"与上文的关系

"甚爱必大费"中的"甚爱",意为过分爱惜;"大费",指巨大的耗费。因此,"甚爱必大费",指过分爱惜一定会造成巨大的耗费。"多藏必厚亡"中的"多藏",指储藏过多;"厚亡",指很多的亡失。因此,"多藏必厚亡",指储藏过多,一定会造成很多的亡失。

不过,对于"甚爱必大费,多藏必厚亡"的含义,一些学者有不同的理解。他们认为,"甚爱必大费"是针对上文的"名与身孰亲"而言的,因此,这里的"甚爱",指的是过分爱好名声;"多藏必厚亡"则是针对上文的"身与货孰多"而言的,因此,这里的"多藏",指的是多藏财物。如吕惠卿说:"是故爱名欲以贵其身也,以甚爱之,故并其良贵而失之,是大费也。蓄货欲以富其身也,以多藏之,故并其至富而害之,是厚亡也。"(《老子吕惠卿注》,第50—51页)

对于上述观点,魏源则明确表示反对,他认为这两句是泛指人世得失之理,把它们与上文的"名""货"相关联,属于穿凿附会:"'甚爱'以下即承得与亡而通言人世得失之理也。吕惠卿以'甚爱''多藏'分属名、货,以'大费''厚亡'指身而言,皆失之凿矣。"(《老子本义》,第95页)

那么魏源所说有无道理呢?这便涉及文字表述上的一个重要区别,就是在"甚爱必大费"一句之前,有不少本子有"是故"二字。有"是故"二字,说明上面三句是因,这两句是果,因此很容易把"甚爱"与"名"相联系,把"多藏"与"货"相联系。如以上所引吕惠卿的观点,其所据原文即有"是故"二字。那么,这里该不该有"是故"二字呢?

考察古今有代表性的各种《老子》本子,可以发现,王弼本、傅

奕本、景龙碑本等均有"是故"二字,河上公本、范应元《老子道德经古本集注》则无"是故"二字。然而,值得注意的是,郭店竹简本和帛书甲本(乙本残损)亦无"是故"二字,因此,有不少学者认为,这里的"是故"二字应删,如刘笑敢说:"王弼本和傅奕本在此加'是故'二字,……上节是三个选择疑问句,这里加'是故'二字并不恰当。"(《老子古今》,第483页)

　　笔者认为,从此处上下文的关系来看,去掉"是故"二字,当更为恰当。其中的原因,一是如刘笑敢所说,上面为三个疑问句,紧接着说"是故"即所以如何如何,不符合文字表述的通常规则,显得很不协调。二是"甚爱必大费,多藏必厚亡"系对生活中的普遍现象的总结,因此,没有必要单就上文的"名""货"来进行理解。当然,这并不是说这两句与上文没有联系,因为"名"和"货"本来就是"甚爱"和"多藏"的重要对象,只是没有必要把"甚爱"和"多藏"的对象局限于"名"和"货"。

四十五章

大成①若缺,其用不弊②。大盈③若冲④,其用不穷。大直⑤若屈⑥,大巧⑦若拙⑧,大辩⑨若讷(nè)⑩。躁⑪胜⑫寒,静胜热,清静⑬为天下正⑭。

【译文】

最完满的东西好像有欠缺,它的作用却不会衰竭。最充盈的东西好像很空虚,它的作用却不会穷尽。最正直的好像弯曲不直,最灵巧的好像笨拙,最能言善辩的好像说话迟钝。躁动可以战胜寒冷,安静可以制服炎热,清静无为是天下的准则。

【注释】

①大成:完满。也指最完满的东西。一说指道;一说指道德圆满之人。 ②弊:竭尽;衰竭。一说指败坏、破损。有的本子作"敝"。 ③大盈:极其充盈。盈:满;充满。 ④冲:通"盅(chōng)"。空虚。有的本子作"盅"。 ⑤大直:最正直的。 ⑥屈:弯曲。 ⑦大巧:最灵巧的。 ⑧拙:笨拙。 ⑨大辩:最能言善辩的。 ⑩讷:出言迟钝;口齿笨拙。 ⑪躁:躁动。一说借为"燥",指干燥。 ⑫胜:战胜;制服。一说指"极",即极端。 ⑬清静:安静;不烦扰。 ⑭正:标准;准则。一说指君长;一说指模范。

【解读】

本章内容由两个部分组成。第一部分是讲"大成""大盈""大直""大巧""大辩"等五"大"及其表现方式:"大成若缺""大直若屈""大辩若讷"……其文字表述形式与第四十一章中的文字"大白若辱""大音希声""大象无形"等极其相似。第二部分提出了"清静为天下正"的思想,即清静无为是天下的准则。那么为什么"清静为天下正"呢?老子说,那是因为"躁胜寒,静胜热",躁动以后才能战胜热,安静则什么都不用做即可制服炎热,可见"静"要优于"躁",故"清静为天下正"。

对于本章文字,值得我们注意的主要有以下三个方面的内容:一是"大成若缺,其用不弊"中"大成"与"弊"的含义;二是"大直若屈"的真谛;三是"躁胜寒,静胜热"中"躁"和"胜"的确切含义。

一、"大成"与"弊"的含义

"大成若缺"中的"大成",指的是完满或最完满的东西;"缺",指的是欠缺、缺陷的意思。对此,不少当代学者都是这么理解的,如陈鼓应说:"最完满的东西好像有欠缺一样"。(《老子今注今译》,第243页)

不过,与当代学者不同,对于"大成若缺"的含义,古代学者的理解则要更为具体一些,其中有代表性的,主要有这样两种观点。(1)认为这里的"大成",指的是道德圆备的圣人或君主,他们功成不居,不自我炫耀,故好像存在欠缺的样子,如河上公说:"〔大成者〕,谓道德大成之君也。若缺者,灭名藏誉,如毁缺不备也。"(见王卡点校:《老子道德经河上公章句》,第178页)(2)认为这里的"大成",实即指"道","道"成就万物,却不居其功,故好像有欠缺,如范应元说:"夫道功成而不处,大成者无物不成而不处其功,故若缺也"。(《老子道德经古本集注》,第81页)

以上两种理解,或把"大成"释为"道",或把"大成"释为体道的道德圆满之人,而道德圆满之人即与"道"合一的人,因此,这两种理解的实质是一样的。当代学者多释"大成"为最完满的东西,则其包容性更强一些,除了可以指"道"、体"道"之人,也可以指最完满的作品、成就等等。

对于"其用不弊"中的"弊",学者们主要有两种理解。一种认为指竭尽、衰竭的意思,如河上公释"不弊"为"无弊尽时"(见王卡点校:《老子道德经河上公章句》,第178页)。一种认为指败坏、破损的意思,如任继愈释为"不会败坏"(《老子绎读》,第99页)。

笔者认为,"弊"既有竭尽、衰竭的意思,又有败坏、破损的意思,因此,上述两种理解,均有其依据,都是可以成立的。不过,相比之下,当以释为竭尽、衰竭更为恰当些。因为说某物的作用不会衰竭,总比说某物的作用不会败坏,要更为顺畅,亦更为合理。

二、"大直若屈"的真谛

"大直若屈"中的"屈",学者们多释为弯曲,如蒋锡昌说:"'大直若屈',言大直若曲也。"(《老子校诂》,第291页)因此,"大直若屈",从文字本身来说,就是指最直或最正直的东西好像弯曲一样。

那么最直或最正直的东西指的是什么呢?对此,当代学者很少作明确的说明。而从古代学者对它的解释来看,其中值得我们注意的一种解释,是认为这里的"大直"指的是最正直之人,最正直之人不处处显示自己的正直,而是和光同尘,随物之自然,从而显得好像不正直的样子,如成玄英说:"大直质素之人不显直相,故能混迹同尘,委曲随物,故若屈也。是知直躬小直也。"(《老子道德经开题序诀义疏》)

那么上述说法是否合理呢?"大直"的确切内涵应该是什么呢?笔者认为,这里的"大直",首先不应该指没有丝毫弯曲、正直之极的物体,因为说某个正直之极的物体(如一根棍子、一段道路)看起来好像弯曲一样,那只是说人的一种错觉,肯定不是老子在此想要表达的意思。因此,这里的"大直",可以理解为最正直的道理、方法,也可以理解为最正直的人,等等。不过,从根本上说,这里的"大直",指的应是符合"道"的"直",这种"直",自然无为,无私无欲,随顺万物之性,看上去弯曲不直,其实却是真正的直、最大的直。这样的说法,看上去似乎十分玄妙,但我们可以借用儒家关于"经"与"权"的思想来说明。所谓"经",指的是根本原则,所谓"权",指的是权变、变通。必须坚持原则,这是人人皆知的道理,然而,在儒家看来,这只是低层次的道理,真正高级的道理,是要做到"权",即做到对原则的灵活变通的运用,而不是死守原则。因此,对"权"的运用,看上去好像是不坚持原则,事实上却是在更高的层次上坚持原则。其中的道理其实也很简单:社会生活丰富之极,规则只能是针对其中的普遍情况而言的,不能涵括所有的情况,因此,当有些情况与现有规则发生冲突时,便需要对现有规则作出适当的改变,而不是蛮横地根据现有规则去要求客观现实。所以,改变规则以适应现实,这看上去虽然是没有坚持原则,可称之为"若屈";但"若屈"的背后,体现的是改变规则者对客观规律的顺应和把握,是在更高的层次上对更大的原则——"道"的原则的遵循,而这便是真正的"直"——"大直"。

三、"躁胜寒,静胜热"中"躁"和"胜"的确切含义

对于"躁胜寒,静胜热"的含义,古代学者主要有这样两种理解。(1)认为"躁"指阳气躁动的意思,"胜"是"极"即极端的意思,因此,所谓"躁胜寒"指阳气躁动到极点,就会产生寒;"静胜热"则指气(阴

气或阳气）安静到极点，就会产生热。如河上公说："胜，极也。春夏阳气躁疾于上，万物盛大，极则寒，寒则零落死亡也，言人不当刚躁也。秋冬万物静于黄泉之下，极则热，热者生之源。"（见王卡点校：《老子道德经河上公章句》，第179页）(2) 认为"胜"是战胜、制服的意思，因此，"躁胜寒"指躁能制服寒，"静胜热"指静能制服热，如吴澄说："阳之躁胜阴之寒，阴之静胜阳之热，亦相反而相为用也。"（《道德真经注》）

由上可见，这两种理解的区别主要在于一把"胜"释为"极"即极端，一把"胜"释为战胜、制服。然而，"胜"并无"极"的意思，故当代学者多持上述第二种理解，把"胜"释为战胜、克服、制服的意思，而释"躁胜寒"为躁动或活动可以战胜寒冷，释"静胜热"为安静可以制服炎热，如高亨说："活动可以战胜寒冷，静止可以战胜炎热。"（《老子注译》，第78页）

需要说明的是，对于"躁胜寒"中的"躁"字，学者们的解释亦是五花八门，迄今未能统一。如据上面的引文可知，河上公释为"躁疾"，高亨释为"活动"。此外，蒋锡昌说："'躁'乃扰动之义"。（《老子校诂》，第292页）还有的学者则认为这里的"躁"通"燥"，是"干"的意思，如马叙伦说："躁，……此当作燥，《说文》曰：'干也。'"（《老子校诂》，第225－226页）等等。

笔者认为，对于这里的"躁"的含义，我们可以从以下三个角度对它加以"定位"：一是从与"静"相对的角度，因为既然说"躁胜寒，静胜热"，则"躁"肯定是"静"的反义词，而这里的"静"指安静，则"躁"无疑有运动、躁动之义；二是从"躁胜寒"即战胜寒冷的角度，则据常识即可知道，人在感到寒冷的时候，如果活动自己的身体，让自己运动起来，渐渐地便会浑身发热，不再感到寒冷，据此，则"躁"有运动、活动的意思；三是从下文"清静为天下正"的角度，说明老子崇尚"静"而反对"躁"，则此"躁"当指躁动的意思，因为老子不可能反对运动。综上所述，笔者认为，把这里的"躁"释为躁动，即因急躁而活动，是比较恰当的。因此，所谓"躁胜寒，静胜热"，其确切含义当为：躁动可以战胜寒冷，安静可以制服炎热。

而正是通过"躁胜寒"与"静胜热"的对比，发现"静"要优于"躁"，故在本章的最后，老子得出结论说："清静为天下正"，意即清静无为是天下的准则，其中的"正"字，指的是准则的意思。

四十六章

天下有道①,却②走马③以粪④;天下无道⑤,戎马⑥生⑦于郊⑧。罪莫大于可欲⑨,祸莫大于不知足,咎⑩莫大于欲得⑪。故知足之足⑫,常足矣。

【译文】

天下政治清明的时候,把善于奔跑的马退回去用于给田施肥;天下政治黑暗的时候,怀孕的战马在郊外的战场上生下马驹。罪过没有比过分的欲望更大的,祸患没有比不知道满足更大的,灾殃没有比一定要得到想要的东西更大的。所以,知道满足的这种满足,是永远的满足。

【注释】

①有道:指政治清明。　②却:退。　③走马:善于奔跑的马。走:奔跑。　④粪:肥田;施肥。一说指耕种、种田。　⑤无道:指社会政治纷乱、黑暗。　⑥戎马:军马;战马。　⑦生:生育。一说指出现、兴起。　⑧郊:泛指城邑之外的地方。　⑨罪莫大于可欲:该句王弼本无,河上公本、傅奕本、景龙碑本等均有该句,帛书甲本亦有该句(乙本作"罪莫大可欲"),据之以补。可欲:指足以引起欲念的事物。该句《韩诗外传》引作"罪莫大于多欲",郭店竹简本作"罪莫厚乎甚欲","可欲"应改作"多欲"或"甚欲"(甚欲:过分的欲望)。　⑩咎:灾殃。　⑪欲得:想要得到。这里指一定要得到想要的东西。　⑫知足之足:知道满足的这种满足。指心理上的满足。

【解读】

　　本章文字明显分为两个部分,第一部分为"天下有道,却走马以粪;天下无道,戎马生于郊"一段,通过"却走马以粪"与"戎马生于郊"这两种对马的不同使用情况和马的处境来反映"天下有道"和"天下无道"的状况,从而反映了老子反对战争的思想。第二部分自"罪莫大于可欲"至结尾,集中反映了老子反对贪欲、提倡知足的思想。不过，值得我们注意的是，本章的第一、二两个部分是密切关联的，因为战争正是人之贪欲的集中表现，反之，若人们能做到无欲知足，就根本不会有什么战争。

关于本章内容，笔者拟从以下四个方面展开介绍：一是"却走马以粪"的确切含义；二是"戎马生于郊"中的"生"，意为出生，还是出现；三是"罪莫大于可欲"中"可欲"的含义及该句文字是否应该删除；四是何谓"知足之足"。

一、"却走马以粪"的确切含义

在本章的一开始，老子说："天下有道，却走马以粪"。对于"天下有道"的内涵，学者们多认为，它指的是君主无为而治，天下太平，民众安居乐业，如成玄英说："言有道之君莅于天下，干戈静息，偃武修文，宇内清夷，无为而治。"（《老子道德经开题序诀义疏》）

"却走马以粪"中的"却"字，学者们多释为屏去、退的意思，如吴澄说："却，退也。"（《道德真经注》）"走马"指善走的马，亦即善于奔跑的马，如高亨说："走马，善跑的马"。（《老子注译》，第79页）然而，对于"却走马以粪"中"粪"字的含义，学者们则有不同的理解。当代学者多把它释为耕种、种田的意思，如陈鼓应说："'粪'，耕种。"（《老子今注今译》，第245页）董平说："'粪'，……引申为治田之义。"（《老子研读》，第196页）而"治田"即种田的意思。古代学者则多把它释为"粪田"的意思，如河上公说："粪者，粪田也。"（见王卡点校：《老子道德经河上公章句》，第181页）成玄英说："却驰走之马，以粪农亩。"（《老子道德经开题序诀义疏》）

那么"粪田"又是什么意思呢？对此，楼宇烈说："粪田，即治理田。"（《老子道德经注校释》，第125页）笔者认为，此说值得商榷。《汉语大词典》释这里的"粪"说："肥田，施肥。《老子》：'天下有道，却走马以粪。'"据此，则"粪田"当指给田施肥的意思。因"粪"通常指粪便，粪便可作肥料，因此"粪田"的"粪"系名词作动词用，故有施粪于田即给田施肥的意思。当然，"治理田"亦包含给田施肥的意思，但它还包含给田中农作物除草、灌溉以及耕种等含义，因此，把"粪田"释为"治理田"，含义过于宽泛，没有反映"粪田"的准确意思。这里的"粪"应该释为施肥、肥田的意思。因此，所谓"却走马以粪"，指的是把善跑的马退回去用于给田施肥。而所谓用马来给田施肥，既可以指施肥时用马来运载肥料，也含有用马粪来作肥料的意思。

二、"戎马生于郊":戎马在郊外生驹,还是戎马出现于郊外?

老子说"天下无道,戎马生于郊","天下无道"与"天下有道"正好相反,其特征是人们(尤其是君主)贪欲无度,战争频仍,如奚侗说:"无道之世,战争叠起"。(《老子集解》,见《老子注三种》,第115页)正因为"战争叠起",兵连祸结,所以才有了"戎马生于郊"的状况。这里的"戎马",意为战马。这里的"郊",指郊外、郊野。

"戎马生于郊"中的"生"字,学者们多释为生育的意思,因此,"戎马生于郊",指的是战马在郊外产下马驹。战马为什么会在郊外产驹呢?学者们多认为,那是因为战争持续不断,造成怀孕的战马无法归厩生育,故只好把马驹生在郊外的战场上,如吴澄说:"戎马不能归育于国厩,而生育于郊外也。"(《道德真经注》)

不过,也有学者认为,这里的"生",是出现、兴起的意思,因此,"戎马生于郊",指的是战马在郊野出现、兴兵征战的意思,如陈鼓应说:"'生',兴。言大兴戎马于郊野,指兴兵征战,'兴戎马'正与'却走马'相对为文。"(《老子今注今译》,第245页)

笔者认为,"生"既有生育的意思,也有出现的意思,因此,从这个角度说,上述两种理解均是可以成立的。但是,从"天下无道,戎马生于郊"整段话的意思来看,所谓"天下无道"之时,必是君主昏聩,奸佞当道,内忧外患不断,天灾人祸频仍,因此,连年用兵,征战不断,也是必然之事。对于这样的状况,说连怀孕的母马都要上战场,且只好在战场上产驹,反映了战争之残酷,战事之惨烈,比泛泛地说战马出现在郊野上,要更为恰当些,故这里的"生",当释为生育的意思。

三、"罪莫大于可欲"中"可欲"的含义及该句文字是否应该删除

"罪莫大于可欲"中的"可欲",指足以引起欲念的事物,如范应元说:"欲,贪也。可欲谓凡可贪之事物也。"(《老子道德经古本集注》,第82页)因此,所谓"罪莫大于可欲",意为没有比能引起欲念的事物更大的罪过了。

然而,这样的表述无疑是存在问题的,因为所谓能引起欲念的事物,无非是珍宝玩好、财富权势、美色美境之类的东西,可是这些东西本身并无什么罪过,只有人们对这些东西的过分的、不合理的追求才是罪过,故一些学者在解释该句的含义时,往往增字作解,把"可欲"释为人之贪欲、纵欲之类,如张松如说:"罪孽没有再大于任情纵欲"。

（《老子说解》，第263页）然而，把"可欲"释为贪欲、纵欲之类，毕竟也是不恰当的，因《韩诗外传》所引《老子》"可欲"作"多欲"，故一些学者认为，这里应作"多欲"，如孙诒（yí）让说："《韩诗外传》引'可欲'作'多欲'，义较长。"（《札迻〔yí〕》，第128页）

值得注意的是，该句文字郭店竹简本作"罪莫厚乎甚欲"，"甚欲"意为过分的欲望，与"多欲"意思相近，故刘笑敢说："竹简本作'罪莫厚乎甚欲'，恰与《韩诗外传》所引意义相合。"（《老子古今》，第494页）因此，把"罪莫大于可欲"中的"可欲"改为"多欲"或"甚欲"，是较为恰当的。

需要指出的是，王弼本无"罪莫大于可欲"一句，当代学者的一些《老子》注译著作如林语堂《老子的智慧》、任继愈《老子绎读》、陈鼓应《老子今注今译》等亦均无该句。然而，对于王弼本无"罪莫大于可欲"，一些学者指出，王弼本系缺漏，应据各本补上，如蒋锡昌说："王本脱去'罪莫大于可欲'句，当据诸本增入。"（《老子校诂》，第297页）

笔者认为，对于"罪莫大于可欲"中的"可欲"是否恰当，是否应作"多欲"或"甚欲"，我们可以进行讨论，但是，河上公本、傅奕本、景龙碑本等均有该句，郭店竹简本、帛书甲乙本亦有该句，因此，《老子》原文中有该句文字，应是确凿无疑的。

四、何谓"知足之足"？

本章的最后两句"故知足之足，常足矣"中的"常足"，指永远满足，因此，这两句的意思是：所以知道满足的满足，是永远的满足。那么什么叫知道满足的满足呢？对此，一些学者有这样的解释："物足者，非知足。心足者，乃知足。"（《唐玄宗御注道德真经》）"故不知足者，虽足而不足，则知足之足，常足也可知矣。"（《老子吕惠卿注》，第52页）

也就是说，在这些学者看来，"足"有两种，一种是物质财富上的充足，一种是内心感觉上的满足。物质财富是否充足，因人而异，在一个贪得无厌的人看来，物质财富永远是不足的，因此，物质财富是否充足，具有不确定性，故称不上是"常足"。相反，内心感觉上感到满足，则具有确定性，一个有道之人，无私无欲，内心充实，外界物质财富的多少，丝毫不能改变他内心的满足感，只有这样的满足，才是真正的满足，永远的满足，所以老子说"故知足之足，常足矣"。《论语·雍也》中记载:"子曰:'贤哉,回也!一箪(dān)食,一瓢饮,在陋巷,人不堪其忧,回也不改其乐。贤哉,回也!'"颜回住在简陋的巷子里,吃饭时只有一小竹筐饭,一瓢水,在物质上可谓贫乏不足之极,但是颜回却"不改其乐",即始终保持乐观。这就说明,颜回即老子所说的"知足之足"之人,所以他才能"常足"。而颜回之所以能做到"常足",就在于他能"其心三月不违仁"(《论语·雍也》),有了对仁道的真切体悟。

"故知足之足,常足矣"两句,明显是对前面"罪莫大于可欲"等三句的总结和说明,如李道纯说:"曰罪曰祸曰咎,皆欲心所致,故结句云知足常足。"(《道德会元》)也就是说,老子先是指出"可欲"("多欲"或"甚欲")、"不知足""欲得"的害处,称它们为最大的"罪""祸""咎";又因为此"罪""祸""咎"实质上都是由人心的贪欲引起的,故老子提供的解决之道是无欲不贪,也就是发自内心地感到知足。

四十七章

不出户①,知天下②;不窥③牖(yǒu)④,见天道⑤。其出弥⑥远,其知弥少。是以⑦圣人⑧不行而知,不见而名⑨,不为⑩而成。

【译文】

不用出门,就能知道天下的事情和事理;不用看窗外,就能了解天体、气候的状况及其运行变化的规律。往外走得越远,对道的认识就越少。所以圣人不用出行就能知道,不用去看就能明白,不用刻意去做就能成功。

【注释】

①户:门。　②天下:指天下的事情及事理。　③窥:从小孔、缝隙或隐蔽处察看。泛指观看。　④牖:窗户。　⑤天道:指天体、气候的状况及其运行变化的规律。一说指自然的法则;一说指道。　⑥弥:越;更加。　⑦是以:因此;所以。　⑧圣人:见第二章注⑭。　⑨名:通"明",指明白。一说应改为"明"。　⑩不为:即无为,指顺乎自然,不刻意去做。

【解读】

在本章中,老子介绍了圣人认识事物的一种特殊的方法:"不行而知,不见而名",即不用出行就能知道,不用去看就能明白。具体而言,则是"不出户,知天下;不窥牖,见天道"。老子甚至说"其出弥远,其知弥少",即如果你往外走得越远,知道的东西就越少。

本章文字不多,意思也相对易懂,需要我们深入分析的主要有以下三个方面的内容:一是"天道"的含义及"不出户,知天下;不窥牖,见天道"的原因;二是为什么说"其出弥远,其知弥少";三是"不见而名"中的"名"是否应改为"明"。

一、"天道"的含义及为什么"不出户"而能"知天下"、"不窥牖"而能"见天道"

"不出户,知天下",指不用出门,就可以知道天下的事情或事理,意思比较清晰。"不窥牖,见天道"中的"窥",指从小孔、缝隙或隐蔽处察看的意思,也泛指观看;"牖"指窗户。因此,"不窥牖",即不通过窗户观看的意思。

"见天道"中的"见",既可释为看见,亦可释为知道。然而,对于"天道"的含义及为什么"不窥牖"而能知"天道",学者们则有诸多不同的理解,其中值得我们注意的,主要有这样三种。(1)认为这里的"天道"指自然之理,"不窥牖,见天道"是因为人一旦达到了自然无为的境界,便能体悟到自然之理,故不需要通过看窗外来了解,如成玄英说:"天道,自然之理也。堕体坐忘,不窥根窍,而真心内朗,睹见自然之道。此以智照真也。"(《老子道德经开题序诀义疏》)(2)认为这里的"天道"即"道",因为对"道"的体悟是通过清静无为来实现的,所以要"见天道",不需要通过"窥牖"的方法,如刘笑敢说:"这是讲的直觉主义的认识方法,其基本特点就是既不需要经验观察,又不经过理性思考,……这里的'天道'不限于'天之道'的意义,不限于自然界的道理,应该和本根之'道'是同义词"。(《老子古今》,第503-504页)(3)认为这里的"天道"指天象、天气及其运行变化的规律,因为天人相应,人的德行可以影响天体的运行、气候状况等,因此,由人的德行即可推知"天道",而用不着去"窥牖",如河上公说:"圣人不出户以知天下者,以己身知人身,以己家知人家,所以见天下也。天道与人道同,天人相通,精气相贯。人君清静,天气自正;人君多欲,天气烦浊。吉凶利害,皆由于己。"(见王卡点校:《老子道德经河上公章句》,第183-184页)

由上可见,对于"天道"的含义,学者们众说纷纭,让人很难判定究竟孰对孰错。因此,笔者认为,我们不妨采取一种特殊的思路来理解这里的"天道"的含义。首先,我们必须明确,"不窥牖,见天道"是就圣人而言的,而不是就普通人而言的,因此,"不窥牖,见天道",指的是圣人想要"见天道",可以不通过窗户往外望,而其言下之意是:人们"见天道"的通常做法或普通之人想要"见天道",就需通过窗户往外望。通过窗户往外望能发现什么?无非就是两个方面:一是天上的日月星辰等天体以及气候状况等,二是据此总结出来的天体运行和气候变化的规律。据此,则这里的"天道",既可以指日月星辰等天体及气候状况,亦可以指天体运行和气候变化的规律,当然也可以是两者兼而有之。因此,老子说"不出户,知天下;不窥牖,见天道",明显是针对"出户"以"知天下"、"窥牖"以"见天道"的世俗认识方式而

▶"不窥牖，见天道"，意为不用看窗外，就能了解天体、气候的状况及其运行变化的规律。此为清代任熊的"庄生游逍遥，老子守玄默图"（局部），描绘了窗牖旁的老子不窥窗牖而冥默内守的情形。

老子···四十七章

言的,对于普通人来说,要想知道天下的事物及事理,就必须"出户"即出门去作具体的考察、了解;要想知道天上的事物及其道理,就需"窥牖"即抬头通过窗户去观察。而圣人与普通之人不同,圣人因为掌握了"道",所以他想知道"天下"和"天道",就不需要"出户"和"窥牖"。因此,这里的"出户""窥牖"就是两个十分简单的动作,代表人们认识天下事物与天上事物的方法;"天下""天道"就是指天下之事物及事理和天上之事物及道理。至于为什么圣人能"不出门"而"知天下","不窥牖"而"见天道",根本的原因,就在于圣人与"道"合一,而"道"是宇宙万物的本原,宇宙万物均是由"道"创生的,因此,有了对"道"的体悟和把握,自然就知道了"天下"和"天道"。

二、为什么说"其出弥远,其知弥少"?

"其出弥远,其知弥少",从文字本身来说,就是往外走得越远,知道的东西就越少的意思。但是这样的观念似乎并不符合人们的常识,因为一个人走的地方越多,便自然会见多识广,怎么反而会所知越少呢?对此,一些学者解释说,那是因为往外走得越远,接触的外界事物越多,受外界事物的影响也越大,从而造成内心迷惑昏乱,故知道的东西就越少,如林希逸说:"若必出而求之,则足迹所及,所知能几?目力所及,所见能几?用力愈劳,其心愈昏,故曰'其出弥远,其知弥少'。"(《道德真经口义》)

这样的解释虽有一定的道理,但不免有强为之说的味道。与之不同的是,一些学者认为,这里的"知",不是指对外界事物的认识,而是指对"道"的认识,因为对"道"的认识需要不断排除外物的干扰、达到清静无为的境界才能获得,所以往外走得越远,受外界事物的影响就越大,对"道"的认识也就越少,如王弼说:"道视之不可见,听之不可闻,搏之不可得。如其知之,不须出户;若其不知,出愈远愈迷也。"(见楼宇烈校释:《老子道德经注校释》,第126页)陈鼓应亦说:"越向外奔逐,对道的认识也越少。"(《老子今注今译》,第248页)

笔者认为,上述理解,认为"其出弥远,其知弥少"指往外走得越远,对"道"的认识就越少,这在逻辑上比较顺畅,意思也很清晰,且与上文圣人因为有"道",故可"不出户""不窥牖"而知"天下""天道"恰好相对,因此,应该是比较符合老子之本意的。

三、"不见而名"中的"名"是否应作"明"

对于"是以圣人不行而知,不见而名"中的"不行而知,不见而名",有不少学者认为即指前面的"不出户,知天下;不窥牖,见天道":"'不行而知,不见而明',系承上文而言,言不出行而知天下,不窥见而明天道也。"(蒋锡昌:《老子校诂》,第301页)"'不出于户,而知天下',乃'不行而知'也;'不窥于牖,而知天道',即'不见而明'也。"(高明:《帛书老子校注》,第53页)据此,则所谓"不行而知",即不用出行就能知道天下的事情和事理;"不见而名",即不用去看就能知道天体、气候的状况及其运行变化的规律。这里值得我们注意的是"不见而名"中的"名"字及其含义。

"不见而名"一句,《韩非子·喻老》引《老子》作"不见而明",据此,一些学者认为,这里的"名"应改为"明",如奚侗说:"'明',各本误作'名',《韩非·喻老》引不误。"(《老子集解》,见《老子注三种》,第116页)陈鼓应、牟钟鉴、董平等学者均赞同上述观点,故在其《老子》注译著作中都把此处的原文改成了"不见而明"。

不过,也有学者认为这里的"名"即"明",因此不必改字,如朱谦之说:"'名'与'明'音义通,不必改字。"(《老子校释》,第200页)

笔者认为,"不见而名"中的"名",即"明"的意思,因此,改为"明",意思更为清晰。不过,考虑到历史上有代表性的《老子》本子多作"名",且帛书甲乙本该句虽残损,但乙本保留有"而名"二字,说明帛书乙本亦应作"不见而名",如高明说:"帛书甲、乙本均残,乙本有'而名'二字,显然是'不见而名'之残句。"(《帛书老子校注》,第53页)故这里还是以作"不见而名"为妥。

四十八章

为学①日益,为道②日损。损之又损,以至于无为③。无为而无不为④。取⑤天下常以无事⑥,及⑦其有事⑧,不足以取天下。

【译文】

追求学问,知识一天天增加;修道,知识、欲望等一天天减少。减少了再减少,一直到无为的境地。达到了无为的境地,便没有什么不是其所为。取得天下经常要用无为之道,如果有为,就不可能取得天下。

【注释】

①为学:做学问;追求学问。
②为道:修道;求道。　③无为:顺其自然,不有意去做。　④无不为:没有什么不做的;没有什么不是其所做。　⑤取:取得。一说指治理。
⑥无事:即无为。　⑦及:若;如果。　⑧有事:即有为。

【解读】

本章内容主要由两个部分组成,第一部分从"为学日益"至"无为而无不为",指出了"为学"和"为道"的重要区别:"为学"是知识的不断增加,"为道"则是知识、欲望等的不断减损。故老子接下来说:"损之又损,以至于无为。无为而无不为。"其中的"无为而无不为",明确告诉我们,老子的"无为",并非什么都不做,而是以"无不为"即没有什么不是其所为为目标:只有"无不为"的"无为",才是真正的"无为";真正的"无为",必是"无不为"的。第二部分即"取天下常以无事,及其有事,不足以取天下"一段文字。它是老子的"无为"之道在社会政治领域的具体运用:既然只有"无为"才能"无不为",则"取天下"即取得天下就必须采用"无为"的方法,若采用"有为"的方法,以扰民为能事,则肯定无法取得天下。

本章是《老子》中文字较少的一章,意思也比较好懂,值得我们关注的主要有以下三个方面的内容:一是"为学日益,为道日损"的确切含义;二是"无为而无不为"的丰富内涵;三是"取天下"中的"取"是指治理,还是取得。

一、"为学日益,为道日损"的确切含义

对于"为学日益"中的"为学",学者们通常认为指治学、做学问的意思,因做学问需要知识的不断积累,所以说"为学日益"。如陆希声说:"夫为学者,博闻多识,以通于理,故日益。"(《道德真经传》)

"为道日损"中的"为道",指修道,因修道需要排除外物的干扰,消除知识和成见,进入无思无欲的状态,所以说"为道日损"。如牟钟鉴说:"体认大道要走与'为学'相反的路,是个'减'的过程,就是要减少知识、经验、成见,……使内心虚一而静,由此观照大道。"(《老子新说》,第153页)

然而,以上只是学界对于"为学日益,为道日损"之含义的较为通行的理解,要切实把握这两句话的实质含义,我们还需要弄清以下两个方面的问题。

(1)对于"为学日益"与"为道日损"两句间的关系,学者们有不同的理解,一种是贬抑"为学"而推重"为道",如蒋锡昌说:"'为学者日益',言俗主为有为之学者,以情欲日益为目的;……'为道者日损',言圣人为无为之道者,以情欲日损为目的"。(《老子校诂》,第302页)一种是把"为学"看作"为道"的基础,认为人们通过"为学"而知"道"、求"道",如陆希声说:"夫为学者,博闻多识,以通于理,故日益。为道者,秉要执本,以简于事,故日损。夫理明则事定,故学之日益,实资道之日损也。"(《道德真经传》)有较多的学者则只是把"为学"与"为道"看作两种不同的事情进行论述,既不作高下优劣的评判,也不讨论它们之间的关系,如林语堂说:"为学可以日渐增加知见,为道可以日渐除去情欲。"(《老子的智慧》,第178页)

笔者认为,从老子的思想宗旨来看,它以"道"为核心,以修道为人生最重要的目标,而把对世俗知识的学习看作修道的障碍,如第二十章中明确说"绝学无忧",即摒弃知识,就不会有忧烦。因此,在对待"为学"与"为道"的态度上,老子肯定是重"为道"而轻"为学"的。当然,从现实可行性上来说,一个人不可能天生就知道"为道",只有通过不断的学习、思考,才能最终以"为道"为目标,因此,从这个角度说,"为学"亦为"为道"之阶梯。

(2)"为学日益","益"的是什么?"为道日损","损"的又是什么?对此,学者们有不同的解释,其中有代表性的,主要有这样三种。

一种认为,这里的"日益"和"日损",指的都是情欲或情欲文饰,如河上公说:"学谓政教礼乐之学也。日益者,情欲文饰日以益多。道谓自然之道也。日损者,情欲文饰日以消损。"(见王卡点校:《老子道德经河上公章句》,第186页)一种认为,这里的"日益",指知识一天天增加;"日损",指知识一天天减少。如卢育三说:"为学,知识一天天增加;为道,知识一天天减少。"(《老子释义》,第195页)一种认为,这里的"日益",指的是知识不断积累;"日损",指的是减少知识、欲望、成见之类的东西,如董平说:"'为学'犹今天通常所说的'做学问',那是需要知识的不断积累的,故谓之'日益';……所谓'日损',即是……不断去除由现象的杂多所导致的关于现象的'知识''意见''成见'"。(《老子研读》,第200页)

综合以上各种观点,笔者认为,就"为学日益"来说,既说是"为学"即追求学问,则"日益"的当指知识;然而,随着知识的增加,对外界事物了解的增多,人们的欲望、对事物进行修饰的手段和水平也会相应增加,因此,我们可以把知识一天天增加看作"日益"的直接含义,而把情欲文饰一天天增加看作"日益"的间接含义。至于"为道日损"中的"日损"的含义,我们最好是从它跟"为道"的关系去理解,因为根据老子的思想,我们在前面已经说过,"为道"需要排除外物的干扰,消除知识和成见,进入无思无欲的状态,则这里的"日损",指的便是知识、欲望、成见等一天天减少的意思。

二、"无为而无不为"的丰富内涵

"无为而无不为"的说法已见于第三十七章:"道常无为而无不为"。所谓"无为而无不为",意为顺乎自然,不有意去做什么,实际上却什么都是其所做。不过,"无为而无不为"一句出现于本章,其含义并不完全等同于第三十七章,因为第三十七章中的"无为而无不为"是用来描述"道"的,在本章中则是用来说明圣人的。

对于"无为而无不为"在本章中的内涵,古今学者有丰富的论述,其中值得我们注意的,主要有这样四个方面。(1)"无为而无不为"本是"道"的特性,圣人屏弃一切知识、欲望等以后,达到与"道"合一的境界,自然也就拥有了"道"的特性,故亦能"无为而无不为",如河上公说:"情欲断绝,德于道合,则无所不施,无所不为也。"(见王卡点校:《老子道德经河上公章句》,第186页)(2)"无为"并非什么都不做,而是必须以"无不为"为目标,只有能做到"无不为"的"无为",

才是真正的"无为"，如李荣说："夫欲去有累，所以归无为，而惑者闻无为，兀然常拱手，以死灰为大道，土块为至心，理恐其封执无为不能悬解，故云'无为而无不为'也。不为非无为也，有为而归无为，非有为也。"（《道德真经注》）（3）之所以说"无为而无不为"，是因为"有为"则偏于所为之事而不能遍为，因此，只有"无为"才能"无不为"，如王弼说："有为则有所失，故无为乃无所不为也。"（见楼宇烈校释：《老子道德经注校释》，第128页）（4）"无为而无不为"的实质，是圣人无为，从而使百姓安居乐业，万物自然发展成长，如蒋锡昌说："上行无为，则民亦自正，而各安其业，故无不为也。"（《老子校诂》，第303页）

以上所论，可谓对于"无为而无不为"之内涵的全面、深入的揭示，对于我们把握"无为而无不为"的实质有很好的参考价值和启发意义。

三、"取天下"中"取"的含义：治理，还是取得？

"取天下常以无事"中的"无事"，学者们多认为即"无为"的意思，如吴澄说："无事，无所事，即无为也。"（《道德真经注》）这里值得我们注意的是"取"的含义。

关于"取天下"中的"取"字，学界居于主流的观点是释为"治"，即治理，这种解释当始于河上公："取，治也。治天下常当以无事，不当烦劳也。"（见王卡点校：《老子道德经河上公章句》，第186页）后世有不少学者认同此种解释。然而，对于把"取天下"中的"取"释为治理，一些学者表达了不同的意见："'取'字……应如《春秋》'取国'之'取'，言得之易也。"（憨〔hān〕山：《老子道德经解》，第94页）"'取'不能解释为'治理'的意思，……老子的'取天下'之'取'应该是《左传》中'取邑''取国'之'取'，是言其容易、轻易之意。"（刘笑敢：《老子古今》，第512—513页）

笔者认为，以上学者的观点是很有启发意义的，这里的"取"，应当释为"取得"的意思，故"取天下"即取得天下的意思；而取得天下的关键在于取得天下人之心，所以这里的"取天下"的实质，是取得天下人的衷心拥护。

四十九章

圣人①无常心②,以百姓心为心。善者,吾善③之;不善者,吾亦善之,德④善。信⑤者,吾信之;不信者,吾亦信之,德信。圣人在⑥天下,歙(xī)歙⑦焉⑧,为天下浑其心⑨。百姓皆注其耳目⑩,圣人皆孩之⑪。

【译文】

圣人没有成见,而以百姓的心为自己的心。善良的人,我善待他;不善良的人,我也善待他,从而使人人都得到了善。诚实的人,我信任他;不诚实的人,我也信任他,从而使人人都得到了诚信。圣人在天下,心无偏执,使天下人的心都归于混沌。百姓都关注自己的耳目,圣人对待他们都像对待孩子一样。

【注释】

①圣人:见第二章注⑭。　②无常心:没有成见;没有固定不变的心。帛书乙本作"恒无心",一说应据之以改。　③善:这里作动词,有善待的意思。　④德:通"得",指得到。　⑤信:诚实不欺。　⑥在:表示人或事物所处的位置,有居于、处于的意思。　⑦歙歙:不偏执的样子。一说指收敛;一说指浑和。　⑧焉:王弼本无该字。傅奕本、范应元《老子道德经古本集注》均有"焉"字,帛书甲乙本亦有"焉"字,据之以补。　⑨浑其心:指使心归于混沌。　⑩百姓皆注其耳目:王弼本无此句,河上公本、傅奕本、景龙碑本等均有,据之以补。注其耳目:指关注自己的耳目(注:关注),意为关注欲望、知识、智慧等。一说指把耳目的注意力集中到圣人身上。　⑪孩之:像对待孩子一样;当作孩子看待。一说"孩"借为"阂(hé)",指掩闭。

【解读】

本章的核心,是论述圣人与百姓的关系,具体而言,则表现为两个方面。一是"圣人无常心",即圣人没有固定的成见;他对百姓中的"善者""不善者"皆善待,对百姓中的"信者""不信者"皆信任,从而使所有的百姓都得到善、得到诚信，并归于混沌的状态。二是圣人之所以善待所有的百姓，信任所有的百姓，是因为他"以百姓心为心"，即把百姓的心作为自己的心；因为从总体上来说，百姓都是追求善良、诚信的，所以圣人便以善良、诚信对待所有的百姓，并把百姓当孩子来看待，对他们关爱、包容，即所谓"圣人皆孩之"。

对于本章内容，笔者拟从以下三个方面展开介绍：一是"圣人无常心，以百姓心为心"的内涵及"无常心"是否应改为"常无心"；二是为什么对"不善者""不信者"亦要"善之""信之"；三是"孩之"的含义。

一、"圣人无常心，以百姓心为心"的内涵及"无常心"是否应改为"常无心"

对于"圣人无常心"中的"常心"，当代学者主要有两种理解。一种认为指成见，因此，所谓"圣人无常心，以百姓心为心"，即是圣人没有成见，而以百姓的心作为自己的心，如张默生说："圣人没有一定的成见，他是以百姓的心为心。"（《老子章句新释》，第64页）一种则认为"常心"指固定不变的心，如高亨说："道家的圣人没有固定不变的心意，以百姓的心意为心意。"（《老子注译》，第82页）笔者认为，"成见"指对事物形成的自己的见解、定见，因此，把"常心"释为成见与释为固定不变之心，两者并无实质的区别。

与当代学者相比，古代学者对于"圣人无常心，以百姓心为心"的解释则似乎要更为丰富和深入些，如对于"圣人无常心"的含义，一些学者从"应物"的角度来进行解释，即圣人并不主动去左右物，而只是对事物的如实感应而已，故圣人没有"常心"，如杜道坚说："圣人应物不先物，故无常心。"（《道德玄经原旨》）

另外亦有一些学者从"因"即因顺万物的角度来解释"无常心"，即圣人之心只是因顺万物，随万物的状况而变化，故圣人没有"常心"，如司马光说："随时因物，应变从道。"（《道德真经论》）笔者认为，说圣人之心只是对事物的如实感应，与说圣人之心因顺万物，虽然意思并不完全相同，但亦并无实质上的区别，因此可以视作对"圣人无常心"之含义的不同角度的揭示。

另外，对于"以百姓心为心"的含义，一些古代学者亦有深入的揭示，如陆希声说："然百姓之心常欲安其生而遂其性，圣人常使人人得其所欲，岂非以百姓心为心乎？"（《道德真经传》）也就是说，百姓之初心并无过多的欲望,百姓的愿望只是安居乐业,所以圣人"以百姓心为心",即是不用有为的方法去刺激百姓的欲望,而是一切顺其自然,辅助百姓去实现自己的愿望。综上所述,所谓"圣人无常心,以百姓心为心",即是指圣人没有成见,而以百姓的心为自己的心。

需要指出的是,"圣人无常心"一句,景龙碑本、敦煌本等作"圣人无心",帛书乙本该句作"人恒无心",残一"圣"字(甲本该句残毁),而"恒无心"即"常无心",因此,有不少学者认为,该句文字应作"圣人恒无心"或"圣人常无心":"'恒无心',河、傅、王、范以及唐宋以来诸今本,大都误作'无常心',因在'常心'二字上大作文章,……此句正宜从帛书作'恒无心',或依今本写作'常无心'。"(张松如:《老子说解》,第278—279页)"河上公注云:'圣人重改更,贵因循,若自无心。'……可知河上本原作'无心',而非今本之'无常心'。众多证据显示,古本原作'恒无心',而不是'无常心'。"(刘笑敢:《老子古今》,第515页)

不少当代学者如陈鼓应、牟钟鉴、沙少海、汤漳平、傅佩荣等均持与上述相同的观点,从而在其《老子》注译著作中把该句原文改成了"圣人恒无心"或"圣人常无心"。

综合比较以上各家观点,笔者认为,该句文字还是以作"圣人无常心"为妥,理由如下。

一是确定该句文字应作"圣人无常心"还是"圣人常无心"的关键,是哪一种表述更适合这里的语境。从主张作"圣人恒无心"或"圣人常无心"的学者对该句话的解释来看,他们多把它释为圣人没有私心或圣人没有主观成见,如张松如说"圣人常常是没有私心的"(《老子说解》,第278页),陈鼓应说"圣人没有主观成见"(《老子今注今译》,第255页)。从这些解释来看,它们与"圣人无常心"即圣人没有固定的成见,并不见得有多大的差别,既然如此,又为什么非要把它改为"圣人常无心"呢?因此,笔者认为,对于这里的"常无心"与"无常心",我们不能仅仅根据其文字去进行解释,而必须放到老子的思想体系中来进行理解。根据我们前面对老子思想的论述,可以发现,老子之"道"由道体和道用两个方面组成,道体指"道"的本体,它无声无形,看不见,摸不着;道用指"道"的作用,"道"创生天地万物,养育天地万物,这便是"道"的作用,它可以被人们切实地认识和把握到。而圣人之心即与"道"合一之心,故圣人之心亦分为体和用两个部分,道体为无,则圣人之心体亦为无,此可称之为"无心";道体必显现其作用,故圣人之心体也必会显现其作用,而圣人之心体显现作用的特点便是"无常心",因为"无心"意为无思无欲,此无思无欲之心与外界事物相接触,便必然表现为物来则应或因顺万物的特点,关于这一点,我们在前面已有充分的讨论。因此,综上所述,我们可以得出这样的结论:说"圣人常无心",是就圣人之心体来说的;说"圣人无常心",是就圣人之心的作用来说的。而从本章这里的文字来看,老子说"圣人……以百姓心为心",无疑是就心的作用而非心的本体来说的,既然是就心的作用来说的,则这里应作"圣人无常心",而不应作"圣人常无心"或"圣人恒无心"。

二是历史上有代表性的《老子》本子多作"圣人无常心",作"圣人无心"或"圣人恒无心"的是较少的本子,故应以作"圣人无常心"为妥。

当然,从根本上说,作为心之本体的"无心"和作为心之作用的"无常心"都属于心,因此它们属于一物而非二物,就这个角度而言,作"无常心"和"常无心"其实都是可以的,只是作"无常心"与下文"以百姓心为心"的联系更为紧密一些。

二、为什么对"不善者""不信者"亦要"善之""信之"?

从"善者,吾善之;不善者,吾亦善之,德善。信者,吾信之;不信者,吾亦信之,德信"一段文字来看,说"善者,吾善之""信者,吾信之",即对善良的人,我善待他,对诚实的人,我信任他,这个道理是很清楚的。但是,老子说"不善者,吾亦善之""不信者,吾亦信之",即不善良的人,我也善待他,不诚实的人,我也信任他,这便令人费解了。因为根据通常的观点,对于不善良、不诚实的人,就应严加教育,使之变得善良、诚实,怎么能善待或信任他们呢?对此,学者们从各个角度来为老子思想进行辩护,主要有这样几个方面。(1)认为老子所说的"善之""信之",指的是圣人对于不善良、不诚实的人,采用善待他们、信任他们的方法来使他们感化,从而变得善良、诚实,如河上公说:"百姓为不善,圣人化之使善也。……百姓为不信,圣人化之使信也。"(见王卡点校:《老子道德经河上公章句》,第189页)(2)认为老子主张对善人、不善人一律善待,诚实者与不诚实者一律信任,体现的正是第二十七章中所说的"圣人常善救人,故无弃人"的思想,如成玄英说:"普以平等胜教化之,令其得善。……故上经云:常善救人,而无弃人。"(《老子道德经开题序诀义疏》)(3)认为老子主张善待不善之人，信任不诚实之人，表面看来是不分是非善恶，实际上则体现了老子无为而治的思想，如王淮说："此种'兼容并蓄'之精神，实为其'无为而治'（因循放任）之基础，而无私之德（无常心）复为其所以兼容并蓄之根据，故唯无私之德，乃可无为而治也。"（《老子探义》，第195页）

笔者认为，要真正把握"不善者，吾亦善之""不信者，吾亦信之"的确切含义，我们必须把它与上两句"圣人无常心，以百姓心为心"联系起来进行理解。因为若与上两句相联系，则关于本段文字的内涵及圣人为什么会善待"不善者"、信任"不信者"，我们至少可以得出以下三点认识：

一是老子说"善者，吾善之；不善者，吾亦善之""信者，吾信之；不信者，吾亦信之"，反映的正是"圣人无常心"：因为圣人没有固定的成见，所以才会对"善者""不善者"、"信者""不信者"一视同仁，同加善待和信任。

二是圣人之所以对百姓"善之""信之"，是因为百姓有"善""信"之心。因为从根本上来说，圣人之所以有善待百姓、信任百姓之心，是因为"以百姓心为心"，亦即百姓有"善""信"之心。因为根据老子在本章中的论述，再参照社会现实，可以发现，百姓之心有一个重要的特点，就是普通百姓虽然大多注重对物质利益的追求和享受，但是从总体上来说，都是追求善良和诚实，总是希望现实社会是充满正义、善良和诚信的。这就说明，追求善良、诚信，这就是百姓之心，所以圣人才会善待、信任百姓。

三是圣人因百姓有"善""信"之心而善待、信任百姓，具体表现为"善者，吾善之；不善者，吾亦善之""信者，吾信之；不信者，吾亦信之"。对"不善者"亦善待，对"不信者"亦信任，这容易被人认为是老子不分是非，混淆善恶，其实这完全是一种误解。因为老子治国的根本原则是无为而治，即一切顺乎自然，不加人为的干预，而任百姓自由生活、发展，故圣人只是无差别地善待、信任所有的百姓，从而使百姓因受其感化而最终都变得善良、诚信。

三、"圣人皆孩之"中的"孩之"之所指

本章的最后两句"百姓皆注其耳目，圣人皆孩之"，其中的"百姓皆注其耳目"，指百姓都专注于耳目声色之享受或专注于知识、用智等。对于"圣人皆孩之"中的"孩"字，学者们多释为动词，意为像对待孩子或赤子、婴儿一样，因此，"圣人皆孩之"，意为圣人对待百姓就像对待孩子或赤子、婴儿一样，如河上公说："圣人爱念百姓如孩婴赤子"。(见王卡点校:《老子道德经河上公章句》，第190页)也就是说，"圣人皆孩之"，是指圣人对待百姓都像对待孩子一样，怀着慈祥之心，怜悯他们的无知，对"不善""不信"之人也一视同仁。

不过，在对"圣人皆孩之"的解释中，亦有一些不同的观点，如认为"圣人皆孩之"不是指圣人像对待孩子一样对待百姓，而是使百姓回到婴儿般纯洁无欲的状态，如王弼说："皆使和而无欲，如婴儿也。"(见楼宇烈校释:《老子道德经注校释》，第129页)高亨则认为，这里的"孩"应读为"阂"，意为掩闭，因此，"圣人皆孩之"指圣人掩闭百姓的耳目，使无知无识："'孩'宜读为'阂'。……此云百姓皆注其耳目，圣人皆阂之，即谓闭塞其耳目之聪明，使无见闻也，正老子之愚民政策。旧解皆失之。"(《老子正诂》)

笔者认为，把这里的"孩"释为"阂"，既属主观臆解，而且亦无此必要，因此，把"圣人皆孩之"释为圣人对待百姓都像对待孩子一样，是比较恰当的。至于把"圣人皆孩之"释为圣人使百姓回到婴儿般纯洁的状态，也是可以的，因为圣人治理百姓的目标，便是使百姓都回到婴儿般纯洁的状态，只是这样的解释，就不是对"圣人皆孩之"的直译，而是意译了。

五十章

出生入死①。生之徒②,十有三③;死之徒④,十有三;人之生生⑤,动⑥之⑦死地⑧,亦十有三。夫何故?以⑨其生生之厚。盖⑩闻善摄生⑪者,陆行不遇兕(sì)⑫虎,入军不被⑬甲兵⑭;兕无所投⑮其角,虎无所措⑯其爪,兵⑰无所容⑱其刃。夫何故?以其无死地⑲。

【译文】

人离开生就进入死。懂得保全生命而长寿的人,占十分之三;伤害生命而短寿的人,占十分之三;人们保养生命,却动辄走向死亡之地的,也占十分之三。这是什么缘故呢?是因为他们过分追求养生。听说善于养生的人,在陆地上行走不会遇到犀牛和老虎,进入军队中不会受到兵器的伤害;犀牛用不上它的角,老虎不知道把它的爪子往哪里放,兵器没有地方容纳它的锋刃。这是什么缘故呢?是因为他没有可以致死的地方。

【注释】

①出生入死:离开生就进入死。一说指出世为生,入地为死;一说从出生到死亡的过程。
②生之徒:指懂得保全生命而长寿的一类人。徒:类;属。一说通"途",指途径、道路。
③十有三:指占十分之三。一说即十三。
④死之徒:指伤害生命而短寿的一类人。
⑤生生:指养生,求生。王弼本作"生",傅奕本、范应元《老子道德经古本集注》等作"生生",帛书甲乙本亦作"生生",据之以改。
⑥动:常常;动辄。一说指活动;一说指妄动。
⑦之:至;往。　⑧死地:死亡之地。
⑨以:因为。　⑩盖:语气词。多用于句首。
⑪摄生:养生;保养身体。摄:保养。
⑫兕:古代指犀牛。一说指雌性犀牛。
⑬被:受;遭受。　⑭甲兵:铠甲和兵械。泛指兵器。　⑮投:用。　⑯措:安放。
⑰兵:指兵器。　⑱容:容纳;容受。一说通"庸",指用、使用。　⑲无死地:没有可以致死的地方。一说指没有进入死亡的范围或境地。

【解读】

　　本章的宗旨,是论述如何对待生死及如何正确地养生的问题。首先,老子把世上的人归为三类:一类是"生之徒",即懂得保养生命而长寿的人;一类是"死之徒",即伤害生命而短寿的人;一类是"生生"即保养生命却"动之死地"即动辄走向死亡的人。老子说,这三类人各"十有三",即各占十分之三。老子还特别强调说,第三类人"生生"而"动之死地"的原因,是他们过分重视养生,亦即不能正确地养生。接着,老子为我们指出了能正确地养生的人的特点:"兕虎""甲兵"都伤害不了他。为什么呢?老子说:因为他没有可以致死的地方。

　　关于本章文字,古今学者在理解上存在的争议较多,对此,笔者拟从以下五个方面展开介绍和论述:一是对"出生入死"的各种不同理解;二是"十有三"的确切含义;三是"人之生生,动之死地"的含义及其不同的文字表述;四是三个"十之三"之外是否存在一个"十之一";五是"善摄生"的内涵及为什么"善摄生者"不会"遇兕虎""被甲兵"。

一、对"出生入死"的各种不同理解

　　众所周知,"出生入死"是一个成语,意为冒着生命危险,随时都有死的可能。该成语的出典就是《老子》本章。然而,"出生入死"在这里的意思可不是指冒着生命危险,而是另外的意思。那么老子所说的"出生入死"是什么意思呢?对此,学者们有各种不同的理解。其中有代表性的,主要有这样四种。(1)认为"出生入死"指从生下来开始,到死亡结束,如韩非子说:"人始于生而卒于死。始之谓出,卒之谓入。"(《韩非子·解老》)(2)认为"出生入死"指离开"生地"(即可以保全生命之地),进入"死地"(即死亡之地),或脱离生而进入死,如魏源说:"天下惟生死二者,出乎生则入乎死矣。"(《老子本义》,第101页)(3)认为"出生入死"指出于世为生,入于地为死,如蒋锡昌说:"此言人出于世为生,入于地为死"。(《老子校诂》,第310页)(4)认为"出生入死"指从无显现为有,又从有而归于无,如吴澄说:"出则生,入则死。出谓自无而见于有,入谓自有而归于无。"(《道德真经注》)

　　笔者认为,"出生入死"的确切含义,取决于老子在这里说此话的目的。从本章下面的文字来看,老子主要为我们概括了世上三种不同类型的人:一种是懂得保全生命而长寿的人,一种是伤害自己生命

老子·五十章

273

而短寿的人，一种是过分求生而走向死地的人，从而说明正确地对待生命的重要性。据此，则老子在这里说"出生入死"，无疑是要提醒人们：生命只有两种状态，要么活着，要么死亡；如果能正确地对待生命，就能长寿，甚至还能像后文所说的"善摄生者"那样"无死地"；如果不能正确地对待生命，便会短寿或"动之死地"即动辄走向死亡。因此，在上述四种理解中，第二种理解当更符合老子的本意："出生入死"，指离开可以保全生命之地，就进入死亡之地，简而言之，即离开了生，就进入死。

二、"十有三"的含义：指十分之三，还是九窍四肢？

"生之徒，十有三""死之徒，十有三""人之生生，动之死地，亦十有三"，在这三段话中，都有"十有三"三个字，那么这里的"十有三"是什么意思呢？

对于"十有三"的含义，古代学者有各种不同的理解，其中有代表性的，主要有这样两种。(1)认为"十有三"指四肢（或四关）与九窍加起来之和，如韩非子说："人之身三百六十节，四肢、九窍，其大具也。四肢与九窍十有三者。"(《韩非子·解老》)(2)认为"十有三"指十分中有三分，亦即十分之三的意思，如王弼说："十有三，犹云十分有三分。"(见楼宇烈校释：《老子道德经注校释》，第135页)

当代学者则大多支持上述第二种观点，如劳健说："十有三犹云十分有三分，其义至明。……《韩非》乃谓人生有四肢九窍合为十三，支离已甚。"(《老子古本考》)任继愈亦说："'十有三'，十分之三。这只是一种大致的说法，用通常的说法，就是占三成。"(《老子绎读》，第109页)

由上可知，把"十有三"释为十分之三，是古今绝大多数学者的观点。而把"十有三"释为九窍四肢，无疑是很牵强的，而且也没有多大的意义，因为人有九窍四肢，是一个平常之极的常识，老子在此反复强调这样的常识，是不可能的事情。

三、"人之生生，动之死地"的含义及其不同的文字表述

"人之生生，动之死地"中的"生生"，学者们多释为"求生""养生"的意思，如高亨说："生生，犹养生也。"(《老子注译》，第83页)笔者认为，"生生"的后一个"生"字当指生命。前一个"生"字，可释为养育、保养，则"生生"为保养生命即养生的意思；亦可释为使生存的意思，则"生生"指使生命生存。两者的意思差不多，但释为保养生

命要更顺畅,意思亦更清楚些。

"动之死地"中的"死地",指死亡之地。"之",学者们多释为至、往的意思,如林希逸说:"之,往也。"(《道德真经口义》)然而,对于"动之死地"中的"动"字,学者们则有明显不同的两种理解。一种认为指动作、活动或妄动之类,如张松如说:"由于活动而致于死地"。(《老子说解》,第283页)一种则认为指动辄、往往的意思,如林希逸说:"'动'非动静之'动',乃动辄之'动'也。"(《道德真经口义》)笔者认为,"动"有活动、动作的意思,但无躁动、妄动的意思,但是说人"由于活动而致于死地",意思又不够明晰,因为人生在世,不可能不活动。因此,相比之下,释这里的"动"为常常、动辄,而释"人之生生,动之死地"为:人们保养生命,却常常走向死亡之地,在意思上要更恰当些。

在此必须指出的是,"人之生生,动之死地,亦十有三"一段文字,各种《老子》本子存在诸多的差异。如王弼本、陆希声《道德真经传》等作"人之生,动之死地,亦十有三",范应元《老子道德经古本集注》作"民之生生,而动之死地,亦十有三",《韩非子·解老》引《老子》作"民之生,生而动,动皆之死地,之十有三",傅奕本作"而民之生,生而动,动皆之死地,亦十有三",等等。笔者认为,其中最值得我们注意的,是"人之生生"一句,其中的"人",是否应作"民";"生生",是否应作"生"。

先来看第一个问题。从历史上的各种《老子》本子来看,《韩非子·解老》、严遵《老子指归》、傅奕本等均作"民",而不作"人"(具体文字表述则各有不同);帛书甲乙本亦作"民",具体文字为"而民生生"。因此,高明明确指出,该句文字应从帛书本作"而民生生"。(见《帛书老子校注》,第66页)刘笑敢则认为,这里作"人"或"民"均有其道理:"从思想诠释的角度来看,作'人'并无不妥;从文本校勘的角度来看,则以'民'为是。"(《老子古今》,第526页)

笔者认为,刘笑敢的观点是较有道理的。因为从版本情况来看,《韩非子·解老》、傅奕本、范应元《老子道德经古本集注》等均作"民",帛书甲乙本亦作"民",因此,《老子》原文或有可能即作"民"。但是,从客观意思来分析,老子在此说的"生之徒""死之徒""动之死地"者,是就社会上的所有人而言的,并非专指"民"而言。因此,这里若作"民",则"生生,动之死地"的统治者便被排除在外,而这无疑是不妥当的。故笔者认为,这里应以作"人"为妥。

接下来我们再来看"生"与"生生"的问题。"人之生生"一句,历史上有代表性的《老子》本子如河上公本、王弼本、景龙碑本等多作"人之生",唯范应元《老子道德经古本集注》作"民之生生",《韩非子·解老》作"民之生生而动",傅奕本作"而民之生生而动",然而帛书甲乙本均作"而民生生",因此,一些学者明确指出,这里应作"生生",不应作"生",如高亨说:"生生,王弼本不重'生'字,傅奕本、帛书甲乙本、《韩非子·解老》引均重,今据增。"(《老子注译》,第83页)

而从古代学者对"人之生"一句的解释来看,主要有两种不同的理解,一种是释为人在世上或人在天地之间,如林希逸说:"民之生者,言人之在世"。(《道德真经口义》)但较多的学者则把它释为人求生、养生的意思:"而民生生之厚,更之无生之地焉。"(王弼,见楼宇烈校释:《老子道德经注校释》,第135页)"虽志在爱生而不免于趋死者亦三。"(司马光:《道德真经论》)

笔者认为,这些学者之所以会把"人之生"释为人求生或养生,是因为下句为"夫何故?以其生生之厚";也就是说,根据人们动辄走向死地的原因是求生或养生过度,可以推断"人之生"是指人们求生或养生。既然如此,则不如直接把"人之生"改为"人之生生",这样在意思上更为明确,更能避免歧解,更何况这样的表述还有帛书本、《韩非子·解老》及傅奕本等众多本子的支持。

四、三个"十有三"之和为"十有九",是否另外还存在"十有一"?

老子说"生之徒,十有三;死之徒,十有三;人之生生,动之死地,亦十有三",指的便是世上三种不同类型的人:一种是懂得保全生命因而长寿的,这类人能在某种程度上做到清心寡欲,行动不违自然;一种是伤害生命因而短寿的,这类人纵欲无度,以身徇欲;一种是想要养生保生,却反而导致死亡的。因此,老子在这里列举的这三种人,基本上涵括了社会上所有的人。

不过,也有学者认为,老子这里说的三个"十有三",加起来为十分之九,而剩下的十分之一,则指的是"不生不死之道"或"善摄生"者:"生死之道以十言之,三者各居其三矣,岂非生死之道九,而不生不死之道一而已乎?"(苏辙:《老子解》)"这十分之九皆不在'善摄生'之列。另外的十分之一,则是不妄为、任自然、注意'营魄合一'的形神修炼的'善摄生'者。"(陈鼓应:《老子今注今译》,第257页)

对于此类观点，一些学者明确表示反对，如劳健说："苏辙则云：《老子》言其九，不言其一，使人自得之，亦属迂论。夫十之三犹三之一耳，必欲拘于筭（suàn）数求之，弥多困踬（zhì）矣。"（《老子古本考》）

笔者认为，从老子的文字来看，既然说"生之徒""死之徒""动之死地"者各占十分之三，而这三者加起来为十分之九，则从严谨的角度来说，便很自然地会产生剩下的十分之一是什么样的人的问题，因此，苏辙等人的观点亦并非无稽。但是，若说剩下的十分之一的人属于"善摄生者"，则又明显存在问题，因为根据老子下文对于"善摄生者"的描述："盖闻善摄生者，陆行不遇兕虎，入军不被甲兵，……以其无死地。"这样的"善摄生者"，在现实生活中谁都没有见过，老子也明确说是"盖闻"即听说，怎么可能占人数的十分之一呢？因此，较为合理的理解，应是把这里的"十有三"视作约数，三个"十有三"相加虽为"十有九"，但已包含了除"善摄生者"之外的几乎所有的人。

五、"善摄生"的内涵及为什么"善摄生者"不会"遇兕虎""被甲兵"

"盖闻善摄生者"中的"盖"，是用于句首的语气助词，在此表示某种不完全确定的意思。"善摄生者"中的"摄生"，学者们大多认为指养生、保养身体，因此，"善摄生者"即善于养生的人。如林希逸说："言我闻古之善养生者"。（《道德真经口义》）而所谓善于养生，按照老子的思想宗旨，指的当是善于修道悟道之人，因为其所追求的是"道"，故能做到清静无为，不受外物的影响。

"陆行不遇兕虎"，即在陆地上行走，不会遇到犀牛和老虎。那么老子为什么说善于养生的人在陆地上行走不会遇到犀牛和老虎呢？综合一些学者的相关解释，可以发现主要有两个原因：一是善于养生之人会主动远离"兕虎"；二是善于养生之人无害物之心："善摄生之人，不起心害物，所以陆行不遇于兕虎。"（《唐玄宗御制道德真经疏》）"善摄生之人，避害远祸，如若不及；其陆行也，不至兕虎出没之处，故决不为兕虎所遇"。（蒋锡昌：《老子校诂》，第313页）

"入军不被甲兵"中的"入军"，当指进入军队中，在这里可引申指在军中作战或在战争中。"不被甲兵"中的"甲兵"，意为铠甲和兵械，泛指兵器、武器。"不被甲兵"中的"被"，学者们主要有两种解释，一种认为是受、遭受的意思,一种则解释为表被动义的让、为。笔者认为,这两种理解意思差不多。因此,"入军不被甲兵",即进入军中而不会受到兵器的伤害。那么,为什么说善于养生的人进入军中不会受到兵器的伤害呢?对此,学者们的解释大抵与"陆行不遇兕虎"类似,如林希逸说:"入于军旅之中而不被兵甲,惟其无心则物不能伤之。"(《道德真经口义》)蒋锡昌说:"其入军也,不至敌人戒线之内,故决不为甲兵所加。"(《老子校诂》,第313页)也就是说,善于养生的人虽然进入军中,但他或无心去伤害别人,或远离敌人,当然就不会受到兵器的伤害了。

在笔者看来,对于"善摄生者"为何能不受"兕虎""甲兵"伤害的问题,值得我们注意的主要有这样三个方面:一是老子说"盖闻善摄生者",即听说善于养生的人,这就说明,这样的"善摄生者"老子只是听别人说的,他自己并没有亲眼见过。二是老子虽然自己没有亲眼见过,但是他在此把自己听到的事情转述出来,并加上"以其无死地"的判语,则说明老子是相信存在这样的"善摄生者"的。三是由前面的介绍可知,老子这里所说的"善摄生者",亦即圣人或得道之士,是与"道"合一之人。而"道"的特性是不生不灭,无物可凌驾于其上,"善摄生者"既然与"道"合一,便同时拥有了"道"的特性,进入了不死不灭之境,区区"兕虎""甲兵"怎么可能伤害得了他呢?因此,问题的关键,在于作为一个人,是否能真的与"道"合一,如何与"道"合一,而不是与"道"合一之人能否不受"兕虎""甲兵"的伤害。

五十一章

道①生之②,德③畜④之,物形之⑤,势⑥成之。是以⑦万物莫不尊⑧道而贵⑨德。道之尊,德之贵,夫⑩莫之命⑪而常自然⑫。故道生之,德⑬畜之,长(zhǎng)⑭之育⑮之,亭⑯之毒⑰之,养⑱之覆⑲之。生而不有⑳,为㉑而不恃㉒,长(zhǎng)㉓而不宰㉔,是谓玄德㉕。

【译文】

道生成万物,德养育万物,赋予万物以不同的形状,客观的环境和趋势成就万物。所以万物没有不尊崇道而重视德的。道受到尊崇,德受到重视,并没有谁来命令,而永远是自然而然的。所以道生成万物,德养育万物,使万物成长、繁殖,使万物稳定、平安,使万物得到资养和庇护。生成万物而不去占有,有作为而不自恃其能,使万物成长而不做主宰,这叫作深奥玄妙的德。

【注释】

①道:见第一章注①。　②之:指万物。③德:指道显现出来的作用。也指万物得自道的特殊性质。　④畜:养育;畜养。　⑤物形之:指赋予万物以不同的物的形状。形之:赋予万物以形状。　⑥势:指客观的环境和趋势。一说指事物内蕴的必然趋向;一说指外部环境;一说应据帛书甲乙本改为"器"。　⑦是以:因此;所以。　⑧尊:尊崇;敬重。　⑨贵:崇尚;重视;以为宝贵。　⑩夫:助词。用于句首,表发端。　⑪莫之命:指没有谁来命令。命:有的本子作"爵"。　⑫自然:自己如此。⑬德:有的本子无"德"字。　⑭长:生长;成长。　⑮育:生育;繁殖。　⑯亭:定,指稳定。一说即"成"。　⑰毒:安,指平安。一说即"熟"。　⑱养:资养。　⑲覆:遮盖;庇护。　⑳有:占有;取得。　㉑为:作为。㉒恃:依赖;倚仗。　㉓长:一说指长养,即抚育培养;一说指任万物自行生长。　㉔宰:主宰;宰制。　㉕玄德:深奥玄妙之德。玄:深奥;玄妙。

【解读】

本章主要包含两个方面的内容：一是说明"道"和"德"创生、养育了万物，即所谓"道生之，德畜之"，故"道"和"德"自然受到万物的尊崇和重视；二是说明"道"和"德"虽然创生、养育了万物，但"道"和"德"却并不因此而占有万物或居功自傲，而是"生而不有，为而不恃，长而不宰"，此种只讲奉献而不求回报的德性，老子亦称之为"玄德"即深奥玄妙的德。

需要指出的是，对于本章文字的理解，学者们存在不少的争议；对于本章的文字，一些《老子》本子亦有不同的表述。对此，笔者拟从以下四个方面展开介绍：一是"德"的含义及"德畜之"的内涵；二是"物形之"的确切含义；三是"势成之"的内涵及其是否应作"器成之"；四是"亭之毒之"的含义及其是否应作"成之熟之"。

一、"德"的含义及"德畜之"的内涵

在本章的一开头，老子说："道生之，德畜之"。对于"道生之"中的"之"，古今学者一致认为，它指的就是万物，因此，"道生之"即"道"生万物的意思，如蒋锡昌说："'道生之'，言道生万物也。"（《老子校诂》，第316页）

"德畜之"中的"之"，与"道生之"中的"之"一样，指的亦是万物。对于其中的"畜"字，学者们多释为"畜养""养"的意思，如范应元说："畜，养也。生物者道也，养物者德也。"（《老子道德经古本集注》，第90页）因此，这里值得我们注意的是"德"的含义。

关于"德"的含义，学者们主要有这样三种理解。(1)认为"德"即是"一"，如河上公说："德，一也。一主布气而畜养〔之〕。"（见王卡点校：《老子道德经河上公章句》，第196页）(2)认为"德"是"道"与万物之间的一个阶段，"道"是"无"，"德"则是"道"的显现，是"有"，如林希逸说："道，自然也，无也，……德则有迹矣，故曰畜之。畜者，有也。"（《道德真经口义》）(3)认为"德"是万物得自"道"的特性，如张岱年说："德是一物所得于道者。德是分，道是全。一物所得于道以成其体者为德。德实即是一物之本性。"（《中国哲学史大纲》，第69页）

在上述三种理解中，前两种理解的实质是一样的，即都认为"德"是"道"的作用的显现，只不过第一种理解明确把这种显现称为"一"，因此，上述三种理解亦可归纳为两类理解。但是，这两类理解却存在实质性的区别：第一类理解把"德"视为高于万物的存在，认为是它畜养了万物；第二类理解则把"德"视为万物本身具有的特性，因此，所谓"德畜之"，指的是万物自己畜养自己。

那么，哪一种理解更有道理呢？对此，笔者认为，这里的"德"，应当侧重于指"道"的作用的显现，它包括两个方面的内容：其一为赋予万物以"道"的特性；其二为畜养万物。因为既然把"畜之"理解为畜养万物，则仅把"德"理解为万物得自"道"的特性，而认为"德畜之"指万物自己畜养自己，这样的理解无疑是很别扭的。

二、众解纷纭的"物形之"

对于"物形之"一句的含义，学者们的理解存在很大的分歧，其中较具代表性的主要有这样两种理解。（1）认为"物形之"指万物各有其形象或形态，如李荣说："生畜于物，物各有形。"（《道德真经注》）高亨亦说："万物各成其形。"（《老子注译》，第85页）（2）认为"物形之"中的"物"指的是物种，因此，所谓"物形之"，指不同类型的物种形成万物，如蒋锡昌说："'物'指各类生物不同形之物种而言，如马相禅为马，狗相禅为狗，人相禅为人是也。……'物形之'，言各类不同形之物种形成万物也。"（《老子校诂》，第316页）

此外还有各种别的理解，如河上公认为"物形之"的主语是"一"，因此"物形之"指"一为万物设形象也"。（见王卡点校：《老子道德经河上公章句》，第196页）成玄英认为"物形之"是对"道生之"的进一步解释，指物因为禀有"道"而具有形质："'物形'言禀道而有形质。此释'道生之'也。"（《老子道德经开题序诀义疏》）苏辙认为"物形之"中的"之"指"道"和"德"，"物形之"指"道"和"德"凭借物而得以显现："然而道德则不能自形，因物而后形见。"（《老子解》）等等。

由上可知，要弄清"物形之"的确切含义确实存在较大的难度。但是，上述第一种理解把"物形之"释为万物各有其形象或形态，无疑有简单化之嫌，因为说万物各有其形象或形态，是极其普通的常识，惜墨如金的老子似没有必要在此重复这样的常识。第二种理解把"物"释为物种，认为"物形之"指不同的物种形成了万物，这在逻辑上虽颇能自圆其说，但说这里的"物"指物种，毕竟属于一种纯粹主观的猜测，因为我们在《老子》一书中找不到其他的旁证。因此，相比之下，河上公和成玄英的理解反而更值得我们注意。河上公与成玄英的具体解释虽然并不相同,但都认为"物形之"指赋予万物以形象的意思,不同的只是河上公认为此形象是"一"赋予的,而成玄英认为是"道"赋予的,当然,"道"与"一"在本质上亦是相通的。因此,笔者认为,以河上公和成玄英的理解为基础,把"物形之"释为赋予万物以不同的物的形状,是一种相对合理的解释。

三、"势成之"的内涵及其是否应作"器成之"

与对"物形之"的理解相似,对于"势成之"的含义,学者们亦是众解纷纭。其中值得我们注意的,主要有这样两种观点。(1)认为"势"指阴阳、寒暑等各种客观的外部环境条件,"势成之"指这些环境条件使万物得以成长或成就,如唐玄宗说:"'势成'者,言道为万物作天时地利,阴阳之势,而物资之以成,故云'势成之'。"(《唐玄宗御制道德真经疏》)(2)认为"势"指事物内蕴的某种必然的趋向,"势成之"指此种必然的趋向使事物得以完成或成就,如张默生说:"物既成形,则形形相生,以成其为万物,而永无穷尽;此必有一种力主乎其中,这种力,即叫做势。"(《老子章句新释》,第67页)

笔者认为,万物的成就或完成,既需要客观的外部环境,又受其内在的必然趋势的影响,因此,把以上第一、二两种理解结合起来,把"势"释为客观的环境和趋势,当更为完整。故所谓"势成之",当指的是客观的环境和趋势成就万物。

值得注意的是,"势成之"中的"势",帛书甲乙本作"器",据此,高明认为,这里应作"器成之",意为"所成者器也":"甲、乙本'器成之',今本多同王本作'势成之'。……当从帛书甲、乙本作'器成之'。夫物生而后则畜,畜而后形,形成而为器。其所由生者道也,所畜者德也,所形者物也,所成者器也。"(《帛书老子校注》,第70页)一些学者亦持与高明相同的观点,认为这里应作"器成之",如高亨说:"汉帛书甲乙两本均作'器',今据改。'器成之',器成其器。"(《老子注译》,第85页)刘笑敢亦说:"比较起来,帛书本'道、德、物、器'的排列更符合从高到低,从抽象到具体的逻辑顺序。"(《老子古今》,第530页)

笔者认为,这里的文字还是以作"势成之"为妥,一是因为历史上流传的有代表性的《老子》本子多作"势成之",帛书本作"器成之"仅为孤证,不宜据此孤证便直接改变原文。二是从上述主张作"器成之"的学者对"器成之"的含义的解释来看,所谓"所成者器也""器成其器"的说法在意思上亦不是十分清晰。

四、"亭之毒之"的含义及其是否应作"成之熟之"

对于"亭之毒之"的含义,学者们在理解上的分歧亦较多,概括起来,主要有这样三种理解。(1)认为"亭"是"定"的意思,"毒"是"安"的意思,因此,"亭之毒之"即使万物安定的意思,如奚侗说:"亭之毒之,谓定之安之也。《说文》:'亭,民所安定也。'引申有安定谊。……《广雅·释诂》:'毒,安也。'"(《老子集解》,见《老子注三种》,第120页)(2)认为"亭"即"成","毒"即"熟",因此,"亭之毒之"即"成之熟之"的意思,如高亨说:"'亭'读为'成','毒'读成'熟'。……成熟万物"。(《老子注译》,第85页)(3)认为"亭"是结果实的意思,"毒"是成熟的意思,如任继愈说:"使万物结果、成熟"。(《老子绎读》,第112页)

值得注意的是,"亭之毒之"一句,河上公本作"成之孰之",景龙碑本作"成之熟之",因"孰"为"熟"之古字,故"成之孰之"即"成之熟之"。对此,蒋锡昌认为,这里应作"亭之毒之":"诸本'亭之毒之'作'成之熟之',非是。"(《老子校诂》,第319页)另外,帛书乙本亦作"亭之毒之"(甲本残损),故高明认为,《老子》原本应作"亭之毒之":"譣(yàn)之帛书,甲、乙二本同作'亭之毒之',足证《老子》原本即当如此。"(《帛书老子校注》,第73页)

综上所述,笔者认为,考虑到王弼本、傅奕本及帛书乙本该句文字均作"亭之毒之",故这里还是以作"亭之毒之"为妥。至于"亭之毒之"的含义,笔者认为,在上述三种理解中,第三种理解释"亭"为结果实,然而,"亭"字并无结果实的义项,故此种理解不确。第二种理解释"亭"为"成",释"毒"为"熟",当是受有的本子原文作"成之熟之"的影响,亦值得商榷。因此,笔者倾向于作第一种理解,释"亭"为"定","毒"为"安",故"亭之毒之"即使万物稳定平安的意思。

五十二章

天下①有始②，以为天下母③。既得其母，以知其子④；既知其子，复守⑤其母，没身⑥不殆⑦。塞其兑⑧，闭其门⑨，终身不勤⑩。开其兑，济⑪其事，终身不救⑫。见小⑬曰⑭明⑮，守柔曰强⑯。用其光⑰，复归⑱其明⑲，无遗⑳身㉑殃㉒，是谓㉓袭㉔常㉕。

【译文】

天下万物有其本始，它是天下万物的根源。既然悟得了天下万物的根源，就能认识天下万物；既然认识了天下万物，又持守天下万物的根源，终身都不会有危险。堵塞欲望的窍穴，关闭欲望的门户，终身都不会感到辛劳。开启欲望的窍穴，去完成满足欲望的事情，终身都不能得到解救。能洞见微妙就叫作"明"，能持守柔弱就叫作"强"。运用智慧之光，又回复内在之明，不会给自己带来灾祸，这叫作承袭常道。

【注释】

①天下：这里指天下万物。　②始：本始，即原始、本初的意思。这里指道。　③母：母亲。这里指根源、根本，亦即是道。　④子：指天下万物。　⑤守：持守。　⑥没身：终身。　⑦殆：危险。　⑧兑：这里指耳、目、鼻、口等窍穴。　⑨门：指人身上的孔窍。　⑩勤：劳倦；辛苦。　⑪济：完成；成就。一说指增益、增添。　⑫救：解救。一说指"治"。　⑬小：这里指微妙之道，也指事物细微的征兆。　⑭曰：则。也指叫作。　⑮明：明智；明察。　⑯强：强大。也指坚强。　⑰光：光明。这里指智慧。　⑱复归：回复；返回。　⑲明：内心之光明，实即指道。　⑳遗：给予。　㉑身：自身；自己。　㉒殃：祸患；灾难。　㉓谓：王弼本作"为"，河上公本、傅奕本、景龙碑本等均作"谓"，帛书甲乙本亦作"谓"，据之以改。　㉔袭：承袭；因顺。一说指掩藏。有的本子作"习"。　㉕常：指常道。

【解读】

　　本章指出，天下万物有一个总的根源，这个根源就是"道"，即所谓"天下有始，以为天下母"。因此，对"道"的体悟、持守就是十分重要的事情，它不仅可以使人更好地认识万物，还可以使人"没身不殆"，即终身都不会有危险。

　　那么如何体悟和持守这个"道"呢？对此，老子提出了一系列的方法，包括"塞其兑，闭其门""见小""守柔""用其光，复归其明"，等等。而究其实质，便是排除外界事物的诱惑，遵循"道"的柔弱无为的原则，以达到无思无欲的境界。

　　关于本章内容，值得我们注意的主要有以下四个方面：一是"天下有始，以为天下母"的含义；二是"既得其母，以知其子"中"得"与"子"的确切含义；三是"塞其兑，闭其门"中"兑"与"门"的含义；四是"袭常"的含义及其是否应作"习常"。

　　一、"天下有始，以为天下母"的含义

　　"天下有始，以为天下母"中的"天下"，学者们有的释为"天下万物"，有的释为"万物"，有的释为"天地万物"。笔者认为，若泛泛而言，把"天下"释为天下万物、万物、天地万物都是可以的，不过，考虑到老子在第一章中说"无名，天地之始；有名，万物之母"，第六章中说"玄牝之门，是谓天地根"，等等，常常把"天地"和"万物"分开来使用，并赋予不同的含义，但在第四十章中说"天下万物生于有"，明确把天下与万物连在一起使用；且古人在使用"天下"的概念时，通常指的是中国范围内的全部土地，而非天地的意思，因此，在此还是把"天下"释为天下万物或万物较为恰当。

　　"天下有始"中的"始"，学者们多认为指"道"，如河上公说："始，道也。"（见王卡点校：《老子道德经河上公章句》，第199页）"天下母"中的"母"字，学者们认为指的也是"道"，如张默生说："'始'与'母'，皆指'道'言。"（《老子章句新释》，第67页）那么为什么称"道"为"母"呢？对此，学者们认为，那是因为"道"创生并养育万物，仿佛母亲一样，如高亨说："道生天下万物（包括人类），所以为天下万物之母。"（《老子注译》，第86页）

　　"以为天下母"中的"以为"，学者们有的释为"作为"，有的释为"为"，有的释为"成为"，笔者认为，当以释为"为""是"为妥。因此，所谓"天下有始，以为天下母"，意即天下万物有其本始（即"道"），它是天下万物的母亲。

在此需要进一步指出的是,既然这里的"天下"指天下万物或万物,则这里的"天下有始"中的"始",指的当是"道"的作用而非"道"的本体。因为我们在分析第一章"无名,天地之始;有名,万物之母"时已经指出,"无名,天地之始",指"道"的本体是天地的本始;"有名,万物之母",指的是"道"的作用是万物的母亲。而这里说"天下有始,以为天下母",即天下万物有其本始,是天下万物的母亲,则这里的"始",无疑即是"道"的作用。

二、"既得其母,以知其子"中"得"与"子"的确切含义

在论述了"道"为天下万物之母后,老子接着说:"既得其母,以知其子;既知其子,复守其母,没身不殆。"对于"既得其母"中的"得"字,学者们主要有两种理解。一种认为是知道、认识的意思,如河上公说:"既知道已"(见王卡点校:《老子道德经河上公章句》,第199页),林语堂说:"既能认知天地万物之母的道"。(《老子的智慧》,第192页)一种认为,这里的"得"指体悟、获得的意思,并非指简单的知道、了解,如吕惠卿说:"今我既得其母,以与心契矣,非特闻之而已也"。(《老子吕惠卿注》,第57页)

笔者认为,在上述两种理解中,第二种理解要更为合理些,因为既然老子说"既得其母,以知其子",而不是说"即知其母,以知其子",说明此"得"字与"知"字肯定存在差别。而据前面所述,这里的"母"指的是"道",故所谓"得其母"亦即"得道"的意思,因此,把这里的"得其母"理解为与"道"契合或对"道"的体悟,是比较恰当的。

"以知其子"中的"子",学者们通常认为指天下万物或万物,因为前面既说"以为天下母",意即是天下万物之母,则此"母"之"子"当然就是天下万物了,如奚侗说:"道为母,万物为子"。(《老子集解》,见《老子注三种》,第120页)

然而,也有学者认为这里的"子"不是指万物,而是指"一",如范应元说:"子者一也,虚而无形,以万物同得,此所以谓之一也。"(《老子道德经古本集注》,第91页)

笔者认为,这里的"母",指的就是"道"的作用,而"道生一"中的"一",指的也是"道"的作用(可参见第四十二章关于"道生一"的论述),因此,这里的"子",不应指"一",而应指万物。

有了对"既得其母,以知其子"的意思的把握,则接下来的"既知

其子,复守其母,没身不殆"的意思便比较清楚了:既然认识了天下万物,又持守天下万物的根源,终身都不会有危险。由此可知,自"天下有始"至"没身不殆",老子以"母"与"子"的关系作喻,较为完整地论述了"道"与天下万物的关系:天下万物均由"道"创生,故只要把握了"道",便可充分认识天下万物;但认识了天下万物以后,又应不受外物影响,无欲无为,从而复归于"道";只有这样,才能平安长久,而无危险。

三、"塞其兑,闭其门"中"兑"与"门"的含义

老子说"塞其兑,闭其门,终身不勤",对于"塞其兑"中的"兑"的含义,古今学者可谓歧见纷纭,其中值得我们注意的,主要有这样两种理解。(1)认为"兑"是口的意思,引申指人与万物接触交流的孔窍如眼、耳、鼻等,因此,"塞其兑"便是指堵塞感官,不使产生欲望或知识的意思,如奚侗说:"《易·说卦》:'兑为口。'引申凡有孔窍者皆可云'兑'。……塞兑闭门,使民无知无欲,可以不劳而理矣。"(《老子集解》,见《老子注三种》,第120页)(2)认为"兑"指内心产生欲望之处,"塞其兑"指不使内心与外物相联系而产生欲望,如吕惠卿说:"心动于内,而吾纵焉,是之谓有兑,有兑则心出而交物,我则塞其兑而不通,不通则心不出矣。"(《老子吕惠卿注》,第58页)

从以上对"兑"的解释来看,虽然具体解释各不相同,但是有一点是共同的,即多认为它跟内心的欲望与外物的诱惑有关,而人的眼、耳、口、鼻等感官正好是内心的欲望与外物相沟通的桥梁,因此,笔者认为,把这里的"兑"释为人身上的窍穴,具体指眼、耳、鼻、口等感官,是比较恰当的。而"塞其兑",就是堵塞欲望的窍穴的意思。

对于"闭其门"中的"门"的含义,学者们亦有各种不同的理解,其中值得我们注意的,主要有这样三种。(1)认为"门"指事物出入之门,"闭其门"指不使事物出入的意思,如王安石说:"以事对门者,闭其门,则事之不入可知矣"。(见容肇祖辑:《王安石老子注辑本》,第46页)(2)认为"门"指人的精神出入之门,"闭其门"指使精神不出,无知无欲的意思,如奚侗说:"'门'谓精神之门,塞兑闭门,使民无知无欲"。(《老子集解》,见《老子注三种》,第120页)(3)认为"门"指事物与人的欲望相通之门,"闭其门"指不让外物入而扰乱心神的意思,如吕惠卿说:"物引于外,而吾纳焉,是之谓有门,有门则物入而扰心,我则闭其门而不纳,不纳则物不入矣。"(《老子吕惠卿注》,第

58页）

　　笔者认为，上述三种理解，虽具体解释不同，但意思其实是差不多的，因为无论把"门"释为事物出入之门，还是精神出入之门，或事物与人的欲望相通之门，指的都是人的内心与外物交流的通道，因此，这里的"门"，与上句的"兑"一样，指的也是人身上的孔窍，如鼻、耳、口之类。而所谓"闭其门"，指的即是关闭欲望的门户的意思。所以，"闭其门"的意思与"塞其兑"其实是一样的，老子只是用不同的文字来表达同样的意思，以强调防止嗜欲、保持无知无欲的重要性。

　　对于"终身不勤"中的"勤"字，古今学者多释为勤苦、劳倦的意思，如河上公说："人当塞目不妄视，闭口不妄言，则终身不勤苦。"（见王卡点校：《老子道德经河上公章句》，第199页）笔者认为，一个人能闭塞欲望的孔窍，不受外物的诱惑，则自然清静无为，身体安逸而不辛劳，因此，把这里的"勤"释为辛苦、劳倦，意思上是十分顺畅的。故所谓"终身不勤"，即终身都不会感到辛劳。

　　四、"袭常"的含义及其是否应作"习常"

　　本章的最后一句为"是谓袭常"，对于其中的"常"字，学者们多释为"常道"或"真常之道"，如王弼说："道之常也。"（见楼宇烈校释：《老子道德经注校释》，第140页）奚侗说："常，常道。"（《老子集解》，见《老子注三种》，第121页）对于"袭常"的含义，学者们则有各种不同的理解，其中有代表性的，主要有这样三种。（1）认为"袭常"的"袭"，是承袭、因顺的意思；"常"，指"常道"或"真常之道"。因此，所谓"袭常"，指承袭常道或因顺常道的意思，如蒋锡昌说："是谓因顺常道也。"（《老子校诂》，第325页）（2）认为这里的"袭"，是遮盖、掩藏的意思；"常"，指常道或真常之道。因此，"袭常"即密用或密传常道的意思，如范应元说："能如是，则不赘此身殃咎，是谓密传常道也。"（《老子道德经古本集注》，第92页）（3）认为这里的"袭常"，即第二十七章中的"袭明"，指掩藏光明的意思，如朱谦之说："此云'袭常'，与二十七章'是谓袭明'，同有韬光匿明之意。"（《老子校释》，第217页）

　　那么，如何看待以上各种不同的理解呢？笔者认为，我们首先应该明确的，是这里的"常"，应当释为常道的意思；既然把"常"释为常道，则把"袭常"释为承袭常道或因顺常道就是比较恰当的。因此上述第一种理解是较为合理的。第三种理解认为"袭常"即第二十七章中的"袭明",这也是很有道理的,但它把"袭常"释为掩藏光明,则存在不足,因为我们在解释第二十七章"袭明"的含义时已明确指出:"所谓'袭明',便是承袭或因顺'道'的意思。"至于第二种理解把"袭"释为遮盖、掩藏,而把"袭常"释为密用或密传常道,则其意思显得比较晦涩。

值得注意的是,"是谓袭常"中的"袭常",河上公本、王弼本、景龙碑本等作"习常",故一些学者认为这里应作"习常",如马叙伦说:"易州、臧疏'袭'作'习',各本作'袭常','袭''习'古通……此当作'习'。"(《老子校诂》,第250页)对于"习常"的含义,一些学者释为习修常道或实践常道的意思,如河上公说:"人能行此,是谓习修常道。"(见王卡点校:《老子道德经河上公章句》,第201页)董平说:"这就叫做对于常道的实践。'习'……引申为'运用''实践'之意。"(《老子研读》,第213页)

笔者认为,从历史上的各种有代表性的《老子》本子来看,河上公本、王弼本、景龙碑本等作"习常",傅奕本、范应元《老子道德经古本集注》等作"袭常",从这个角度而言,作"习常"或"袭常"均是可以的。但是,考虑到唐宋明清时期有代表性的《老子》本子如《唐玄宗御注道德真经》、王安石《老子注》、焦竑《老子翼》等均作"袭常",帛书甲本亦作"袭常"(乙本残损),且作"袭常"可与第二十七章"袭明"的意思相贯通,故这里还是以作"袭常"为妥。

五十三章

使①我介然②有知③,行于大道④,唯施⑤是畏。大道甚夷⑥,而民⑦好径⑧。朝⑨甚除⑩,田甚芜⑪,仓甚虚;服⑫文采⑬,带利剑,厌⑭饮食,财货⑮有余,是谓盗夸⑯。非道⑰也哉!

【译文】

假如我有些微的知见,去实行大道,就只怕有所作为。大道十分平坦,然而人们却喜欢走小路。朝政十分混乱,田地十分荒芜,仓库十分空虚;却穿着华丽的衣服,佩带着锋利的剑,吃饱了饮食,家里有剩余的财物,这叫作通过盗窃获得财物而过奢侈的生活。真是无道啊!

【注释】

①使:假使;如果。　②介然:极细微的样子(介:通"芥"。比喻细微或微末的事物)。一说指确实相信、毫无怀疑的样子。　③知:知识;见解。这里指世俗之知或分别之心。　④行于大道:指实行大道(大道:这里指老子的无为之道)。一说指走在大路上(大道:大路)。　⑤施:施为;作为。一说读为"迆(yǐ)",指邪。　⑥夷:平坦。　⑦民:人。泛指人类。一说应改为"人"。　⑧径:小路。这里指有为之邪路。　⑨朝:朝政;政事。一说指宫室。　⑩除:治理。这里指因实行有为之治而混乱。一说指整洁;一说读作"涂",指污的意思;一说借为"污"。　⑪芜:田地荒废;野草丛生。　⑫服:穿着。　⑬文采:指华丽的纺织品或衣服。王弼本作"文彩",《韩非子·解老》引《老子》、傅奕本等作"文采",帛书甲乙本亦作"文采",据之以改。　⑭厌:吃饱;饱足。　⑮财货:钱财货物;财物。　⑯盗夸:指通过盗窃获得财物而过奢侈的生活(夸:奢侈)。一说指通过盗窃获得财物而夸耀于人(夸:夸耀);一说应作"盗竽",指盗贼的首领;一说指强盗头子(夸:大)。　⑰非道:不合于道;不合道义。

【解读】

　　本章对统治者的有为之治进行了抨击,进一步说明了实行无为之治的重要性。首先,老子指出,实行无为之治需要统治者无丝毫世俗之知见,即不能"介然有知"。接下来,老子对有为之治的表现和危害作了明确的揭示:"朝甚除,田甚芜,仓甚虚;服文采,带利剑,厌饮食,财货有余",即一方面是朝政混乱,田地荒芜,仓库空虚;另一方面统治者却依靠剥削人民而过着奢华的生活。对于这样的统治者,老子明确认为属于"盗夸",并斥之为"非道也哉"!

　　对于本章文字的理解,学者们存在较多的争议,对此,笔者拟从以下三个方面展开介绍:一是对"使我介然有知,行于大道,唯施是畏"的三种不同理解;二是"大道甚夷,而民好径"的双重含义;三是"盗夸"之所指。

　　一、对"使我介然有知,行于大道,唯施是畏"的三种不同理解

　　"使我介然有知"中的"使",学者们多认为是连词,意为假使、如果。对于"介然有知"中"介然"的含义,古今学者则是众说纷纭,其中有代表性的,主要有这样两种。(1)认为这里的"介然"是微小的意思,"介然有知",指稍微有所知的意思,如焦竑(hóng)说:"介然有知,犹言微有知也。"(《老子翼》,第131页)(2)认为这里的"介然"是坚固的意思,"介然有知"指知之确、信之坚,即确实相信、毫无怀疑的意思,如张默生说:"'介然',坚固貌……假使我对于大道知之甚切,信之甚坚,则行于大道之中"。(《老子章句新释》,第69页)

　　对于"唯施是畏"中的"施"字,古代学者多释为施为、作为的意思,因此,所谓"唯施是畏",即只怕有所作为的意思,如王弼说:"唯施为(之)是畏也。"(见楼宇烈校释:《老子道德经注校释》,第141页)

　　然而,至清代的王念孙,则提出了对于"施"字的一种新的解释,他认为这里的"施"当读为"迤",是"邪"即邪道的意思:"'施'读为'迤','迤',邪也。言行于大道之中,唯惧其入于邪道也。"(《读书杂志》第5册,第2583页)王念孙的观点受到不少当代学者的支持,如任继愈说:"'施',是'邪'字,即斜路。从王念孙说。"(《老子绎读》,第115页)

　　以上分析了古今学者对"介然""施"等的不同理解,那么具体落实到对"使我介然有知,行于大道,唯施是畏"整段文字,学者们又是怎么解释的,其解释又有什么区别呢?对此,笔者认为,其中值得我

们关注的,主要有这样三种不同的解释。(1)把"介然有知"释为稍微有些认识,"行于大道"释为在大道上行走,"唯施是畏"释为只怕走入邪路,如卢育三说:"假如我稍有知识,行走在大道上,我什么都不怕,就怕走邪道。"(《老子释义》,第208页)(2)把"介然有知"释为准确地有自己的认识,其他则与上述第一种解释相同,如张松如说:"假使我准确地有了认识,行进在大道上,最害怕的就是邪路。"(《老子说解》,第297页)(3)认为大道虚静,人若有丝毫的知识、杂念或分别之心,便会背离大道,因此,如果我有些微的知识或分别之心,而去行道,最怕的是有所作为,如范应元说:"盖人生虚静,纤毫有知,则介然于怀,便不虚静矣。不虚静,则道不居之,安能致和?"(《老子道德经古本集注》,第93页)

笔者认为,要弄清楚本段文字的确切含义,需要由本章下面的文字来逆推。首先,本章的结尾之句为"非道也哉",意即太不合乎"道"了。而老子所说的不合乎"道"之事,便是"朝甚除,田甚芜,仓甚虚;服文采,带利剑,厌饮食,财货有余",而此类事情,按照老子的思想逻辑,便是不循无为之道,而行有为之邪道,亦即"大道甚夷,而民好径"。由此可知,所谓"唯施是畏",实即只怕实行有为之治,因此,这里的"施",当释为施为、作为的意思。既然"施"是施为的意思,则"行于大道"中的"大道",亦当指抽象之道,而不应指大路,因此,"行于大道"即推行大道于天下的意思。而所谓推行大道于天下,在这里实际上指的是实行老子主张的无为之治,所以老子才会说"唯施是畏",即最怕的是有所施为。而实行无为之治的关键,是统治者无个人私欲,无功利之心,若统治者有丝毫为个人打算的念头,则无为之治便无法真正落实,故老子才会说"使我介然有知",即假如我有些微的知见。这里的"介",通"芥",比喻细微或微末的事物;"知",指世俗的知识、分别之心等。

二、"大道甚夷,而民好径"的双重含义

"大道甚夷"中的"夷"字,学者们多释为平、平易或平坦的意思。对于"而民好径"中的"径"字,学者们则主要有这样四种不同的理解。(1)认为指小路、捷径,如范应元说:"径,小路,言其捷也。"(同上,第94页)(2)认为指邪径,如河上公说:"而民好从邪径也。"(见王卡点校:《老子道德经河上公章句》,第203页)不过,"邪径"既可指比正道近便的小路,也可指不正当的途径,因此其意思不是很明确。(3)认为指"邪道"即不正的路,如蒋锡昌说:"而俗君好邪道也。"(《老子校诂》,第327页)(4)认为这里的"径",本义指小路,引申指不正的路或正途之外的路,如张默生说:"'径',是小路,此处有邪路的意思。"(《老子章句新释》,第69页)

综上所述,笔者认为,对于这里的"径",我们可以把它理解为包含小路和邪路这双重含义,但是从老子下面的论述来看,这里的"径",指的当是有为之邪路。

与对"径"的理解类似,对于"大道甚夷"中的"大道",学者们亦有不同的理解,其中有代表性的,有这样三种。(1)认为这里的"大道"指老子之"道",或正道、常理,如唐玄宗说:"且大道之化,贵夫无为无事,则平易"。(《唐玄宗御制道德真经疏》)(2)认为指的就是大路,如张松如说:"大道是很平坦的"。(《老子说解》,第297页)(3)从本义和引申义两个方面去理解这里的"大道",如陆希声说:"夫大道之云犹亨衢(qú)也。亨衢平易,无往不达,以其大直,不患小迂。而世人欲速,由于捷径,是以崎岖迷惑,不达所趋。故圣人病之,慎所施教,畏其导民于邪路,终不合于大道焉。"(《道德真经传》)

笔者认为,"大道甚夷"中的"大道",与前面"行于大道"中的"大道",含义是一样的,可以理解为同时包含了大路和抽象之道双重意思,但主要还是指老子的无为之道。

三、"盗夸"之"夸"的含义:奢侈、夸耀,还是大?

关于"是谓盗夸"中"盗夸"含义的,古代学者则主要有两种解释。一种认为,"盗夸"的"盗",指盗贼;"夸",指夸耀。因此,"盗夸"指统治者掠夺民众的财富,就像盗贼一样,而且不以为耻,反而因此而向别人夸耀,如成玄英说:"多赋多敛,如盗如贼。既蓄既积,且矜且夸。"(《老子道德经开题序诀义疏》)一种认为,"盗夸"的"盗"指盗窃,"夸"指奢侈,因此,"盗夸"指盗窃民财以满足自己的奢侈生活,如李荣说:"取不足积有余,盗之谓也。爱文彩,事贪侈,夸之义也。"(《道德真经注》)

然而,"盗夸"中的"夸",《韩非子·解老》引《老子》作"竽"。"竽"是古代一种竹制的簧管乐器,与笙相似,但比笙略大。对于"盗竽"的含义,韩非子认为,竽是五音中领头的,竽一吹奏,各种乐器都会随之奏响,因此,"盗竽"意即强盗中的竽,也就是强盗中领头的。韩非子的观点受到一些学者的赞同,他们认为这里的"盗夸"应作

"盗竽"，如焦竑说："'盗竽'，误作'盗夸'，今从韩非本。"(《老子翼》，第131页)

然而，也有一些学者不赞成《韩非子》中的观点，如奚侗说："《韩非·喻老》篇'夸'作'竽'，说解穿凿，于谊不合。"(《老子集解》，见《老子注三种》，第122页)

笔者认为，这里的《老子》原文应作"盗夸"，而不应作"盗竽"，理由有二：一是历史上有代表性的《老子》本子如河上公本、王弼本、景龙碑本等均作"盗夸"，不能单凭《韩非子》所引《老子》中的文字即改变原文；二是韩非子关于"盗竽"含义的解释十分牵强，若要表示强盗中领头的即强盗头子的意思，老子似乎没有必要用此令人十分费解而又别扭的"盗竽"一词。

由以上的介绍可知，关于"盗夸"的含义，学者们可谓众解纷纭，莫衷一是，故一些学者明确指出，对于"盗夸"的含义，迄今未有确解。如刘笑敢说："'盗夸'二字比较费解，歧见较多。"(《老子古今》，第549页)既然如此，笔者认为，我们不妨还是回到古代学者对"盗夸"的解释思路上来。由上面的介绍可知，古代学者对"盗夸"主要有两种解释：一种认为指通过盗窃获得财物而夸耀于众，一种认为指通过盗窃获得财物而过奢侈的生活。因"夸"既有夸耀的含义，又有奢侈的含义，而从上文"朝甚除，田甚芜，仓甚虚；服文采，带利剑，厌饮食，财货有余"来看，其既有通过盗窃获得财物而夸耀于众的含义，又有通过盗窃获得财物而过奢侈生活的意思，因此，这两种理解均是可以成立的。不过，考虑到"服文采，带利剑，厌饮食，财货有余"四句中，前两句"服文采，带利剑"有夸耀的含义，但后两句"厌饮食，财货有余"并无明显的夸耀的含义，而这四句无疑有明显的生活奢侈之义，故笔者倾向于上述第二种理解，释"盗夸"为通过盗窃获得财物而过奢侈的生活。

五十四章

善建①者不拔②,善抱③者不脱④,子孙以⑤祭祀不辍⑥。修之⑦身,其德乃真⑧;修之家,其德乃余⑨;修之乡,其德乃长⑩;修之邦⑪,其德乃丰⑫;修之天下,其德乃普⑬。故以身观身⑭,以家观家,以乡观乡,以邦观邦,以天下观天下。吾何以知天下之然⑮哉?以此⑯。

【译文】

善于建立的人,他所建立的东西不会被拔除;善于抱持的人,他所抱持的东西不会脱落,子孙会因此而世世代代祭祀不绝。用善建善抱之道来治身,他的德就纯真;用来治家,他的德就充裕;用来治乡,他的德就长久;用来治国,他的德就丰厚;用来治天下,他的德就普遍。所以从身本身来观察身,从家本身来观察家,从乡本身来观察乡,从国本身来观察国,从天下本身来观察天下。我

【注释】

①建:建立;树立。　②拔:拔除;拔掉。也指移易、动摇。　③抱:持守;抱持。　④脱:脱落;脱离。　⑤以:因此。指因为善建善抱之道。　⑥辍:中止;停止。
⑦之:相当于"诸",之于。一说应作"之于"。以下"修之家""修之乡""修之邦""修之天下"中的"之"皆同此。　⑧真:真实;纯真。
⑨乃余:就充裕(余:丰足;充裕)。一说指就有余;一说应改为"有余"。　⑩长:长久。一说指加长;一说指受尊崇。　⑪邦:指古代诸侯的封国,也泛指国家。王弼本作"国",系避汉高祖刘邦讳而改。《韩非子·解老》引《老子》、傅奕本等作"邦",郭店竹简本亦作"邦",据之以改。下文"以邦观邦"中的"邦"字同此。
⑫丰:丰厚。一说指丰盛;一说指丰硕。
⑬普:普遍。一说指周普;一说指周遍。
⑭以身观身:指从身本身来观察身。即对身进行考察,看是否真的达到了"其德乃真"。观:观察;察看。以下"以家观家""以乡观乡""以邦

| 怎么知道天下的这种情形呢？就是靠这个——根据天下本身来观察天下。 | 观邦""以天下观天下"依此类推。　⑮天下之然：天下的这种情形。然：如此；这样。这里指"修之天下，其德乃普"。王弼本"然"前无"之"字，河上公本、傅奕本、景龙碑本等均有"之"字，据之以补。　⑯此：指"以天下观天下"。一说指道；一说指上文的"以身观身"等；一说指自身。 |

【解读】

本章主要包含三个方面的内容。一是强调了修德的重要性："善建者不拔，善抱者不脱，子孙以祭祀不辍"。这里的"善建""善抱"，学者们多理解为善于建德抱道，因此，它说明一个人如果善于建德抱道，则其福泽深远，故其子孙世代相传，祭祀不绝。二是指出了修德的步骤，不但要"修之身"，还要"修之家""修之乡"，乃至"修之天下"，认为只有这样，他的德才能不断扩充，由充裕至丰厚，至普遍。三是介绍了对所修之德进行考察的具体方法："以身观身，以家观家，以乡观乡，以邦观邦，以天下观天下。"

关于本章文字的理解，学者存在较多的争议，对此，笔者拟从以下三个方面展开论述：一是"善建""善抱"的含义；二是对"修之身，其德乃真；……其德乃普"一段文字的不同理解；三是如何准确把握自"修之身，其德乃真"至"以此"一段文字之实质内涵。

一、"善建"和"善抱"的含义

"善建者不拔"中的"建"字，学者们多释为建立的意思。对于其中的"拔"字，学者们则有不同的解释，有的释为拔除、拔掉，有的释为移易、动摇。因"拔"既有拔除的意思，又有动摇的意思，故释"不拔"为不可拔除或不可动摇，都是可以的。因此，所谓"善建者不拔"，意为善于建立的，不可拔除或动摇。

那么，为什么善于建立的人，其所建立的东西不可拔除呢？对此，一些学者认为，凡是有形的东西，建立后必易被拔除，因此，这里所说的"善建者"，其所建立的必是无形的东西，如道和德，如林语堂说："天下有形的东西，容易被拔去；……唯有善于建德持道的人，建于心，持于内，也就不能拔去了。"(《老子的智慧》，第198页)

笔者认为，把"善建者"所建立的东西释为道和德，这样的观点是很有道理的。一个依靠暴力或欺骗而建立起来的强权，不管它看上去如何强大,终究会被历史的风雨冲刷殆尽,会被历史的车轮碾压粉碎。而只有依靠道德立身的人,才会真正名垂千古。

"善抱者不脱"中的"抱"字,学者们多释为抱持、抱住的意思;对于"不脱"的"脱"字,学者们多释为脱离、离开的意思。这是因为,学者们往往不是把这里的"善抱者"泛泛地释为"善于抱持的",而是释为善于抱道、抱德、抱一、抱精神等意思,如王安石说:"善抱者,抱一也。抱一而不离,则不脱矣。"(见容肇祖辑:《王安石老子注辑本》,第47页)既然所抱者为道、德、一、精神等抽象的东西,则这里的"脱",自然应该释为脱离、离开的意思,因为它指的是善于抱持道、德等的人不让道、德等离开自己。

正因为"善抱者"所抱持的为道、德、一等,而只有做到无思无为,才能真正获得道、德、一,故一些学者进一步指出,"善抱者"实际上是以不抱为抱,并无所抱,如卢育三说:"所谓善抱,就是不抱,不抱故不脱。"(《老子释义》,第211页)

也就是说,如果一个人所抱持的是某种具体的东西,那么即使他有再大的力量、再好的耐力,也终会有因力尽而脱手掉落的时候;如果一个人抱持的是对外物的欲望,那么终究会有身死神离、一切皆归于空无的一天。而只有以道、德、一为抱持对象的人,才能永远与道合一,生死不离,也只有这样的人,才能真正称得上是"善抱者"。

二、对"修之身,其德乃真;……其德乃普"的两种不同理解

老子说"修之身,其德乃真;修之家,其德乃余;修之乡,其德乃长;修之邦,其德乃丰;修之天下,其德乃普",对于其中的"修之身""修之家"等等,学者们多认为指用善建善抱之德来修身、治家,等等;其中的"德",指的是从善建善抱之道获得的品德、德性。因此,不少学者认为,本段文字指出,一个人用善建善抱之道来治身,他的德就纯真;然后再用善建善抱之道来治家、治乡、治国、治天下,其自身之德就能不断地充实、扩充,并惠及天下。这说明在老子看来,修道不应仅仅停留于一人自身的修养,而应把它推广到全家、全乡乃至整个天下。而且也只有这样,个人之德才能得到真正的实现。不过,关于本段文字的实质含义,一些学者有不同的理解,他们认为,老子的这段文字,强调的是修身的重要性,至于"修之国""修之天下"之类,则不过是余末之事,需慎重对待,如杜道坚说:"然道之真以治身,绪余以治国家,土苴(zhǎ)以治天下。治益广,道益疏,当知所慎。"

(《道德玄经原旨》)

所谓"道之真以治身"的说法，出自《庄子·让王》，相关的文字为："道之真以治身，其绪余以为国家，其土苴以治天下。由此观之，帝王之功，圣人之余事也，非所以完身养生也。"意思为：道的真朴用来治身，它的残余用来治理国家，它的糟粕用来治理天下。由此可见，帝王的功业，不过是圣人的余事，并不能用来全身养生。因此，笔者认为，用庄子的上述思想来理解老子的这段文字是值得商榷的。因为从老子的这段文字来看，他对"修之国""修之天下"等是持正面肯定的态度的，认为只有这样，一个人的德行才能不断充实、推广，并惠及更多的民众。而且，也正因为如此，才能"子孙以祭祀不辍"。而庄子的观点则与此明显不同，庄子只重视修身的重要性，而把治国、治天下看作影响个人全身养生的行为。因此，在这个问题上，老子与庄子的思想并不一致。

三、自"修之身"至"以此"整段文字的实质内涵

老子说"故以身观身，以家观家，以乡观乡，以邦观邦，以天下观天下"，对于其中的"观"，学者们多释为观察、察看的意思。然而，对于本段文字的含义，古今学者却有诸多不同的理解，其中值得我们注意的，主要有这样五种。（1）认为"以身观身"指以修道之身观察不修道之身，从而可以知道谁真谁伪，谁存谁亡。"以家观家"则指以修道之家观察不修道之家，从而知道谁有余，谁不足。其余依此类推。（2）认为"以身观身"指以我的身去观察别人的身，"以家观家"则指以我的家去观察别人的家。其余依此类推。一些学者指出，那是因为德行既修，则无人我之别，故可以己身观别人之身，以己家观别人之家。（3）认为"以身观身"指用修身之道或修身的方法来观察身，"以家观家"指治家之道或治家的方法来观察家。其余依此类推。（4）认为"以身观身"，即根据身本身的特点来观察身；"以家观家"，即根据家本身的特点来观察家。其余依此类推。（5）认为"以身观身"指从一个人的言行观察他的德，"以家观家"指根据一家的家风观察家长之德。其余依此类推。

在说完"故以身观身"一段文字后，老子接着说"吾何以知天下之然哉？以此"，其中的"何以"，意为用什么、怎么；"然"，意为如此、这样；"以此"即用这个。因此，就文字本身来说，该句的意思为：我怎么知道天下的这种情形呢？就是用这个（方法或道理）。然而，这样的

解释无疑过于宽泛了,因为我们很自然地想知道,"天下之然"中的"然",究竟包含怎样的内容;"以此"的"此",具体指的又是什么。而从一些学者对该句文字的解释来看,他们对这里的"然"和"此",存在明显不同的理解。

首先来看"然"字。一些学者认为,这里的"然",指的是天下修道者昌、不修道者亡的情况,如李荣说:"如何得知修道者昌,不修道者亡?"(《道德真经注》)蒋锡昌则认为指天下的得失存亡:"吾何以知天下一切得失存亡乎?"(《老子校诂》,第335页)等等。

再来看这里的"此"字。对于"此"字的理解,学者们的分歧则更多,其中有代表性的,主要有这样三种理解。(1)认为这里的"此"指以上"以身观身""以天下观天下"等五"观",如卢育三说:"以此,即'以身观身,以家观家,以乡观乡,以国观国,以天下观天下'。我怎样知道天下的情况呢?就是从用这个原则治天下可以看出。"(《老子释义》,第212页)(2)认为这里的"此"指"道",如蒋锡昌说:"吾何以知天下一切得失存亡乎?皆由道以知之也。'此',道也。"(《老子校诂》,第335页)(3)认为这里的"此"指自身、自己,如王弼说:"言吾何以得知天下乎?察己以知之,不求于外也。所谓不出户以知天下者也。"(见楼宇烈校释:《老子道德经注校释》,第144页)

以上介绍了古今学者关于自"故以身观身"至"以此"的种种不同理解,真可谓众说纷纭,令人眼花缭乱,充分说明要对本段文字的含义有确切的把握,尤其是要有一个为众人所认同的把握,是一项极其艰巨而困难的任务。笔者认为,若就文字本身来看,则以上种种解释,都有一定的道理,而且有的亦颇能自圆其说,但是为什么迄今仍不能形成某种趋同的认识呢?关键的原因,就在于各种解释多为就事论事,局限于"故以身观身……以此"的文字来进行解释,而未能与上文"修之身,……其德乃普"联系起来作解。而在笔者看来,若把上述两段文字联系起来进行解释,则或可找到解决问题的钥匙。举例来说,若把上述两段文字中涉及"天下"的论述排在一起,可以得到这样的文字:

> 修之天下,其德乃普。……以天下观天下。吾何以知天下然哉?以此。

对于该段文字,我们可以作这样的解读,首先,老子认为,圣人以善建善抱之道治理天下,则其德行便普遍,即一方面天下之人皆有德,另一方面圣人之德亦因此而得到极大的扩充。那么如何来判断这种情形呢?老子说通过"以天下观天下",则这里的"以天下观天下",既可以理解为对历史上不同时期的有道之天下与无道之天下的比较来对天下进行观察,也可以理解为对天下本身的实际情况进行考察,还可以理解为以当今的天下去观察其他时候的天下,或用治理天下之道来观察天下,总之是为了确定是否"其德乃普"而对天下展开的种种观察。而正是通过这样的比较和考察,才得出了"天下之然",即"修之天下,其德乃普"的状况。因此,"天下之然"中的"然",当指"修之天下,其德乃普";"以此"的"此",当指"以天下观天下"。

同理,仿照关于"天下"的上段文字,对于"修之身,其德乃真""修之家,其德乃余""修之乡,其德乃长""修之邦,其德乃丰"的含义,亦可作如是观。

因此,从自"修之身"开始的整段文字来看,老子先是强调以善建善抱之道来修身、治家、治国等等,则他的德便可以不断扩充,由充裕至丰厚,至普遍;接着说用身来观察身,用家来观察家,用天下来观察天下,等等,其含义及用意让人很难把握;最后说"吾何以知天下之然哉?以此",即我是怎么知道天下是这样的呢?凭的就是这个。就文字本身来说,同样让人不知所云。但是,如果我们联系前面所说的"修之天下,其德乃普"来进行理解,便可发现,这里所说的"天下之然",指的应该就是"修之天下,其德乃普",意即我怎么知道用善建善抱之道来治天下,他的德行就普遍呢?接下来说"以此",即靠的就是这个,那么这里的"此",指的应该就是"以天下观天下",即通过对天下的各种考察,如比较有道之天下与无道之天下,考察天下的民风民俗,等等,来确定是否"其德乃普"。按照这样来理解,老子这段话的意思才能较好地贯通起来。另外,必须注意的是,"吾何以知天下之然哉?以此"一句,是老子选取"以身观身,以家观家,以乡观乡,以邦观邦,以天下观天下"中的最后一句来作代表性的论述,完整的表述其实应该是:吾何以知身、家、乡、邦、天下之然哉?以此。为避免烦琐,故在此只说"天下"。

笔者认为,依照上述思路来进行理解,则既可包容古今学者关于该段文字理解的种种合理内容,又可使前人的种种理解获得可靠的依据,而不像之前那样仅仅是各自的猜测或一家之意见,这样或许能较为有效地解决此一长期悬而不决的难题。

五十五章

含德①之厚,比于赤子②。蜂虿(chài)③虺(huǐ)蛇④不螫(shì)⑤,猛兽不据(jǐ)⑥,攫鸟⑦不搏⑧。骨弱筋柔而握固⑨,未知牝牡⑩之合⑪而朘(zuī)⑫作,精⑬之至⑭也。终日号(háo)⑮而不嗄(shà)⑯,和⑰之至也。知和曰常⑱,知常曰明⑲,益生⑳曰祥㉑,心使气㉒曰强㉓。物壮则老,谓之不道,不道早已。㉔

【译文】

怀藏深厚道德的人,好比初生的婴儿。蜂蝎毒蛇不会螫咬他,猛兽不会用利爪抓他,凶猛的鸟不会捉他。他筋骨柔弱,拳头却攥得很紧,不知道男女交合之事,小生殖器却常常勃起,这是精气极其充盈的缘故。整天号哭而嗓音不会嘶哑,这是身体极其协调和谐的缘故。懂得协调和谐则恒常不变,懂得恒常不变

【注释】

①含德:怀藏道德。含:怀而不露;隐藏在内。
②赤子:婴儿。　③虿:蝎子一类的毒虫。
④虺蛇:毒蛇。虺:古书上说的一种毒蛇。
⑤螫:蜂、蝎子等用毒刺刺人或动物。　⑥据:动物用爪抓;搏击。　⑦攫鸟:鸷(zhì)鸟,凶猛的鸟。如鹰、雕。攫:鸟兽用爪抓取。　⑧搏:捕捉;扑上去抓。　⑨握固:指拳头攥得很紧。
⑩牝牡:鸟兽的雌性和雄性。这里指男性和女性。
⑪合:交配;交媾。　⑫朘:男子的生殖器。王弼本作"全",傅奕本、景龙碑本作"朘",帛书乙本亦作"朘"(甲本残毁),据之以改。有的本子作"峻(zuī)"。　⑬精:指精气,即人的精神元气。
⑭至:指达到极点。　⑮号:哭;大声哭。
⑯嗄:嗓音嘶哑。　⑰和:和谐;协调。一说指和气。　⑱知和曰常:懂得协调和谐则恒常不变。曰:则。一说意为叫作。常:指恒常不变。一说指常道;一说指事物运动变化的永恒规律。
⑲知常曰明:懂得恒常不变之道则明智。明:明智。

之道则明智。过度补益生命则不祥,用心支配气则是违背自然而强行。事物强壮就走向衰老,这叫作不合乎道,不合乎道就会提早终结。

该句文字亦见于第十六章。　⑳益生:补益生命。这里指过度补益生命。　㉑祥:不祥,不吉利。也指灾殃。　㉒心使气:指用心支配气。使:驱使;支配。　㉓强:这里指违背自然而强行。一说指强梁;一说指坚强;一说指刚强。　㉔物壮则老,谓之不道,不道早已:这三句话亦见于第三十章,只是"谓之"在第三十章中作"是谓"。壮:指强壮,也指强行。老:衰老;凋谢。不道:指不合乎道。已:停止;终结。

【解读】

本章主要包含以下三个方面的内容。

一是指出了"赤子"的四个特点:(1)不会受毒虫猛兽的伤害;(2)筋骨柔弱而拳头却攥得很紧;(3)不知男女交合之事而生殖器常常自动勃起;(4)整天号哭而嗓音不会嘶哑。而赤子之所以具有上述特点,主要原因是"精之至""和之至",即其精气充盈之极,身体协调和谐之极。

二是说明"含德之厚,比于赤子",即怀藏深厚道德的人,恰如赤子一样,亦即上述赤子所具有的种种特点,"含德之厚"者亦均拥有。

三是列举了"益生"和"心使气"两种不合乎"道"的行为。所谓"益生",即过度补益生命;所谓"心使气",即用心去支配体内之气的运行,而不是让气顺乎自然地运行。老子认为,这两种行为都会使人脱离婴儿般的和谐状态,从而进入衰老并走向死亡。

关于本章内容,值得我们注意的主要有这样四个方面:一是老子为什么把"含德之厚"者"比于赤子";二是"蜂虿虺蛇不螫,猛兽不据,攫鸟不搏"的实质内涵及相关文字表述之争;三是"赤子""朘作"的原因及"朘"字是否应作"峻"或"全";四是对"心使气曰强"的种种不同理解。

一、老子为什么把"含德之厚"者"比于赤子"?

"含德之厚"中的"含",指怀而不露、隐藏在内的意思;"德",在老子的思想中,指得自"道"的特性,在这里也可泛指道德;"厚",在这里指深厚、淳厚的意思。故所谓"含德之厚",便是怀藏深厚或浑厚之道德的意思。不过,对于"含德之厚",有较多的学者把它释为怀藏深厚或淳厚道德的人,如唐玄宗说:"至人含怀道德之厚者"。(《唐玄宗御注道德真经》)笔者认为,因下句为"比于赤子",以人与赤子相比,较为合适,故把"含德之厚"释为怀藏深厚道德的人,比较恰当。

"比于赤子"中的"赤子",意为婴儿。之所以称婴儿为赤子,一些学者认为,那是因为婴儿初生时,遍体赤色,故称:"此云'赤子',案《汉书·贾谊传》刘奉世注曰:'婴儿体色赤,故曰赤子耳。'"(朱谦之:《老子校释》,第228页)此说有一定道理。不过,老子在这里所说的"赤子",并不仅就婴儿的身体颜色而言,而是主要就婴儿的心理特征而言的。如范应元说:"赤子者,婴儿未咳之时,以譬一毫无私欲伪情也。"(《老子道德经古本集注》,第96页)

综上所述,则所谓"含德之厚,比于赤子",意思为:怀藏深厚道德的人,好比初生的婴儿。那么老子为什么要把怀藏深厚道德的人与婴儿进行类比呢?对此,一些学者认为,那是因为婴儿的德性至厚,不像成人那样因受外物的诱惑而德性越来越薄,如吕惠卿说:"人之初生,其德性至厚也。比其长也,耳目交于外,心识受于内,而益生日益多,则其厚者薄矣。为道者损其所益生,性修反德,德至同于初,故曰'含德之厚,比于赤子'。"(《老子吕惠卿注》,第61页)

笔者认为,这里所谓的"含德之厚"者,其实即是修道得道之人,故唐玄宗称之为"至人",即超凡脱俗、达到无我境界之人;蒋锡昌则称之为"圣人":"此言圣人含德之厚,可比之赤子也。"(《老子校诂》,第335页)而无论圣人还是至人,其最重要的特点,便是无思无欲,与"道"合一。而初生的婴儿,正是无知无识,无欲无为,一切皆顺乎其自然天性的。正因为两者有这些共同的特点,故老子才把怀藏深厚道德的人比作赤子。

二、"蜂虿虺蛇不螫,猛兽不据,攫鸟不搏"的实质内涵及相关文字表述之争

"蜂虿虺蛇不螫"中的"虿",指蝎子一类的毒虫。"虺蛇",指毒蛇。"螫",即"蜇(zhē)",指蜂、蝎子等用毒刺刺人或动物,不过,据《说文解字》:"螫,虫行毒也。"意为毒虫咬刺施毒,则毒蛇咬人或动物亦可称为"螫"。故所谓"蜂虿虺蛇不螫",意为蜂蝎毒蛇不会蜇咬他。

"猛兽不据"中的"据"字,读作jǐ,指动物用爪抓、搏击的意思,如吴澄说:"猛兽,虎豹之属,以爪足拿按曰据。"(《道德真经注》)

"攫鸟不搏"中的"攫鸟",指一类凶猛的鸟,像鹰、雕之类。其中的"搏"字,是捕捉、抓的意思。因此,"攫鸟不搏",意即凶猛的鸟不会捉他。

由上可知,"蜂虿虺蛇不螫,猛兽不据,攫鸟不搏"一段文字,描述了赤子不能为外物所伤的状况。那么外物为什么伤害不了赤子呢?对此,学者们主要有这样四种解释。(1)认为赤子不害物或无害物之心,故物亦不能伤赤子,如陆希声说:"赤子者,无心害物,物亦无心害之,故蜂虿虺蛇经之而不蠚螫,攫鸟猛兽遇之而不搏据。"(《道德真经传》)(2)认为赤子无心,与"道"类似,故物不能伤害他,如苏辙说:"道无形体,物莫得而见也,况可得而伤之乎?人之所以至于有形者,由其有心也。……无心之人,物无与敌者,而曷由伤之夫。赤子之所以至此者,唯无心也。"(《老子解》)(3)认为赤子不受外物伤害,并不是因为赤子有什么神通,而是赤子能受到保护,从而远离这些会伤害他的东西,如蒋锡昌说:"非谓毒虫不螫赤子,乃谓赤子所居之地,察乎安危,谨于祸福,故决非毒虫之物可得而害之也。"(《老子校诂》,第336页)(4)认为所谓外物不能伤害赤子,只不过是形象化或夸张性的描述,其实质在于说明"含德之厚"者不受外界环境影响的特点,如董平说:"并不是真的说所有毒虫蛇蝎都不螫'赤子',猛兽、猛禽对他也不攫不搏,而只是通过这种夸大其词的说法来表明这样的意思,即'含德之厚'的有道者是因还原了生命的本然真实而实现了其生命的自在,所以他是不受外在环境的任何影响或侵扰的"。(《老子研读》,第218-219页)

笔者认为,对于老子在此所说的"赤子"不受毒虫、猛兽、攫鸟伤害的实质意义的理解,我们必须注意以下三个方面的问题。

一是所谓"蜂虿虺蛇不螫,猛兽不据,攫鸟不搏",指的就是赤子在遇到这些动物的情况下,不会受到伤害,而不是像上述第三种解释那样,认为是因为赤子远离这些动物,故不会受到伤害。否则,老子在此所说便缺乏针对性和实际意义。

二是对于赤子不受这些动物伤害的情况,不能作绝对化的理解,认为赤子在任何时候、任何情况下都不会受这些动物的伤害,而是指与其他人相比,赤子更不容易受这些动物伤害。因为赤子在面临危险时,并不知道这是危险,无动于衷,这样反而能避免受到伤害。因此老

▲"含德之厚，比于赤子。……猛兽不据"，意即怀藏深厚道德的人，好比初生的婴儿，猛兽不会用利爪抓它。说明了婴儿具有不为猛兽所伤的特点。此为《清刻历代画像传》中的"斗谷於菟（wūtú）图"，描绘了曾任楚国令尹的斗谷於菟一生下来即遭遗弃，却被一母虎喂养得以不死的情形，此可谓婴儿因无思无欲，故不易受外物伤害的一个典型的例子。

子在此想表达的，应该是面对危险而无动于衷、不作反应的情况。

三是老子在此说赤子不受外物伤害的真正目的，是要说明"含德之厚"者不易受外物伤害，"含德之厚"者因与"道"合一，便获得了"道"不生不灭之特性，自然无物可以伤害之。因此，这里的关键，正如笔者在第五十章中论述"善摄生者"不受"兕虎""甲兵"伤害的实质时所说，并不是"含德之厚"者会不会受毒虫猛兽的伤害，而是"含德之厚"者是否能真的与"道"合一，如何与"道"合一，以及与"道"合一的真实情状是什么。

需要指出的是，王弼本"蜂虿虺蛇不螫"一句，一些《老子》本子如河上公本、景龙碑本等多作"毒虫不螫"，傅奕本作"蜂虿不螫"。俞樾（yuè）认为，河上公本作"毒虫不螫"，河上公对"毒虫不螫"的注文为"蜂虿蛇虺不螫"，因此，王弼本系把河上公的注文误成了原文，故这里应从河上公本作"毒虫不螫"。（见《老子平议》）

俞樾的观点受到马叙伦、蒋锡昌、劳健等学者的赞同。然而，该句文字帛书甲乙本均作"蜂虿虺蛇弗螫"，因此，一些学者指出，王弼本该句文字无误，河上公本等作"毒虫不螫"，系把河上公的原文和注文混淆而造成的，河上公本的原文亦应作"蜂虿虺蛇不螫"。如高明说："河上公本经文首句原亦作'蜂虿虺蛇不螫'，当与帛书本和王本一致。但是河上公本误将经文混入注中，……显然这是后人抄写不慎而造成的错误。"（《帛书老子校注》，第92页）

值得注意的是，郭店竹简本该句作"虺（huǐ）虿虫蛇弗螫（hē）"，虽具体文字多有不同，但明显与帛书本、王弼本一样为六字句，而非河上公本、景龙碑本等的四字句，故刘笑敢认为，"竹简本出土证明高先生所论精当"。（《老子古今》，第566页）

笔者认为，从现有证据来看，因有竹简本和帛书本的支持，故该句文字当依王弼本作"蜂虿虺蛇不螫"。但河上公本等历史上众多作"毒虫不螫"的本子是否确实像高明所说是"后人抄写不慎而造成的错误"，则值得商榷。因为"螫"通常指蜂、蝎子等用毒刺刺人或动物，因此说"毒虫不螫"或"蜂虿不螫"是比较恰当的，说"虺蛇不螫"虽然也可以，但毕竟不是那么顺畅，因此不能完全认定"毒虫不螫"的表述是抄写不慎而造成的。

三、"赤子""朘作"的原因及"朘"字是否应作"峻"或"全"

老子说赤子"未知牝牡之合而朘作，精之至也"，其中的"牝牡"，指鸟兽的雌性和雄性，也指男性与女性或阴阳；"合"，指交合、交配，亦即性交。因此，所谓"牝牡之合"，指的便是雌雄交合或男女性交，如高亨说："不晓得男女的交合"。(《老子注译》，第90页)

"朘作"的"朘"，指男子的生殖器；"作"，指兴起、起来，亦即勃起的意思。因此，"朘作"，意即生殖器勃起，当代学者多作此种解释，如陈鼓应说："小生殖器却自动勃起"。(《老子今注今译》，第276页)综上所述，则所谓"未知牝牡之合而朘作"，指的是赤子不知道男女交合之事，但生殖器却常常自动勃起。

"精之至"中的"精"，指精气，即人的精神元气，"至"是达到极点的意思。因此，"精之至"意为精气旺盛，达到极点，或精气极其旺盛的意思。

在通常情况下，男性在清醒时生殖器勃起，肯定是受了性方面的刺激，然而，初生的婴儿无知无识，根本不知道男女之事，他的生殖器却能自动勃起，这反映了婴儿异乎普通人的两个重要特点：一是无欲，二是精气充盈之极。如苏辙说："无欲而自作，是以知其精有余而非心也。"(《老子解》)而无欲与精气充盈其实是二而一的问题：正因为无欲，故精气才能充盈；正因为精气充盈之极，故无欲。

需要指出的是，"未知牝牡之合而朘作"中的"朘"字，王弼本作"全"，河上公本、严遵《老子指归》等作"峻"。一些学者认为，"峻"与"朘"通，如俞樾说："《玉篇·肉部》：朘，赤子阴也。'峻'即'朘'也。"(《老子平议》)

对于王弼本中的"全"字，学者们则有明显不同的两种观点，一种认为其系误字，如俞樾说："'全'字之义未详。……疑王氏所据本作'全'者，乃'㑒'字之误。"(同上)一种则认为，"全"与"朘""峻"音近通假，如易顺鼎说："'朘''全'音近，故或假'全'为之。"(《读老札记》)高亨亦说："今河上本作'峻'，傅本作'朘'，王本作'全'者，或音近通借。"(《老子正诂》)

笔者认为，考察历史上有代表性的《老子》本子，除了王弼本作"全"，其他本子极少有作"全"的，因此，王弼本系误字的可能性较大。一些学者认为"全"与"朘"或"峻"通假，但语气多不确定，因此，该字不应作"全"字，至为明显。

至于应作"朘"还是"峻"，笔者认为，河上公本、严遵《老子指归》等作"峻"，傅奕本、景龙碑本、范应元《老子道德经古本集注》等不少本子作"朘"，"峻""朘"在这里的意思相同，因此，无论作"峻"，还是作"朘",都是可以的。不过,考虑到帛书乙本该字作"朘"(甲本残损),故笔者倾向于作"朘"。

四、充满争议的"心使气曰强"

对于"心使气曰强"的含义,古代学者中居于主流的解释,是释"心使气"为用心去支配或役使气,释"强"为强梁,如奚侗说:"气周于身以盅和为用,心以妄动使之,则强梁矣。强梁者不得其死。"(《老子集解》,见《老子注三种》,第124页)

当代学者的解释则可谓五花八门,如林语堂说"欲念主使和气就是刚强"(《老子的智慧》,第201页),高亨说"用思想意志克制感情冲动,叫做坚强"(《老子注译》,第90页),任继愈说"欲望支配精气叫做逞强"(《老子绎读》,第121页),等等。

因为"心使气"中的"使"是个多义字,既有驱使、支配之义,又有放任、放纵之义,且"使气"亦可以作为一个词,有恣逞意气的意思,因此,关于"心使气"的含义,便至少可以有这么三种解释:一是用心驱使或支配气;二是心放任气的活动;三是指一个人意气用事,盛气凌人。那么究竟应作何种理解呢?笔者认为,最好是根据上下文的意思来进行理解。从本章内容来看,"心使气曰强"应该是针对上文的赤子"终日号而不嗄,和之至也。知和曰常"而言的,因为赤子之所以能终日号哭而嗓音不哑,完全是因为他无思无欲,一任天性之自然,也就是他没有用主观意念去支配自己的身中之气,否则他的嗓音早就哑了。据此,则这里的"心使气",应当释为用心去支配或役使气的意思。"心使气曰强"中的"强",古代学者多释为"强梁",但"强梁"是个多义词,既有强劲有力的意思,又有强壮的意思,更有强横凶暴的意思,因此,释为"强梁",其确切含义不好把握。当代学者则或释为坚强,或释为刚强,或释为逞强,或释为勉强,不一而足。笔者认为,根据老子的思想逻辑,在"心"与"气"的关系上,应该是"心"做到无思无欲,"心"无思无欲则"气"顺其自然;而"心使气"的做法则是"心"有杂念,"气"违背自然而行,这样的做法老子称之为"强",则这里的"强",当指违背自然而强行的意思。因此,"心使气曰强",意为用心支配气就是违背自然而强行。

五十六章

知①者不言②,言者不知。塞其兑,闭其门③,挫其锐,解其纷,和其光,同其尘④,是谓玄同⑤。故不可得而亲,不可得而疏;不可得而利,不可得而害;不可得而贵,不可得而贱。故为天下贵⑥。

【译文】

知道"道"的人不去说,说的人不知道"道"。堵塞欲望的窍穴,关闭欲望的门户,摧折锋芒,排除纷杂,掩藏光明,混同于尘俗之中,这叫作玄妙的齐同。所以人们既不能亲近他,也不能疏远他;既不能使他获利,也不能使他受害;既不能使他尊贵,也不能使他卑贱。所以是天下最尊贵的。

【注释】

①知:知道;了解。这里指知道"道"。一说同"智",指智慧、聪明。 ②言:说。 ③塞其兑,闭其门:这两句已见于第五十二章。兑:这里指耳、目、鼻、口等窍穴。门:指人身上的孔窍。 ④挫其锐,解其纷,和其光,同其尘:这四句已见于第四章。挫:摧折;抑制。锐:锐气;锋芒。解:排解;消除。纷:纷杂,纷繁杂乱。一说指纠纷、争执。王弼本"纷"作"分",河上公本、傅奕本作"纷",郭店竹简本、帛书甲乙本亦作"纷",据之以改。和:调和。这里指调和使其不显眼的意思。光:光明。同:混同。尘:尘俗;世俗。 ⑤玄同:玄妙的齐同,指与道合一。玄:玄妙;深奥微妙。同:齐同。 ⑥为天下贵:一说指是天下最尊贵的(为:是。贵:尊贵;贵重);一说指被天下人尊重(为:被。贵:尊重;敬重)。

【解读】

本章的核心是讲"知者"即知道"道"的人的种种特点:一是他不会去谈论"道",因为"道"之本体是不可言说的;二是他达到了"玄同"即与"道"合一的境界,而此种境界,是他通过塞兑闭门、挫锐解纷、和光同尘的修炼后获得的;三是他不受外物的影响,世俗之人无法改变他。所以老子最后得出结论说"故为天下贵",即这样的"知者"是天下最尊贵的人,亦可谓最受天下人尊重的人。

对于本章内容,笔者拟从以下三个方面展开介绍和说明:一是"知者不言,言者不知"中"言"和"知"的含义;二是"玄同"的含义;三是对"不可得而亲,不可得而疏"的两种不同解释思路。

一、"知者不言,言者不知"中"言"和"知"的含义

对于"知者不言,言者不知"中"言"的含义,学者们通常理解为说、谈论,如唐玄宗说:"言,辩说也。"(《唐玄宗御注道德真经》)也有一些学者认为,这里的"言",指的是政令,与"不言之教""多言数穷"中的"言"相同,如陈鼓应说:"'言'指声教政令。"(《老子今注今译》,第278页)笔者认为,这样的解释虽然也能说通,但不如释为说、谈论在含义上更为宽泛、丰富。

对于"知者"与"不知"中的"知"字,学者们则有明显不同的理解,概括起来,主要有这样三种。(1)认为这里的"知"指知道"道","知者不言"指知道"道"的人不会去言说,因为"道"是不可言说的;"言者不知"指言说"道"的人其实并不知道"道"。如卢育三说:"知与不知都是对道而言,'道可道,非常道',道不可言说,故知道者不言,言者不知道。"(《老子释义》,第216页)(2)认为这里的"知"即"智",指智慧、聪明的意思,"知者不言,言者不知",指智慧的人不多说话,多说话的人没有智慧,如张松如说:"有智慧的人不多说话,多说话的人没有智慧。"(《老子说解》,第309页)(3)认为这里的"知"指知道、懂得或了解的意思,因此,"知者不言,言者不知"指懂得的人不说话,说话的人不懂得,如任继愈说:"懂得的不〔乱〕说,〔乱〕说的不懂得。"(《老子绎读》,第122页)

笔者认为,从"知者不言,言者不知"的文字本身来看,因"知"既有知道、了解的意思,又同"智",指智慧、聪明的意思,故上述三种理解均有其依据,均可成立。但是若从《老子》的思想逻辑而言,当以第一种理解更恰当些。因为若按第二种理解:有智慧的人不多说话,多说话的人没有智慧,这样的观点虽然也很有道理,但是它明显属于一种世俗的智慧,缺乏老子思想的特色,且"不言"即不说或不说话,把它释为不多说话,亦并不妥当。若按第三种理解:知道的人不说话,说话的人不知道,则所说又过于绝对,不符合通常的情理。而第一种理解把其中的"知"释为知道"道","言"释为对"道"的言说,则与

第一章"道可道,非常道"即可以言说的"道"不是常道的观点十分契合:因为常道不可言说,故知道常道的人不会去言说;因为常道不可言说,所以去言说常道的人肯定不知道什么是真正的常道。这样的理解,在逻辑上十分顺畅,且与下文关于"玄同"即玄妙的齐同的说法亦能很好地衔接。

二、"玄同"的含义:玄妙的齐同

老子说"塞其兑,闭其门,挫其锐,解其纷,和其光,同其尘,是谓玄同",其中的"塞其兑"等六句,已在本书的第四章和第五十二章中出现过,兹不赘述。这里值得我们注意的是"是谓玄同"中"玄同"的含义。然而,对于"玄同"的含义,学者们的解释却是五花八门,其中有代表性的,主要有这样四种。(1)认为"玄"指幽远、深奥的意思,"同"指与"道"相同或相合的意思,因此,"玄同"即冥默中或暗中与"道"相合的意思,如牟钟鉴说:"这就会暗中与大道自然同体。"(《老子新说》,第179页)(2)认为"玄"指玄妙的意思,"同"指齐同、混同的意思,因此,"玄同"指玄妙齐同的境界,如林语堂说:"这就是玄妙的齐同境界。"(《老子的智慧》,第205页)(3)认为"玄"指幽远、玄妙,"玄同"指与物或与世混同,如陆希声说:"是谓微妙玄通,与物大同者也。"(《道德真经传》)(4)认为"玄"指"道","玄同"即与"道"相同,如蒋锡昌说:"'玄'即道,亦即无名。'玄同'即无名之同,犹云同于道也。"(《老子校诂》,第346页)

笔者认为,"玄同"一词,是老子的发明,因此,对于"玄同"的含义,我们不妨从分别对"玄"和"同"的含义的分析入手。在《老子》一书中,多次提到"玄"字,如第一章"同谓之玄。玄之又玄,众妙之门";第六章"谷神不死,是谓玄牝";等等。对于其中的"玄"字,学者们多释为玄妙、深奥微妙的意思,如释"玄牝"为深奥微妙的母体,释"玄览"为玄妙的镜子,等等。因此,"玄同"的"玄",亦当指玄妙的意思,而"玄同",即指玄妙的"同"。

那么这里的"同"又是什么意思呢?从本章的文字来看,老子说"塞其兑,闭其门,挫其锐,解其纷,和其光,同其尘,是谓玄同",则其中的"塞其兑"等六句明显系修道者(亦即上文所说的知"道"者)采取的修道方法,修道者通过此种方法的修炼,便能达到心无分别执着而与物齐同的境界。因此,这里的"同",应是齐同的意思,指的是与世或与物齐同,故所谓"玄同",即玄妙的齐同。之所以称之为玄妙,是因为这种齐同的境界是匪夷所思的,是超出人们通常的经验的。而这种玄妙的齐同,因为是在修道者排除一切外物的干扰,在无思无欲的状态下达到的,因此实际上即是与"道"合一的境界。

三、对"不可得而亲,不可得而疏"的两种解释思路

"不可得而亲,不可得而疏"中的"亲"指亲近,"疏"指疏远,对此,学者们大多是这样理解的。然而,在对整段文字的理解上,学者们则存在明显不同的两种观点。一种认为,"不可得而亲,不可得而疏",指"知者"达到了"玄同"之境,所以无所谓亲,也无所谓疏,即不分亲近还是疏远,如苏辙说:"体道者均覆万物,而孰为亲疏?"(《老子解》)一种则认为,这两句文字意为:人们对达到"玄同"境界的"知者",既不可能跟他亲近,也不可能跟他疏远,如唐玄宗说:"言玄同之人,心无偏私,不可得亲而狎之;和光顺物,不可得疏而远之。"(《唐玄宗御制道德真经疏》)

笔者认为,若仅从思想逻辑来说,上述两种理解都是可以成立的。因为一个达到了"玄同"境界的人,当然就不可能有亲疏的观念。而一个达到了"玄同"境界的人,也必然会无差别地对待一切人和物,人们当然也不可能主动亲近他或疏远他。然而,如果就这里的文字表述而言,则笔者倾向于第二种理解。因为"可得"即可以、能够的意思,则"不可得",意为不可以、不能够。"不可得而亲,不可得而疏",直译的意思便是:不能够亲近,不能够疏远。因此,这两句文字的意思应当指人们对"知者"不能够亲近,也不能够疏远,而不宜理解为"知者"不分亲疏或无所谓亲疏。

接下来的"不可得而利,不可得而害;不可得而贵,不可得而贱",句式与"不可得而亲,不可得而疏"完全一样,因此,"不可得而亲,不可得而疏;不可得而利,不可得而害;不可得而贵,不可得而贱"整段文字的意思为:人们既不能亲近他,也不能疏远他;既不能使他获利,也不能使他受害;既不能使他尊贵,也不能使他卑贱。

对于这样的"知者",老子最后评论说"故为天下贵",即所以是天下最尊贵的。这就说明,一个真正尊贵的人,或一个真正受到人们发自内心尊重的人,必是一个道德高尚之人,他从不计较个人的利害得失,也不在乎别人的抑扬褒贬,而是始终沿着自己认准的大道,一往无前。至于那些靠别人的恩赐而获得的尊贵,或依靠自己的权势来维持的尊贵,则不过是镜花水月,转眼成空。

五十七章

以正①治国,以奇②用兵,以无事③取④天下。吾何以⑤知其然⑥哉?以此⑦:天下多忌讳⑧,而民弥⑨贫;民多利器⑩,国家滋⑪昏⑫;人多伎巧⑬,奇物⑭滋起;法令⑮滋彰⑯,盗贼多有。故圣人⑰云:"我无为,而民自化⑱;我好静,而民自正⑲;我无事⑳,而民自富;我无欲,而民自朴㉑。"

【译文】

用正道来治理国家,用变幻莫测的计谋来用兵打仗,用无为来取得天下。我怎么知道是这样的呢?用以下这些:天下的禁忌越多,人民就越贫穷;人民手中锋利的武器越多,国家就越混乱;人们掌握的技艺越多,新奇的器物就不断产生;法令越严明,盗贼反而更多。所以圣人说:"我无为,人民就自然化育;我喜欢清静,人民就自然端正;我不妄生事端,人民就自然会富裕;我没有贪欲,人民就自然会淳朴。"

【注释】

①正:正道,这里指政策法令之类。一说指清静之道。 ②奇:指变幻莫测的策略、计谋。 ③无事:指无为,即顺其自然,不有意去做。 ④取:取得。一说指治理。 ⑤何以:怎么。 ⑥然:如此;这样。 ⑦以此:用这;拿这。 ⑧忌讳:禁忌;顾忌。 ⑨弥:越;更加。 ⑩利器:锋利的武器。一说指权谋;一说指便利于人的器具。 ⑪滋:愈益;更加。 ⑫昏:指世道混乱、黑暗。 ⑬伎巧:技术;技艺。 ⑭奇物:指新奇的器物。一说指邪恶之事。 ⑮法令:法律、政令等的总称。一说应作"法物",指珍好之物。 ⑯彰:明显;显著。 ⑰圣人:见第二章注⑭。 ⑱自化:自然化育;自然顺化。 ⑲自正:自然端正。 ⑳无事:指不妄生事端,不人为生事去搅扰民众。 ㉑朴:淳朴;朴实。

【解读】

本章较为集中地论述了老子关于无为而治的思想。

首先,老子指出,人们通常认为应该"以正治国,以奇用兵",即用政策法令之类的正道来治理国家,用变幻莫测的计谋来用兵打仗,然而这些都是属于有为,真正能取得天下的却是无为,即"无事"方能"取天下"。

接着,老子从反和正两个方面来说明"以无事取天下"的道理。从反的方面来说,统治者越有为,制定的法律制度越详细,发明的新奇的器物越多,老百姓就越贫穷,盗贼就越多,天下也越混乱。从正的方面,老子借用圣人的话语来说明,统治者只有无为无事,才能使民风淳朴,民众富裕,天下太平安宁。

关于本章内容,笔者拟从以下三个方面展开介绍:一是"以正治国""以奇用兵""以无事取天下"的含义及三者之间的关系;二是"法令滋彰,盗贼多有"的原因及其中的"法令"是否应作"法物";三是"我无事,而民自富"中"无事"的含义。

一、"以正治国""以奇用兵""以无事取天下"的含义及三者之间的关系

"以正治国"一句,人们通常会很自然地把它理解为用正道来治理国家。然而,考察古今学者对它的解释,却发现事情并不如此简单,因为对于"以正治国"一句,学者们至少有这样三种理解。(1)认为这里的"正"即"政",而"政"指政事、政教法令,因此,"以正治国",即用政事或政教法令来治理国家,如林希逸说:"以正治国,言治国则必有政事。"(《道德真经口义》)(2)认为这里的"正"指清静之道,"以正治国"即以清静之道来治理国家,如蒋锡昌说:"'正'谊解见八章,谓清静之道也。'以正治国',言以清静之道治国也。"(《老子校诂》,第348页)(3)认为这里的"正"指正道或正规的方法,"以正治国"即以正道或正规的方法治国,如牟钟鉴说:"治国必须用正道,其意是要按照公认的原则,堂堂正正地去治理国家"。(《老子新说》,第181页)

对于"以奇用兵"的含义,学者们的理解亦很不统一,其中值得我们注意的,主要有这样三种理解。(1)有较多的学者认为,"以奇用兵",即用出人意料、变幻莫测的手段来用兵,相当于兵法中所说的"兵不厌诈",反映的是用兵打仗独有的特点,如成玄英说:"奇,谲

（jué）诈也。克定祸乱,应须用兵。兵不厌诈,必资奇谲。"(《老子道德经开题序诀义疏》)(2)认为这里的"奇",是巧诈、变诈或邪而不正的意思,因此,"以奇用兵",即用不正的手段来用兵,此为君子所不取,如唐玄宗说:"奇,变诈也。不祥之器,君子恶之,况加变诈之名,而无节制之用,是以兵犹火也,不戢(jí)将自焚,故知奇变之兵,非制胜之道也。"(《唐玄宗御制道德真经疏》)(3)强调这里的"以奇用兵",是指在迫不得已而用兵的情况下,亦即在正义的前提下,运用计谋,出奇制胜,战胜敌人,如范应元说:"兵以禁乱除暴,不得已而用之,不可以为常也。运筹于帷幄之中,决胜于千里之外,以奇异之谋也。"(《老子道德经古本集注》,第101页)

对于"以无事取天下"中的"无事",学者们多释为"无为"的意思,如奚侗说:"无事,无为也。"(《老子集解》,见《老子注三种》,第125页)高亨说:"无事,与无为同义。"(《老子注译》,第92页)对于"取天下"中的"取"字,学者们多释为取得的意思,因此,"取天下",即取得天下的意思;而取得天下的实质,则是取得天下之人的衷心拥护,如朱谦之说:"取天下者,谓得民心也。……盖观有事不足以得民心,即知无事者之能得民心而取天下也。"(《老子校释》,第240页)

老子说"以正治国,以奇用兵,以无事取天下",一些学者认为是老子指出了"治国""用兵"和"取天下"的不同手段和方法:一为"以正",一为"以奇",一为"以无事",它们之间是并列的关系。如陈鼓应说:"以清静之道治国,以诡奇的方法用兵,以不搅扰人民来治理天下。"(《老子今注今译》,第282页)

然而,也有学者认为,老子这里的"以正治国""以奇用兵""以无事取天下"三句并非简单的并列关系,而是把"以正治国"和"以奇用兵"都视作有为之事,因此它们是存在缺陷的,唯有无事无为才能取得天下,所以,老子其实是贬抑"以正治国,以奇用兵"而崇尚"以无事取天下",如林希逸说:"'以正治国',言治国则必有政事;'以奇用兵',用兵则必须诈术。二者皆为有心。无为而为,则可以得天下之心,故曰'以无事取天下'。"(《道德真经口义》)

王弼的观点亦与林希逸类似,认为"以正治国""以奇用兵"均存在缺陷,正确的做法,应是以道治国,以无事取天下。王弼还进一步认为,"以正治国"必会导致"以奇用兵"的结果,因为"以正治国"是设立刑法来治国,属于有为,所以会导致"以奇用兵"之事的发生:"以道治国则国平,以正治国则奇(正)〔兵〕起也。以无事,则能取天下也。……故以正治国,则不足以取天下,而以奇用兵也。"(见楼宇烈校释:《老子道德经注校释》,第149页)

卢育三在对王弼、吴澄、陈鼓应关于该段文字的解释进行比较后认为,陈鼓应以"清静之道"释"正",不妥;吴澄的观点不及王弼的观点,但王弼的观点亦有不足,该段文字的大意是"以正治国"与"以奇用兵"均不好,不如"以无事取天下"为好。(见《老子释义》,第218-219页)然而,汤漳平等则认为陈鼓应把"以正治国""以奇用兵""以无事取天下"理解为三个并列的句子并对其都加以肯定是正确的,卢育三的观点则是对老子思想的误解。(见汤漳平、王朝华译注:《老子》,第230-231页)

由以上学者的论述可知,对于老子是否赞成"以正治国,以奇用兵",学者们形成了两种明显对立的观点。笔者认为,对于老子是否赞成"以正治国",因为对这里的"正"的含义有不同的理解,我们无法遽(jù)下结论,故我们不妨从"以奇用兵"入手,看看"以奇用兵"是否老子赞成的观点。

从《老子》一书来看,对于"用兵",值得我们关注的主要有以下两个方面的观点,一是明确反对"用兵",认为"用兵"是不符合"道"的。二是在迫不得已的情况下,老子亦不反对用兵,但明确提出了用兵的几个原则:(1)反对逞强;(2)恬淡为上;(3)强调慈爱;(4)戒轻敌;(5)主张机动灵活地战胜敌人。以老子以上关于"用兵"的思想为依据,来理解这里的"以奇用兵",我们可以得出这样两点认识:一是从根本上说,老子反对"用兵",则老子肯定亦反对"以奇用兵";二是"以奇用兵"在老子关于用兵的思想中,应属于在迫不得已用兵的情况下,用机动灵活的方式战胜敌人,因此,这里的"奇",当指出人意料、使人不测的意思。而在前面介绍的关于学者们对"奇"的三种理解中,第一、三两种理解其实是一样的,都是指用出人意料的方式战胜敌人,第二种理解强调这里的"奇"指巧诈不正,似存在偏颇。因此,现在需要我们作出判断的,是老子在此说"以奇用兵",是从根本上来说的,还是从迫不得已用兵时采取的手段来说的。笔者认为,这里应该是从根本上来说的,因为从"以正治国,以奇用兵,以无事取天下"的表述及本章下面的文字来看,老子在此并不是从如何具体用兵的角度来谈用兵,而是把用兵视作人类一种特殊的活动来谈论的,既然如此,则这里的"以奇用兵",应当是为老子所反对的。老子在此之所以说"以奇用兵",用了"以奇"二字,是为了强调用兵的特点,而其实质,则是认为它属于明显的人为,不符合自然无为的原则。

既然"以奇用兵"是为老子所反对的,则"以正治国"亦应是为老子所反对的,故"以正治国"中的"正",不应释为清静之道的意思,因为清静之道即无为,它是为老子所提倡的。因此,这里的"正",应当释为"正道",不过,这里所谓的"正道",亦是世俗之人眼里的正道,它包括运用政策法令,创制各种有用的器物等,故下文所说的"天下多忌讳""人多伎巧""法令滋彰"等,都可以视作"以正治国"的具体内容。因此,"以正治国,以奇用兵,以无事取天下"的确切含义应该是:世俗之人都提倡用正道来治国,用出其不意的谋略来用兵,其实只有无为才能取得天下。因老子用字过于简略,才造成后人的种种误解。

二、"法令滋彰,盗贼多有"的原因及"法令"是否应作"法物"

"法令滋彰,盗贼多有"中的"法令",指法律、政令等的总称;"彰",是显著、明显的意思。因此,"法令滋彰",即法令越严明的意思。那么,为什么法令越严明,会"盗贼多有"即盗贼越多呢?对此,学者们或认为,法令越严明,则对民众的束缚越苛严,其结果便是民不聊生,故纷纷成为盗贼;或认为法令再严密,也会有漏洞,因此,奸诈之人便会利用法令的漏洞而做盗贼。笔者认为,一方面,民众的生活需要宽松的环境、自由的空间,若一切均以法令的形式规定得死死的,则必然会造成以下几个后果:一是民众缺乏创造力,使整个社会的发展陷于停滞甚至倒退;二是民众动辄得咎,从而严重影响生产活动,造成普遍贫困;三是此种生活过于单调,让人感觉了无生趣。上述几种因素结合在一起,则民众纷纷成为盗贼,便是十分自然之事。另一方面,法令制订得再严密,也会有漏洞,狡诈之人发现了其中的漏洞,便可堂而皇之地行盗窃之事。

值得我们注意的是,"法令滋彰"一句,河上公本、景龙碑本等作"法物滋彰","令"作"物"。因郭店竹简本和帛书乙本(甲本该句残毁)均作"物",故关于该句应作"法令滋彰"还是"法物滋彰",学者们形成了明显不同的两种观点。

一种以蒋锡昌、刘笑敢等为代表,认为应作"法物滋彰":"'令'字景龙碑、河上本等皆作'物',以《老》校《老》,当从之。……此言人主多藏珍好之物,则盗贼多有也。"(蒋锡昌:《老子校诂》,第

353—354页）"'法令滋彰'一句，傅奕本同，似乎老子反对法律制度。但河上本作'法物滋彰'，帛书乙本和竹简本都作'法物'（帛书甲本残），说明原本老子没有反对法令制度的思想。"（刘笑敢：《老子古今》，第583页）

另一种则以马叙伦、朱谦之等为代表，认为应作"法令滋彰"："'令'字是。'物'字涉上'邪事'一本作'奇物'而讹。"（马叙伦：《老子校诂》，第271页）"案作'法令'是也，'法物'无义。……'物'字盖涉上文'奇物'二字而误。"（朱谦之：《老子校释》，第242页）

笔者倾向于该句文字作"法令滋彰"，理由如下。

一是历史上有代表性的《老子》本子如王弼本、傅奕本、范应元《老子道德经古本集注》等多作"法令滋彰"或"法令滋章"，作"法物滋彰"的仅为很少的几种本子。

二是"法物滋彰"中的"法物"二字很难理解。从现有的资料来看，《老子道德经河上公章句》、成玄英《老子道德经开题序诀义疏》、李荣《道德真经注》均作"法物滋彰"且有具体的解释，然而他们的解释却有很大的不同，如河上公释"法物"为珍好之物，成玄英释"法物"为法令，李荣则同时释"法物"为珍好之物和法令。而释"法物"为珍好之物，仅为注释者的主观之见，并无其他旁证，因为"法物"在古代通常指帝王用于仪仗、祭祀的器物或宗教上所用的礼器、乐器等，并无珍好之物的意思。若释"法物"为法令，则亦找不到其他旁证。

三是作"法令滋彰"，反映了老子反对用苛严的法令来治国的主张，而这与老子提倡无为而治，主张行不言之教，反对以智治国的思想宗旨是一致的。若把这里的"法令"改为"法物"，而把"法物"释为珍好之物，则在《老子》一书中，只有他关于仁、义、礼等的观点，而无关于法令的观点，这不仅是老子思想的一个重大的缺失，而且还会让人误以为老子只反对仁、义、礼而不反对法，如刘笑敢即说："帛书乙本和竹简本都作'法物'（帛书甲本残），说明原本老子没有反对法令制度的思想。"（《老子古今》，第583页）因此，作"法令滋彰"，能更好地体现老子的相关思想。

三、"我无事，而民自富"中"无事"的含义

本章的最后一段："故圣人云：'我无为，而民自化；我好静，而民自正；我无事，而民自富；我无欲，而民自朴。'"主要论述圣人即统治者的行为与民众的行为与处境之间的关系，进一步说明了无为无事的

重要性，其意思比较好懂。

　　这里值得我们注意的是"无事"的含义。在上文对"以无事取天下"的解释中，学者们多认为其中的"无事"即"无为"。然而，老子在这里既说"我无为，而民自化"，又说"我无事，而民自富"，则这里的"无事"肯定不能完全等同于"无为"。那么这里的"无事"指的是什么呢？对此，有的学者认为指徭役赋敛之类的事，如河上公说："我无徭役征召之事"（见王卡点校：《老子道德经河上公章句》，第222页）；有的学者认为指对民众的搅扰，如宋徽宗说："天下本无事，庸人扰之耳。无以扰之，民将自富。"（《宋徽宗御解道德真经》）成玄英则认为，"无为"是指内心清净，"无事"则指表现于外的行动："心既无为，迹又无事，四民各业，六合同欢，轻徭薄赋，不富何为？"（《老子道德经开题序诀义疏》）

　　综上所述，笔者认为，这里的"无事"，当指不妄生事端，不人为生事去搅扰民众，如让民众服徭役，加重民众的赋税等。而只要统治者采用轻徭薄赋的政策，民众自然就会安居乐业，因而生活富足亦是自然而然之事，故老子说："我无事，而民自富。"

五十八章

其政闷闷①,其民淳淳②;其政察察③,其民缺缺④。祸兮,福之所倚⑤;福兮,祸之所伏⑥。孰⑦知其极⑧?其⑨无正⑩?正复为奇⑪,善⑫复为妖⑬。人之迷,其日固⑭久。是以⑮圣人⑯方⑰而不割⑱,廉⑲而不刿(guì)⑳,直㉑而不肆㉒,光㉓而不耀㉔。

【译文】

政治上混沌不分,宽大包容,民众就敦厚质朴;政治上清楚明察,严苛峻急,民众的德行就亏缺不全。灾祸啊,幸福紧靠着它;幸福啊,灾祸隐伏在其中。谁知道它的尽头?难道没有一个定准?正又变为不正,善又变为邪恶,人们陷于迷惑,时间已经很久了。所以圣人方正而不会割伤人,有棱角而不会伤害人,直率而不放肆,明智而不炫耀。

【注释】

①闷闷:这里指混沌不分,宽大包容的意思。②淳淳:敦厚质朴。③察察:指清楚明察,严苛峻急。④缺缺:指德行亏缺不全。一说指不满意;一说指狡诈。⑤倚:依靠;靠着。⑥伏:隐藏;隐伏。⑦孰:谁。⑧极:极限;尽头。一说指究竟。⑨其:岂;难道。⑩正:定;定准。⑪奇:指奇邪,诡异不正。也可指反常,奇特。⑫善:善良。也可指吉祥。⑬妖:恶。也可指不吉祥。⑭固:已经。一说指本来。⑮是以:因此;所以。⑯圣人:见第二章注⑭。⑰方:方正,人的行为、品性正直无邪。⑱割:割伤。也指宰割、支配。⑲廉:棱角;有棱角。也指清廉。⑳刿:伤;刺伤。㉑直:正直;直率。㉒肆:放肆。也指伸展,伸张。㉓光:光明。也指明智。㉔耀:光线强烈地照射。也指炫耀。

【解读】

　　本章主要包含这样三个方面的内容。一是强调了无为而治的好处："其政闷闷,其民淳淳","闷闷"即混沌不分、宽大包容的意思,其结果是"其民淳淳"即民众保持敦厚质朴的品性;指出了有为之政的缺陷:"其政察察,其民缺缺","察察"即清楚明察、严苛峻急,其结果则是"其民缺缺"即民众的德行存在亏缺。二是揭示了祸福、奇正、善妖三对矛盾,认为它们处在不断的转化之中。世俗之人因为执着于祸福、奇正、善妖的区别,一味地去求福、求正、求善,才会陷于祸福、奇正、善妖的不断循环;只有从这种对祸福、奇正、善妖的区分中超脱出来,对它们不作分别,保持内心的敦厚质朴,才能避免陷于此种循环。三是指出了圣人的修养境界和为人处世的特点:方正而不会割伤人,有棱角而不会伤害人,直率而不放肆,明智而不炫耀。这里包含两层意思:其一为圣人是方正的、有棱角的、直率的、明智的,但圣人只是自己做到方正、明智等,从来不会去要求别人做什么;其二为圣人之所以能做到这样,是因为圣人达到了与"道"合一的境界,所以才能自然无为,超越祸福、奇正、善妖之循环。

　　关于本章文字含义,笔者拟从以下四个方面展开说明:一是"其政闷闷,其民淳淳;其政察察,其民缺缺"中"闷闷""察察""缺缺"的含义;二是"祸兮,福之所倚;福兮,祸之所伏。孰知其极?其无正?"中的祸福倚伏之理及"正"的含义;三是"方而不割"中"割"的双重含义;四是古今学者对"光而不耀"的不同解释。

　　一、"其政闷闷,其民淳淳;其政察察,其民缺缺"中"闷闷""察察""缺缺"的含义

　　对于"其政闷闷,其民淳淳"中的"淳淳",学者们大多释为质朴、敦厚或敦厚朴实之类的意思,如唐玄宗说:"淳淳,质朴敦厚也。"(《唐玄宗御制道德真经疏》)对于"其政闷闷"的含义,学者们则主要有两种理解。一种认为,"其政闷闷"指政治上宽大包容、不苛刻的意思,如牟钟鉴说:"政治宽厚,民风便纯朴"。(《老子新说》,第185页)一种认为,"其政闷闷"指政治上糊里糊涂、混沌不清的意思,如奚侗说:"以闷闷为政,则为天下浑其心,而民德醇厚。"(《老子集解》,见《老子注三种》,第126页)

　　笔者认为,"其政闷闷,其民淳淳",述说的其实是老子无为而治的思想,而无为的实质,是顺其自然,不刻意去做,反映在政治上,便

是统治者行不言之教，不用各种政策法令去干涉民众的生活，而一任其按天性而自然发展。这样的政治，便既是混沌不分、模糊不清的，也必然显出宽大包容的特点，因此，以上两种解释都是很有道理的，但把它们结合在一起，当更显全面。

对于"其政察察"中的"察察"，学者们亦有不同的理解，主要有这样四种。（1）认为指急速、急疾的意思，如张松如说："'察察'，严刻急疾貌"。（《老子说解》，第318页）（2）认为指苛严、苛细的意思，如任继愈说："政策琐细苛严"。（《老子绎读》，第126页）（3）认为指苛察，即以烦琐苛刻为明察的意思，如牟钟鉴说："政治苛察"。（《老子新说》，第185页）（4）认为指条理分明、清楚明白的意思，如林语堂说："一国的政治看似条理分明"。（《老子的智慧》，第216页）

对于"其民缺缺"中"缺缺"的意思，学者们更是众说纷纭，其中有代表性的，主要有这样四种理解。（1）认为"缺缺"意为德行亏缺，如高亨说："《说文》曰：缺，器破也。民德敝败不完，同于器破，故以缺缺状民德之薄。"（《老子正诂》）（2）认为"缺缺"指失望、不满意或因失望而远离的意思，如任继愈说："'缺缺'，不满意，抱怨。……政策琐细苛严，百姓牢骚抱怨。"（《老子绎读》，第126-127页）（3）认为"缺缺"指狡诈、机诈的意思，如陈鼓应说："政治严苛，人民就狡猾。"（《老子今注今译》，第286页）（4）认为"缺缺"指凋敝、零落的意思，如陆希声说："无德之君察察然以聪明苛急为政，民皆失其业而丧其本，故缺缺然至于凋弊。"（《道德真经传》）

综上所述，笔者认为，这里的"察察"，相对于上文的"闷闷"而言，"闷闷"指混沌不分、宽大包容的意思，则"察察"当指清楚明察、严苛峻急的意思，意为统治者用严苛的法令、严厉的督责来施政。生存在此种环境下的民众，则必然会生活贫困，且对统治者普遍心怀怨恨；然而为了生存，又只好阳奉阴违，机诈百出，故其德行必是亏缺不全的。因此，以上学者们关于"缺缺"的各种解释都是有道理的。不过，考虑到"缺缺"系相对于上文的"淳淳"而言，"淳淳"指敦厚质朴，则"缺缺"当以指德行亏缺不全为妥。

二、"祸兮，福之所倚；福兮，祸之所伏。孰知其极？其无正？"中的祸福倚伏之理及"正"的含义

"祸兮，福之所倚"中的"倚"，是依靠、靠着的意思，因此，所谓"祸兮，福之所倚"，意即灾祸啊，幸福紧靠着它。那么，为什么说"祸

兮,福之所倚"呢?对此,一些学者认为,因为人遭遇灾祸,就会恐惧后悔,从而小心谨慎,这样就会祸去福来,如河上公说:"夫福因祸而生,人遭祸而能悔过责己,修道行善,则祸去福来。"(见王卡点校:《老子道德经河上公章句》,第226页)

"福兮,祸之所伏"中的"伏",是隐藏、伏匿的意思,因此,所谓"福兮,祸之所伏",意即幸福啊,灾祸隐伏在其中。那么,为什么说"福兮,祸之所伏"呢?对此,一些学者认为,那是因为人得福就容易骄纵,而人一旦骄纵,就必会带来灾祸,如李荣说:"若处乐而荒,在贵而骄纵,则祸匿于福中矣。"(《道德真经注》)

对于"孰知其极"中的"极"字,学者们大多释为终极、尽头的意思,如高亨说:"祸与福反复变化,谁能知其终极?"(《老子注译》,第94页)因老子在前面说"祸兮,福之所倚;福兮,祸之所伏",则祸福转化,仿佛一个封闭的环,没有开端,也没有结尾,故"孰知其极",意即谁知道它的尽头或结束之处呢?

对于"其无正"中的"正"字,有较多的学者释为"定"即确定、定准的意思,如林希逸说:"正者,定也。其无正耶,言倚伏无穷,不可得而定也。"(《道德真经口义》)不过,也有学者作其他的解释,如河上公认为,这里的"正",意为"正身"即端正自身:"无,不也。谓人君不正其身,其无国也。"(见王卡点校:《老子道德经河上公章句》,第226页)成玄英认为"正"是正道的意思:"今所以轮转无极者,为其不怀正道故也。"(《老子道德经开题序诀义疏》)蒋锡昌认为"正"指清静之道:"'正'谊解见八章,谓清静之道也。"(《老子校诂》,第359页)等等,充分说明对于这里的"正"字,迄今并无确解。

笔者认为,对于这里的"正"的含义的理解,当以老子思想的特点为依据来进行。在老子看来,得道的圣人因为进入了无分别的境界,当然也就不会陷于祸与福的不断循环之中。因此,这里的"祸兮,福之所倚;福兮,祸之所伏。孰知其极",是就世俗之人而言的,世俗之人因为执着于求福避祸,所以才陷于此种无休止的祸福转化之中。因此,对于"其无正"的含义,河上公释为人君不能端正自身,成玄英释为不能行正道,蒋锡昌释为不能守清静之道,意思都差不多,亦均有一定的道理,因为根据前面的解释,"祸兮,福之所倚"的原因是人们遭遇灾祸后恐惧谨慎,所以能转祸为福;"福兮,祸之所伏"的原因是人们得福后骄纵,从而使福转变成了祸。既然如此,那么只要在得福时仍然恐惧谨慎,不就能防止其转福为祸了吗?然而得福仍能保持恐惧谨慎，世上又有几个人能够做到？因此，从这一角度而言，人们之所以陷于祸福的不断循环之中，正是因为不能守正道，这样的解释无疑是很通顺的。不过，笔者认为，把这里的"正"释为定或定准，在意思上似要更为恰当些。但需要说明的是：把"正"释为定或定准，前提是"其无正"一句必须理解为问句，释为：它没有定准吗？或释为：难道没有一个定准吗？因为我们在前面已经说过，祸福无定，只是对世俗之人而言的，对于圣人来说，并不存在祸福无定的问题，因此，所谓"其无正"，其实是用发问的方式来表示它是有定准的。由此再来看"孰知其极？其无正？"两句，则其意思为：谁知道它的尽头？难道没有一个定准吗？而如果把"正"释为正道，则"孰知其极，其无正"意为：谁知道它的尽头？因为他没有行正道。这在意思上便显得不够紧凑，甚至会给人以某种突兀之感。

三、"方而不割"中"割"的双重含义：割伤与宰割

"是以圣人方而不割"中的"方"，学者们多释为方正，即人的行为、品性正直无邪的意思，如高亨说："所以深明大道的圣人，行为方正"。（《老子注译》，第94页）对于其中的"割"字，学者们则有各种不同的理解，其中值得我们注意的，主要有这样四种。（1）认为这里的"割"指宰割、割截、强迫别人顺从的意思，如成玄英说："圣人体道方正，轨则苍生，随机引诱，因循任物，终不宰割，使从己也。"（《老子道德经开题序诀义疏》）（2）认为这里的"割"是伤、割伤的意思，如李荣说："割，伤也。邪行则物我俱伤，正道则彼此无割也。"（《道德真经注》）（3）认为这里的"割"指生硬勉强的意思，如任继愈说："'圣人'方正而不显得生硬勉强"。（《老子绎读》，第127页）（4）认为这里的"方而不割"，即第四十一章中所说的"大方无隅"，因为方到极致，没有棱角，所以不会对人造成伤害，如卢育三说："四十一章'大方无隅'，因为无隅，故不割伤人。"（《老子释义》，第225页）

笔者认为，对于"方而不割"的含义，我们可以从以下两个角度来加以理解。一个是从方形的东西却不会割伤人的角度，因为根据人们的常识，方形的东西必有棱，有棱则必会割伤人，而既然老子说"方而不割"，则此方形的东西必非普通的东西，故一些学者用第四十一章中的"大方无隅"来进行解释，是很有道理的。另一个角度是把这里的"方"理解为抽象的方正、正直无邪，在通常情况下，一个正直无邪的人，必会要求别人也正直无邪，对于不正直的人和事，他会加以干涉

甚至强迫对方改变；然而圣人却不同，圣人自己方正，却不采用强迫的手段使别人方正，而是一切顺其自然，依靠榜样的力量，使人们自觉地变得方正，因此，这个意义上的"割"，便有宰割、割截、支配的意思。综上所述，则所谓"方而不割"，便既有方正而不宰割的含义，又有方正而不会割伤人的含义。

四、古今学者对"光而不耀"的不同解释

对于"光而不耀"的含义，当代学者多释"光"为光明、明亮，释"耀"为耀眼、刺目，因此，所谓"光而不耀"，即光明、明亮而不耀眼刺目的意思，如任继愈说："明亮而没有刺眼的光芒。"（《老子绎读》，第128页）这样的解释，无疑是就"光而不耀"的文字所作的直译。但是，因为"光而不耀"的主语是圣人，因此，说圣人光亮而不刺目，显得不是很妥帖。而相比之下，古代学者的解释则要更恰当些。

在古代学者对于"光而不耀"的解释中，较有代表性的一种解释，是认为这里的"光"指明智，"耀"指炫耀，因此，"光而不耀"，指圣人虽然明智，却不向人炫耀，而是韬光养晦，不露锋芒，如唐玄宗说："光者谓明智也，圣人虽有明智而韬晦之，不以炫耀，故云'光而不耀'。"（《唐玄宗御制道德真经疏》）

笔者认为，这样的解释，无疑是很有道理的，而且使"光而不耀"的含义亦显得更为具体，更易于把握。

最后需要说明的是，"是以圣人方而不割"等四句，乍看之下，似乎与上文并无直接的联系，其实则不然。在笔者看来，圣人"方而不割，廉而不刿，直而不肆，光而不耀"，说明圣人已达到了与"道"合一之境界，而与"道"合一的圣人，必是无思无欲、无为而顺自然的，因此，这样的人来治理国家，必会实施"闷闷"之政，而不会行"察察"之治；在他治下的民众，当然也必然是"淳淳"即敦厚质朴而不可能是"缺缺"即德行有亏缺的。同时，世俗之人之所以常常求福而得祸，求正而得不正，求善而得恶，就在于他们执着于祸福、奇正、善恶的分别，并一味求福、求正、求善，得了福便以为自己能一辈子都享福，发现某事或某人很正很善便以为其永远都会正，都会善，却不知道它们处在不停地转化之中。只有得道的圣人，因为本来就没有祸福、奇正、善恶的分别之心，他只是无差别地对待一切，"善者吾善之，不善者吾亦善之"，从而才能彻底摆脱和超越祸福、奇正、善恶的转化和循环。

五十九章

治人①事天②,莫若③啬④。夫⑤唯⑥啬,是以⑦早服⑧;早服,谓之重⑨积德;重积德,则无不克⑩;无不克,则莫知其极⑪;莫知其极,可以有国⑫;有国之母⑬,可以长久。是谓深根固柢⑭、长生久视⑮之道。

【译文】

治理人民,修养身心,没有比爱惜精神更好的。正因为爱惜精神,所以尽早从事于道;尽早从事于道,叫作不断地积累德行;不断地积累德行,就无往而不胜;无往而不胜,就没有人知道他的极限;没有人知道他的极限,就可以拥有国家;拥有国家的有道的统治者,就可以长久存在。这叫作根深而牢固、长久地活着之道。

【注释】

①治人:治理人民。　②事天:修养身心。一说指侍奉上天或遵奉天道。　③莫若:不如;无过于。　④啬:爱惜;节俭。这里指爱惜精神。　⑤夫:助词。用于句首,表发端。　⑥唯:以;因为。　⑦是以:因此;所以。王弼本作"是谓",傅奕本、范应元《老子道德经古本集注》作"是以",郭店竹简本、帛书乙本亦作"是以"(甲本残毁),据之以改。　⑧早服:尽早从事于道。一说指早作准备(服:通"备")。　⑨重:多;厚。　⑩克:战胜。也可指能够或胜任。　⑪极:极限;尽头。　⑫有国:指拥有国家,成为统治者。　⑬母:指道。这里指能像母亲一样养育的有道的统治者。一说指根本。　⑭深根固柢:指根基深固不可动摇。柢:树根。特指直根。　⑮长生久视:长久地活着。视:活;生存。

【解读】

本章集中论述了"啬"对于"治人事天"即治国养生的重要性。这里的"啬"主要指爱惜精神。老子说"治人事天,莫若啬",便把"啬"提到了很高的地位,成了治国养生的根本原则。那么"啬"为什么这么重要呢？对此,老子进行了逻辑严密的论证:因为爱惜精神,所以便尽早从事于"道";尽早从事于"道",德行就会不断积累,进而达到"无不克""莫知其极"的程度;达到了此种程度的人,便可以拥有国家成为统治者,便可以长久存在。

关于本章内容,值得我们注意的主要有以下三个方面:一是对"治人事天,莫若啬"的不同理解;二是"早服"的含义及其是否应作"早复";三是古今学者对于"有国之母"理解上的分歧。

一、对"治人事天,莫若啬"的不同理解

因为对于"治人""事天""啬"的含义学者们有各种不同的理解,故对于"治人事天,莫若啬"的含义,可谓众解纷纭。其中较有代表性的,主要有这样三种。(1)认为这里的"人",指人的动静和思虑活动;"天",指人天赋的官能和思维能力;"啬"指爱惜精神智力。因此,"治人事天,莫若啬",指人在进行活动和对待天赋能力时,最好莫过于爱惜精神智力,如王安石说:"夫人莫不有视、听、思。目之能视,耳之能听,心之能思,皆天也。然视而使之明,听而使之聪,思而使之正,皆人也。然形不可太劳,精不可太用。太劳则竭,太用则瘦。惟能啬之而不使至于太劳、太用,则能尽性。尽性则至于命。"(见容肇祖辑:《王安石老子注辑本》,第51页)(2)认为这里的"治人",指治理人民;"事天",指侍奉上天或遵奉天道;"啬"指节俭、吝惜。因此,"治人事天,莫若啬"指治理人民,侍奉上天,没有比节俭更好的,如高亨说:"治理人民,遵循天道,没有比俭啬再好的。"(《老子注译》,第95页)(3)认为这里的"治人"指治理国家或治理人民,"事天"指修养身心,"啬"指爱惜精神。因此,"治人事天,莫若啬",指治理国家,修养身心,没有比爱惜精神更好、更重要的,如林语堂说:"治理国家修养身心,最好的方法,莫过于爱惜精神,节省智识。"(《老子的智慧》,第218页)陈鼓应也说:"治理国家、养护身心,没有比爱惜精力更重要。"(《老子今注今译》,第289页)

从上述对"治人事天,莫若啬"的三种理解来看,第一种理解把"天"释为人的天赋能力,把"人"释为对这种天赋能力的运用,无疑是有道理的,但是把此种理解落实到"治人事天,莫若啬"上,则容易造成某种混乱。因为依此种理解,则"治人……莫如啬"意为对待天赋能力的运用,莫过于爱惜它;"事天,莫如啬"意为对待天赋能力,莫过于爱惜它。这样一来,这两句话的意思实际上是一样的,故此种理解并不可取。第二、三两种理解均把"治人"释为治理人民,不同的是一把"事天"释为侍奉天道,一把"事天"释为修养身心。对此,笔者倾向于把"事天"释为修养身心。因为首先,人的身心是天赋予的,故亦可称之为"天"。其次,从本章下文的内容来看,有涉及身心修养的内容,如说"重积德",如说"长生久视",等等,而未有关于天道方面的内容。故笔者认为,相比之下,上述第三种理解应较为恰当。

二、"早服"的含义及其是否应作"早复"

"夫唯啬,是以早服"中的"早服"二字,学者们在理解上存在的分歧也比较多。其中有代表性的,主要有这样三种理解。(1)认为"早服"指早作准备,如陈鼓应说:"爱惜精力,乃是早作准备"。(《老子今注今译》,第289页)(2)认为"早服"指很早服从于道理,如高亨说:"正因为俭啬,所以能够很早地服从自然道理,利人而不害人。"(《老子注译》,第95页)(3)认为"早服"指尽早从事于"道",如董平说:"谓之'早服',即要求尽早地从事于、实践于道。"(《老子研读》,第229页)

笔者认为,"早服"的含义之所以众解纷纭,是因为"服"是个多义字,它既有从事的意思,又有服从的意思,亦有得到的意思,还通"备",有准备的意思,等等。学者们各执一端进行解释,便造成了目前的局面。那么该如何破解此一难题呢?笔者认为,最好的办法,还是要把它置于本章具体的语境之中。从"夫唯啬,是以早服;早服,谓之重积德"这几句文字来看,大部分文字的含义是比较清楚的,如"夫唯啬",指正因为爱惜精神;"是以",意为因此、所以;"谓之重积德",意为叫作不断积累德行。因此,这几句话的意思为:正因为爱惜精神,所以"早服";"早服",叫作不断积累德行。如果我们把上述有代表性的三种对于"早服"的解释代入上面的句子,便可发现,第三种解释的意思是比较恰当的:正因为爱惜精神,所以尽早从事于"道";尽早从事于"道",叫作不断积累德行。

不过,值得注意的是,"早服"二字,陆德明《经典释文》、《老子吕惠卿注》等作"早复",成玄英《老子道德经开题序诀义疏》、李荣《道德真经注》作"早伏"。对此,一些学者认为,这里应作"早复",如奚侗说:"今王弼本及《韩非》、河上本'复'均作'服',范应元曰:'王弼、孙登及《世本》作早复"。"复"乃本字,"服"乃借字。'"(《老子集解》,见《老子注三种》,第128页)

然而，有的学者明确指出，这里应该作"早服"，不应作"早复"，如俞樾（yuè）说："《困学纪闻》卷十引此文，两'服'字皆作'复'，且引司马公、朱文公说并云：'不远而复'。……然则古本自是'服'字，王说非。"（《老子平议》）

笔者认为，河上公本、王弼本、傅奕本、景龙碑本等历史上有代表性的《老子》本子多作"服"，《韩非子》所引《老子》、帛书乙本也作"服"（甲本残毁），郭店竹简本该段文字作"夫唯啬，是以早，是以早服"，应该亦是作"服"。故该字应作"服"，不应作"复"。

三、古今学者对"有国之母"的不同理解

老子说"无不克，则莫知其极"，意即一个人能无往而不胜，就没有人知道他的极限。这里的"极"，是穷极、尽头、极限的意思。老子接着又说"莫知其极，可以有国"，其中的"有国"，即拥有国家，也就是成为一国之君主，如张松如说："具有了不知穷尽的力量，就可以统治国家。"（《老子说解》，第322页）由此可见，在老子看来，统治国家是一项极其崇高的任务，故只有道德极其充盈、无往而不胜、不知其能力之极限的人方能充任。因为统治者的所作所为关系到国家的安危，影响着万千民众的生活幸福，当然必须由一国之中能力最强、品德最高尚的人来担任，因此，老子的这一观念无疑是十分正确的。

对于"有国之母，可以长久"的含义，古今学者的理解则存在明显的不同。当代学者多把其中的"有"视为动词，意为有了、保有、掌握等，而释"国之母"为治理国家的根本或道理；而治理国家的根本或道理必须是合乎"道"的，故这里的"母"，可以说即是"道"。因此，所谓"有国之母，可以长久"，指有了治国的根本，就可以长治久安。

古代学者对"有国之母，可以长久"的含义则存在不同的解释，其中值得我们注意的，主要有这样三种。（1）认为这里的"母"即"道"，取的是像母亲一样养育之义，这两句文字指的是拥有国家的统治者能像母亲一样养育民众，所以能够长久，如唐玄宗说："母者，道也，以茂养为义，夫所以得称有国者，只缘有道而茂养苍生，若尔福祚永昌，可以长久。"（《唐玄宗御制道德真经疏》）（2）认为这里的"国"即"身"，"母"即"道"或"德"，因此，"有国之母，可以长久"意为保有身中的"道"或"德"，就可以长久生存，如河上公说："国身同也。母，道也。人能保身中之道，使精气不劳，五神不苦，则可以长久。"（见王卡点校：《老子道德经河上公章句》，第231页）（3）认为这里的"有

国之母"指的是"啬",如陆希声说:"有国者所以治民事天之本,皆在于啬,故啬为有国之母焉。能守有国之母,则其道可长,其德可久。"(《道德真经传》)

笔者认为,对于"有国之母"的含义,学者们之所以众解纷纭,关键在于其文字表述本身容易让人产生歧解。因为它既可以理解为"有国""之母",即拥有国家的像母亲一样的统治者;也可以理解为"有""国之母",即有了治理国家的根本。当然还可以作别的理解,如蒋锡昌认为,"有国之母"其实是"有母之国"的意思:"'有国之母',犹言'有母之国',此文以'母''久''道'为韵,故倒言之耳。"(《老子校诂》,第368页)

因此,要弄清"有国之母"的确切含义,需从分析老子为什么在这里要用"有国之母"来表述入手。因为从本段文字来看,老子说"夫唯啬,是谓早服;早服,谓之重积德;重积德,则无不克;无不克,则莫知其极;莫知其极,可以有国;有国之母,可以长久",从中可以发现,它总共包含了六个分句,其中前五个分句均是后一个分句开头的文字如"早服""重积德""无不克"等重复了前一个分句末尾的几个字,照此,则"有国之母,可以长久"其实应表述为"有国,可以长久",那么老子为什么要在"有国"后面加上"之母"二字呢?在笔者看来,这应该是老子怕读者引起误解,以为拥有了国家就可以长久,故专门加了"之母"二字以作强调。而"母"在《老子》一书中具有特殊的含义,如第一章"有名,万物之母";第二十五章"有物混成,先天地生,……可以为天下母";等等。其中的"母"字,都是用母亲的生养之义来比喻"道"生养万物,是万物的根源,则这里的"母",亦应是同样的含义。因此,笔者认为,"有国之母"的确切含义,当指拥有国家的有道的统治者。

本章的最后一句"是谓深根固柢、长生久视之道"中的"柢",意为树根,特指树的直根。"长生久视"中的"视",是活、生存的意思,如高明说:"'视'字在此当训'活'。"(《帛书老子校注》,第118页)因此,所谓"深根固柢、长生久视之道",即根深而牢固、长久地活着之道。"是谓深根固柢、长生久视之道"作为本章的结尾,亦为对本章的总结,因此,它指的其实就是"啬"是根深而牢固、长久地活着之道。

六十章

治大国，若烹①小鲜②。以道③莅④天下，其鬼⑤不神⑥；非其鬼不神，其神不伤人；非其神不伤人，圣人⑦亦不伤人。夫两不相伤⑧，故德⑨交⑩归⑪焉。

【译文】

治理大国，就像煮小鱼时不宜搅动一样。用道来治理天下，鬼就无法显灵；不是鬼无法显灵，而是鬼显灵时不会伤人；不是鬼显灵时不会伤人，是因为圣人也不会伤人。鬼显灵和圣人都不伤人，所以民众都把德归于圣人。

【注释】

①烹：煮。一说指煎。　②鲜：鱼。　③道：见第一章注①。　④莅：临视；治理。　⑤鬼：鬼怪。也指迷信者认为的人死后的魂灵。　⑥神：灵验；显示神奇的作用。　⑦圣人：见第二章注⑭。　⑧两不相伤：指鬼显灵和圣人两者都不伤人。相：副词。表示一方对另一方有所施为。　⑨德：恩惠；恩德。　⑩交：俱；皆。一说指互相。　⑪归：归属；属于。

【解读】

本章主要论述了清静无为对于治理大国的重要性。为此，老子专门用了一个特殊的比喻："治大国，若烹小鲜"。在本章中，老子还从一个特殊的视角来论证无为而治的好处，即所谓"以道莅天下，其鬼不神"：用"道"来治理天下，鬼就无法显灵。为什么用"道"来治理天下，鬼就无法显灵呢？对此，老子解释说，其实鬼总是要显灵的，所谓鬼无法显灵，指的是鬼显灵时不会伤人；而鬼显灵时不会伤人的原因，是圣人也不会伤人；而圣人不会伤人的原因是圣人"治大国，若烹小鲜"、"以道莅天下"，实行无为之治，不去干扰民众的生活。所以正是因为圣人实施无为之治，才使鬼不会通过显灵来伤人。

关于本章文字的含义，学者们在理解上也存在不少的争议，其中值得我们注意的，主要有这样四个方面：一是"治大国"与"烹小鲜"的关系及"烹"的确切含义；二是为什么用"道"来治理天下，鬼怪就不灵验;三是"其神不伤人"中的"神"之所指;四是"德交归焉"的确切含义。

一、"治大国"与"烹小鲜"的关系及"烹"的确切含义

"治大国,若烹小鲜"中的"鲜",指的是鱼,而"烹"是煮的意思。因此,所谓"治大国,若烹小鲜",意即治理大国,就像煮小鱼一样。

那么,为什么说治理大国就像煮小鱼一样呢?对此,学者们较为一致地认为,烹煮小鱼时不可搅动,搅动则鱼碎;比喻治理大国当清静无为,有为则民劳而国不治,如林希逸说:"烹小鲜者,搅之则碎。治国者,扰之则乱。清净无为,安静不扰,此治国之道也。"(《道德真经口义》)

把"治大国"与"烹小鲜"联系在一起,使老子的无为而治思想得到了十分形象的表达,从而明确地告诉那些好大喜功、肆意妄为的君主:作为统治者,只要按照既定的规则,拱默无为即可,否则,政令繁多,朝令夕改,千方百计去干涉民众的生产和生活,就会像煮小鱼时不断去搅拌它一样,只会把事情搞得一团糟。

这里值得我们注意的,是"烹小鲜"中的"烹"字,当代学者多释为"煎",如任继愈说"治理大国,要像煎小鱼那样(不要常常扰动它)"(《老子绎读》,第131页),高亨则专门强调:"烹,煎也,煮也,此处以前解是。"(《老子注译》,第96页)根据权威工具书中的解释,"煎"指的是先在锅里放少量油,加热后,把食物放进去使表面变黄;"煮"指的是把食物或其他东西放在有水的锅里烧。因此,"煎"和"煮"是明显不同的两种烹调食物的方法。当代学者之所以把"烹"释为"煎",当是依据人们的常识,在煎鱼时往往容易去翻动它,且翻动次数一多,鱼就会碎掉,而在煮鱼时通常是不会去翻动它的,故把"烹"释为"煎",可突出有为的坏处。殊不知这么一来,恰恰误解了老子的本意。因为在老子看来,治国当无为,就像煮小鱼时不需要去翻动就可以把鱼煮得很好一样。而煎小鱼则不同,稍有烹饪经验的人都知道,煎食物时是必须去翻动食物的,否则食物就会糊锅。因此,把"烹小鲜"释为"煎小鱼",其含意便变成了煎小鱼时不宜过多去翻动(而不是不宜翻动),以此用来比喻"治大国",其意思便变成了:治大国时可以有为,只是不要过多地有为。这就明显违背了老子的无为而治之旨:无为指的是完全不去有为,而不是数量很少的有为。故这里的"烹",应该释为"煮"的意思,而不应释为"煎"。

二、用"道"来治理天下,为什么鬼怪就不灵验?

老子说"以道莅天下,其鬼不神",其中的"莅",是临视、治理的意思,如高亨说:"莅,临也。治也。"(《老子注译》,第96页)因此,"以道莅天下",即用"道"来治理天下的意思。

"其鬼不神"中的"鬼",既可指古人认为的人死后的魂灵,也可指鬼怪。"其鬼不神"中的"神",指灵验、显示神奇的作用的意思,如卢育三说:"神,灵。不神,不灵,不起作用。"(《老子释义》,第230页)因此,"其鬼不神",指的是鬼怪无法显灵即不能显示其神奇的作用。

那么,为什么用"道"来治理天下,鬼就无法显灵呢?对此,一些学者认为,所谓以道治天下,即以清静无为来治理天下;统治者以清静无为治理天下,则民众少私寡欲;民众少私寡欲,则灾祸少;灾祸少,则不需要通过向鬼神祈祷来求福避祸;民众不事祈祷,则鬼神无法发挥其作用,所以说"以道莅天下,其鬼不神"。如苏辙说:"圣人无为,使人各安其自然。外无所求,内无所畏,则物莫能侵,虽鬼无所用神矣。"(《老子解》)笔者认为,这样的解释,虽不乏迷信的成分,但逻辑严密,无疑是很有说服力的。

三、"其神不伤人"中的"神"之所指

"非其鬼不神,其神不伤人"两句,是对"其鬼不神"的进一步解释,因此,"非其鬼不神",意为:不是鬼无法显灵。对于"其神不伤人"一句,学者们则存在明显不同的两种解释。一种认为,这里的"神",指的是神灵,亦即宗教上所说的天地万物的创造者和统治者,如高亨说:"'其神不伤人'之'神',宜读为'神祇'之'神'。"(《老子正诂》)一种认为,这里的"神",指灵验的意思,"其神不伤人",指鬼显灵时不会伤人,如吴澄说:"鬼所以不灵怪者非不灵怪,虽能灵怪而不为妖灾伤害人也。"(《道德真经注》)

笔者认为,对于"其鬼不神;非其鬼不神,其神不伤人"中的三个"神"字,最好是释为相同的意思;既然"其鬼不神"中的"神"指灵验的意思,则"其神不伤人"中的"神"亦当释为灵验。而把"其神不伤人"释为即使灵验或显灵也不会伤人,在意思上是很顺畅的,因为统治者以清静无为之道治国,民众少私寡欲,不害正道,则虽有鬼显灵,也无法伤害正道之人。

四、"德交归焉"的确切含义

对于"德交归焉"的含义,学者们亦是众解纷纭,其中较有代表性

的，主要有这样两种理解。(1)认为"德交归"指鬼与人都把德归于圣人，如吴澄说："交，皆也。天地之气不伤害人者，以圣人不伤害天地之气也。圣人不伤害天地之气者，以其简静而民气和平也。两者不相伤，皆由于圣人之德，故皆归德于圣人也。"(《道德真经注》)(2)认为"德交归"指鬼和圣人的恩德都归于民，如卢育三说："德交归焉，因为圣人与鬼都不伤人，所以两者的恩德都归于民。"(《老子释义》，第231页)

笔者认为，"德交归"中的"德"，当指恩惠、恩德的意思；"交"，当指俱、皆、都的意思，如高亨说"交，俱也"(《老子注译》，第97页)；"归"，当指归属、属于的意思。因此，"德交归"，即恩德都归属的意思。那么，"恩德都归属"的具体含义又是什么呢？若以上句"两不相伤"即鬼和圣人都不伤人为依据，当指把恩德都归属于民众，亦即把恩德都给了民众；若从整章意思来看，则可理解为：因为鬼和圣人都不伤人的原因是圣人实行无为之治，因此，鬼和圣人"两不相伤"，故民众都把德归于圣人。两相比较，笔者认为后一种理解更好些，因为根据前一种理解，既然已说鬼与圣人都不伤人，再说鬼与圣人把恩德都给了民众，这在意思上显得有些重复；而根据后一种解释，因为鬼和圣人都不伤人，所以民众都把德归于圣人，则便是进一步强调了清静无为的好处，且与本章开头的"治大国，若烹小鲜"亦能很好地呼应，故于义为长。

六十一章

大国①者下流②,天下之交;天下之牝③,牝常以静胜牡④,以其静,故为下也⑤。故大国以⑥下⑦小国,则取⑧小国;小国以下大国,则取⑨大国。故或下以取,或下而取。大国不过欲兼畜⑩人,小国不过欲入事⑪人。夫两者各得其所欲,大者宜为下。

【译文】

大国应该像河流的下游一样,成为天下会合的地方;又应该像天下的雌性一样,雌性常常凭借安静胜过雄性,因为雌性安静,所以处于下位。所以大国用谦下的态度对待小国,就会得到小国的拥护而前来归附;小国用谦下的态度对待大国,就会为大国所容纳。所以,有的用谦下的态度而使对方来归附,有的因为谦下而为对方所容纳。大国不过是想同时养育更多的人,小国不过是想归顺侍奉大国以求得庇护。大国和小国要各自实现自己的愿望,大国尤其应该谦下。

【注释】

①国:本章中的"国"字,帛书甲本均作"邦",一些本子据之改作"邦"。
②下流:河流的下游,即河流接近出口的部位。一说指江海。　③天下之交;天下之牝:帛书甲本作"天下之牝,天下之交也"(乙本残损),一些本子据帛书甲本作了修改。交:会合;聚集。牝:鸟兽的雌性。
④牡:鸟兽的雄性。　⑤以其静,故为下也:王弼本作"以静为下"。据傅奕本、范应元《老子道德经古本集注》改。帛书乙本作"为其静也,故宜为下也"(甲本残损),一些本子据帛书乙本作了修改。
⑥以:用。　⑦下:居人之下;谦下。
⑧取:取得;得到。这里指得到小国的拥护而前来归附的意思。一说借为"聚"。
⑨取:这里指得到大国的容纳或接受的意思。一说应作"取于"。　⑩兼畜:同时养育。一说指兼并畜养。　⑪入事:归顺侍奉。入:归顺。事:侍奉。

【解读】

　　本章集中论述了在处理大国与小国的关系时谦下的重要性。老子指出：大国以谦下的态度对待小国，就会得到小国的拥护而前来归附；小国以谦下的态度对待大国，就能得到大国的包容和庇护，从而使"两者各得其所欲"即各自实现自己的愿望。不过，值得我们注意的是，在本章中，老子虽主张大国和小国都应谦下，但他特别强调的，还是大国应保持谦下，这从本章以"大国者下流"开头，以"大者宜为下"作结，可明显地反映出来。

　　关于本章内容，值得我们注意的主要有以下四个方面：一是"大国者下流，……以其静，故为下也"的含义及相关文字表述之争；二是"取小国""取大国"中"取"的确切含义；三是"下以取"与"下而取"的区别；四是老子为什么强调"大者宜为下"。

一、"大国者下流，……以其静，故为下也"的含义及相关文字表述之争

　　"大国者下流，天下之交；天下之牝，牝常以静胜牡，以其静，故为下也"一段文字，主要论述了大国应当谦卑居下的道理。"大国者下流"中的"下流"，指的是河流的下游，因河流的下游必然位置低下，故能容纳众水。而老子之所以说"大国者下流"，是指出大国应当像河流的下游那样，处于低下的位置，以谦卑的态度来对待小国，从而使小国或天下之人像百川奔向河流的下游那样归附大国，故张默生说："最洼下的地方，就是众水汇归的地方。治大国的人，也当善解此喻，以谦下为怀，而万民才去归服他。"（《老子章句新释》，第81页）

　　"天下之交"中的"交"，学者们多释为交会、聚集的意思，因此，所谓"天下之交"，指的是大国是天下各国或天下之人所交会聚集的地方，如吴澄说："大国者，诸小国之交会"。（《道德真经注》）而大国之所以会成为天下各国或天下之人所交会聚集之处，则是因为大国能像河流的下游一样自居卑下，如范应元说："天下之所交会大国者，以其能谦而居下也。"（《老子道德经古本集注》，第107页）

　　"天下之牝"中的"牝"，指鸟兽中的雌性，其特点是柔静卑下，故老子接着说："牝常以静胜牡，以其静，故为下也。""牝常以静胜牡"的意思比较清楚，指雌性常常凭借安静胜过雄性。"以其静，故为下也"中的"为下"，指居下、处于下位，故"以其静，故为下也"，意即因为安静，所以处于下位。

因此,"大国者下流,天下之交;天下之牝,牝常以静胜牡,以其静,故为下也"整段文字的含义为:大国应该像河流的下游一样,成为天下交会聚集的地方;大国又应该像天下的雌性一样,雌性常常凭借安静胜过雄性,因为雌性安静,所以处于下位。也就是说,整段话由两个部分组成,前一部分强调大国应该处于"下流",后一部分强调大国应该"为下",强调的其实都是处于下位的重要性。其中需要注意的,是"天下之牝"亦是就"大国"而言,相当于说"大国者,天下之牝",只是把"大国者"三个字省略了。

这里需要指出的是,"大国者下流"等一段文字,不同的《老子》本子存在较多的差异,对于究竟应作何种表述,学者们的争议亦极多。在关于本段文字表述的各种争议中,最重要的争议是"天下之交,天下之牝"是否应作"天下之牝,天下之交"。

"天下之交,天下之牝"两句,帛书甲本作"天下之牝。天下之郊(交)也"(乙本残损),两者的顺序恰好相反。对此,一些学者认为,这两句文字当依据帛书本,作"天下之牝,天下之交也",或"天下之牝也。天下之交也"。如高明说:"帛书本'大国者下流也,天下之牝也',言大国如自谦似水而居下,可为'天下之牝'。……在下文进一步以雄雌交配为喻,说明牝近于道。……今本文次倒误,旧注多失《老子》本义。"(《帛书老子校注》,第123页)另外,一些当代学者如陈鼓应、董平等在其《老子》注译著作中均把原文改成了"天下之牝,天下之交也",并纷纷说明了改动的理由。如董平说:"高明先生据帛书甲、乙本所作的注释,义理畅达,今即从之。"(《老子研读》,第233页)汤漳平等说:"幸赖帛书的出土,使我们得以改正句序,如此句意始能贯通且含义清楚",并把"天下之牝。天下之交"翻译为"又好比天下的雌性。天下的雌雄交合"。(见汤漳平、王朝华译注:《老子》,第244-246页)

由上可知,一些学者之所以主张把原文改为"天下之牝,天下之交也",主要原因是作"天下之交,天下之牝"在意思上十分费解,而作"天下之牝,天下之交也"在意思上就十分清楚了:大国好比江河的下游,又好比天下之雌性。天下的雌雄交合,雌性常常凭借安静胜过雄性。因为雌性安静,所以处于下面。笔者认为,这样的解释,在意思上确实比较通顺,但是亦存在一个明显的问题:把这里的"交"释为交配、性交之"交",是否符合老子的原意?因为根据这样的解释,"天下之交,牝常以静胜牡。以其静也,故为下",就成了描述雌雄性交与性交体位的文字,而这与《老子》一书的整体风格无疑是格格不入的。或许正是意识到这一点,一些学者虽据帛书本对这里的文字作了调整,但并未把"交"释为交配,如张松如释"天下之交"为"天下的交汇呀"(《老子说解》,第331页),高亨则认为,这里的"交",应读为"狡",指强健的意思,而把"天下之交"释为"天下的强健者"。(见《老子注译》,第98—99页)汤漳平等对此感到十分不解,说:"奇怪的是,许多注家仍不愿意从帛书本改正句序,而有些注家虽然从帛书本改正了句序,但仍然把'交'解释为'交汇',难免以辞害意,把文意解释得莫名其妙"。(汤漳平、王朝华译注:《老子》,第244页)

以上情况说明,把"天下之交,天下之牝"改为"天下之牝,天下之交",亦并非万事大吉,而是又旁生枝节,使问题变得更为复杂。因此,笔者认为,关于"天下之交,天下之牝"两句,历史上有代表性的《老子》本子如河上公本、王弼本、傅奕本、景龙碑本等多作此种表述,一些本子虽在具体的文字上稍有不同,但均是把"天下之交"置于"天下之牝"之前的,因此我们不能仅凭帛书甲本即对原文作出改变。更何况根据前面的论述,"天下之交,天下之牝"的表述虽然看似费解,但仍是可以解释通的。

二、"取小国""取大国"中"取"的确切含义

在如何处理大国与小国之间关系的问题上,老子说:"故大国以下小国,则取小国;小国以下大国,则取大国。"其中"故大国以下小国"中的"下",指谦下、居人之下的意思,如河上公说:"能谦下之。"(见王卡点校:《老子道德经河上公章句》,第238页)而"谦下",意为谦逊,屈己待人。因此,"大国以下小国",即大国用谦下对待小国的意思,这里的"以",指"用"的意思,如卢育三说:"大国用谦下的态度对待小国"。(《老子释义》,第233页)

"则取小国"中的"取",不少学者释为附、使归附的意思,如王弼说:"小国则附之。"(见楼宇烈校释:《老子道德经注校释》,第160页)吴澄说:"则能致小国之乐附"。(《道德真经注》)不过,也有学者认为,这里的"取"(包括下文"取大国""下以取""下而取"中的"取"),借为"聚",是会聚的意思,如蒋锡昌说:"本章四'取',皆为'聚'字之借。……此言大国以下小国,则聚小国"。(《老子校诂》,第375页)

笔者认为,这里的"取",当如"将欲取天下而为之"(二十九章)、"取天下常以无事"(四十八章)、"以无事取天下"(五十七章)等中

老子·六十一章

▲"大国以下小国，则取小国"，意为大国用谦下的态度对待小国，就会得到小国的拥护而前来归附。老子认为，这是大国处理与小国关系的最好办法。中国古代中央政府处理与邻近小国关系的一个重要方法，就是邻近小国只要尊重中国中央政府，并按时纳贡，中国中央政府便会与其保持和睦的关系，并对其提供经济、政治、文化甚至军事上的支持。此可谓对老子思想的具体实施。此为明代仇英绘制的《职贡图》（局部），描绘的正是中国的邻近小国派出使者向中国中央政府朝贡的情形。

的"取",是取得、得到的意思,具体而言,则是指得到他人的拥护,从而诚心归附的意思,故不少古代学者释这里的"取"为附、使归附,是很有道理的。把这里的"取"释为"聚",当然从道理上也能说通,但不如按其本字释为"取得"的意思更为恰当。因此,"则取小国",当指就会取得小国的拥护而前来归附的意思。

"小国以下大国",指小国用谦下的态度对待大国,如奚侗说:"小国以谦下事大国"。(《老子集解》,见《老子注三种》,第129页)"则取大国",学者们多释为为大国所容纳、接受,如王弼说"大国纳之也"(见楼宇烈校释:《老子道德经注校释》,第160页),范应元说"则大国容之"(《老子道德经古本集注》,第107页)。也有一些学者释为取得大国的信任,如任继愈说:"就能取得大国的信任。"(《老子绎读》,第134页)笔者认为,小国能用谦下的态度对待大国,大国自然就能接受它、包容它。至于大国是否会因此信任小国,则值得商榷,因为弱者对强者谦下,或许是迫于压力,而并非出于真心,大国如果因此就信任小国,就未免过于简单了。

三、"下以取"与"下而取"的区别

"故或下以取,或下而取"中的"下",与"大国以下小国""小国以下大国"中的"下"一样,均为谦下的意思,如河上公说:"'下'者谓大国以下小国,小国以下大国,更以义相取。"(见王卡点校:《老子道德经河上公章句》,第238页)具体而言,则"或下以取",指"大国以下小国,则取小国";"或下而取",指"小国以下大国,则取大国"。

这里值得我们注意的是"下以取"与"下而取"之间意思的差别。对这两句一用"以",一用"而",学者们主要有两种解释。一种认为,"下以取",指以大取小;"下而取",指以小取大。如林希逸说:"以大取小曰'以取',以小取大曰'而取'。此两句文字亦奇特。"(《道德真经口义》)一种认为,"以取"表示主动的意思;"而取"则表示被动的意思,相当于"取于人",为人所取。如司马光说:"'以取'取人,'而取'为人所取。"(《道德真经论》)

笔者认为,以上两种解释均是有道理的,因"下以取"系针对"大国以下小国,则取小国"而言,故既有大取小的意思,又有主动的意思;"下而取"系针对"小国以下大国,则取大国"而言,故既有小取大的意思,又有表示被动的意思。不过,在前面解释"大国以下小国"的含义时,笔者已经指出,其中的"以",是"用"的意思,则"下以取"的

"以",亦当为"用"的意思。因此,所谓"下以取",实即"以下取",亦即用谦下对待小国而取得小国的拥护,主动意味十分明显;而"下而取",意即因为谦下而为大国所容纳,则有明显的被动意味。

四、老子为什么强调"大者宜为下"？

在本章的最后,老子说:"夫两者各得其所欲,大者宜为下。""夫两者各得其所欲",指大国和小国各自得到了自己想要的东西,实现了自己的愿望。而大国和小国各自的愿望便是上文所说的大国"欲兼畜人",小国"欲入事人",如范应元说:"不过'兼畜''入事',两得所欲,则大小相安。"(《老子道德经古本集注》,第108页)

"大者宜为下",指大国应该谦下,如河上公说:"大国又宜为谦下。"(见王卡点校:《老子道德经河上公章句》,第239页)值得注意的是,老子在前面同时讲大国与小国谦下的好处,那么为什么在本章的结尾只讲大国应该谦下,而不讲小国呢？对此,学者们主要有这样两种解释。(1)认为小国容易保持谦下,大国保持谦下则较不容易,所以特别告诫大国应保持谦下,如唐玄宗说:"大者宜为下者,夫物未尝以小轻大,而必以大凌小,将恐大国之君,骄盈致祸,鲜能下之,故诫云大者特宜为谦下尔。"(《唐玄宗御制道德真经疏》)(2)认为小国保持谦下,只不过是达到自保而已,只有大国保持谦下,才能使天下归附,所以强调大国应该谦下,如王弼说:"小国修下,自全而已,不能令天下归之。大国修下,则天下归之。故曰'各得其所欲,则大者宜为下'也。"(见楼宇烈校释:《老子道德经注校释》,第160页)

笔者认为,在大国与小国的关系中,小国容易保持谦下,而且小国也必须谦下,否则便会面临灭国之灾,此正如吕惠卿所说:"小而不能下大,非徒不能取大国,而亦祸灾及之矣。"(《老子吕惠卿注》,第71页)而大国则不同,大国依仗自己的实力地位,很容易在小国面前骄横霸道。然而,若大国在小国面前不能保持谦下,就极易引起小国的反感,因此,它在大国面前谦下,亦只是迫不得已的表演,而不是对大国诚心归服,这样,大国"取小国"即得到小国的拥护而前来归附的目标便不能实现。这就说明,只有大国对小国谦下,小国才能更好地实现其通过谦下而得到大国庇护的目标。因此,要想真正实现"两者各得其所欲",关键是大国要谦下,故老子才会以"大者宜为下"作为本章的结尾。由此可见,上述两种理解都是很有道理的,不过,把它们结合在一起,则能更好、更全面地说明老子说"大者宜为下"的原因。

六十二章

道①者,万物之奥②。善人之宝③,不善人之所保④。美言⑤可以市⑥,尊行⑦可以加人⑧。人之不善,何弃之有?故立天子,置⑨三公⑩,虽有拱璧⑪以先驷马⑫,不如坐进⑬此道。古之所以贵⑭此道者何?不曰⑮求以⑯得,有罪⑰以免邪?故为⑱天下贵。

【译文】

道,是万物的创造者和宗主。它是善人的珍宝,是不善之人的依靠。美好的言辞可以获得,高尚的行为可以培养。对于不善的人,为什么要把他抛弃呢?所以立为天子,封为三公,虽然享受前有大璧、后随驷马的隆重礼仪,也不如安坐着进修此道。古代重视此道的原因是什么呢?难道不是因为求它就可以得到,有罪殃可以免除吗?所以被天下人重视。

【注释】

①道:见第一章注①。　②奥:指储藏东西的地方,也指主、主宰或尊贵。一说有庇荫的意思。　③宝:宝贝,珍贵的东西。一说指珍爱、珍视。　④保:依靠。也指保护。　⑤美言:美好的言辞。　⑥市:换取;获得。一说指交易的行为。　⑦尊行:高尚的行为。　⑧加人:施加到人的身上,有培养的意思(加:施及)。一说指被重于人;一说指高过他人。　⑨置:任命。一说指设置。　⑩三公:古代中央三种最高官衔的合称。周代以太师、太傅、太保为三公。　⑪拱璧:大璧。璧:玉器名。圆形,扁平,中心有孔。古代贵族用作朝聘、祭祀、丧葬时的礼器。也作佩带的装饰。　⑫驷马:同拉一辆车的四匹马。　⑬坐进:安坐着增进(进:增进)。也指坐着进献(进:进献)。　⑭贵:崇尚;重视;以为宝贵。　⑮不曰:这里有"难道不是"的意思(曰:是)。一说指"它不是说"或"不正是说"(曰:说)。　⑯求以:王弼本作"以求",傅奕本、景龙碑本作"求以",帛书乙本亦作"求以"(甲本残损),据之以改。　⑰罪:罪殃;祸殃。　⑱为:被。一说指"是"。

【解读】

　　本章集中论述了"道"的宝贵及其重要性，主要包含这样四个方面的内容：一是指出"道"是万物的创造者和宗主；二是说明"道"是善人的珍宝，人们只要去追求"道"，便可获得"道"；三是强调了"道"对不善之人亦一视同仁，所以"道"既可为不善之人提供保护，又能在不善之人真正醒悟时，免除不善之人的罪殃；四是"道"是最宝贵的东西，即使是立为天子，封为三公，享受大璧在前、驷马随后的隆重礼仪，都比不上"道"可贵。

　　值得注意的是，关于本章中一些文字的含义及文字表述，学者们存在较多的争议，对此，笔者拟从以下三个方面展开论述：一是"道者，万物之奥"中"奥"的含义；二是"美言可以市，尊行可以加人"的含义及其文字表述之争；三是"虽有拱璧以先驷马，不如坐进此道"中"拱璧""坐进"等的含义。

　　一、"道者，万物之奥"中"奥"的含义

　　对于"道者，万物之奥"中"奥"字的含义，学者们在理解上的分歧较多，概括起来，主要有这样四种理解。（1）认为"奥"是"藏"的意思，而"藏"在这里当指储藏东西的地方，因此，所谓"道者，万物之奥"，指"道"是储藏万物的地方，形容"道"广大无比，无所不包，如河上公说："奥，藏也。道为万物之藏，无所不容也。"（见王卡点校：《老子道德经河上公章句》，第241页）（2）认为"奥"本指室内的西南隅，是祭祀时设神主或尊长的居坐之处，在这里指"道"，因此，"道者，万物之奥"是指"道"内在于万物而不显于外，在万物中居于尊贵的地位，如吴澄说："万物之奥，万物之最贵者。奥，室之西南隅……尊者所居，故奥为贵。道之尊贵犹寝庙堂室之奥。"（《道德真经注》）（3）认为"奥"在此含有庇荫的意思，因此，"道者，万物之奥"，指"道"是万物的庇荫，如蒋锡昌说："'奥'有藏意，故含有覆盖庇荫等义。'道者，万物之奥'，言道为万物之庇荫也。"（《老子校诂》，第378页）（4）认为"奥"是"主"即主宰、宗主的意思，因此，"道者，万物之奥"指"道"是万物的主宰或宗主，如高亨说："道，是万物的主宰"。（《老子注译》，第100页）

　　笔者认为，老子说"道者，万物之奥"，旨在说明"道"与万物的关系。而据前面相关各章的论述可知，"道"与万物的关系蕴含十分丰富的内容。从根源上来说，"道"是万物的创造者，在万物没有产生之前，万物就已蕴藏在"道"之中，就这个角度而言，则"道"是万物的宗主，"道"包藏万物。"道"生万物之后，即天地万物产生以后，一方面，万物均在大道的范围之内，则可谓"道"是储藏万物的地方，它广大无比，无所不包；另一方面，万物均有"道性"，"道"又隐藏于万物之中，在万物中处于尊贵的地位，就这个角度而言，则"奥"应指室内之西南隅，引申指尊者所居之处。因此，上述四种关于"奥"的含义的解释均有其合理之处。但是，我们又不能执着于其中一种解释，而排斥其他的解释。笔者认为，老子之所以说"道者，万物之奥"，用一个复杂多义的"奥"字，而不用含义较为明确的"主""藏"等，便是想用"奥"字表达"道"与万物之关系的丰富性。

二、"美言可以市"，"尊行可以加人"的含义及其文字表述之争

老子说："美言可以市，尊行可以加人。人之不善，何弃之有？"对于"美言可以市"一句的含义，学者们在理解上分歧较多，其中值得我们注意的，主要有这样三种观点。(1)认为"美言"指溢美饰伪之言，"市"指市井或市场，因此，"美言可以市"指溢美饰伪之言只适合于市井或市场中觅利的活动，如河上公说："美言者独可于市耳，夫市交易而退，不相宜，善言美语，求者欲疾得，卖者欲疾售也。"（见王卡点校：《老子道德经河上公章句》，第241页）(2)认为"美言"指美好的言辞，"市"指市场上的交易行为，因此，"美言可以市"指美好的言辞就像可用于售卖的物品，以利于众人，如吴澄说："善人以道取重于人，嘉言可爱，如美物之可鬻（yù）卖。"（《道德真经注》）(3)认为"美言"指用美好的言辞对"道"加以描述，"市"指市场上的交易活动，但对"美言可以市"的具体解释则各有不同："言道无所不先，物无有贵于此也。虽有珍宝璧马，无以匹之。美言之，则可以夺众货之贾"。（王弼，见楼宇烈校释：《老子道德经注校释》，第161页）"美而言之，可以使人从教，若市之得物。"（司马光：《道德真经论》）由以上引文可知，王弼的理解为：用美好的言辞对"道"加以描述，则"道"的价值超过所有的货物；司马光的理解为：用美好的言辞对"道"加以描述，可以使人听从教导，就像从市场上得到物品一样。

对于"尊行可以加人"的含义，学者们在理解上也存在诸多的分歧，其中较有代表性的，主要有这样两种理解。一种是把"尊行"释为尊贵或高尚的行为，把"加人"释为高于他人，如林希逸说："一乡之间，才有一善可尊者，人亦推敬之，可以加于人之上。……尊行可以

加人,如乡落之间,或有长厚者,或有好善者,其乡人亦未尝不称尊之。"(《道德真经口义》)一种是把"尊行"释为尊贵或高尚的行为,把"加人"释为影响别人,如汤漳平等说:"尊贵的行为可以给人施加影响。"(汤漳平、王朝华译注:《老子》,第249页)

接下来的"人之不善,何弃之有"两句,意为不善的人,怎么能把他抛弃呢?那么,为什么不能抛弃不善之人呢?对此,学者们主要有这样两种解释。一种认为,在第二十七章中,老子说"是以圣人常善救人,故无弃人",所以对于不善之人,亦不能抛弃,如奚侗说:"圣人常善救人,不以其不善而弃之。"(《老子集解》,见《老子注三种》,第130页)一种认为,老子在本章的上文中说,"道"是"不善人之所保",不善之人只要内心醒悟,追求大道,便可得到"道"的保护,因此不能把他抛弃,如蒋锡昌说:"此言不善人化于道,亦能改过迁善,可知人无弃人,故道为不善人之所保也。"(《老子校诂》,第380页)

因此,有的学者亦明确指出,对于不善之人,应该用"道"加以教化,而不可抛弃:"言人言行不善,何弃遗之有乎?当导之以善道,冀从化而悛(quān)恶,不可弃之而不化,故云'何弃之有'。"(《唐玄宗御制道德真经疏》)

论述至此,再回头来看"美言可以市,尊行可以加人"的确切含义,笔者认为,"美言可以市,尊行可以加人"应该是用来说明"人之不善,何弃之有"的。老子之所以说"人之不善,何弃之有",是因为在老子看来,不善的人可以通过教化而成为善人,而教化的实质,便是使一个恶言卑行的不善之人变成美言尊行的善人,故老子说"美言可以市,尊行可以加人",意即美好的言辞可以获得,高尚的行为可以培养。这里的"市",意为换取、获得的意思,如司马光释"市"说"若市之得物"(《道德真经论》);这里的"加人",意为施加到人的身上,亦即培养的意思,如陈鼓应说:"'加人',对人施以影响。"(《老子今注今译》,第295页)既然美好的言辞可以获得,高尚的行为可以培养,那么对于"不善之人",我们只要下功夫加以教育培养就可以了,为什么要抛弃他呢:"何弃之有!"

在此需要特别指出的是,"美言可以市,尊行可以加人"两句,《淮南子·道应训》及《人间训》引《老子》均作"美言可以市尊,美行可以加人",因此,一些学者明确指出,这两句文字应以《淮南子》所引为据作出修改,如奚侗说:"各本脱下'美'字,而断'美言可以市'为句,'尊行可以加人'为句,大谬。兹从《淮南·道应训》《人间训》引

订正。二句盖偶语,亦韵语也。"(《老子集解》,见《老子注三种》,第130页)

此外,马叙伦、蒋锡昌、朱谦之等学者亦赞同上述观点,而且,有不少当代出版的《老子》注译著作如任继愈《老子绎读》、高亨《老子注译》、牟钟鉴《老子新说》等均把原文改成了"美言可以市尊,美行可以加人"。对于"美言""美行"的含义,上述学者多释为美好的言词和美好的行为,因此,在这些学者看来,所谓"美言可以市尊,美行可以加人",即美好的言词可以使人受到尊敬或换得尊位,美好的行为可以使人见重于人或高于他人。

然而,帛书甲乙本这两句均作"美言可以市,尊行可以加人",因此,一些学者对于上述做法明确表示反对,如高明说:"甲、乙本均作'美言可以市,尊行可以贺人';尤其是甲本,在'美言可以市'之后而有一逗。说明自古以来即如此断句,王弼等今本既无挩(tuō)也无误;而俞、奚之说非是,《淮南·道应》《人间》引文皆有衍误。"(《帛书老子校注》,第128页)

笔者认为,奚侗等学者之所以主张以《淮南子》为依据,对通行本文字进行改动,有两个重要的原因:一是"美言可以市,尊行可以加人"不如"美言可以市尊,美行可以加人"在句子形式上显得更为对称、协调;二是后一种表述在意思上显得更为明晰,因为"美言可以市尊"意为美好的言词可以使人受到尊敬或换得尊位,而"美言可以市"的说法则极易造成歧解,这从前面对该句文字含义的介绍中已可充分反映出来。然而,即使如此,笔者亦主张不应轻易改动原文,因为历史上绝大多数有代表性的《老子》本子多作"美言可以市,尊行可以加人",帛书甲乙本、《史记·滑稽列传》所引《老子》原文亦作"美言可以市,尊行可以加人",因此,《淮南子》所引《老子》文字仅为孤证,不宜据此孤证便轻易改动《老子》原文。

三、"虽有拱璧以先驷马,不如坐进此道"中"拱璧""坐进"等的含义

老子说"故立天子,置三公,虽有拱璧以先驷马,不如坐进此道",其中的"立天子,置三公",指确立天子,设置三公。这里的"三公",是古代中央三种最高官衔的合称,老子所处的时代指太师、太傅、太保。"拱璧以先驷马"中的"拱璧",不少学者认为指两臂合抱的大璧,泛指大璧。"驷马",则指同拉一辆车的四匹马。那么"拱璧以先

驷马"又是什么意思呢？从文字本身来看，当是指拱璧在驷马之前的意思。那么，拱璧在驷马之前，其具体的内涵又是什么呢？对此，学者们主要有两种解释。一种认为，"拱璧以先驷马"，指的是古代在征聘贤人时，先送上拱璧，再派遣驷马，以示对贤人的重视，如陆希声说："虽奉其合拱之璧，先以驷马之乘，徒遑遑而求贤才。"（《道德真经传》）一种认为，"拱璧以先驷马"，是指古代进献礼物时，先献拱璧而后献驷马，如蒋锡昌说："古之献物，轻物在先，重物在后。'拱璧以先驷马'，谓以拱璧为驷马之先也。"（《老子校诂》，第381页）

由上可知，"拱璧以先驷马"，不管是用来聘贤，还是用来献礼，都是指用十分厚重的礼物来表示对所聘或所献对象的崇尚或重视。

对于"坐进"的含义，学者们在理解上的分歧亦较多，概括起来，主要有这样三种理解。(1)认为"坐"是坐着、跪坐的意思，"进"是进献的意思，因此，"坐进"即坐着进献，如吕惠卿说："以道之为天下贵，虽坐而进之，过于恭礼重币也。"（《老子吕惠卿注》，第72页）(2)认为"进"即进献，而不释"坐"字之义，因此，"不如坐进此道"即不如进献此道的意思，如苏辙说："虽有拱璧之贵、驷马之良而进之，不如进此道之多也。"（《老子解》）(3)认为"进"指进修、增进的意思，"坐进此道"指静坐增进"道"的修养的意思，如高明说："莫若静坐无为尤进于道。"（《帛书老子校注》，第130页）

那么"坐进"二字究竟应该是什么含义呢？对此，笔者认为，这有赖于对"故立天子，置三公，虽有拱璧以先驷马，不如坐进此道"整段文字的内在逻辑的把握。

在对"故立天子，置三公，虽有拱璧以先驷马，不如坐进此道"一段文字的理解中，最为令人头疼的地方，便是"立天子，置三公"与"虽有拱璧以先驷马，不如坐进此道"之间的关系。从当代学者对它的解释来看，值得我们关注的，主要有这样三种观点。(1)认为"立天子""置三公""有拱璧以先驷马"是并列的关系，指的是人所得到的名利地位，但这些名利地位都不如"道"更为宝贵。(2)认为"拱璧以先驷马"是"立天子，置三公"时举行的仪式，但这样隆重的仪式不如进献"道"更为可贵。(3)对"立天子，置三公"与"拱璧以先驷马"的关系不作说明，只是依据原文作亦步亦趋的翻译，但很明显是把两者视作一个整体，如高亨说："所以建立天子，设置三公，虽然派遣使者，拿着大玉璧的礼物，坐着四匹马的车，去聘问诸侯，然而不如坐在家里，在这个道的实质上前进一步。"（《老子注译》，第100页）

而从古代学者对该段文字的解释来看,值得我们注意的主要有两种理解。一种是与上述第三种理解类似,把"立天子,置三公"与"拱璧以先驷马"视作一个整体,如吕惠卿说:"故立天子,置三公,虽有拱璧以先驷马,所以享于上者,礼之恭、币之重者也。然不如坐进此道,以道之为天下贵,虽坐而进之,过于恭礼重币也。天子三公所以坐而论者,不过此而已矣。"(《老子吕惠卿注》,第72页)另一种理解则是把"立天子,置三公"视作对上文"人之不善,何弃之有"的说明,亦即"立天子,置三公"的目的是要教化不善之人;而把"虽有拱璧以先驷马,不如坐进此道"视作相对独立的内容,并认为其实质是要强调"道"的重要性,如苏辙说:"立天子,置三公,将以道救人耳。虽有拱璧之贵,驷马之良而进之,不如进此道之多也。"(《老子解》)

综上所述,则古今学者关于"立天子,置三公"与"拱璧以先驷马,不如坐进此道"关系的理解,主要可以概括为四种。在笔者看来,对该段文字的理解之所以会产生上述分歧,关键在于对"立天子,置三公"的含义的理解。因为"立"既有设立、确立的意思,亦有登位、即位的意思;"置"既有设置的意思,也有任命的意思。因此,若把"立"释为登位、即位的意思,"置"释为任命的意思,则"立天子,置三公"便是指被立为天子,被封为三公的意思。若把"立"释为设立、确立的意思,把"置"释为设置的意思,则"立天子,置三公"便是确立天子,设置三公的意思。若按后一种理解,则"立天子,置三公"既可以与上句联系,释为是对"人之不善,何弃之有"的说明,又可以与下句联系,释为确立天子,设置三公后举行"拱璧以先驷马"的聘贤活动,或在"立天子,置三公"时举行"拱璧以先驷马"的仪式,等等,歧义极多。而若按前一种理解,则"立天子,置三公"便与"拱璧以先驷马"一样,都是指人得到的令人"羡慕"的名利地位,而老子认为,这些所谓的名利地位,"不如坐进此道",即不如坐着进修此道更为可贵(或不如坐着进献此道更为可贵)。这样的理解,既前后贯通,不易产生歧义,又与下文"古之所以贵此道者何"存在密切的内在联系,故笔者倾向于作此种理解。

六十三章

为①无为②,事③无事④,味⑤无味。大小多少⑥,报怨⑦以德⑧。图⑨难于其易,为大于其细。天下难事,必作⑩于易;天下大事,必作于细。是以⑪圣人⑫终不为大⑬,故能成其大⑭。夫轻诺⑮必寡信⑯,多易⑰必多难⑱。是以圣人犹⑲难之,故终无难矣。

【译文】

按照无为的原则行事,从事不妄生事端的事情,品味寡淡无味的滋味。无论仇怨是大、是小、是多、是少,都用通过修行所得来进行回报。对付难事,要从它一开始容易时入手;做大事,要从细小的事情做起。天下的难事,一定开始于容易之事;天下的大事,一定开始于细小之事。因此圣人始终不去做大事情,所以能成就"大"。轻易许诺的,一定缺少诚信;常把事情看得太容易的,一定会遭遇很多困难。因此圣人(对于容易之事)尚且看得很困难,所以始终没有困难。

【注释】

①为:做;施行。 ②无为:顺其自然,不有意去做。这里指无为的原则。 ③事:从事;做。 ④无事:指不妄生事端,不人为生事。 ⑤味:品味;体味。 ⑥大小多少:指仇怨的大和小,多和少。 ⑦怨:仇怨;仇恨。 ⑧德:通"得",指得到。在这里指通过修行所得。一说指恩德。 ⑨图:谋划;设法对付。 ⑩作:开始;起。一说指做。 ⑪是以:因此;所以。 ⑫圣人:见第二章注⑭。 ⑬为大:做大事情。一说指自以为大。 ⑭成其大:既可指做成大事情,也可指成就其伟大。 ⑮轻诺:轻易许诺。 ⑯寡信:少信用;少诚信。 ⑰多易:常把事情看得太容易。 ⑱多难:很多困难。 ⑲犹:尚且;还。一说指"均"。

【解读】

本章主要包含三个方面的内容。一是明确提出了"报怨以德"的思想，亦即以自身修行所得来报怨。而进行自身修行的具体内容便是"为无为，事无事，味无味"，即按照无为的原则行事，从事不妄生事端的事情，体味寡淡无味的滋味。只有经过这样的修行，使自身具有了强大的能力与实力，才能达到"报怨"的目的。二是讨论了难与易、大与小的关系，认为天下的难事，都是起始于容易的事情；天下的大事，都是从小事开始的。所以要对付难事，一定要从它一开始容易时入手；要做大事，要从细小的事情一点点做起。三是讨论了如何对待诺言、如何看待事物之难易的问题。

关于本章文字，需要我们深入分析的主要有以下三个方面的内容：一是"为无为，事无事，味无味"的含义；二是"大小多少，报怨以德"的实质内涵；三是"圣人犹难之"中"犹"与"之"的含义。

一、"为无为，事无事，味无味"的含义

"为无为"中的"无为"，是老子思想的核心概念之一，《老子》一书中屡屡提及。"无为"的字面意思是不为、不做，实质含义则是顺其自然，不有意去做。"为无为"中的第一个"为"，是动词，意为做、施行。因此，所谓"为无为"，从文字本身来说，指以不做为做，实质含义则是按无为的原则去行事，如吕惠卿说："其为常出于不为，故为无为。"（《老子吕惠卿注》，第73页）

需要指出的是，"为无为"一句亦见于第三章："为无为，则无不治。"不过，第三章主要是从治国的角度来讲"为无为"，本章则主要从为人处世的角度来讲"为无为"。

"事无事"中的前一个"事"，一些学者释为从事的意思，如高亨说："前'事'字，从事也，动词。"（《老子注译》，第101页）那么什么是"无事"呢？在第四十八章中，老子说"取天下常以无事"，对于其中的"无事"，学者们多释为"无为"。在第五十七章中，老子说"我无为，而民自化；……我无事，而民自富"，因同时出现了"无为"与"无事"，当然不宜再释"无事"为"无为"，故笔者认为五十七章中的"无事"当释为不妄生事端的意思。本章的情况与五十七章类似，"无为"与"无事"同时出现，因此，这里的"无事"，亦当释为不妄生事端、不人为生事的意思，故所谓"事无事"，当指从事不妄生事端的事情。而所谓从事不妄生事端的事情，实际上即是顺其自然去做事情。

对于"味无味"的含义,值得我们注意的主要有两种理解。一种认为,"味无味"中的前一个"味",是动词,指品味、体味的意思;"无味"即没有味道。因此,"味无味",即品味无味的意思。如卢育三说:"味,动词。味无味,品味于无味。"(《老子释义》,第237页)一些学者则认为,这里的"无味",指的其实就是"道",因此,"味无味",亦即品味"道"的滋味,如河上公说:"深思远虑,味道意也。"(见王卡点校:《老子道德经河上公章句》,第245页)一种认为,这里的"味无味",即"以无味为味",亦即把无味或恬淡无味当作味,如任继愈说:"把无味当作味。"(《老子绎读》,第139页)

笔者认为,因为"为无为""事无事"中的第一个"为"和"事"都是动词,指做或从事的意思,则"味无味"中的第一个"味"亦当释为动词,因此,把它释为品味,而把"味无味"释为品味寡淡无味的滋味,要比释为把无味当作味更恰当些。至于这里的"无味"指的是否就是"道",因老子在第三十五章中说:"道之出口,淡乎其无味",意即对"道"的语言表述,让人觉得淡而无味,因此,把"无味"释为"道"也是可以的,但不如把它释为寡淡无味有更大的解释空间。

二、"大小多少,报怨以德"的实质内涵

对于"大小多少,报怨以德"中"报怨以德"的含义,学者们主要有两种理解。一种认为指不计较别人的仇怨,反而用恩德去回报,如吕惠卿说:"人之所难忘者,怨也,而以德报之,则它不足累其心矣。"(《老子吕惠卿注》,第73页)一种认为,"报怨以德",指有道之士达到了与"道"合一的境界,内无仇怨之心,故无可报之怨,只是修德而已,如李荣说:"归无为之大道,保自然之无累,遗兹混浊,味此清虚,咎过不生,仇怨不起,此报怨〔以〕德也。"(《道德真经注》)

与"报怨以德"相比,学者们对"大小多少"的理解则呈现出更为复杂的状况,因为"大小多少"一句,既无主语,与"报怨以德"之间又似无明显的联系,故学者们各骋想象,从多个角度对它展开了解释,其中有代表性的,主要有这样五种。(1)认为"大小多少"的含义不清,很难解释,或为误文,或有脱字,不可强解,如姚鼐(nài)说:"'大小多少'下有脱字耳,不可强解也。"(《老子章义》,见《老子注三种》,第168页)(2)认为"大小多少"指以小为大、以少为多,即把小的看成大,把少的看成多,如司马光说:"视小若大,视少若多,犯而不校。"(《道德真经论》)(3)认为"大小多少"指大生于小,多出于

少,如朱谦之说:"此谓大由于小,多出于少。"(《老子校释》,第267页)(4)认为"大小多少"指事物的大与小、多与少的分别,如焦竑(hóng)说:"夫事涉于形,则有大小;系乎数,则有多少,此怨所由起也。"(《老子翼》,第155页)(5)认为"大小多少"指怨或仇怨的大小或多少,如王弼说:"小怨则不足以报,大怨则天下之所欲诛,顺天下之所同者,德也。"(见楼宇烈校释:《老子道德经注校释》,第164页)

笔者认为,对于"大小多少"的含义,之所以歧解纷纭,一个重要的原因,还是在于学者们对"报怨以德"的理解出现了偏差。由以上的介绍可知,学者们或释"报怨以德"为用恩德回报仇怨,或释为有道之人早已超越了恩怨之分,所以并不会去报什么怨,而只是自己修德而已。而在笔者看来,这两种解释都偏离了老子的本意。因为首先,老子既然在这里说"报怨以德",便是论述如何"报怨"的问题。如果这时候把问题直接就解释成有道之人与"道"合一,故没有恩怨之见,所以也不会去"报怨",便无疑显得立论过高。以此种误解去理解"大小多少",便极易把它释为事物的大小、多少的区别,因为说有道之人没有大小、多少的分别,从而也不会有恩怨的观念,这在逻辑上似乎是很顺畅的。其次是把"报怨以德"释为用恩德去回报仇怨,则这样的观念极易遭到人们的诟病,如《论语·宪问》中孔子就明确对此提出过批评:"何以报德?以直报怨,以德报德。"意即既已用恩德来报答仇怨,那么用什么来报答恩德呢?孔子认为,正确的方式,应该是以"直"即用与"怨"相应的方式来回报仇怨,用恩德来回报恩德。应该说,孔子的观点是很有道理的,反驳也是很有力度的。用恩德来报答仇怨的方式,看似其人大度能容,显得很高尚,实际上却极易破坏社会的既定规则,造成社会秩序的混乱。以此种误解去释"大小多少"的含义,便极易把"大小多少"释为以小为大、以少为多。

因此,笔者认为,要把握老子"报怨以德"的确切含义,我们可以从以下两个方面展开理解。首先我们必须明确,"报怨以德"中的"怨",指的是仇怨、仇恨的意思,因此,老子在这里说到"报怨",指的便是如何采取行动来报仇雪恨的问题。其次,老子在这里提出的报仇雪恨的方式是"以德",也就是用"德",那么这个"德"是什么意思呢?笔者认为,我们最好释之为通"得",指得到的意思。具体而言,就是指通过"为无为,事无事,味无味"而获得的结果或达到的境界。也就是说,当他人对你造成实质性的严重伤害时,进行报复,那是必须的,但是,报复的方法,却不是直接实施反击,而是潜下心来,默默地用功,不断地强大自己,增强自己的实力。总之,就是要从自己身上下功夫,充分发掘自己的潜能,苦心孤诣,使自己的实力得到极大的提高。而一旦你达到了他人无法企及的高度与境界,作出了他人望尘莫及的成绩,则那些曾经伤害过你的人,便自然会为自己以前的愚蠢行为愧悔不已,从而发自内心地改恶从善,心悦诚服地向你忏悔认罪,而这不正是"报怨"的最佳效果和最高境界吗?

基于对"报怨以德"的上述理解,再来反观"大小多少"的含义,笔者认为,这里的"大小多少",当指"怨"而言,意即无论仇怨是大、是小,是多、是少,我都一概用自身修行所得来回报,来进行报复。因此,在前面介绍的关于"大小多少"的五种理解中,第五种理解,亦即王弼的理解是较为合理的。

三、"圣人犹难之"中"犹"与"之"的含义

老子说"图难于其易,为大于其细。天下难事,必作于易;天下大事,必作于细",意即对付难事,要从它一开始容易时入手;做大事,要从细小的事情做起。天下的难事,一定开始于容易之事;天下的大事,一定开始于细小之事。故在本章的最后,老子说:"夫轻诺必寡信,多易必多难。是以圣人犹难之,故终无难矣。"其中"轻诺必寡信,多易必多难"的含义比较好懂,意为轻易许诺的,一定缺少诚信;常常把事情看得太容易的,一定会遭遇很多困难。这里值得我们注意的主要是"是以圣人犹难之"一句,因为对于其中的"犹"的含义,以及"之"字的确切所指,学者们均有不同的理解。

"是以圣人犹难之"中的"之",有不少学者把它泛泛地释为事情,如高亨说:"圣人把一切事情均看得有难处"。(《老子注译》,第102页)不过,也有学者作别的解释,如有的学者认为这里的"之"指上文所说的细事和易事:"以圣人之才,犹尚难于细易"(王弼,见楼宇烈校释:《老子道德经注校释》,第164页);有的学者则认为指上文所说的"轻诺"和"多易"之事:"是以圣人于轻诺、多易尚且难之"(范应元:《老子道德经古本集注》,第111页),等等。

对于其中的"犹"字,有不少学者释为"尚且"的意思,在他们看来,"是以圣人犹难之",意为圣人尚且以之为难,何况凡俗之人呢?如李荣说:"圣人睿哲聪明,犹尚难于有为之事,故得终始无难。况盲瞑之徒,不能重慎,欲免祸难,其可得乎也。"(《道德真经注》)

不过，对于这里的"犹"字，学者们还有各种别的解释，如河上公把它释为踌躇疑惧的意思："圣人动作举事，犹〔犹〕进退，重难之"（见王卡点校：《老子道德经河上公章句》，第246页），高亨把它释为"均"："犹，均也。……所以圣人把一切事情均看得有难处"（《老子注译》，第101-102页），等等。

笔者认为，从上下文的文字来看，"是以圣人终不为大，故能成其大"，是就上文的难与易、大与小而言的，则这里的"是以圣人犹难之"，当不针对难易、大小的内容，而是专就"夫轻诺必寡信，多易必多难"而言的。因此，王弼等学者认为"犹难之"中的"之"指细事和易事，似值得商榷。而既然"犹难之"是针对"轻诺必寡信，多易必多难"而言的，则这里的"之"，就"轻诺必寡信"而言，当指许诺之事；就"多易必多难"而言，当泛指事情。但是，值得我们注意的是，老子这里的文字表述比较特殊，我们来仔细看一下原文：

> 图难于其易，为大于其细。天下难事，必作于易；天下大事，必作于细。是以圣人终不为大，故能成其大。夫轻诺必寡信，多易必多难。是以圣人犹难之，故终无难矣。

可以发现，其中有两个"是以圣人……"，上一个"是以圣人"前讨论的是难与易、大与小之事，然而老子在作结时却只涉及后面的"大"而不涉及前面的难易："是以圣人终不为大，故能成其大"；下一个"是以圣人"前讨论了"轻诺""多易"之事，然而老子在作结时同样只涉及后面的"难"而不涉及前面的"轻诺"："是以圣人犹难之，故终无难矣"。据此，我们应该把"犹难之"中的"之"理解为专就"多易必多难"而言。因此，笔者认为，在"多易必多难"与"是以圣人犹难之"之间，老子其实省略了类似于"于其易"之类的文字，也就是说，自"多易必多难"至结尾，整段文字的意思应该是：常把事情看得太容易的，一定会遭遇很多困难。对于很容易的事情，圣人尚且把它看得困难，所以始终都没有困难。因此，把这里的"犹"释为尚且，是比较恰当的。

六十四章

其安①易持②,其未兆③易谋④,其脆易泮(pàn)⑤,其微⑥易散⑦。为⑧之于未有,治之于未乱。合抱⑨之木⑩,生于毫末⑪;九层之台,起于累⑫土;千里之行,始于足下。为者败之⑬,执⑭者失之。是以⑮圣人⑯无为⑰故无败,无执故无失。民之从事⑱,常于几⑲成而败之。慎终如始⑳,则无败事㉑。是以圣人欲不欲㉒,不贵㉓难得之货㉔;学不学㉕,复众人之所过㉖。以辅万物之自然,而不敢为。

【译文】

事物安定时容易持守,事物尚未显示迹象时容易图谋,事物脆弱时容易消除,事物微小时容易消散。在事情还没有发生时就进行处理,在祸乱还没有出现时就进行治理。合抱的大树,是从极细的萌芽生长起来的;九层的高台,是由土一点点堆积起来的;千里的行程,是从跨出第一步开始的。采取有为的方式,一定会失败;想要把持它,一定会失去。因此圣人不有意去做,

【注释】

①安:安定。一说指安静。　②持:持守;保持。　③未兆:尚未显出迹象。兆:征兆;迹象。　④谋:图谋;谋虑。　⑤泮:融解。引申指消除。一说通"判",指分离、分散。有的本子作"破",有的本子作"判"。　⑥微:细微;微小。　⑦散:消散;分散。　⑧为:做;处理。　⑨合抱:两臂环抱。多形容树身之粗大。　⑩木:树。　⑪毫末:毫毛的末端。比喻极其细微。　⑫累:堆集;积聚。一说应读为"蔂(léi)",指盛土的笼子。　⑬之:句末助词,无实义。　⑭执:把持;执持。　⑮是以:因此;所以。　⑯圣人:见第二章注⑭。　⑰无为:顺其自然,不有意去做。　⑱从事:做事情。　⑲几:将近;接近。　⑳慎终如始:结束时仍然慎重,就同开始时一样。指做事从头至尾小心谨慎。　㉑败事:失败的事。也指失

所以不会失败;不去把持,所以不会失去。普通人做事情,常常在接近成功时失败。如果在事情结束时仍然慎重,就像刚开始时一样,就不会失败。所以圣人想要众人不想要的,不崇尚很难得到的财物;学习众人不学习的,使自己避免犯众人所犯的过失。以辅助万物的自然变化而不敢有意去做。

败。　㉒欲不欲:指想要众人不想要的,也指想要的是没有欲望。
㉓贵:崇尚;重视;以为宝贵。
㉔货:财物,金钱珠玉布帛的总称。
㉕学不学:指学习众人所不学的,也指所学的是不学习。　㉖复众人之所过:指从众人的过失中返回,即使自己避免犯众人所犯的过失。也指使众人从过失中返回,即使众人没有过失。复:返回。过:过失;错误。一说指补救众人的过错。

【解读】

　　本章主要包含这样四层意思。一是要未雨绸缪,防患于未然:"为之于未有,治之于未乱。"因为任何事物的发生都有其端倪,在危机没有发生前就采取应对措施,危机就容易消除。二是事物都是由小到大发展累积而成的,正如合抱之木,是从小小的树苗长成的;九层高的台子,是用土一点点堆积起来的。所以必须重视点滴的积累,不能急于求成。三是做事情要善始善终,对待快要结束的事情要像刚开始时一样慎重,即"慎终如始"。四是强调了无为无执的重要性。老子从历史和现实的经验中发现,有许多事情,你刻意去为,往往达不到目的;反之,你顺其自然,无为无执,却能不求而得。

　　本章文字较多,在对本章内容的理解上,亦存在不少的争议,对此,笔者拟从以下四个方面展开介绍:一是"为之于未有,治之于未乱"与"其安易持"等四句文字的关系;二是"欲不欲""学不学"的内涵;三是"复众人之所过"的双重含义;四是"辅万物之自然"与"不敢为"之间的关系。

　　一、"为之于未有,治之于未乱"与"其安易持"等四句的关系

　　老子说"其安易持,其未兆易谋,其脆易泮,其微易散",说明任何事物的产生、发展,都会有一个由隐而显、由小而大的过程,因此,对于不好的或不希望它产生的事物,在它未产生时即预见到它会产生的可能性,从而采取积极的应对措施;在它弱小时即加以干预,不使

之发展壮大，便是最明智的做法。其中的"其安易持"，指事物在安定时容易持守；"其未兆易谋"，指事物尚未显示迹象时容易图谋；"其脆易泮"，指事物脆弱时容易消除；"其微易散"，指事物微小时容易消散。意思都比较清晰。

"为之于未有"中的"为"，是做、处理的意思；"未有"，指事情尚未发生的时候。因此，所谓"为之于未有"，指的是在事情尚未发生的时候就进行处理。"治之于未乱"，则指的是在祸乱尚未出现时就进行治理。因此，这两句话的意思也是比较清楚的。

这里值得我们注意的是"为之于未有，治之于未乱"与前面的"其安易持"等四句的关系。一些学者明确指出，"为之于未有"，是解释"其安易持，其未兆易谋"两句的；"治之于未乱"，是解释"其脆易泮，其微易散"两句的。如吕惠卿说："'安'也，'未兆'也，则是'为之于未有'也；'脆'也，'微'也，则是'治之于未乱'也。"（《老子吕惠卿注》，第74页）不过，也有一些学者持不同的看法，如奚侗认为"为之于未有，治之于未乱"是用来解释前面四句的，而不对它们作具体的区别："二句释上四句谊。"（《老子集解》，见《老子注三种》，第132页）张默生则认为这两句与上面的四句是并列的关系，都是用来说明要尽早发现问题和解决问题的意思："以上六句，是发明上章'图难于其易'的意思。"（《老子章句新释》，第85页）

笔者认为，事物安定时、没有显示迹象时，也就是"未有"之时；在事物脆弱和微细时就设法处理，亦即"治之于未乱"。就这个角度而言，认为"为之于未有"是释"其安易持，其未兆易谋"，"治之于未乱"是释"其脆易泮，其微易散"，无疑是有道理的。但是，"其安易持，其未兆易谋"无疑亦蕴有"治之于未乱"的意思。因此，把"为之于未有，治之于未乱"视作对以上四句的进一步说明，似乎更稳妥一些。至于把这六句话视作并列关系，当然也是可以的，但这样会使文字结构显得比较松散，不够紧凑。

二、"欲不欲""学不学"的内涵

老子说"是以圣人欲不欲，不贵难得之货；学不学，复众人之所过"，对于其中的"欲不欲"及"学不学"的内涵，学者们主要有两种理解。一种认为，"欲不欲"指欲人所不欲，"学不学"指学人所不学，因此，所谓"圣人欲不欲，……学不学"指圣人想要的，正是众人所不想要的；圣人所学的，正是众人不学的。如陆希声说："然则众人之所欲者,货色也。所不欲者,清静也。圣人则欲其所不欲,是以不贵难得之货。众人之所学者,事迹也。所不学者,无为也。圣人则学其所不学,所以反众人之所过。"(《道德真经传》)

一种认为,"欲不欲"指以不欲为欲,"学不学"指以不学为学,因此,所谓"圣人欲不欲,……学不学"指圣人想要的,是没有欲望;圣人所学的,是不学。如吴澄说:"此言圣人之欲,以不欲为欲;圣人之学,以不学为学。"(《道德真经注》)

笔者认为,说圣人想要的,正是众人不想要的,与说圣人想要的是没有欲望,两者并无实质的区别,因为众人皆逐欲,所以众人不想要的,正是没有欲望。说圣人所学的,正是众人不学的,与说圣人所学的是不学,两者亦无实质的区别,因为圣人所学的是无为清静,众人所学的是外在的知识和各种智巧,圣人与众人所学各异,且圣人不学世俗之知识,故说"圣人学不学"。因此,上述两种理解,可谓对"欲不欲""学不学"之内涵的不同角度的揭示,都是有道理的。

三、"复众人之所过"的双重含义

对于"复众人之所过"一句,有不少当代学者释"复"为补救、纠正,释"过"为过错,因此,在他们看来,"复众人之所过"即补救或纠正众人之过错的意思,如任继愈说:"〔圣人〕的学问就是不学,以纠正众人所经常犯的过错。"(《老子绎读》,第143页)

然而,古代学者则多释"复"为"反"即返回、复归的意思:"众人学问〔皆〕反,过本为末,过实为华。复之者,使反本〔实〕也。"(见王卡点校:《老子道德经河上公章句》,第251页)"此云复所过,犹云复其初矣。学人之所不学,以复众人之所过,是绝学无忧也。"(奚侗:《老子集解》,见《老子注三种》,第133页)然而,这些古代学者释"复"为返回的意思,但对于"复众人之所过"的具体含义,则往往语焉不详。一些当代学者之所以释"复"为补救或纠正,当与此种状况有关。然而,"复"并无补救、纠正的义项,把"复"释为补救、纠正,无疑是这些学者的主观臆解。那么这里的"复"应释为什么意思呢?对此,一些学者认为,这里的"复"应释为返回、复归的意思,所谓"复众人之所过",是指从众人的过失中返回或圣人使众人从过失中复归于正的意思,如高亨说:"复,返也,从错误道路上走回来,所以改为复。"(《老子注译》,第103页)

笔者认为,这样的解释无疑是很有启发意义的,这里的"复",应当指返回的意思。不过,具体到"复众人之所过",则可有两种理解:一是指返回众人之所过,亦即从众人所犯的过失中返回,使自己避免众人所犯之过失;二是指使众人从过失中返回,亦即最终使众人没有过失的意思。

四、"辅万物之自然"与"不敢为"之间的关系

"以辅万物之自然,而不敢为"中的"辅",指辅助、辅佐的意思;"不敢为"中的"为",指强为、妄为,即不顾客观规律,凭自己的意愿去做的意思。因此,所谓"以辅万物之自然,而不敢为",意即辅助万物的自然变化,而不敢有意去做。其意思是比较清楚的。不过,这里还有以下几个问题需要作深入的分析。

一是何谓"万物之自然"。关于"万物之自然",学者们有这样的论述:"一切众生皆禀自然正性"(成玄英:《老子道德经开题序诀义疏》),"万物生成,皆不出自然"(司马光:《道德真经论》),等等。据此,对于"万物之自然"的含义,我们可以得出这样两点认识:(1)指自然是万物的本性;(2)指万物的生长发展是一个自然而然的过程。当然,这两者其实也是合一的:正因为万物有自然而然的本性,故其生长发展才呈现为自然而然的过程。

二是圣人为何要"辅万物之自然"。既然万物有自然而然的本性,那么一切顺其自然就可以了,圣人为何要去"辅"呢？对此,一些学者认为,万物虽皆有自然之性,但此自然之性是潜藏的,众生迷妄,失其本性,故需要圣人来辅助,来引导众生,使返璞归真。如成玄英说:"一切众生皆禀自然正性,迷或(惑)妄执,丧道乖真,圣人欲持学不学之方,引导令其归本。"(《老子道德经开题序诀义疏》)

三是圣人既已采取某种方式"辅万物之自然",为何又说"不敢为"呢？对此,一些学者指出,圣人之"辅万物之自然",是依据万物的自然本性因势利导,而不是一意孤行,更不是违背自然而妄行,如奚侗说:"圣人之有为也,不撄人之心,不逆物之情,辅相万物,自然而已。无为而无不为,固不敢妄有所为也。"(《老子集解》,见《老子注三种》,第133页)

也就是说,圣人之"为",是"辅万物之自然",即根据万物的自然本性加以辅助,使万物能自然生长变化而不偏离正道,这样的"为",实际上就是"无为"。当然,老子在此说"不敢为",并以此文字结束本章,亦有与前面的"为者败之,执者失之"相呼应的意味。

六十五章

古之善为道①者,非以明②民,将以愚③之。民之难治,以其智④多。故以智治国,国之贼⑤;不以智治国,国之福。知此两者亦稽式⑥。常知稽式,是谓玄德⑦。玄德深矣,远矣,与物反矣⑧,然后乃至大顺⑨。

【译文】

古代善于修道行道的人,不是使人民聪明巧诈,而是使他们质朴敦厚。人民之所以难以治理,是因为他们的智慧太多。所以用智慧来治理国家,是国家的祸害;不用智慧来治理国家,是国家的福祉。知道这两者也是一种法则。常常知道这种法则,这叫作玄妙的德行。玄妙的德行深不可测,辽远之极,与世俗之情相反,然后就能达到最大的通顺。

【注释】

①为道:指修道行道。 ②明:使聪明巧诈。 ③愚:使质朴敦厚。 ④智:智慧;聪明。一说指智巧。 ⑤贼:祸害。 ⑥稽式:法式;法则。有的本子作"楷式"。 ⑦玄德:深奥玄妙之德。指自然无为的德性。 ⑧与物反矣:一说指与世俗之情相反(物:事务,这里指物情、世俗之情;反:相反);一说指与万物一起返回本根(物:万物;反:同"返",指返回本根)。 ⑨大顺:一说指最大的通顺;一说指顺乎"道"或自然;一说指天下大治。

【解读】

本章集中论述了治国时不依靠智慧的重要性。老子认为,民众之所以难以治理,是因为他们的智慧太多;而民众之所以会有太多的智慧,是因为统治者采取以智治国的方针,从而导致民众用智巧来应对统治者。因此,老子认为,最好的治国方法,就是不使民众聪明,让他们始终处于"愚"的状态。而要使民众始终处于"愚"的状态,唯一的办法,就是统治者"不以智治国",即统治者以真诚之心对待民众,无为而治,从而使人人无诈伪,无争斗,天下太平。

在本章的最后,老子指出:知道"以智治国,国之贼;不以智治国,国之福"两者也是一种法则。常常知道这种法则,叫作玄妙的德行。玄妙的德行既深又远,与物情相反,然后就达到最大的通顺。然而,关于本段文字的确切含义,学者们存在很多的争议。

关于本章文字,值得我们注意的主要有以下三个方面的内容:一是"古之善为道者,非以明民,将以愚之"的含义及老子是否提倡愚民政策;二是"知此两者亦稽式"中"此两者"之所指及"稽式"的含义;三是"与物反矣"中"反"的含义。

一、"古之善为道者,非以明民,将以愚之"的含义及老子是否提倡愚民政策

对于"古之善为道者"中"善为道者"的含义,学者们主要有三种理解。(1)认为指善于修道的人,如成玄英说:"为道,犹修道也。"(《老子道德经开题序诀义疏》)(2)认为指用道修身治国的人,如河上公说:"说古之善以道治身及治国者"。(见王卡点校:《老子道德经河上公章句》,第254页)(3)有较多的学者认为,"善为道者"指善于用道治理天下或国家的统治者,如林语堂说:"古时善于以道治国的人"。(《老子的智慧》,第233页)

笔者认为,因为本章中紧接"古之善为道者"的是"非以明民,将以愚之",因此,首先可以确定的是,这里的"善为道者"指的是统治者;其次,这里的"道",应该包括两重含义,一是指作为宇宙万物本原的"道",二是指以此"道"为依据的具体的治国之道。作为宇宙万物本原的"道",需要通过"修"才能获得;把通过"修"获得的"道"应用到具体的治国实践中,即是"行道"。因此,把这里的"善为道者"释为善于修道行道的人(统治者),应是比较恰当的。

对于"非以明民"的含义,古代学者中居于主流的理解,是把它释为不使人民聪明巧诈的意思,亦即把这里的"明"不是释为聪明,而是含贬义的聪明巧诈,如陆希声说:"非以发民聪明,使益其巧智也。"(《道德真经传》)当代有不少学者则与之不同,他们把"明民"释为使人民聪明或明智的意思,如高亨说:"不是使人民明智"。(《老子注译》,第105页)

除了上述,在对于"非以明民"的理解上,还有两种值得我们注意的观点。一是把"明民"的"明"释为明示的意思,因此,"明民"即把

"道"、圣智或对声色财物的追求明示于人，如朱元璋说："上古圣君，道治天下，安民而已。岂有将货财声色奇巧以示天下，使民明知？"（《大明太祖高皇帝御注道德真经》）二是把"非以明民"中的"以"释为"用"，因此，"非以明民"意为不是用"道"来使人民"明"，如河上公说："不以道教民明智巧诈也。"（见王卡点校：《老子道德经河上公章句》，第254页）

对于"将以愚之"的含义，学者们主要有两种理解。一种认为，这里的"愚"，指质朴敦厚的意思，因此，"将以愚之"，指让民众变得质朴敦厚的意思，如王弼说："愚，谓无知守真、顺自然也。"（见楼宇烈校释：《老子道德经注校释》，第167页）一种认为，这里的"愚"，是愚昧的意思，"将以愚之"即使民众愚昧的意思，如任继愈说："不是用'道'教人聪明，而是用'道'教人愚昧。"（《老子绎读》，第145页）

值得注意的是，对于老子"将以愚之"的观点，一些古代学者指出，这里的"愚"，就是愚昧的意思，秦朝的"愚黔首"即使老百姓愚昧的政策，与老子的这一观点有直接的关系，如林希逸："'愚'字下得过当，秦之愚黔首，此语误之。故晦翁所以谓之劳攘也。"（《道德真经口义》）

一些当代学者则更是明确指出，老子的"将以愚之"的观点，即是提倡实施愚民政策："这一章也是老子的政治论，论述他的使民无知的政策，即所谓愚民政策。"（高亨：《老子注译》，第105页）"这一章表述了老子的愚民主张，认为人民的知识多了，就不易统治，老百姓越无知越好。"（任继愈：《老子绎读》，第145页）

不过，对于把"将以愚之"理解为老子提倡愚民的观点，一些学者明确表示反对，他们认为，"将以愚之"中的"愚"，不是愚昧或愚弄的意思，而是淳朴、回归真朴的意思；老子主张统治者自己先"愚"，然后再使民"愚"，这与愚民政策有实质的区别，如高延第说："愚之，谓反朴还淳，革去浇漓之习，即为天下浑其心之义，与秦人燔（fán）《诗》《书》，愚黔首不同。"（《老子证义》）

综合以上各种观点，笔者认为，"将以愚之"中的"愚"，应该指质朴敦厚的意思，而不应该指愚昧或愚笨的意思，理由有二。一是从历史上看，不少著名的《老子》研究者如河上公、王弼、唐玄宗、司马光、范应元等均释这里的"愚"为质朴、淳朴守真等意思，只有少数学者把它释为愚昧、愚笨的意思。二是主张使民众"愚"，是老子一贯的思想，而老子之所以要提倡使民"愚"，是因为在老子的思想中，"道"是最高价值,人生的目的就是追求"道"并复归于"道",而复归于"道"的方法则是无知无欲。因此,使民"愚",使民无知无欲,便是要使民复归于"道",它与所谓的"愚民政策"、愚弄民众没有任何关系。

以此来反观"非以明民"中"明"的含义,则其应当释为聪明巧诈的意思,"非以明民"即不使人民聪明巧诈。因此,所谓"非以明民,将以愚之",意即不是使人民聪明巧诈,而是使他们质朴敦厚。若把这里的"明"释为聪明或明智,则意思不够明确,容易产生老子主张愚民的误解。

二、"知此两者亦稽式"中"此两者"之所指及"稽式"的含义

对于"知此两者亦稽式"中的"两者"的含义,学者们有不同的解释,其中有代表性的,主要有这样三种。(1)认为这里的"两者"指"智与不智",如河上公说:"'两者'谓智与不智也。"(见王卡点校:《老子道德经河上公章句》,第255页)(2)认为这里的"两者"指"用智与不用智",如李荣说:"用智不用智,'两者'也。"(《道德真经注》)(3)认为这里的"两者",指"以智治国,国之贼"和"不以智治国,国之福",如蒋锡昌说:"'两者'指上文'以智治国,国之贼;不以智治国,国之福'而言。"(《老子校诂》,第399页)

笔者认为,上述三种理解中,前两种理解的实质是一样的,因为这里所谓的"智与不智",实即"用智与不用智"的意思。但是它们与第三种理解则存在明显的区别,因为第三种理解明确说"两者"指"以智治国,国之贼;不以智治国,国之福",而第一、二两种理解则只说"用智"和"不用智",则其包括的范围并不局限于治国,也可以指养生、处世等。

接下来我们再来看"稽式"的含义。对于这里的"稽式",当代学者多释为法则、准则的意思,如陈鼓应说:"'稽式',法式,法则。"(《老子今注今译》,第305页)因此,"知此两者亦稽式"一句,从文字本身来说,便是知道这两者也是法则的意思,有不少学者也正是这么解释的。

但是我们必须承认,这样的解释其实是很别扭的,因为根据上文"民之难治,以其智多。故以智治国,国之贼;不以智治国,国之福",说明"以智治国,国之贼;不以智治国,国之福"是由"民之难治,以其智多"推出来的结论,则它们本来就是一种法则,因此,按照通常的习惯,该句文字应该表述为:"此两者乃稽式",即这两者是一种法则,

现在却加了一个"知"字,用了一个"亦"字,使整个句子变得十分"别扭",从而导致学者们对其内涵歧解纷纭。其中值得我们注意的,主要有这样三种解释。(1)认为这里的"两者",不是仅指"以智治国,国之贼;不以智治国,国之福",而是据此总结出来的用智的坏处和不用智的好处,因此,"知此两者亦稽式"指知道了用智的坏处和不用智的好处,不光对于治国,对于修身也是一种法则,如吕惠卿说:"知此两者,非特施之于治国而已,而于身亦楷式而未尝违也。"(《老子吕惠卿注》,第76页)(2)有的学者则增字作解,认为"知此两者",指的是知道了用智的危害与不用智的好处,从而知道取舍,这也是治国的法则,如蒋锡昌说:"言人主知贼与福两者之利害,而定取舍乎其间,亦可谓知治国之模则也。"(《老子校诂》,第400页)(3)把这里的"亦"不释为"也"的意思,而释为"是"的意思,以避免释为"也"而导致的意思混乱,如陈鼓应说:"'亦',乃也……认识这两种差别,就是治国的法则。"(《老子今注今译》,第305-306页)

在上述三种解释中,第一种解释把"此两者"释为用智和不用智,认为其不光是治国的法则,也是治身的法则,但是这样的解释是否符合老子本意,是存在疑问的,因为从文字本身来说,老子说"知此两者",则"此两者"应当是指"以智治国,国之贼;不以智治国,国之福",而不应是在此基础上概括出来的意义更广泛的"用智和不用智"。第二种理解增字作解,有较大的主观随意性。第三种解释释"亦"为"是",亦只能作为一种参考,因为我们很难断定老子这里的"亦"不是指"也"的意思。

以上事实说明,就目前所知的文字而言,要对它作出合乎逻辑的、令人信服的解释,无疑是存在难度的,因此,为了避免主观臆解,笔者主张把"知此两者亦稽式"直译为:知道这两者也是一种法则。

三、"与物反矣"中"反"的含义:相反,还是返回?

本章的最后一段文字"常知稽式,是谓玄德。玄德深矣、远矣,与物反矣,然后乃至大顺",其中的"玄德"一词,已见于第十章,意为玄妙之德,亦即自然无为之德行。这里值得我们注意的是"与物反矣"的含义。对于"与物反矣"一句,学者们存在明显不同的两种解释。一种认为,这里的"物",指物情、世俗之情,具体指世俗之人运用智慧;"反",指相反的意思。因此,"与物反矣",指玄德之人不用智慧,与世俗之人运用智慧相反,如司马光说:"物情莫不贵智,而有玄德者独贱

364

之,虽反于物,乃顺于道。"(《道德真经论》)一种认为,这里的"物",指万物;"反",同"返",是返回的意思,这里指返回本根。因此,"与物反矣"指玄德与万物一起返回本根:"反其真也。"(王弼,见楼宇烈校释:《老子道德经注校释》,第168页)"故能与万物反归妙本。"(《唐玄宗御制道德真经疏》)

　　笔者认为,上述两种理解各有其道理,可以视作对"与物反矣"的两种不同视角的理解。但是,相比之下,笔者还是倾向于第一种理解,因为若把"与物反矣"释为玄德与物一起返回本根,则说明玄德原来并未返回本根,然而,根据前面对"玄德"的解释,"玄德"指玄妙之德、自然无为之德,实即指返回本根、与"道"相合之德,故说玄德与物一起返回本根,这样的表述并不确切。如易顺鼎即明确指出,老子说"与物反",并未说与物反真,因此,王弼把"反"释为"反真"并不妥当:"王注以'反'为反其真,然本文但云'与物反',未云与物反真,此王氏以己意解之。"(《读老札记》)笔者认为,易顺鼎的观点是有一定说服力的,把这里的"反"释为相反,比较自然,如果释为返回本根,则无疑有添字作解之嫌。

六十六章

江海所以能为百谷①王②者，以其善下之③，故能为百谷王。是以④圣人⑤欲上民⑥，必以言下⑦之；欲先民⑧，必以身后之。是以圣人处上而民不重⑨，处前而民不害⑩。是以天下乐推⑪而不厌⑫。以其不争，故天下莫能与之争。

【译文】

江和海之所以能成为众多小河流之王，是因为它们善于处在众多小河流的下面，所以能成为众多小河流之王。所以圣人想要统治人民，一定要用言辞向他们表示谦下；想要领导人民，一定要把自身利益放在后面。所以圣人处在人民的上面而人民不会感到沉重，处在人民的前面而人民不会感到有害。所以天下之人乐于推戴他而不会感到厌烦。因为他不与别人相争，所以天下没有人能与他相争。

【注释】

①百谷：指众多的小河流。谷：山间的水流；两山之间的水道。　②王：指最高统治者，首领。一说指归往。　③下之：指处于百谷之下。　④是以：因此；所以。　⑤圣人：见第二章注⑭。王弼本无"圣人"二字，河上公本、傅奕本、景龙碑本均有，帛书甲乙本亦有，据之补。　⑥上民：处于民众的上面，即统治民众。　⑦下：居人之下；谦下。　⑧先民：处于民众的前面，即领导民众。　⑨重：沉重。一说指累、拖累。　⑩害：损害；伤害。一说指妨碍。　⑪推：推戴，拥护某人做领袖。　⑫厌：憎恶；厌烦。一说指厌倦。

【解读】

在本章中，老子把江海作为人们仿效的对象，认为江海之所以能成为"百谷王"即众多小河流之王，在于它"善下之"，即善于处在众多小河流的下面;圣人仿效江海的这一特点,从而对民众"以言下之""以身后之",即用言辞向民众表示谦下,把自身利益放在民众的后面。而圣人这样做的结果,则是使自己成为无人可以替代的统治者:"天下莫能与之争。"

关于本章内容,值得我们注意的主要有以下三个方面:一是"百谷""百谷王"及"善下之"的确切含义;二是"是以圣人欲上民,必以言下之;欲先民,必以身后之"的实质内涵;三是为什么天下没有人能与圣人相争。

一、"百谷""百谷王"及"善下之"的确切含义

老子说"江海所以能为百谷王者,以其善下之,故能为百谷王",其中的"百谷",指的是众多的小河流。对于"百谷王"中的"王"字,学者们则有明显不同的两种解释,一种是释为"归往"的意思,如蒋锡昌说:"《说文》:'王,天下所归往也',是'王'即归往之义。"(《老子校诂》,第402页)一种是释"王"为最高统治者、首领的意思,如卢育三说:"百谷王,即百谷之王。"(《老子释义》,第247页)

笔者认为,蒋锡昌以《说文解字》对"王"的解释为依据,释"王"为"归往"的意思,存在明显的问题。据《说文解字·王部》:"王,天下所归往也。"意即"王"是天下人归往的对象,并非"王"是"归往"的意思。根据儒家的观点,统治者实行仁义之道,使天下之人发自内心地归附,这称为"王";而统治者依靠武力迫使天下之人服从,这称为"霸"。因此,《说文解字》说"天下所归往也",正是释"王"为依靠仁义赢得天下民心,使他们自动归附的统治者,而不是以"归往"释"王",若释"王"为"归往",便应表述为"王,归往也",而不应是"王,天下所归往也"。也就是说,老子在这里之所以称"江海"为"百谷王",是因为众多小河流奔向江海,就像天下之人归附王者一样,故称江海为"百谷王"即众多小河流之王,而不是这里"王"是"归往"的意思。

"以其善下之"中的"善下之",有不少学者释为善居卑下之地或善于处在低下的位置,如陈鼓应说:"因为它善于处在低下的地位"。(《老子今注今译》,第309页)不过,也有学者释为善于处在百谷的下面,如高亨说:"是因为它们能够处在百谷的下边"。(《老子注译》,第106页)笔者支持后一种解释,因为"善下之"中的"之"在这里当代指"百谷",因此,"善下之"即善于处在百谷之下面的意思。

二、"是以圣人欲上民,必以言下之;欲先民,必以身后之"的实质内涵

"是以圣人欲上民"中的"欲上民",指想要居于人民之上,亦即想要统治人民,如任继愈说:"'上民',把自己摆在人民之上,即统治人民。"(《老子绎读》,第147页)"必以言下之",意为一定要用言辞对人民表示谦下,如张松如说:"必须用言辞对人民表示谦下。"(《老子说解》,第355页)

老子接下来说"欲先民",意为想要处在人民的前面,亦即想要领导人民,如高亨说:"先民,走在人民前头,做指挥者。"(《老子注译》,第106页)对于"必以身后之"的含义,学者们则有不同的理解,如有的学者认为指先人后己,把自己的利益放在后头,如河上公说:"先人而后己也。"(见王卡点校:《老子道德经河上公章句》,第259页)有的学者认为指不敢为天下先,不主动让自己处于人民的前头,如张默生说:"必先迫而后动,感而后应,不得已,而后起;故老子说:'不敢为天下先。'"(《老子章句新释》,第88页)

笔者认为,"必以身后之",当指一定要把自身利益放在后面的意思,因为统治者想要能真正领导人民,就必须先人后己,把人民的利益放在第一位;若成天光想着自己的利益,总想着如何剥削人民来厚养自己,这样的统治者,是没有人民愿意追随的,当然也就成不了真正的领导者。

不过,老子这里"欲上民""欲先民"的表述,极易招致人们的诟病,认为圣人之"以言下之""以身后之",只是其想要达到"上民""先民"的目的而采取的手段,有某种"术"的味道。如任继愈说:"这一章表达了老子统治人民的权术。"(《老子绎读》,第147页)汤漳平等说:"老子的这些话也常常被看作对权术的某种肯定,而受人讥评。"(汤漳平、王朝华译注:《老子》,第258页)

一些学者则专门为老子辩护,认为老子的意思,并非圣人真的"欲上民""欲先民",而是圣人"以言下之""以身后之"而自然为民所尊尚,从而"上民""先民";另外,圣人想要以"道"化民,也必须"上民""先民"。如苏辙说:"圣人非欲上人,非欲先人也,盖下之后之,其道不得不上且先耳。"(《老子解》)

笔者认为,对于"圣人欲上民,必以言下之;欲先民,必以身后之"究竟是不是一种"术",我们可以从以下三个方面来加以认识。

一是它是老子依据江海的特点而作的推论。因为在上文中,老子

说"江海所以能为百谷王者,以其善下之",既然只有处在卑下的地方才能成为"百谷王",则对于人间的统治者来说,也只有让自己卑下不争,才能使万民自动归附,故老子说"欲上民,必以言下之;欲先民,必以身后之",这是十分自然的,在逻辑上也是很顺畅的。

二是"欲上民",意为想要统治人民,而不是高居民上、高高在上的意思;"欲先民",意为想要领导人民,而不是想要享受在先、先得好处的意思。因此,"圣人欲上民,必以言下之;欲先民,必以身后之",这也可以视作老子对于统治者的忠告,因此,这样的表述,在意义上亦无什么问题。

三是"欲上民,必以言下之;欲先民,必以身后之"的说法,确实会给人某种"术"的感觉,即认为老子说"以言下之""以身后之"只是手段,目的则是要"上民""先民"。对此,笔者认为,老子在此所说确实是一种"术",但我们必须注意的是,老子所说的这种"术"是符合"道"的,因为"以言下之""以身后之"的实质是谦下不争,而谦下不争正是"道"的重要特点。

三、为什么天下没有人能与圣人相争?

本章的最后两句"以其不争,故天下莫能与之争",意即因为他(指圣人)不与人相争,所以天下没有人能与他相争,意思很好懂。不过,围绕这两句话,还是有一些值得我们注意的问题,主要有以下四个方面。

一是对于"以其不争"的内涵,一些学者认为,它指的即是上文的"圣人欲上民,必以言下之;欲先民,必以身后之",如吕惠卿说:"夫以其言下之,以其身后之,则不争者也。"(《老子吕惠卿注》,第77页)笔者认为,这样的解释是有道理的,普通之人君,为了能统治或领导民众,或采取欺骗的手段,或依靠武力来强迫,因此,其统治地位是争来的。而圣人则不然,他通过对民众谦下,通过先人后己,充分注重民众的利益,从而让民众发自内心地拥戴自己。而对民众谦下,先人后己,正是典型的不争之德。

二是为什么天下没有人能与圣人相争?综合学者们的解释,主要有两个原因。(1)圣人无与人相争之心,则谁能与一个与世无争的人相争?如成玄英说:"谁复与不争者争?故天下莫能与之争也。"(《老子道德经开题序诀义疏》)(2)圣人之处上、处先是天下之人共同推戴的,而非圣人争来的,则天下又有谁可以去与圣人相争,如唐

玄宗说:"天下共推,谁与争者?"(《唐玄宗御注道德真经》)

三是第二十二章中有"夫唯不争,故天下莫能与之争"两句,与本章中这两句的文字几乎一样,因此,奚侗认为,本章中不应有这两句:"二句在此章为赘语,盖二十二章文重出于此。"(《老子集解》,见《老子注三种》,第135页)笔者认为,第二十二章的"夫唯不争,故天下莫能与之争"紧接上文"不自见,故明;不自是,故彰;不自伐,故有功;不自矜,故长",其中的"不争",是就"不自见""不自是""不自伐""不自矜"而言的;本章中的"不争",是就上文"以言下之""以身后之"而言的。文字虽同,所指对象则明显不同,因此,我们不能因类似的文字出现在不同的章中,便贸然判定某处文字为重复累赘,而应作具体细致的分析。

四是因"以其不争,故天下莫能与之争"的说法,具有明显的以"不争"为手段,达到"争"的目的的意味,从而被一些学者视为"权术"或"术"。如任继愈说:"这一章表达了老子统治人民的权术。……用'不争'作为手段,以取得他要争取达到的目的。"(《老子绎读》,第147页)笔者认为,把"以其不争,故天下莫能与之争"理解为某种"术",这并没有什么问题,因为老子在这里想告诉人们的,正是通过不争来达到无人能与之争的目的,这就是一种"术"。但是,我们必须注意的是,老子这里所说的并不是一种简单的"术",而是一种合"道"之"术",因为它是从"道"的无为不争的原则中推衍出来的,只不过这一"道"的原则可以通过"以言下之""以身后之"等具体的行为加以落实,从而给人以某种"术"的意味。

六十七章

天下皆谓我道①大,似不肖②。夫③唯④大,故似⑤不肖。若肖,久矣其细也夫⑥。我有三宝⑦,持⑧而宝⑨之。一曰⑩慈⑪,二曰俭⑫,三曰不敢为天下先⑬。慈,故能勇;俭,故能广⑭;不敢为天下先,故能成器长⑮。今舍慈且⑯勇,舍俭且广,舍后且先,死矣!夫慈,以战则胜,以守则固。天将救⑰之,以慈卫⑱之。

【译文】

天下的人都说我的道广大,似乎不像任何具体的东西。正因为道广大,所以不像任何具体的东西。如果像具体的东西,它早就变得十分细小了。我有三件宝贝,一直持守并珍视它们。一是慈爱,二是俭约,三是不敢居于天下人的前面。慈爱,所以能勇敢;俭约,所以能丰富;不敢居于天下人的前面,所以能成为万物之长。现在舍弃慈爱而逞勇,舍弃俭约而求丰富,舍弃居后而争先,那就必死无疑!慈爱,用来作战就能取胜,用来防守就能坚固。天将要救助谁,就用慈爱来卫护他。

【注释】

①道:见第一章注①。一说该字应删。
②不肖:不相像。肖:相似;类似。
③夫:助词。用于句首,表发端。
④唯:以;因为。 ⑤似:景龙碑本、帛书甲乙本均无该字,从文义来说,应以删去为妥。 ⑥也夫:语气助词。表感叹。 ⑦三宝:三件宝贝。
⑧持:执持;持守。 ⑨宝:珍爱;珍视。王弼本作"保",傅奕本、景龙碑本等作"宝",帛书甲乙本亦作"宝",据之以改。 ⑩曰:是。 ⑪慈:慈爱;仁爱。 ⑫俭:俭约;节俭。
⑬不敢为天下先:指不敢居于天下人的前面。 ⑭广:多;丰富。 ⑮成器长:成为万物之长。一说应作"为成器长"。 ⑯且:而。一说指取。
⑰救:救助;援助。 ⑱卫:保卫;卫护。

【解读】

　　本章主要讲述了"道"的作用。具体而言,则又分为两个部分,第一部分从"天下皆谓我道大"至"久矣其细也夫",讲的是"道"的全体大用:"道大","似不肖",即"道"的作用广大无比,不像任何具体的事物。第二部分自"我有三宝"至本章结尾,对"三宝"的内涵及作用作了详细的论述。而且,在三宝中,老子最重视的是"慈",故在本章的最后,老子专门论述了"慈"的作用:慈爱的人,战则能取胜,守则能坚固。而慈爱的人之所以能战则胜守则固,原因在于"天将救之,以慈卫之",即天将救助谁,就会用慈爱来卫护他。

　　不过,关于本章文字的含义与文字表述,学者们亦存在较多的争论,其中值得我们注意的,主要有以下五个方面:一是"天下皆谓我道大"的含义及其是否应作"天下皆谓我大";二是"似不肖。……久矣其细也夫"的含义及围绕该段文字表述的争议;三是"成器长"的含义及其是否应作"为成器长";四是"舍慈且勇,舍俭且广,舍后且先"中"且"的确切含义;五是为什么在本章的结尾只论"慈"而不及"俭"和"不敢为天下先"。

　　一、"天下皆谓我道大"的含义及其是否应作"天下皆谓我大"

　　"天下皆谓我道大",意即天下人都说我的"道"广大,如唐玄宗说:"老君云,天下人皆谓我道虚无广大"。(《唐玄宗御制道德真经疏》)这里值得我们注意的是其中的"道"的含义。笔者在第一章解释"道可道,非常道"的含义时曾经说过,作为宇宙万物本原的"道",包含本体和作用两个方面,其本体无声无形,不可捉摸,无法命名;其作用则表现为创生宇宙万物,并作为宇宙万物变化发展的内在根据、准则。那么,老子在这里说"天下皆谓我道大",其中的"道",指的是"道"的本体,还是"道"的作用,抑或是包含本体和作用两者的宇宙万物的本原呢?对此,有不少学者认为其指的是"道"的本体,如苏辙说:"夫道旷然无形,颓然无名,充遍万物,而与物无一相似,此其所以为大也。"(《老子解》)称这里的"道""旷然无形,颓然无名",则其所指便是"道"的本体。然而,笔者认为,这样的理解是值得商榷的,因为从《老子》全书来看,凡称"道"为"大"的,通常指的都是"道"的作用,而非"道"的本体,如第十八章"大道废,有仁义";第三十四章"大道泛兮,其可左右";等等。而在第二十五章中,老子更是明确地说:"有物混成,先天地生。……吾不知其名,字之曰道,强为之名曰大。"说"混成之物"即宇宙万物的本原无法命名,勉强给它取一个名,叫作"大",这明显包含两层意思:一是宇宙万物的本原是无法命名的,而无法命名的原因是其无形无象,不可捉摸;二是这里所谓的"大",是宇宙万物本原的"强名",而之所以把宇宙万物的本原"强名"为"大",是因为其能创生宇宙万物,作用广大无比。由此可见,这里的"大",指的亦是宇宙万物本原即"道"的作用,而非"道"的本体。既然如此,则老子在这里说"天下皆谓我道大"中的"道大",指的亦应是"道"的作用广大无比的意思。

然而,值得注意的是,关于该句文字,不少《老子》本子却有不同的表述,如河上公本、景龙碑本等作"天下皆谓我大",傅奕本、范应元《老子道德经古本集注》等作"天下皆谓吾大",均无其中的"道"字。而且,该句文字帛书乙本作"天下□谓我大"(甲本残毁),因此,一些学者明确指出,王弼本中的"道"字应删,如卢育三说:"王本'我'下有'道'字,河上本、傅本、景龙本、范本、帛书《老子》乙本(甲本缺)均无'道'字,下文'我有三宝',正承此'我'而言,不当有'道'字,据删。"(《老子释义》,第249页)

由上可知,该句文字中不应有"道"字,确实有较为充足的依据,因为河上公本、傅奕本、景龙碑本等历史上较具代表性的《老子》本子均无"道"字,且帛书乙本亦无"道"字。不过,笔者仍主张这里应有"道"字,理由如下。

一是虽然历史上不少有代表性的《老子》本子均无"道"字,但是历史上有"道"字的本子亦不在少数,除了王弼本,《唐玄宗御注道德真经》《老子吕惠卿注》、苏辙《老子解》等均有"道"字。

二是作"天下皆谓我道大",则该句的意思十分清晰,此据前述可知。若作"天下皆谓我大",则极易产生理解上的歧义,如成玄英认为,这里的"我",指的是老子自己,故"天下皆谓我大",指天下人都尊老子为大:"老君体达自然,妙果真极,故苍生莫不尊之为大圣也。"(《老子道德经开题序诀义疏》)蒋锡昌认为,这里的"我",是代指得道的圣人:"'我'指圣人而言。……言天下皆谓圣人大"。(《老子校诂》,第406-407页)张松如认为,这里的"我"即是"道":"此章'我'字乃'道'自谓,这是把'道'拟人化了。"(《老子说解》,第362页)笔者认为,"天下皆谓我大",就文字本身来看,应当释为天下人都说我(老子)很大或很伟大,故成玄英的解释是符合该句文字的本意的。但这样的解释亦存在两个明显的问题:其一,在老子生前,天下之人都说老子很伟大，这是客观事实吗？因为迄今为止，人们连老子的身世都还未搞清楚，这说明老子生前应该不会是天下皆知的伟人。其二，即使真的天下之人都说老子很伟大，一个"以自隐无名为务"（《史记·老子韩非列传》）的老子，会在自己的书中加以宣扬吗？这显然也是不可能的。正因如此，故一些学者或认为这里的"我"是圣人的代称，或认为"我"即"道"，但这样的解释无疑都过于牵强。

三是"天下皆谓我道大"的说法更符合老子的思想宗旨。此正如笔者在前面一开始所言，在《老子》一书中，屡屡以"大"字来形容"道"，因此，"天下皆谓我道大"的说法，无论从文字含义，还是从思想逻辑而言，都是很顺畅的。

二、"似不肖。……久矣其细也夫"的含义及围绕该段文字表述的争议

对于"天下皆谓我道大"后面的"似不肖。夫唯大，故似不肖。若肖，久矣其细也夫"一段文字的含义，学者中较有代表性的解释，是释"似不肖"中的"肖"为似、像，"似不肖"即好像不像任何具体的东西；释"夫唯大，故似不肖"为正因为"道"广大，所以好像不像任何具体的东西；释"若肖，久矣其细也夫"为如果"道"像具体的东西，它早就变得很细小了。如任继愈说："天下人都说我的'道'广大，不像任何具体的东西。正因为它广大，所以不像任何具体的东西。若它像任何具体的东西，它早就渺小得很了！"（《老子绎读》，第149页）

这里需要指出的是，"似不肖。夫唯大，故似不肖"三句，景龙碑本作"不肖。夫唯大，故不肖"，无其中的两个"似"字。而值得注意的是，这三句帛书甲本残损，作"□□□。夫唯□，故不肖"，乙本作"大而不肖。夫唯不肖，故能大"，皆无"似"字，故高明指出，这说明这里不应有"似"字："帛书甲、乙本均无'似'字，今本中'似不肖'之'似'字，显然是'肖'字的古注文，后人误将古注文羼（chàn）入经内。'不肖'犹不似，即今语不像。"（《帛书老子校注》，第160页）

一些学者甚至进一步认为，"似不肖。夫唯大，故似不肖"三句，当依帛书乙本作"大而不肖。夫唯不肖，故能大"，如张松如说："甲乙本两谊均可通，惟衡以上下文意，当如乙本义长。"（《老子说解》，第360页）

不过，笔者认为，该段文字仍当以作"似不肖。夫唯大，故似不肖"为妥，理由如下。

一是历史上有代表性的《老子》本子如河上公本、王弼本、傅奕本、范应元《老子道德经古本集注》等均作"似不肖。夫唯大，故似不肖"，景龙碑本作"不肖。夫唯大，故不肖"，虽无其中的两个"似"字，但句序与王弼本等完全一样。我们不能仅据帛书乙本即对《老子》原文作出大的改变。

二是帛书乙本究竟是否比通行本更加合理，亦是一个值得商榷的问题。从文字本身来看，通行本的"夫唯大"系针对"天下皆谓我道大，似不肖"中的"道大"而言，帛书乙本的"夫唯不肖"系承"大而不肖"而言，因此，从形式上看，帛书乙本的文字似乎显得更加紧凑。且帛书乙本"夫唯不肖，故能大。若肖，久矣其细也夫"的说法亦能前后对应，显得十分顺畅。但是，我们不能因此就说通行本的表述不够合理，不够顺畅，因为通行本"天下皆谓我道大，似不肖"，其中的核心是"大"，"似不肖"是对"大"的补充说明，故接下来说"夫唯大，故似不肖。若肖，久矣其细也夫"，把重点放在"大"上，这是顺理成章的事情。而且说正因为"道"广大，所以不像任何具体的东西；如果"道"像具体的东西，它早就变得很细小了。这无论从文字形式，还是从思想内容上看，均是文畅义顺，不存在什么问题，与帛书乙本所表达的意思亦基本相同，所不同的只是通行本说"夫唯大，故似不肖"，指的是正因为"道"广大，所以不像具体的东西；帛书乙本说"夫唯不肖，故能大"，指的是正因为"道"不像具体的东西，所以能广大。两者的因果正好相反，但实质内涵无别。因此，当通行本的文字表述并无明显问题的情况下，笔者不主张对其文字轻易作出改变。

三、"成器长"的含义及其是否应作"为成器长"

老子说"我有三宝，持而宝之。一曰慈，二曰俭，三曰不敢为天下先"，明确把"慈""俭"和"不敢为天下先"作为自己持守并珍视的宝贝，接下来又说"慈，故能勇；俭，故能广"，意思都很好懂。这里值得我们注意的是"不敢为天下先，故能成器长"的含义。对于其中的"器"字，学者们多认为指物，亦即有形的事物，因此，所谓"成器长"，亦即成为万物之长、万物的首领，如林希逸说："器，形也。……凡在地之成形者，我皆为之长，故曰'成器长'。"（《道德真经口义》）张默生也说："'成器长'，是说能为万物之长的意思。"（《老子章句新释》，第90页）

一些学者认为，这里的"器"，即第二十八章"朴散则为器"中的

"器",因此,所谓"器长",亦即"官长",如奚侗说:"器即'朴散则为器'之器,谓百官也。器长,百官之长,谓人君也。"(《老子集解》,见《老子注三种》,第135—136页)也有学者认为,这里的"器",即第二十九章所说的"天下神器"中的"神器",指的是天下,"器长"亦即天下之主、君主的意思,如唐玄宗说:"损己益人,退身进物,是不敢为天下先也,故物乐推而成神器之长尔。"(《唐玄宗御制道德真经疏》)

笔者认为,这里的"器长",首先指的是万物之长;但这里的万物,主要指人,故万物之长主要指君主、统治者。

这里需要指出的是,"故能成器长"一句,《韩非子·解老》引《老子》作"故能为成事长",范应元《老子道德经古本集注》作"故能为成器长",虽有"成事""成器"之不同,但"成"字前均有"为"字,则是其共同之处。因此,俞樾(yuè)认为,这里应作"故能为成器长":"至'故能'下有'为'字,则当从之。盖'成器'二字相连为文,……'成器'者,大器也。……质言之,则止是不敢为天下先,故能为天下长耳。"(《老子平议》)

而且,该句文字帛书甲本作"故能为成事长",乙本作"故能为成器长",故一些学者指出,这里应作"故能为成器长",如张松如说:"俞说甚是,盖'成事长'与'成器长',自古异传同谊,故帛书甲乙两用之耳。"(《老子说解》,第361页)

笔者认为,上述观点虽有其文本上的依据,所述亦有一定的道理,但这里还是以作"故能成器长"为妥,理由如下。

一是历史上有代表性的《老子》本子如河上公本、王弼本、傅奕本、景龙碑本等多作"故能成器长",作"故能为成器长"或"故能为成事长"的仅为少数的几个本子。

二是"故能成器长",意为所以能成为万物之长,意思十分明确,且与第二十八章"朴散则为器。圣人用之,则为官长"的说法正相吻合。"故能为成器长"的说法则以"成器"为一个名词,但"成器"究竟指什么,学者们在理解上分歧很大,如司马光说"成器犹成法也,为众教之父"(《道德真经论》),范应元释"成器长"说"故能为成才器之人之长也"(《老子道德经古本集注》,第117页),俞樾说"'成器'者,大器也"(《老子平议》),等等。因此,我们没有必要弃流传甚广且意思清晰合理的"故能成器长"不用,而采取历史上影响很小且又含义不清的"故能为成器长"的表述。

四、"舍慈且勇,舍俭且广,舍后且先"中"且"的确切含义

"今舍慈且勇,舍俭且广,舍后且先,死矣"一段文字,特别值得我们注意的,是其中的"且"的含义。

关于"且"的含义,学者们有诸多不同的解释,其中较具代表性的一种解释,是释"且"为"取",这或始自王弼:"且,犹取也。"(见楼宇烈校释:《老子道德经注校释》,第170页)高亨则进一步解释说:"且,读为担(zhā)。《方言》十:'担,取也。'"(《老子注译》,第107页)有不少当代学者亦持此种解释,如牟钟鉴说:"如果舍慈取勇、舍俭取广、舍后取先"。(《老子新说》,第216页)

然而,值得注意的是,亦有不少学者并未把这里的"且"释为取,而是释为"而"的意思,如范应元说:"今去其慈而好勇斗很,去其俭而奢侈多欲,去其后而与人争先"。(《老子道德经古本集注》,第117页)卢育三亦说:"且,连词'而'也。……如果离开了慈、俭、后,而仅取勇、广、先,那么,勇、广、先也不可能存在"。(《老子释义》,第250—251页)

笔者认为,这里的"且",当释为"而"的意思;但"慈且勇""俭且广""后且先"中的"勇""广""先"三个字当为形容词作动词用,分别为逞勇、求丰富、争先的意思。因为从老子前面的论述来看:"慈,故能勇",说明慈爱的人一定会勇敢,故这里的"舍慈且勇",当指舍弃慈爱而逞勇的意思;老子在前面说"俭,故能广",说明俭约能使人丰富,故这里的"舍俭且广",当指舍弃俭约而求多、求得丰富的意思;老子在前面说"不敢为天下先,故能成器长",说明居于天下人之后的人能成为君主,故这里的"舍后且先",当指舍弃居于天下人之后而去争先的意思。因舍弃慈爱而逞勇,便有可能胡作非为,甚至滥杀无辜;舍弃俭约而求丰富,便有可能走上掠夺、盗窃的路子;舍弃居于天下人之后而争先,便有可能采用暴力、阴谋来获取君主之位,故老子对上述各种行为下断语说:"死矣",即必死无疑。

五、为什么在本章的结尾只论"慈"而不及"俭"和"不敢为天下先"?

老子在本章的结尾中说"夫慈,以战则胜,以守则固。天将救之,以慈卫之",集中说明了"慈"的作用:战则胜,守则固。并进一步说明了慈爱能战则胜守则固的原因,是天道会卫护慈爱之人。关于本段文字,值得我们注意的主要问题是:在本章中,老子明确说"吾有三宝,

一曰慈,二曰俭,三曰不敢为天下先",然而,在本章的结尾,却只讲"慈"而不讲其他二宝,这是为什么?

对此,一些学者认为,那是因为"慈"居"三宝"之首,是最重要的,如唐玄宗说:"慈为三宝之首,故偏叹美也。"(《唐玄宗御制道德真经疏》)

那么,为什么说"慈"是"三宝"中最重要的呢?对此,一些学者认为,那是因为"慈"中包含了"俭"和"不敢为天下先"二宝,如张默生说:"保守慈道的人,是最爱惜民命的,这其中已包括'俭'与'不敢为天下先'了。"(《老子章句新释》,第91页)

确实,一个人能真正做到节俭和不敢居于天下人之前,都需要以内心的慈爱为基础,否则,一个内心极端冷酷自私的人,其所谓的节俭和不敢居于天下人之前,都只是为了达到其不可告人的目的而进行的表演而已。因此,正因为慈在三宝中有其特殊的地位,而关于慈,老子在上文中又只说了"慈,故能勇"一句,意犹未尽,故才在本章的结尾以较多的文字专门予以论述。

六十八章

善为士①者,不武②;善战者,不怒;善胜敌者,不与③;善用人者,为之下④。是谓不争之德,是谓用人之力⑤,是谓配天⑥,古之极⑦也⑧。

【译文】

善于做军事将领的人,不逞勇武;善于打仗的人,不会发怒;善于战胜敌人的人,不和敌人对阵交锋;善于用人的人,对人谦下。这叫作不与人相争的品德,叫作善于运用别人的能力或力量,这叫作与天相合,是自古就有的中正的准则。

【注释】

①士:将领。一说指军人、士兵;一说指武士。 ②不武:不逞勇武;不崇尚武力。 ③不与:不和敌人对阵交锋。与:敌;对抗。 ④为之下:处于别人的下面。指对人谦下。下:居人之下;谦让。 ⑤用人之力:一说应作"用人","之力"二字为衍文。 ⑥配天:与天相合。配:合。 ⑦极:中正的准则。一说指极致,即达到最高程度。 ⑧也:王弼本无"也"字,傅奕本、范应元《老子道德经古本集注》有"也"字,帛书甲乙本亦有"也"字,据之以补。

【解读】

本章主要论述了不争和谦下的重要性。对于不争的重要性,老子以用兵打仗为例:"善为士者,不武;善战者,不怒;善胜敌者,不与",即一个好的军事将领,应该做到不逞勇武,不发怒,不战而屈人之兵。对于谦下的重要性,老子则是从用人的角度加以论述的:"善用人者,为之下",即善于用人的人,对人谦下。因为只有谦下,才能充分发挥他人的能力与作用,否则,如果你对别人傲慢无礼,颐指气使,是没有人心甘情愿地为你所用的。

关于本章文字的含义及文字表述,学者们亦存在若干争论,其中值得我们注意的,主要有以下三个方面:一是"善为士者,不武;善战者,不怒;善胜敌者,不与"中"士""不怒"与"不与"的含义;二是"是谓用人之力"中的"之力"二字是否应该删除;三是"是谓配天,古之极也"中"配天"与"极"的含义。

一、"善为士者,不武;善战者,不怒;善胜敌者,不与"中"士""不怒"与"不与"的含义

对于"善为士者"中"士"的含义,学者们有不同的理解,其中有代表性的,主要有这样三种。(1)认为这里的"士"指军事将领,如王弼说:"士,卒之帅也。"(见楼宇烈校释:《老子道德经注校释》,第172页)(2)认为这里的"士"指军人、士兵,如奚侗说:"士,军士也。"(《老子集解》,见《老子注三种》,第136页)(3)认为这里的"士"指武士,如卢育三说:"士,武士。"(《老子释义》,第252页)

对于"不武"的含义,学者们有的释为不逞勇武、不崇尚勇武或武勇,有的释为不崇尚武力、不耀武扬威,等等。笔者认为,上述解释,意思都差不多,释为不崇尚武力或不逞勇武,均可以。

综上所述,笔者认为,把这里的"士"释为将领要更恰当些,因为说善于做军事将领的人,不逞勇武,与下文的"善战者""善胜敌者"在意思上能更好地衔接。

对于"善战者,不怒"中"不怒"的含义,学者们有不同的解释,如有的认为指不会或不轻易被激怒,有的认为指不轻易发怒。高亨则认为这里的"怒"指"健"即强健的意思,"不怒"指不靠强悍或不以强健示人。(见《老子注译》,第108—109页)等等。

笔者认为,按照老子的思想逻辑来理解,这里的"不怒",当指不会发怒的意思。当然,释为不会被激怒,也是可以的,只是稍显曲折,不如释为不会发怒更直接、贴切。至于释为不靠强悍或不以强健示人,则无此必要,因为"怒"的常用义是指愤怒,"怒"虽然也有强、健的意思,但此义相对偏僻,当用常用义就能解释通的情况下,没有必要用偏僻的义项。

对于"善胜敌者,不与"中"不与"的含义,学者们则主要有两种解释。一种认为,这里的"与",指"敌"即相对、对抗的意思,因此,所谓"不与",即不与敌人对阵交锋的意思。如吴澄说:"胜敌不待与之对阵较力,兵刃不施,彼将自屈。"(《道德真经注》)一种是释"与"为"争",如朱谦之说:"是'与'即'争'也。"(《老子校释》,第287页)笔者认为,这里的"不与",当指不和敌人对阵交锋的意思,亦可释为

不与敌人面对面相争的意思,但不宜释"与"为"争",因为"与"并无"争"的义项。

二、"是谓用人之力"中"之力"二字是否应该删除

"是谓用人之力",意即这叫作能运用别人的能力或力量。对于该句,学者们较为一致地认为,它是就上文"善用人者,为之下"而言的,如李荣说:"此结善用人为下,人为之尽力也。"(《道德真经注》)蒋锡昌亦说:"能'为之下'者,是谓用人之力"。(《老子校诂》,第416页)

"善用人者,为之下",意即善于使用人的人,对人谦下。而一个人能对别人谦下,通常也就能善于运用别人的能力或力量,故老子说"是谓用人之力"。这样的观点是很有道理的,因为一个傲慢自大的人,是很少有人会心甘情愿地为他出力的。

值得注意的是,"是谓用人之力"一句,帛书甲乙本均作"是谓用人",无"之力"二字。因此,一些学者认为,这里的"之力"二字系衍文,应该删去,如高明说:"今本中间多出'之力'二字,格局全非。……帛书甲、乙本无'之力'二字为是,今本有此二字者乃为后人所增,或为古注文羼(chàn)入。"(《帛书老子校注》,第168页)

笔者认为,该句文字应以作"是谓用人之力"为妥,理由如下。

一是河上公本、王弼本、傅奕本、景龙碑本等历史上有代表性的《老子》本子均作"用人之力",作"用人"的仅为帛书甲乙本,不宜仅据帛书甲乙本就贸然作出修改。

二是所谓"用人之力",即使用人的能力或力量,因为"力"既有力量的意思,亦有能力的意思。而所谓"用人",亦即选择与使用人员,而选择与使用人员的实质,即是用人的能力或力量。因此,说"用人之力",并不存在高明所说的"格局全非"的问题。

三是作"是谓用人之力",与上一句"是谓不争之德",在文字形式上很协调,因此,这样的表述并无问题。

三、"是谓配天,古之极也"中"配天"与"极"的含义

对于"是谓配天"中"配"的含义,学者们多释为合、配合,因此,所谓"配天",即与天相合或合于天的意思,如范应元说:"配,合也。……德合于天"。(《老子道德经古本集注》,第119页)也有学者把这里的"天"释为"自然",故"配天"即合于自然的意思,如高亨说:"这叫做配合自然之道"。(《老子注译》,第109页)不过,当代学

者大多释这里的"天"为"天道",故"配天"即配合天道或与天道配合的意思,如卢育三说:"配天,与天道相配合。"(《老子释义》,第253页)笔者认为,因"天道"意为自然的规律,因此,把这里的"天"释为自然或天道,意思都差不多。

那么,老子为什么说"不争之德"、用人时"为之下"与天道相配合呢?对此,一些学者认为,天不争而善胜,天以无为而成,故"不争之德"与用人时"为之下"与天相配,如吴澄说:"不武、不怒、不与为敌而自胜者,以不争为德,如天之不争而胜也;为之下者,不恃智能而用人之力,成己之事,如天之无为而成,故曰'配天'。"(《道德真经注》)

笔者认为,这样的观点是颇有启发意义的。一个军事将领,能做到不逞勇武,能面对敌人而不发怒,能不战而屈人之兵,体现的正是其不争的品德,而老子曾说"天之道不争而善胜",因此,此种品德是与天道相合的;一个人在用人时能始终"为之下"即保持谦下,而老子曾说:"江海所以能为百谷王者,以其善下之,故能为百谷王。"(六十六章)因此,谦下也是与天道相合的,故老子说"是谓不争之德,是谓用人之力,是谓配天"。

对于"古之极也"中"极"的含义,学者们则主要有两种理解。一种认为指"至"即极致,达到最高程度、无以复加的意思,如林希逸说:"自古以来无加于此,故曰'古之极'。"(《道德真经口义》)一种认为,这里的"极",指法则、准则的意思,如任继愈说:"'极',标准,准则。……从来就有的准则。"(《老子绎读》,第153页)另外,也有学者把这里的"极"释为最高准则或最高法则,如高亨说:"是古代最高的法则"。(《老子注译》,第109页)

笔者认为,"极"有"至"即表示达到最高程度的意思,也指中正的准则,那么在此应作何种理解呢?这取决于不争和谦下在老子思想中的地位。首先,我们必须承认,不争和谦下在老子思想中具有十分重要的地位,这是毫无疑问的,但是,它们在老子思想中是不是最重要的呢?恐怕还不是,因为它们与老子思想中的"无为""自然"等相比,还是略显逊色的,因此,若把这里的"极"释为极致的境界或最高的准则,则"无为""自然"又该处于何种地位呢?故把这里的"极"释为中正的准则,而把"古之极也"释为自古就有的中正的准则,要更为妥当些。

六十九章

用兵有言："吾不敢为主①,而为客②;不敢进寸,而退尺。"是谓行(háng)无行③,攘(rǎng)无臂④,执无兵⑤,扔无敌⑥。祸莫大于轻敌,轻敌几⑦丧吾宝⑧。故抗兵⑨相若⑩,哀⑪者胜矣。

【译文】

用兵的人说过这样的话："我不敢主动发起战争,而宁可迫不得已而应战;不敢前进一寸,而宁可后退一尺。"这叫作虽排列阵势,却像没有阵势一样;虽捋袖露臂,却像没有手臂一样;虽执持兵器,却像没有兵器一样;虽面对敌人,却像没有敌人一样。祸患没有比轻视敌人更大的了,轻视敌人几乎丧失了我的宝。所以当双方举兵,军力相当时,慈悲的一方能获得胜利。

【注释】

①主:指主动发起战争的一方。　②客:指被迫应战的一方。　③行无行:相当于"行行而无行"之省写。意为虽排列阵势,却像没有阵势一样。行,指军队的行列、阵势。第一个"行"作动词,意为排列阵势。　④攘无臂:相当于"攘臂而无臂"之省写。意为虽捋(luō)袖露臂,却像没有手臂一样。攘:捋起(袖子)。　⑤执无兵:相当于"执兵而无兵"之省写。意为虽执持兵器,却像没有兵器一样。兵:指兵器。王弼本"执无兵"一句在"扔无敌"之后,傅奕本、帛书甲乙本等均在"攘无臂"之后,据之以改。　⑥扔无敌:相当于"扔敌而无敌"之省写。意即虽面对敌人却像没有敌人一样。扔:因;就。一说意为引、引导。一说"扔无敌"应作"乃无敌"。　⑦几:将近;几乎。　⑧宝:一说指慈;一说指慈、俭、不敢为天下先三宝;一说指身体。　⑨抗兵:举兵;出兵。抗:举。　⑩相若:相当、同样。王弼本作"相加",傅奕本、帛书甲乙本均作"相若",据之以改。　⑪哀:这里指慈悲。一说指怜悯;一说指悲哀、悲愤。

【解读】

在本章中,老子主要论述了用兵时必须遵循的一些原则,具体包括这样四个方面的内容。一是不要主动挑起战争,只有在迫不得已的情况下才能去应战,即所谓"我不敢为主,而为客"。二是在战争中要以谦退不争为原则,即所谓"我不敢进寸,而退尺"。三是在战争中不要轻视敌人,因为轻视敌人必导致好战嗜杀,故老子说"轻敌几丧吾宝",即轻视敌人几乎丧失了我的慈爱之宝。四是用兵者必须怀有慈悲之心,因为当交战双方势均力敌时,心怀慈悲的一方必能取得战争的最后胜利,即所谓"抗兵相若,哀者胜矣"。

关于本章文字,需要我们细加分析的主要有以下四个方面的内容:一是"吾不敢为主,而为客;不敢进寸,而退尺"中"主"和"客"的含义及老子对待战争的态度;二是"行无行,攘无臂,执无兵"的含义及其实质意蕴;三是"扔无敌"的含义及其是否应作"仍无敌"或"乃无敌";四是"轻敌几丧吾宝"中的"吾宝"之所指及"轻敌"是否应作"无敌"。

一、"吾不敢为主,而为客;不敢进寸,而退尺"中"主"和"客"的含义及老子对待战争的态度

本段文字中的"吾不敢为主,而为客"中的"主",指主动发起战争的一方;"客",则指被迫应敌参战的一方。如吴澄说:"为主,肇兵端以伐人也;为客,不得已而应敌也。"(《道德真经注》)因此,"吾不敢为主,而为客",意为我不敢主动发起战争,而宁可迫不得已而应战。

"不敢进寸,而退尺",意即不敢前进一寸,宁可后退一尺。具体而言,则可以作多方面的理解:就两个国家间而言,便可指不敢侵入别国的领土,而宁愿固守本国的领土;就对阵的两军而言,便可指不敢轻易进攻,而宁取守势;就对战争的态度而言,便可指不敢与对方相争,而宁愿退让;等等。

这里值得我们注意的,是老子引用"用兵"者的话,说"吾不敢为主,而为客;不敢进寸,而退尺",明确表达了老子对待用兵的态度,这便是"为客""退尺",亦即视战争为迫不得已之事,不主动挑起战争,且在战争中守柔、退让,不以杀人为目的。有的学者则进一步指出,老子主张迫不得已才用兵,并在用兵时谦让不争,这是符合老子关于道常无为而无不为、柔弱胜刚强的基本原则的,而这同时也是在

战争中取得胜利的根本之道,如吕惠卿说:"所以尔者,道之为常出于无为,故其动常出于迫,而其胜常以不争,虽兵亦犹是故也。"(《老子吕惠卿注》,第80页)

也就是说,老子说"用兵有言:吾不敢为主,而为客;不敢进寸,而退尺",主要包含了两个方面的内容:一是反对战争,反对在战争中主动进攻,而主张谦让不争;二是指出了取得战争胜利的根本原则:柔弱不争,因为柔弱胜刚强。

二、"行无行,攘无臂,执无兵"的含义及其实质意蕴

对于"行无行"的含义,学者们主要有这样三种解释。(1)认为这里的"行"读作háng,指军队的行列,"行无行"指虽有行列,却像没有行列一样,如蒋锡昌说:"言虽有行列可陈,若无行列可陈也。"(《老子校诂》,第417页)(2)认为这里的"行",读作xíng,指行师、用兵的意思,"行无行"指虽然行师用兵却像没有行师用兵一样,如唐玄宗说:"夫行师在乎止敌,止敌贵乎不争,今为客退尺,善胜不争,虽行应敌,与无行同矣。"(《唐玄宗御制道德真经疏》)(3)认为"行无行"中的第一个"行",读作xíng,指行走;"无行"中的"行",读作háng,指行列。因此,"行无行"指行走而没有行列的意思,如张松如说:"行进没有行列"。(《老子说解》,第367页)

笔者认为,对于"行无行"的意思的理解,不能孤立地进行,而必须联系上下文的意思。从上文的意思来看,它是用来说明"不敢为主,而为客;不敢进寸,而退尺"的,因此,表达的应是谦退的意思;从下文来看,"攘无臂""执无兵""扔无敌"与之并列,共同来说明谦退的意思,因此,这里的"行",不应释为行师、用兵,因为行师、用兵的意思较为宽泛,把"执无兵""扔无敌"等也包含在内了,故第二种理解并不确切。若释为行走而没有行列,则又无谦退的意思。因此,相比之下,第一种理解较为恰当。在笔者看来,"行无行"相当于"行行而无行"之省写,"行"读作háng,意为军队的阵势;第一个"行"为动词,意为排列(阵势)。因此,"行无行"意为虽排列阵势,却像没有阵势:一方面,面对敌人的进攻,必须有充分的军事准备,故需排列阵势;另一方面,这种排列阵势并不是大张旗鼓地进行,而是低调地进行,就像没有排列阵势一样,以表示军事行动的迫不得已及自己的谦退之心。

"攘无臂"中的"攘",意为捋、揎的意思,而"攘臂",意即捋起衣

袖，伸出胳膊。因此，所谓"攘无臂"，就文字本身而言，即捋起衣袖想伸胳膊，却没有胳膊的意思。那么，老子在这里说"攘无臂"，想表达怎样的意思呢？对此，古今学者中居于主流的一种理解，是认为"攘臂"的目的是要表示愤怒，而老子主张"善战者，不怒"（六十八章），因此，"攘无臂"表示的是不怒而应战的意思，如奚侗说："无攘臂忿争之状，故云'攘无臂'，是善战者不怒也。"（《老子集解》，见《老子注三种》，第137页）

笔者认为，这里的"攘无臂"相当于"攘臂而无臂"之省写。"攘臂"的目的是表示愤怒，若"攘臂"时没有胳膊，便无法表达愤怒，因此，这里的"攘无臂"，指的是面临战争时，不是愤怒地投入战斗，而是以平和谦退的心情应战。

"执无兵"中的"兵"，指的是兵器，因此，所谓"执无兵"，从文字本身来说，便是执持而没有兵器或没有执持兵器的意思。然而，作为准备作战的军队，怎么可能不执持兵器呢？因此，一些学者认为，这里的"执无兵"，指的是虽有兵器可执，却像没有执持兵器一样，如林语堂说："虽有兵器，却好像没有兵器可持。"（《老子的智慧》，第243页）

笔者认为，"执无兵"相当于"执兵而无兵"之省写，意即虽执持兵器，却像没有兵器一样，明确表示执持兵器的目的是为了平息战争，获得和平，而不是为了杀戮。

三、"扔无敌"的含义及其是否应作"仍无敌"或"乃无敌"

对于"扔无敌"的含义，学者们有各种不同的理解，其中值得我们注意的，主要有这样两种。（1）认为"扔"是因、就的意思，"扔无敌"意为虽然面对敌人，却像没有敌人可以面对，如蒋锡昌说："'扔无敌'，言虽有敌可就，若无敌可就也。"（《老子校诂》，第417页）（2）认为"扔"是引、牵引的意思，"扔无敌"指想引出敌人，却没有敌人可引出来攻打，如许抗生说："扔无敌，指没有敌人可引出来攻打。扔，引也。"（《帛书老子注译与研究》，第52页）

笔者认为，"扔无敌"相当于"扔敌而无敌"之省写，因"扔"既有因、就的意思，亦有引的意思，因此上述两种解释都是可以的。不过，相比之下，把"扔无敌"释为虽面对敌人，却像没有敌人可以面对一样，似更恰当一些，因为说虽想引敌人，却没有敌人可以引出来攻打，在意思上稍显曲折。

需要指出的是,对于"扔无敌"一句,一些《老子》本子有不同的表述,如河上公本、傅奕本、景龙碑本等均作"仍无敌"。不过,一些学者认为,"扔"与"仍"在这里的意思一样:"扔、仍古通用。"(高亨:《老子正诂》)"仍、乃、扔,同音假借。"(张松如:《老子说解》,第368页)既然如此,则因为王弼本、陆德明《经典释文》、范应元《老子道德经古本集注》等该字均作"扔",故笔者倾向于这里作"扔"。

这里特别值得我们注意的是,"扔无敌"一句,帛书甲本作"乃无敌矣",乙本作"乃无敌"。对于其中的"乃"字,马王堆汉墓帛书整理小组认为即"扔"(见《马王堆汉墓帛书老子》,第10、45页),许抗生也说:"'乃'为'扔'之误。"(《帛书老子注译与研究》,第53页)然而,楼宇烈认为,这里应依帛书本作"乃无敌",不应作"扔无敌":"'扔'字,疑当作'乃'。……观王弼注文说:'言无有与之抗也'之意,正释经文'乃无敌'之义。故似作'乃无敌'于义为长。"(楼宇烈校释:《老子道德经注校释》,第174页)

楼宇烈的观点受到一些学者的赞同,如高明说:"楼氏之说似较旧注贴切,'乃无敌'谓无人与之为敌也。"(《帛书老子校注》,第170页)卢育三的观点亦与楼宇烈一致:"检王注:……'言无有与之抗也',正说明'扔无敌'为'乃无敌'之误,据改。"(《老子释义》,第255页)

然而,笔者认为,这里还是以作"扔无敌"为妥,理由如下。

一是根据王弼的注文:"犹行无行,攘无臂,执无兵,扔无敌也。言无有与之抗也。"可以说明两点:其一,王弼本所据原文作"扔无敌",而非"乃无敌";其二,"言无有与之抗也"是就"行无行,攘无臂,执无兵,扔无敌"整段文字而言的,而非单就"扔无敌"一句而言,因此,楼宇烈与卢育三的理解均明显存在问题。

二是从"行无行""攘无臂""执无兵"三句来看,"行""攘""执"三字皆为动词,则"无敌"前的字亦应为动词,而"乃"在这里是"就"的意思,并非动词,"扔"在这里则为动词,有面对或引导的意思,因此,作"扔"比作"乃"要更为恰当。

三是从王弼的整段注文来看:"言以谦退哀慈,不敢为物先用战,犹行无行,攘无臂,执无兵,扔无敌也。言无有与之抗也。"其中的"言无有与之抗也"亦非没有谁能与之抗衡、所向无敌的意思,而是没有与之相对抗的一方的意思。而且,"行无行"等四句作为对"吾不敢为主,而为客;不敢进寸,而退尺"的具体解释,其主旨亦当是谦退不争,而不是所向无敌。

四是历史上的各种有代表性的《老子》本子,该句文字不是作"扔无敌",就是作"仍无敌",作"乃无敌"的只有帛书本,因此,我们不能仅据帛书本就改变该句的原文。

四、"吾宝"之所指及"轻敌"是否应作"无敌"

老子说"祸莫大于轻敌,轻敌几丧吾宝",其中的"轻敌",指轻视敌人,不把敌人当回事。轻视敌人,不把敌人当回事,则必会毫无顾忌地去攻击敌人;毫无顾忌地攻击敌人的人,必是一个好战、乐杀人的人;而一个好战、乐杀人的人,必会面临大祸,故老子说"祸莫大于轻敌",即祸患没有比轻视敌人更大的。

"轻敌几丧吾宝"中的"几",是将近、几乎的意思,对此,学者们的理解较为一致。然而,对于其中的"宝"字,学者们则有不同的理解,其中值得我们注意的,主要有这样两种。(1)认为这里的"宝"指的是第六十七章中的"三宝",即"慈""俭"和"不敢为天下先",如杜道坚说:"'宝'即前章'三宝'之'宝'。"(《道德玄经原旨》)(2)认为这里的"宝"指的是"慈"即慈爱,如奚侗说:"'宝',即六十七章之'慈'。"(《老子集解》,见《老子注三种》,第137页)

笔者认为,因为老子没有明确说这里的"吾宝"指的是什么,故我们当然可以作各种各样的猜测。但从《老子》一书来看,第六十七章中明确说:"我有三宝,持而保之。"则这里的"宝",可以理解为"三宝"。而从"轻敌几丧吾宝"一句来看,把这里的"宝"理解为"慈",似更恰当些,因为"三宝"中的"俭"与"不敢为天下先"(尤其是其中的"俭"),与"轻敌"的关系并不是那么紧密。

值得我们注意的是,"祸莫大于轻敌,轻敌几丧吾宝"中的两个"轻敌",傅奕本、帛书甲乙本均作"无敌",因此,一些学者认为,这里应作"无敌",如高明说:"陶邵学云:'王弼注曰:"非欲以取强无敌于天下也。"则王本亦作"无敌",今作"轻"字,殆后人所改。'陶说甚是。……可见王本原亦作'无敌',今作'轻敌'者乃后人改动。足证帛书甲、乙本作'无敌'者,殆为《老子》本义。"(《帛书老子校注》,第171页)董平也说:"从句子的语序语气来看,作'无敌'与前一句'乃无敌'相顺承,更符合句子结构的内在逻辑。"(《老子研读》,第255页)

不过,笔者认为,这里当以作"轻敌"为妥,理由如下。

一是河上公本、王弼本、景龙碑本、范应元《老子道德经古本集注》等历史上有代表性的《老子》本子多作"轻敌",作"无敌"的仅为傅奕本、帛书本等少数几个本子。

二是"无敌"有两个义项:其一是没有对手、没有可与对抗的;其二是无视敌人,意思与"轻敌"类似。因此,这里若作"无敌",也应是无视敌人即"轻敌"的意思,而不应是没有对手的意思,因为老子不可能把没有对手视作最大的祸,而说"祸莫大于无敌"。但是,人们通常会把"无敌"理解为没有对手的意思,故为了避免误解,这里应以作"轻敌"为妥。

三是陶邵学以王弼的注文"言吾哀慈谦退,非欲以取强无敌于天下也。不得已而卒至于无敌,斯乃吾之所以为大祸也"为依据,认为王弼本所据原文亦当作"无敌"。而事实上,王弼的上述注文在逻辑上显得比较混乱,我们很难把握其确切含义,故其文字或存在舛误。如陶鸿庆即认为,王弼的注文"传写错误,遂不可通"(《读老札记》,第18页)。因此,以王弼的上述注文为据,来确定其所依据的原文为"无敌",并不可靠。

七十章

吾言甚易知,甚易行。天下莫①能知,莫能行。言有宗②,事有君③。夫④唯⑤无知⑥,是以⑦不我知⑧。知我者希⑨,则我贵矣⑩。是以圣人⑪被(pī)褐怀玉⑫。

【译文】

我说的话很容易理解,也很容易实行。然而天下却没有人能够理解,也没有人能够实行。我的言论有宗旨,行事有根据。正因为人们不知道"道",所以不了解我。了解我的人十分稀少,我就更显尊贵。所以圣人就像身穿粗布衣服而怀揣宝玉一样深藏不露。

【注释】

①莫:代词。没有谁。　②宗:宗旨;主旨。　③君:主。这里有要领、根据的意思。　④夫:助词。用于句首,表发端。　⑤唯:以;因为。　⑥无知:这里指不知道"道"。　⑦是以:因此;所以。　⑧不我知:即"不知我"。　⑨希:少;罕有。　⑩则我贵矣:王弼本作"则我者贵",傅奕本、帛书乙本等作"则我贵矣"(甲本残损),据之以改。　⑪圣人:见第二章注⑭。　⑫被褐怀玉:身穿粗布衣服,怀中藏着宝玉。比喻深藏不露。被:"披"的古字,意为穿着。褐:粗布衣服,古时为贫贱者所穿。怀:怀藏,怀中藏着。

【解读】

本章主要包含三个方面的内容。一是老子认为自己的思想是易知易行的,而易知易行的原因是其思想"言有宗,事有君",即有根本的宗旨,这就是"道"。二是对于如此易知易行的思想,天下之人却不愿意去知道,也不愿意去实行:"天下莫能知,莫能行"。而"天下莫能知,莫能行"的根本原因,是世俗之人沉迷于对声色名利等外在物欲的追求,无法做到清心寡欲,这样当然就体悟不到大道的存在,也无法了解大道的价值了。三是正因为天下之人体悟不到大道的存在,也不了解大道的价值,自然也就无法了解得道之圣人的特点和价值了,故圣人为了避免无谓的纷争和世俗之人的伤害,采取"被褐怀玉"、深藏不露的处世之策。

关于本章内容,值得我们注意的主要有以下三个方面:一是"吾言"的内涵及"天下莫能知,莫能行"的原因;二是"则我贵矣"的含义及其是否应作"则我者贵";三是老子说"圣人被褐怀玉",是否体现了其苦闷或哀怨的心情。

一、"吾言"的内涵及"天下莫能知,莫能行"的原因

老子说"吾言甚易知,甚易行。天下莫能知,莫能行",意即我的话很容易理解,很容易实行。然而天下却没有人能理解,没有人能实行。关于该段文字,我们必须弄清楚这样几个问题:一是"吾言"的内涵是什么;二是"吾言"为什么很容易理解和实行;三是为什么天下人对"吾言"不能理解和实行。

关于"吾言"的内涵以及为什么"吾言"易知易行,而天下之人却不能知、不能行,古今学者有众多的解释,其中值得我们注意的,主要有这样两种。(1)认为这里的"吾言"指柔弱谦下,柔弱谦下的道理很好理解,也很容易实行,然而天下人为什么不能理解和实行呢?那是因为他们不知道柔弱谦下之可贵,如吴澄说:"老子教人柔弱谦下而已,其言甚易知,其事甚易行也。世降俗末,天下之人莫能知其言之可贵,莫能行柔弱谦下之事者。"(《道德真经注》)(2)认为这里的"吾言"指的是"道",大道贯穿于人的日常生活,只要无思无为,便可悟"道",故"甚易知,甚易行";然而世人受嗜欲和智巧的影响,执着于世俗的利益,故"莫能知,莫能行"。如王弼说:"可不出户窥牖(yǒu)而知,故曰'甚易知'也;无为而成,故曰'甚易行'也。惑于躁欲,故曰'莫之能知'也;迷于荣利,故曰'莫之能行'也。"(见楼宇烈校释:《老子道德经注校释》,第175页)

笔者认为,这里的"吾言",当指老子以"道"为核心的一系列观念,包括自然、无为、柔弱、虚静等等。所谓"甚易知,甚易行",这是从得道者的视角而言的,因为对于得道者来说,只要"致虚极,守静笃",无思无欲,便可体悟到"道"的存在,了解"道"为万物之本原,一切均须循"道"而行的事实,这岂不是很容易的事情吗?然而对于世俗之人来说,因为长期受世俗观念的影响,视追求功名利禄为人生之要务,要他们放弃对功名利禄的追求,进入无思无欲的状态,这岂不是比登天还难的事情吗?故老子说"天下莫能知,莫能行"。

老子·七十章

391

二、"则我贵矣"的含义及其是否应作"则我者贵"

"知我者希"中的"希",即"稀",是少、罕见的意思,因此,"知我者希",即了解我的人很少的意思,这也是承上文"天下莫能知""夫唯无知,是以不我知"而言的。对于"则我贵矣"的含义,学者们多释"则"为连词,有因此、就的意思,而释"则我贵矣"为因此我(或我的"道")就贵重、尊贵的意思,如张松如说:"理解我的人越少,我就更可贵了。"(《老子说解》,第371页)因此,所谓"知我者希,则我贵矣",意即了解我的人很少,才更显我的尊贵。

然而,"则我贵矣"一句,河上公本、王弼本、景龙碑本等均作"则我者贵"。对此,高亨认为,这里应作"则我者贵",不应作"则我贵矣"。(见《老子正诂》)

值得注意的是,该句文字帛书乙本作"则我贵矣",甲本残损,作"我贵矣",可以推知甲本很有可能亦作"则我贵矣"。因此,一些学者明确指出,该句当依帛书本等作"则我贵矣",如刘笑敢说:"'则我者贵'意味着效法我的人很难得……虽然可以讲通,但终嫌迂曲,知我者甚少,何言'效法'呢?考王弼古注及帛书本,此处'者'字当删。"(《老子古今》,第703-704页)

然而,不少当代《老子》注译著作如任继愈《老子绎读》、陈鼓应《老子今注今译》、牟钟鉴《老子新说》等该句原文均作"则我者贵",对此,笔者认为,该句文字应作"则我贵矣",理由如下。

一是傅奕本、严遵《老子指归》、范应元《老子道德经古本集注》等均作"则我贵矣",帛书乙本亦作"则我贵矣",甲本亦很有可能作"则我贵矣",因此,作"则我贵矣"有较为可靠的依据。

二是从意思上来看,作"则我贵矣",则"知我者希,则我贵矣。是以圣人被褐怀玉"整段文字的意思为:因为了解我的人十分稀少,更显我的尊贵,所以圣人(我)"被褐怀玉",深藏不露。而如果作"则我者贵",则该段话的意思为:了解我的人十分稀少,效法我的人就很可贵。所以圣人"被褐怀玉",深藏不露。两相比较,前一种表述在意思上无疑要更顺畅些。因为"则我贵矣"即更显我的尊贵,实即更显"道"的尊贵:"道"越为人所不知,越显出其尊贵。这与前面"天下莫能知,莫能行"的意思一脉相承。而"则我者贵"即效法我的人很可贵则显得比较突兀,因为前面既说"天下莫能知,莫能行",即说明天下没有人能效法,当然也就没有必要去谈效法我的人可贵的问题。而且,"知我者希"与"是以圣人被褐怀玉"讲的是世俗之人极少了解圣人，而圣人亦和光同尘，不让世俗之人了解他，在其中间插入"则我者贵"即效法我的人可贵，无疑让人感到十分突兀。

三、老子说"圣人被褐怀玉"，是否体现了其苦闷或哀怨的心情

"是以圣人被褐怀玉"中的"被"，读作pī，是"披"的古字，意为穿着。"褐"，指粗布或粗布衣，古时为贫贱者所穿，因此，"被褐"即穿着粗布衣服。"怀玉"的"怀"，意为怀藏、怀中藏着，因此，"怀玉"即怀中藏着宝玉的意思。当然，老子在这里说"圣人被褐怀玉"，并不是说圣人真的身穿粗布衣服，怀中藏着宝玉，而是一种比喻的说法。如对于这里的"被褐"，学者们多认为指圣人和光同尘，使自己混迹于世俗之中的意思；对于这里的"怀玉"，一些学者认为，它实际上指的是怀藏着"道"的意思。因此，所谓"圣人被褐怀玉"，指的是圣人深藏不露，身怀真道而迹同世人。

这里值得我们注意的，是老子说"圣人被褐怀玉"的实质意义。有的学者认为，老子说这句话反映了他无奈或哀怨、苦闷的心情，如任继愈说："老子深为他曲高和寡感到苦闷。这是古今哲人常有的孤愤心态"。(《老子绎读》，第156页)卢育三亦说："老子自鸣甚高，但不为世用，一片怨辞。"(《老子释义》，第258页)

笔者认为，以上观点，是对老子"圣人被褐怀玉"一句的误解，理由有二。一是"被褐怀玉"，既是圣人为人处世的特点，亦是为老子所提倡的处世之道，在《老子》一书中，随处可见这样的论述："古之善为士者，微妙玄通，深不可识。"(十五章)"我独异于人，而贵食母。"(二十章)"塞其兑，闭其门，挫其锐，解其纷，和其光，同其尘，是谓玄同。"(五十六章)其中的"微妙玄通，深不可识""我独异于人，而贵食母"，反映了圣人"怀玉"的一面；而"和其光，同其尘"，则反映了圣人"被褐"的一面。因此，内怀真道，而外混同于世俗，正是圣人日常生活的特点。二是圣人之所以采取"被褐怀玉"的处世方式，主要原因是举世滔滔，多为名利，老子提倡的思想宗旨与世俗之人的追求恰好相反，若不采取被褐怀玉、和光同尘的处世方式，则必会招致世俗之人的排斥甚至迫害。因此，就此而言，圣人采取"被褐怀玉"的处世方式，有其无奈和迫不得已的一面，但由此就说圣人"感到苦闷""一片怨辞"，则未免小看圣人，因为圣人身怀真道，把握了宇宙大化之真谛，区区世俗之人浅陋的毁誉，是根本不足以让他介怀的，因此，所谓的"苦闷""怨辞"，也就更是无从谈起了。

七十一章

知不知①,上②;不知知③,病④。是以⑤圣人⑥不病。以⑦其病病⑧,是以不病。

【译文】

知道而不自以为知道,这是最好的;不知道却自以为知道,这是病。所以圣人没有这种病。因为他把这种病当作病,所以没有这种病。

【注释】

①知不知:知道而不自以为知道。　②上:等级或品质高的。　③不知知:不知道而自以为知道。　④病:生理上或心理上发生的不正常的状态。也指缺点、弊病。　⑤是以:因此;所以。王弼本无"是以"二字,景龙碑本、帛书甲乙本均有,据之以补。　⑥圣人:见第二章注⑭。王弼本在"圣人"二字前有"夫唯病病,是以不病"两句,与下文"以其病病,是以不病"意思重复,且景龙碑本、帛书甲乙本等均无此两句,据之以删。　⑦以:因为。　⑧病病:把病当作病。第一个"病"字是动词,意为"以……为病"。

【解读】

本章的文字很少,主要说明了"知不知"与"不知知"的区别。"不知知"意为不知道而自以为知道,"知不知"则意为知道而自以为不知道。知道而自以为不知道,一方面说明了一种谦虚的态度,另一方面反映了一种和光同尘的处世态度,故老子称之为"上"即最好;相反,明明不知道,却自以为知道,不懂装懂,这无疑是一种很差的态度,所以老子称之为"病",即心理上有病。最后,老子强调圣人没有"不知知"这种病,而圣人没有这种病的原因,是圣人"病病",即圣人把这种病当作病;既然把它当作病,自然就会远离它,当然也就不会有这种病。

关于本章文字,值得我们注意的主要有以下三个方面:一是对"知不知"与"不知知"的各种不同理解;二是"以其病病"中"病病"的含义;三是围绕"是以圣人不病。以其病病,是以不病"的文字表述的各种争议。

一、"知不知"与"不知知"的含义

"知不知，上"中的"上"字，当指等级或品质高的意思，因此，可释为"最好""上等"等。"不知知，病"中的"病"字，指有缺点、害处等意思。对于"知不知"和"不知知"的含义，则因为其文字本身颇似绕口令的表述方式，所以学者们有诸多不同的理解，其中有代表性的，主要有这样三种。(1)认为"知不知"指明明知道，却像不知道的样子；"不知知"指明明不知道，却自以为知道。如吴澄说："知而若不知，上智之人聪明睿知，守之以愚，故曰上。不知而以为知，下愚之人耳目聋瞽，自谓有所闻见，故曰病。"(《道德真经注》)(2)认为"知不知"指虽然知道，但是不自认为知道；"不知知"指不知道而自认为知道。如高亨说："本来知道而自己认为不知道，是上等。不知道而自己认为知道，是病。"(《老子注译》，第112页)(3)认为"知不知"指知道自己有所不知，"不知知"指不知道却自以为知道。如陈鼓应说："知道自己有所不知道，最好；不知道却自以为知道，这是缺点。"(《老子今注今译》，第321页)

笔者认为，在上述三种有代表性的解释中，它们对"不知知"的解释是相同的，即都释为不知道而自以为知道，区别在于对"知不知"的理解，一为明明知道，却像不知道的样子；一为虽然知道，但是不自以为知道；一为知道自己有所不知。从"知不知"的文字意思而言，这三种理解均是可以的，但是，从"知不知"与"不知知"意思正好相对的角度而言，"不知知"指不知道而自以为知道，则把"知不知"释为知道而不自以为知道，要更恰当些。因此，所谓"知不知，上；不知知，病"的意思为：知道而不自以为知道，这是最好的；不知道而自以为知道，这是病。明明知道而不自认为知道，既体现了谦虚的美德，亦体现了和光同尘的处世态度，所以是最好的。而明明不知道，却自以为知道，不懂装懂，以浅薄为高明，四处宣扬，丢人现眼，这样的人，当然病得不轻。

二、"以其病病"中"病病"的含义：以病为病

对于"以其病病"中的"病病"，学者们多认为第一个"病"字是动词；第二个"病"字是名词，指上文的"不知知"即不知道而自以为知道。不过，对于作为动词的"病"的具体含义，学者们则有不同的理解，如有的学者认为是意动用法，指"以……为病"的意思，如刘笑敢

说："愚意以为'病病'之第一个'病'字是意动词,即'以之为……'之意,'病病'即以病为病,即承认缺陷,正视不足之意。"(《老子古今》,第710页)顾欢则认为,第一个"病"字是厌恶的意思:"'病'犹'恶'也。"(《老子道德经注》)蒋锡昌认为,第一个"病"字指"患"即忧虑的意思:"'病',犹患也,……'病病',犹云患病也。"(《老子校诂》,第425页)笔者认为,作为动词义的"病",既有忧虑的意思,也有厌恶的意思,因此,把"病病"释为担忧这种病或厌恶这种病,都是可以的。但是,把"病病"释为"以病为病",即把病当作病,包含的意义更广泛,亦更为恰当些。因此,"圣人不病。以其病病,是以不病"的意思为:圣人没有这种病。因为他把这种病当作病,所以没有这种病。也就是说,圣人奉行"知不知"即知道而不自以为知道的原则,他把"不知知"即明明不知道而自以为知道这种病当作病,所以圣人不会有这种病。

三、围绕"是以圣人不病。以其病病,是以不病"的文字表述的各种争议

对于"是以圣人不病。以其病病,是以不病"一段文字,不少《老子》本子有不同的表述,如河上公本、王弼本等作"夫唯病病,是以不病。圣人不病,以其病病,是以不病",傅奕本、范应元《老子道德经古本集注》等作"夫惟病病,是以不病。圣人之不病,以其病病,是以不吾病",景龙碑本作"是以圣人不病。以其病病,是以不病",《太平御览·疾病部》引《老子》作"圣人不病,以其病病。夫唯病病,是以不病",《韩非子·喻老》中则作"圣人之不病也,以其不病,是以无病也",等等。对此,学者们表达了诸多不同的看法,或认为应以《韩非子·喻老》中的文字为据,或认为应以《太平御览·疾病部》中的文字为据,或认为应以傅奕本、范应元《老子道德经古本集注》为据,或认为应以景龙碑本为据,等等。

值得注意的是,该段文字帛书甲本作"是以圣人之不病,以其□□□□□",乙本作"是以圣人之不□也,以其病病也,是以不病"。据帛书甲本,乙本中缺损之字应当是"病"字,因此,一些学者认为,该段文字应以帛书乙本为据,如汤漳平等说:"此章传世本多有衍文,句义重复,今依帛书乙本改正。"(汤漳平、王朝华译注:《老子》,第275页)

综上所述,笔者认为,该段文字应以作"是以圣人不病。以其病

病,是以不病"为妥,理由如下。

一是王弼本"夫唯病病,是以不病"两句与上文文字存在明显的脱节,应予删去。"夫唯病病,是以不病"的意思是正因为把这种病当作病,所以没有这种病,然而,把这两句文字接在"不知知,病",即"不知道却自以为知道,这是病"之后,无疑是很不恰当的。既然"夫唯病病,是以不病"两句放在此处很不恰当,且与下文"以其病病,是以不病"两句在意思上明显重复,加上景龙碑本、帛书甲乙本、《韩非子·喻老》所引《老子》原文均无此两句,故把这两句作为衍文删去,无疑是比较合理的。

二是去掉"夫唯病病,是以不病"两句以后,关于该段文字的表述,《韩非子·喻老》中所引的《老子》文字作"圣人之不病也,以其不病,是以无病也",其中的"以其不病",与其他各种本子作"以其病病"明显不同,不宜以之为据。《太平御览·疾病部》作"圣人不病,以其病病;夫唯病病,是以不病",虽然在文字上避免了王弼本等的重复,显得较为顺畅,但与历史上流传的其他各种本子均不相同,极有可能是经后人加工而成。至于景龙碑本和帛书本,两者的区别只在于个别的助词,并无实质的区别。而且,值得注意的是,帛书本与景龙碑本的文字与王弼本的相应文字区别也不大,因为若王弼本删去"夫唯病病,是以不病"后,剩下的文字为:"圣人不病,以其病病,是以不病",只比景龙碑本少"是以"二字。既然如此,笔者认为,考虑到帛书本与景龙碑本这里的文字类似,但帛书本毕竟未在历史上流传,且其文字亦不如景龙碑本简洁,故这几句文字当以景龙碑本为依据,作"是以圣人不病。以其病病,是以不病"为妥。

七十二章

民不畏威①,则大威②至。无狎③其所居,无厌(yā)④其所生。夫⑤唯⑥不厌,是以⑦不厌⑧。是以圣人⑨自知不自见(xiàn)⑩,自爱不自贵。故去彼⑪取此⑫。

【译文】

人民不再害怕统治者的威势,那么最令人畏惧的事情就会发生。不要使人民的居处狭窄得无法安居,不要压榨人民使他们无法生活。因为不压榨人民,所以人民不会厌恶统治者。因此圣人知道自己而不自我显扬,爱护自己而不自以为高贵。所以抛弃后者而采取前者。

【注释】

①威:表现出来的使人畏惧慑服的力量。一说指刑罚;一说指畏惧。 ②大威:最可畏惧的事。指祸乱。 ③狎:指狭窄。 ④厌:覆压;压制。 ⑤夫:助词。用于句首,表发端。 ⑥唯:以;因为。 ⑦是以:因此;所以。 ⑧厌:憎恶;厌烦。 ⑨圣人:见第二章注⑭。 ⑩见:同"现",指显现。 ⑪彼:指"自见""自贵"。 ⑫此:指"自知""自爱"。

【解读】

本章主要包含三个方面的内容。一是对统治者发出明确的警告:"民不畏威,则大威至",如果压迫人民过甚,使人民不再惧怕统治者的威势,则人民便会起来反抗,统治者必将大祸临头。二是对统治者提出具体的要求:不要使人民的居处狭窄得无法安居,不要压榨人民使他们无法生活。三是介绍了圣人为人处世的特点:"自知不自见,自爱不自贵",即知道自己而不自我显扬,爱护自己而不自以为高贵。反映了圣人谦下待人、不事张扬的品德。

关于本章文字,需要我们深入分析的主要有以下四个方面:一是对"民不畏威,则大威至"的不同理解;二是"无狎其所居,无厌其所生"中"狎""居""厌""生"的含义;三是"夫唯不厌,是以不厌"中两个"不厌"的含义;四是如何看待对于本章文字的两种不同解释思路。

一、对"民不畏威,则大畏至"的三种不同理解

对于"民不畏威,则大威至"的含义,学者们主要有这样三种理解。(1)认为"威"指刑罚、暴力等可畏之事,"大威"指大祸。因此,"民不畏威,则大威至",指人民不怕统治者的刑罚、暴力时,天下就会动荡,统治者就将面临大祸,如朱元璋说:"君天下者,以暴加天下,初则民若畏,既久不畏,既不畏方生,则国之大祸至矣,莫可释。"(《大明太祖高皇帝御注道德真经》)(2)认为"威"指对民有害的可畏之事,"大威"指死亡。因此,"民不畏威,则大畏至",指人民不怕小的可畏之事,死亡就会到来,如吴澄说:"威,可畏者,损寿戕身之事。大威,大可畏者,死也。"(《道德真经注》)(3)认为"威"指作小恶或作小恶所受之惩罚,"大威"指大的灾祸。因此,"民不畏威,则大威至",指人民不怕小恶小惩,从而导致大的灾祸,如陆希声说:"小人以小恶为无损而弗去,故恶积不可掩,罪大不可解。"(《道德真经传》)

在上述三种理解中,第二、三两种理解其实差不多,区别主要在于第二种理解把"大威"释为死亡,而第三种理解则把"大威"释为大的灾祸。然而,第一种理解与第二、三两种理解则存在明显的区别,主要表现在第一种理解把"大威"释为统治者将面临大的祸乱,第二、三两种理解则释为人民将面临大的灾祸。笔者认为,若按第二、三两种理解,把"威"和"大威"的主语都理解为人民,则在逻辑上便会有问题,因为老子没有说"民不畏小威,则大威至",而是说"民不畏威",则这里的"威",无疑应当包括小威、大威在内的各种威,因此,第二、三两种理解把"畏威"的"威"释为小的可畏之事或作小恶等,明显属于主观臆解,并不确切。笔者认为,这里的"威",可释为威力、威势等,具体可包括统治者制定的刑法及各种惩罚措施。在通常情况下,人民都是害怕统治者的威势的,可是,当统治者对人民的压迫和惩罚超过了某种限度,使民不聊生、走投无路时,人民便会不再害怕统治者的威势,而是揭竿而起,武装反抗统治者的统治,而这对统治者来说,无疑便是"大威",即最可畏惧之事。因此,对于"民不畏威,则大威至"的含义,当以上述第一种理解为妥。

二、"无狎其所居,无厌其所生。夫唯不厌,是以不厌"的含义

对于"无狎其所居"的含义,学者们主要有这样两种解释。(1)认为"狎"指狎玩、戏玩的意思,"居"指心,为神之所居。因此,"无狎其所居"指不要用嗜欲去狎玩、影响心神的意思,如陆希声说:"夫心者,

神之所常居也。无以嗜欲衰之,则不狎矣。"(《道德真经传》)(2)认为"狎"即"狭",指狭窄的意思,这里作动词用;"居"指居住的地方。因此,"无狎其所居"指不要使人民的居处过于狭窄,使他们不能安居,如张默生说:"'狎'与'狭'通用,……因此执政权的人,不要逼迫人民不得安居"。(《老子章句新释》,第96—97页)

对于"无厌其所生"的含义,学者们亦有各种不同的解释,其中有代表性的,主要有这样五种。(1)认为这里的"厌",指嫌弃、憎恶的意思,"所生",指人的精神。因此,"无厌其所生",指不要嫌弃精神,具体内涵则是指不要有各种过分的欲念,因为精神好清静,欲念过盛就等于嫌弃精神,如河上公说:"人所以生者,以有精神。〔精神〕托空虚,喜清静,〔若〕饮食不节,忽道念色,邪僻满腹,为伐本厌神也。"(见王卡点校:《老子道德经河上公章句》,第279页)(2)认为"无厌其所生"指不要嫌弃生命,具体内涵则是不要做对生命有害的事,否则就是嫌弃生命,如吴澄说:"'厌'犹恶而弃之也。……厌所生谓伤生速死,是厌恶其所生而弃其命。"(《道德真经注》)(3)认为"厌"指压迫的意思,"无厌其所生"指不要压迫人民的生活,如高亨说:"厌即压迫之压。……不要用威力压迫人民的生活。"(《老子注译》,第113页)(4)认为"厌"指阻塞的意思,"无厌其所生"指不要阻塞人民的生路,如张松如说:"不要阻塞人民所生活的道路。"(《老子说解》,第378页)(5)认为"厌"指压榨的意思,"无厌其所生"指不要压榨人民的生活,如陈鼓应说:"不要压榨人民的生活。"(《老子今注今译》,第324页)

在上面五种理解中,第三、四、五三种理解在解释思路上其实是相同的,即都是从统治者对民众进行压迫、干涉的角度来理解"无厌其所生",不同的只是或把"厌"释为压迫,或释为压榨,或释为阻塞。至于哪一种解释更有道理,笔者将在文末进行分析。

对于"夫唯不厌,是以不厌"的含义,学者们亦主要有两种不同的解释。一种认为,"夫唯不厌"中的"不厌",指人不嫌弃精神;"是以不厌"中的"不厌",指精神也不嫌弃人。如陆希声说:"夫唯人不厌神,是以神不厌人。"(《道德真经传》)一种认为,"夫唯不厌"中的"厌"指"压"即压迫、压榨的意思,"是以不厌"中的"厌"指厌恶的意思,如卢育三说:"正因为不压迫人民,所以人民也不厌弃他。"(《老子释义》,第261页)

三、如何看待对于本章文字的两种不同解释思路

从以上介绍中可以发现，关于本章内容，存在两种迥乎不同的解释思路：一种是释"民不畏威，则大威至"为人民不畏惧统治者的威势，则大的祸乱就会发生；释"无狎其所居，无厌其所生"为不要使人民的居处过于狭窄，不要压迫人民的生活；释"夫唯不厌，是以不厌"为因为统治者不压迫人民，所以人民不厌恶统治者。另一种是释"民不畏威，则大威至"为人不怕小害则大害就会到来；释"无狎其所居，无厌其所生"为不要以嗜欲去影响心神，不要嫌弃精神；释"夫唯不厌，是以不厌"为人不嫌弃精神，所以精神也不嫌弃人。

具体比较上述两种解释思路，可以发现，第一种解释主要是从政治的角度来进行理解，认为本章文字是劝告统治者不要采取高压政治，否则会逼迫民众铤而走险；第二种则主要是从个人修养的角度，劝告人们要保养自己的精神，以远祸避害。而在笔者看来，造成这两种迥乎不同理解的根本原因，则在于对本章开头"民不畏威，则大威至"的理解。第一种解释把"民不畏威，则大威至"释为人民不畏惧统治者的威势，则大的祸乱就会发生，故对于下面的"无狎其所居，无厌其所生"的含义，很自然地会理解成不要使人民的居处过于狭窄，不要压迫人民的生活。第二种解释把"民不畏威，则大威至"释为人不害怕小害则大害就会到来，故很自然地会从加强自我修养以防范祸患的角度去理解"无狎其所居，无厌其所生"的含义。然而，对于把"民不畏威，则大威至"释为人不害怕小害则大害就会到来，笔者在前面已明确指出，这样的解释在逻辑上存在明显的问题，因此，笔者不认同第二种对本章文字的解释思路。

但是，不认同第二种解释思路，并不意味着第一种解释思路就肯定是正确的，因为对于"民不畏威，则大威至"与"无狎其所居，无厌其所生"等是否必然存在内在的逻辑关联，实际上也是存在疑问的，如帛书甲本在"无狎其所居"前有一分章圆点，就提示我们，"民不畏威，则大威至"与"无狎其所居"等文字原本有可能并不属于同一章。不过，笔者认为，帛书甲本中的标记毕竟只是一种孤证，我们不能据此就断定"民不畏威，则大威至"不属于本章。因此，就目前情况而言，还是应该把它们视为同一章的内容。而且，从文字上而言，前面讲人民不怕统治者的威势，大的祸患就会到来，紧接着劝告统治者不要使人民不得安居，不要压迫人民的生活，这在逻辑上也是很顺畅的，因此，第一种解释思路还是较为合理的。

七十三章

勇于敢①则杀②,勇于不敢则活。此两者,或③利或害。天之所恶(wù)④,孰⑤知其故⑥?天之道⑦,不争而善胜,不言而善应⑧,不召而自来,繟(chǎn)⑨然而善谋。天网恢恢⑩,疏⑪而不失⑫。

【译文】

勇于果敢就会死,勇于不果敢就能活。这两样,有的有利,有的有害。天所厌恶的,谁知道其中的缘故?自然的规律,是不争斗而善于取胜,不说话而善于回应,不召唤而自动到来,从容舒缓而善于谋划。自然的规律像广大无边的网一样,虽然网眼稀疏,却什么都不会漏失。

【注释】

①敢:果敢;果断。 ②杀:死;致死。 ③或:代词。有的。 ④恶:讨厌;憎恨。 ⑤孰:谁。 ⑥故:缘故;原因。王弼本在"故"后有"是以圣人犹难之"一句,景龙碑本、帛书乙本等均无(甲本残毁),据之以删。 ⑦天之道:指自然的规律。 ⑧应:回应;响应。 ⑨繟:舒缓;宽缓。 ⑩天网恢恢:自然的规律像广大无边的网一样。天:指天道。恢恢:宽阔广大的样子。 ⑪疏:稀疏;稀少。 ⑫不失:不漏失;不遗漏。

【解读】

本章主要论述了天道柔弱无为而又无不为的特性。为了说明天道的这一特性,老子首先指出"勇于敢则杀,勇于不敢则活",即勇于果敢就会死亡,勇于不果敢就会活。这里的"敢"实即"坚强","不敢"实即"柔弱"。因此,老子明确指出,"勇于不敢则活",这是符合天道的,而"勇于敢"即勇于坚强则为"天之所恶"。那么,为什么说"勇于敢"是天所厌恶的呢?为了说明这一问题,老子列举了天道的一系列的特点:"不争而善胜,不言而善应,不召而自来,繟然而善谋",反映的都是天道自然无为,却什么都是其所为的特性。既然天道的特点是自然无为,当然就会厌恶勇于坚强、勇于有为了,故在本章的最后,老子指出"天网恢恢,疏而不失",言下之意,即是"勇于敢"者因为违背天道,故必将无所逃遁于天地之间,亦即必死无疑。

关于本章内容,笔者拟从以下四个方面展开介绍或论述:一是"勇于敢"与"勇于不敢"的确切含义;二是"天之所恶"之所指及"孰知其故"后是否应有"是以圣人犹难之"一句;三是"天之道""不召而自来"的原因;四是"繟然而善谋"中"繟"的含义及为什么说天道"善谋"。

一、"勇于敢"与"勇于不敢"的确切含义

"勇于敢则杀"中的"勇",是不怕、有胆量的意思;"敢",学者们多释为果敢、果决的意思,故所谓"勇于敢",即有胆量果敢、勇于果敢的意思。"勇于敢则杀"中的"杀",是死、致死的意思,如焦竑(hóng)说:"杀,犹死也。"(《老子翼》,第176页)因此,"勇于敢则杀,勇于不敢则活",就其文字本身来说,意即勇于果敢就会死,勇于不果敢就会活。

然而,在世俗的观念中,一个人"勇于敢",亦即做事果断,勇往直前,这是值得肯定或赞扬的,为什么老子说它会导致死亡呢?而一个人"不敢",则意味着懦弱无能,做事没有勇气,这是要被人指责或嘲笑的,怎么反而说它能使人生存呢?对此,一些学者认为,老子在第四十二章中说"强梁者不得其死",在第七十六章中说"坚强者死之徒,柔弱者生之徒",因此,这里的"勇于敢",即勇于强梁、勇于坚强;而"勇于不敢",即勇于柔弱。如高延第说:"'敢'谓强梁,'不敢'谓柔弱。强梁者死之徒,故杀;柔弱者生之徒,故活。"(《老子证义》)笔者认为,这样的解释是很有道理的,比较契合老子的思想逻辑。

二、"天之所恶"之所指及"孰知其故"后是否应有"是以圣人犹难之"一句

"天之所恶,孰知其故"中的"天之所恶",意即天所厌恶的。那么这里的"天之所恶"具体指的是什么呢?对此,一些学者认为,它指的即是前面的"勇于敢",如唐玄宗说:"勇敢于有为之人,动则有害,乃天道之所恶。"(《唐玄宗御制道德真经疏》)

"孰知其故",意即谁知道其中的原因。但是,从上面对"天之所恶"的解释来看,天厌恶的是勇于坚强,而"坚强者死之徒",因此,这其中的原因是很好理解的,那么老子为什么要说"孰知其故"呢?对

此，一些学者认为，这里的"孰"，指的是世俗之人，世俗之人以"勇于敢"为有利，故他们不知道天厌恶"勇于敢"的原因，如顾欢说："故犹意也。天忌果敢，谁知其意。谓世俗之人，无知天意者也。"(《老子道德经注》)

笔者认为，老子在上文中说，对于"勇于敢"与"勇于不敢"两者孰利孰害，世俗之人与圣人有不同的看法，而圣人的看法反映的是天道，世俗之人不可能了解天道，故老子说"天之所恶，孰知其故"，则这里的"孰知其故"，无疑是针对世俗之人而言的。

这里需要说明的是，河上公本、王弼本、傅奕本等不少历史上有代表性的《老子》本子在"孰知其故"后有"是以圣人犹难之"一句，而景龙碑本、严遵《老子指归》等则无此句，且第六十三章中有"是以圣人犹难之，故终无难矣"两句，故一些学者认为，这里的"是以圣人犹难之"一句应删去，如奚侗说："此句谊与上下文不属，盖六十三章文复出于此。"(《老子集解》，见《老子注三种》，第140页)

值得注意的是，帛书乙本亦无该句文字(甲本残毁)，进一步证明《老子》原文应无该句文字，故高明说："今谳(yàn)之帛书甲、乙本均无此句，确为错简复出无疑，当据以删去。"(《帛书老子校注》，第185页)

笔者认为，从意思上看，"孰知其故"一句，如上面所言，指的是世俗之人不知道天厌恶"勇于敢"的原因，而圣人则是知道其中之原因的，因此说"是以圣人犹难之"，意即圣人对此也感到很困难，显得牛头不对马嘴，故该句应删去无疑。

三、"天之道""不召而自来"的原因

老子说"天之道，不争而善胜，不言而善应，不召而自来，繟然而善谋"，其中的"天之道，不争而善胜，不言而善应"，意即自然的规律，是不争斗而善于取胜，不说话而善于回应，说明"天之道"的特点，是一切顺其自然，柔弱不争，然而所有违背自然、争强好胜的事物都归于灭亡，而一切顺乎自然、柔弱不争的事物都归于生存，从而说明"天"是最终的胜利者。

而"天之道"即自然的规律，规律本身不会说话，但人们只要顺从规律行事，便能得到好的结果；违背规律行事，便会受到惩罚。这一点是确定无疑的，就像影之随形、响之应声一样，故老子说"不言而善应"。这里值得我们注意的是"不召而自来"的内涵及其原因。

"不召而自来",就文字本身来说,即不召唤而自动到来。那么,"不召而自来"的具体内涵是什么,"不召"的主语是什么,"自来"的主语又是什么呢?对此,古今学者有诸多不同的理解,其中有代表性的,主要有这样三种。(1)认为"不召而自来",指的是阴阳寒暑,一年四季,不用召唤而自动到来,如王安石说:"阴阳代谢,四时往来,消息盈虚,与时偕行,故不召而自来。"(见容肇祖辑:《王安石老子注辑本》,第57页)(2)认为"不召而自来"指善恶报应不召唤而自动到来,如成玄英说:"善恶报应,随其行业,不待呼召而必自来也。"(《老子道德经开题序诀义疏》)(3)认为"不召而自来"指处于谦下的位置则万物自动前来归附,如卢育三说:"圣人守道为天下所归,犹如江海处下为川谷所归。这就叫做'不召而自来'。"(《老子释义》,第262页)

笔者认为,这里的"不召而自来",是承上文"天之道"而言的,而所谓"天之道""不召而自来",意即"不召而自来"是符合天道的,或凡符合天道的必须是"不召而自来"的,而不是依靠强制命令、生拖死拽。因此,这里的"不召而自来",强调的是自然如此,而非人为。以此来衡量,则上述三种解释,均可视作对"不召而自来"之内涵的不同角度的揭示。

四、"繟然而善谋"中"繟"的含义及为什么说天道"善谋"

"繟然而善谋"中的"繟",学者们多释为舒缓、宽缓的意思,如苏辙说:"繟然舒缓"。(《老子解》)而所谓天道舒缓或宽缓,指的是天道从容缓慢,不急迫的意思。

"善谋",意为善于谋划。然而,天道无心,怎能像人那样谋划呢?因此,对于这里的"善谋"的内涵,学者们有各种不同的解释,其中值得注意的,主要有这样三种。(1)认为天道"善谋",指天道善于福善祸淫,报应不爽,如杜道坚说:"繟然而善谋,天道福善祸淫。"(《道德玄经原旨》)(2)认为天道"善谋",指的是其所为无不成功,如司马光说:"不忽遽(jù),而事无不成。"(《道德真经论》)(3)认为天道"善谋",指的是天能提前知道吉凶,并通过"垂象"即显示征兆来进行预示,如唐玄宗说:"垂象示变,人可则之,故云善谋。"(《唐玄宗御制道德真经疏》)

笔者认为,天道即自然的规律,它表现为一个完整而严密的体系,规范着自然和人类的一切变化、活动,老子在这里说"善谋",是采用拟人的手法,表示这一套体系如此完备,仿佛是提前谋划好了似的。而所谓"繟然",是指天道从容不迫发挥其作用,因为一切均在其设计和掌握之中,无论什么样的行为,都会有相应的回报,丝毫不爽。

需要指出的是,"繟然而善谋"一句,傅奕本、范应元《老子道德经古本集注》等作"默然而善谋",严遵《老子指归》、《老子吕惠卿注》等作"坦然而善谋";帛书甲本作"弹而善谋",乙本作"单而善谋",对此,一些学者认为,帛书的"弹"和"单"均应读作"坦",因此,该句文字应作"坦然而善谋",如刘笑敢说:"帛书甲本作'弹',乙本作'单',整理者皆读为'坦';……各本本来都应作'坦然而善谋'。"(《老子古今》,第718-719页)

不过,笔者倾向于这里作"繟然而善谋",理由如下。

一是河上公本、王弼本等历史上有代表性的《老子》本子多作"繟然而善谋",不少当代有代表性的《老子》注译著作原文亦均依之作"繟然而善谋"。

二是该句文字帛书甲本作"弹而善谋",乙本作"单而善谋",对此,刘笑敢说帛书本的"弹"和"单""整理者皆读为'坦'",则与实际情况不符。如据马王堆汉墓帛书整理小组所编的《马王堆汉墓帛书老子》,甲本作"弹而善谋",并未读"弹"为"坦";乙本作"单(战)而善谋",则是读"单"为"战",而非"坦"。而许抗生则明确认为,"弹"和"单"均为"繟"字之误:"此句甲本作'弹而善谋',乙本作'单而善谋',河上公本、通行本皆作'繟然而善谋'。……'弹''单'即'繟'之误。"(《帛书老子注译与研究》,第57页)

三是从学者们对"坦然"的解释来看,他们或释"坦然"为平易:"天虽无心,坦然平易"(吴澄:《道德真经注》);或释"坦然"为胸怀坦荡:"坦荡无私而善于谋划"(汤漳平、王朝华译注:《老子》,第280页);等等。说天道平易或胸怀坦荡,当然都能说通,但在笔者看来,都不如说天道宽缓更有意味,尤其是"繟然而善谋"的下文是"天网恢恢,疏而不失",因为"天网恢恢,疏而不失"意为天道像广大无边的网一样,网眼虽然稀疏,却什么都不会漏失,说明的正是天道无形、宽缓而又严密的特点,而不是平坦、胸怀坦荡的特点,而这个特点,用"繟然"即从容舒缓来形容,要显得更恰当些。

七十四章

民不畏死,奈何①以死惧②之?若使民常畏死,而为奇(jī)③者,吾得④执⑤而杀之,孰⑥敢?若民常且必畏死,则⑦常有司杀者⑧杀。夫代司杀者杀,是谓代大匠⑨斫⑩。夫代大匠斫者,希⑪有不伤其手矣。

【译文】

人民不怕死,为什么要用死来恐吓他们?如果使人民常常怕死,而对于那些诡异不正的人,我能把他抓起来杀掉,还有谁敢诡异不正呢?如果人民常常一定怕死,则常常有掌管杀人的去杀人。如果代替掌管杀人的去杀人,这就如同代替技艺高超的木工去砍削木头。代替技艺高超的木工去砍削木头的人,很少有不弄伤自己的手的。

【注释】

①奈何:为何;为什么。 ②惧:恐吓;威胁。 ③奇:指奇邪,诡异不正。 ④得:用在动词前表示能够。 ⑤执:拘捕。一说该字系衍文。 ⑥孰:谁。 ⑦若民常且必畏死,则:这八个字河上公本、王弼本、景龙碑本等无,帛书甲乙本均有,据之以补。 ⑧司杀者:掌管杀人的,这里指天或天道。司:掌管;主管。 ⑨大匠:技艺高超的木工。 ⑩斫:砍;削。 ⑪希:少;罕有。

【解读】

本章的宗旨,是说明民众的生死是一种自然的现象,只有天或天道才能决定民众的死亡,统治者不应有杀人的权力。为了说明这一宗旨,老子列举了统治者统治民众的三种不同手段及状况:一种是采用严刑酷法,逼得民众走投无路,在此情况下,继续用死亡来恐吓民众,即"民不畏死",继续"以死惧之";一种是采取相对宽松的政策,使民众有一定的生路,在此情况下,对那些诡异不正的人采取严厉的杀戮手段,以起杀一儆(jǐng)百的效果,即"使民常畏死,而为奇者,吾得执而杀之,孰敢";一种是实行清静无为的政策,使民众安居乐业,人人悦生恶死,而由天或天道来决定民众的死亡,即"民常且必畏死,则常有司杀者杀"。通过比较,老子得出这样的结论:民众的死亡是由天或天道决定的,统治者如果凭自己的意志来杀人,那就相当于代替天来行使杀人的权力,即"代大匠斫",这样很少有不伤害到自己的。

关于本章内容,需要我们深入分析的主要有以下四个方面:一是为什么"民不畏死";二是"而为奇者"中"奇"的含义及如何对付"为奇者";三是"司杀者"之所指;四是"常有司杀者杀"前面是否应补"若使民常且必畏死"一句。

一、为什么"民不畏死"?

"民不畏死",意即人民不怕死。然而,在通常情况下,人没有不怕死的,那么,老子为什么说"民不畏死"呢?对此,一些学者指出,老子在这里说的"民不畏死",指的是由于统治者横征暴敛,实施严刑酷法,使人民没有了活路,故也就不怕死了,如河上公说:"治国者刑罚酷深,民不聊生,故不畏死也。"(见王卡点校:《老子道德经河上公章句》,第285页)"奈何以死惧之"中的"惧",是恐吓、威胁的意思。因此,"奈何以死惧之",意即为什么要用死亡来恐吓他们呢?

然而,对于"民不畏死"的含义,也有一些学者释为民众沉迷于物欲,见利忘生,如唐玄宗说:"纵放情欲,动之死地,习以为常,尝无畏者"。(《唐玄宗御注道德真经》)

笔者认为,这样的解释,虽然也能说通,但值得注意的是,"民不畏死"的下一句是"奈何以死惧之",而这明显是对统治者发出的警告,因此,这里的"民不畏死",不应该指人民为了追求享受而不怕死,而是指统治者逼得民众走投无路,所以民众才不怕死。

二、"而为奇者"中"奇"的含义及如何对付"为奇者"

正因为"民不畏死"的后果是极其可怕的,故老子向统治者提出劝告:想要维持自己的统治,首先应该让人民知道怕死,故说"若使民常畏死",意即如果使人民常常知道怕死。那么如何才能让人民常常知道怕死呢?上文已经说过,人民不怕死的原因是统治者横征暴敛,实施严刑酷法,使人民走投无路。因此,很自然的,要想让人民怕死,首先就必须收起横征暴敛、严刑酷法那一套,让人民能有活路,而且有生活的乐趣。

对于"而为奇者"中的"奇"字,学者们有各种不同的解释,如有

▲"若使民常畏死,而为奇者,吾得执而杀之,孰敢?"意即如果人民常常怕死,而对于那些诡异不正的人,我能把他抓起来杀掉,还有谁敢诡异不正呢?这种治国方法在老子看来,虽然比不上无为而治,但比用严刑酷法来治民还是要好得多,儒家提倡的以德治国,正是此种治国方法的代表。此为绘于明代的《孔子圣迹图》中的"诛少正卯图",描绘了孔子在鲁国任大司寇时,大夫少正卯为人诡异不正,孔子诛之以防民邪僻的情形。

老子···七十四章

的释为"诡异乱群",有的释为"奇诈",有的释为"邪",有的释为"奇邪",等等。笔者认为,所谓"诡异乱群",意即言行怪异,惑乱百姓;"奇诈",意为奇特诡诈;"奇邪",意为诡诈,邪伪不正。分析老子的本意,当统治者以宽容的政策治国时,百姓必悦生恶死,安居乐业,在这种情况下,那种被称为"奇"的人,当指既与众不同又所行不正的人,因此,上述各种理解,均大意不差,故笔者认为,这里不妨依《汉语大词典》中的解释,释"奇"为音jī,指诡异不正的意思。

"吾得执而杀之,孰敢"中的"吾",有的学者认为代指统治者,如高亨说:"吾,代替统治者说话。"(《老子注译》,第115页)不过,也有学者认为,这里的"吾"指"天",如蒋锡昌说:"'吾'指下文'司杀者'而言,谓天也。"(《老子校诂》,第433页)笔者认为,这里的"吾",当为代指统治者,下文的"司杀者"才是指天。"孰敢",意为谁敢,具体则指谁敢再诡异不正呢?因此,"吾得执而杀之,孰敢",意即我把那些诡异不正的人抓起来杀掉,那么还有谁敢再诡异不正呢?联系上文,则老子的意思是很清楚的:统治者治理国家,首先要采用轻徭薄赋、刑律宽松的方法,使民众安居乐业,常常悦生恶死;在这种情况下,对那些诡异不正、扰乱秩序的人果断地抓起来杀掉,民众便会因为畏死而人人遵守秩序,无有敢于违越者。

三、"司杀者"之所指

"常有司杀者杀"中的"司",是主管、执掌的意思,因此,"司杀者"即专管杀人的。那么这里的"司杀者"指的是谁呢?对此,学者们主要有这样两种理解。(1)认为"司杀者"指天,如河上公说:"司杀者〔谓〕天,居高临下,司察人过。"(见王卡点校:《老子道德经河上公章句》,第286页)(2)认为"司杀者"指天道,如张默生说:"'司杀者',指天道言。"(《老子章句新释》,第98页)

笔者认为,在古人的观念中,"天"既可以指万物的主宰者,也可以指日月星辰等自然之体;而"天道",则既可以指天意,也可以指自然界变化的规律。因此,"天"和"天道",两者的意思是相通的。

下一句"夫代司杀者杀",即代替天或天道去杀人,而代替天或天道去杀人的人,学者们通常认为指统治者或君主,如河上公说:"人君欲代杀之"。(见王卡点校:《老子道德经河上公章句》,第286页)对于这种代替天或天道去杀人的行为,老子喻之为"代大匠斫",即代替技艺高超的木工去砍削木头。而一个不懂做木工的人,去代替技艺高超的木工砍削木头,则极容易砍伤自己的手,故老子说"希有不伤其手矣"。因此,老子这里是以普通人不应"代大匠斫",去比喻统治者不应"代司杀者杀"。

四、"常有司杀者杀"前面是否应补"若民常且必畏死"一句

据上所述,则"常有司杀者杀。夫代司杀者杀,是谓代大匠斫。夫代大匠斫者,希有不伤其手矣"一段文字的意思是比较清楚的,即常常有专管杀人的(指天或天道)去杀人。代替专管杀人的(指天或天道)去杀人,这就好比代替技艺高超的木工去砍削木头。代替技艺高超的木工去砍削木头,很少有不砍伤自己的手的。从古今学者对这段文字的解释来看,他们也大多是这样理解的。然而,在一些学者对这段文字的解释中,我们可以发现这样一个特点,即他们认为"常有司杀者杀"所杀的对象是"奇诈之人"或"为奇之人",亦即上文所说的"而为奇者,吾得执而杀之"中的"奇者"。如顾欢说:"人为奇诈,违戾天常,天自诛之,不假人杀也。"(《老子道德经注》)唐玄宗说:"如此奇诈之人,天网不失,是常有天之司杀者杀之也。"(《唐玄宗御注道德真经》)蒋锡昌说:"此言为奇之人,自常有天之司杀者杀之也。"(《老子校诂》,第434页)

然而,我们在前面已经说过,老子说"吾得执而杀之"中的"吾"应该指统治者,"若使民常畏死,而为奇者,吾得执而杀之"意为当民众常常害怕死亡的时候,对于那些诡异不正的人,统治者可以把他们抓起来杀掉;现在却说"常有司杀者杀。夫代司杀者杀,是谓代大匠斫",意即对于诡异不正的人,常常有主管杀人的(即天或天道)去杀,统治者如果代替天或天道去杀,就像代替技艺高超的木工砍削木头一样不应该,这岂不是自相矛盾了吗?这"为奇者"到底是应由统治者来杀,还是由天或天道来杀呢?

正是意识到了上述矛盾,因此,一些学者认为,老子所说的"司杀者",指的不应是天或天道,而是政府中主管刑律的司法机关,老子反对"代司杀者杀",指的是君主不应越过司法机关来杀人:"'司'即前文'有司',皆指主管刑律之机关。民有犯罪以律当死者,则由有司以法执办,人君守道无为,不可取而代之。"(高明:《帛书老子校注》,第191-192页)"'司杀者'和'大匠'指司法机关而不指天是比较恰当的。……如此说来,老子认为圣人或人君不应该直接杀人,而应该由专门的机构行刑杀之事。"(刘笑敢:《老子古今》,第726页)

然而，上述观点亦遭到一些学者的明确反对，他们认为，这里的"司杀者"，指的就是天或天道，而不应该指掌管刑律的执法机关，如董平说："高明先生甚至把'有司'二字读到一起，认为下句的'司杀者'之'司'即是上句的'有司'，'皆指主管刑律之机关'，这样的读法我本人实在是不敢苟同。……所谓'司杀者'，即是天道。"（《老子研读》，第265—266页）

笔者认为，对于该段文字的理解，之所以会出现上述种种争议，一个根本的原因，是"常有司杀者杀"一句过于突兀。不少学者认为它是对上段文字"若使民常畏死，而为奇者，吾得执而杀之，孰敢"的进一步说明，故认为"司杀者"所杀的对象是"为奇者"，从而导致了究竟是统治者还是天或天道杀"为奇者"的矛盾。在此值得我们注意的是，帛书乙本该句文字为"若民恒且必畏死，则恒有司杀者"（甲本稍有残损，但文字大多与乙本同），亦即在相当于"常有司杀者杀"一句的前面，有"若民恒且必畏死"一句。对此，一些学者认为，这里应该补"若民恒且必畏死"一句，如高明说："'若民恒且必畏死，则恒有司杀者'，谓民有犯罪以律必死者，则常由有司治之。甲、乙本经文'不畏死''畏死'与'必畏死'三层意义条理分明，足证《老子》原本当如帛书有'必畏死'一句"。（《帛书老子校注》，第191页）

此外，张松如亦据帛书本补有"若使民恒且必畏死"一句，并把它译为"假如是果真怕死"（《老子说解》，第385页）；汤漳平等译注的《老子》亦补有"若民恒且必畏死"一句，并把它译为"如果人民确实总是怕死"。（见汤漳平、王朝华译注：《老子》，第285页）

笔者认为，这里应据帛书本补"若民恒且必畏死"一句，同时，考虑到上下文的衔接及文字表述的一致性，通行本"常有司杀者杀"一句应改为"若民常且必畏死，则常有司杀者杀"，理由如下。

一是上述学者都提出这里应补"若民恒且必畏死"一句，但他们对该句文字含义的理解似均不够准确。在笔者看来，"若民常且必畏死"，意即如果人民常常一定怕死，它是相对于前面的"若使民常畏死"而言的。"若使民常畏死"，意即如果使人民常常怕死，既说"常常怕死"，则必有例外的情况，故接下来说"而为奇者，吾得执而杀之"，即对于那些例外的、不怕死而诡异不正的人，我可以抓起来杀死。而"若民常且必畏死"，则强调的是所有的民众都怕死，没有例外。那么什么情况下才能使所有民众都怕死呢？只有一种，那便是统治者实行清静无为之治，民众安居乐业，从而使人人悦生恶死。既然民众人人都悦生恶死，则域中无"为奇者"，即无诡异不正之人，那么民众之生死存亡，便完全是自然而然之事；民众之死，亦是因为享尽了天年，故老子说"常有司杀者杀"，即民众之死是因为天让其死。这就说明，在老子看来，统治者本来就不应该有决定民众生死的权力，故老子接下来说"夫代司杀者杀，是谓代大匠斲"，即统治者如果违背自然，擅自杀戮民众，这就相当于代替"大匠"来杀人。因此，这里的"大匠"，应该指天或天道，而不应指政府的司法机关。既然统治者干了自己不应该干的事，故老子说"夫代大匠斲，希有不伤其手矣"。因此，这里有"若民常且必畏死"一句，则本章文字便由"民不畏死""民常畏死"到"民常且必畏死"，层次井然，意思清晰，宗旨明确；若无该句，则极易造成种种误解和争议，故这里应有该句。

二是因为通行本无"若民常且必畏死"一句，导致不少学者把"若使民常畏死"误解为统治者以清静无为治国时的状况，如蒋锡昌说："盖人君清静为化，虽无刑罚，民亦自正。若间有少数不受感化，仍为邪事常不畏死者，则天必执而杀之，孰敢不服哉？"（《老子校诂》，第433页）这样的解释主要存在两个问题，其一，认为即使统治者以清静无为治国，仍会有一些诡异不正之人，而这与老子的思想宗旨是明显矛盾的，因为在老子看来，统治者既以清静无为治国，就不应再有诡异不正之人；而且，退一万步说，在统治者以清静无为治国的情况下，即使有诡异不正之人，老子也不会主张"执而杀之"，而是会采取"化而欲作，吾将镇之以无名之朴"（三十七章）、"不善者，吾亦善之"（四十九章）等做法。其二，把"吾得执而杀之"中的"吾"释为天，明显违背语言表述的常规逻辑，而这些学者之所以要如此理解，目的就是为了与下文的"司杀者"相联系。而之所以会存在上述两个问题，正与原文缺漏"若民常且必畏死"一句有直接的关系。

三是帛书本"若民恒且必畏死，则恒有司杀者"，王弼本、傅奕本、景龙碑本等历史上有代表性的《老子》本子多作"常有司杀者杀"。"恒"与"常"在这里的意思相同，因上文作"若使民常畏死"，为保持行文统一，故这里宜作"若民常且必畏死"；"恒有司杀者"，宜据王弼本等改为"常有司杀者杀"；考虑到上下句的衔接，又宜据帛书本在"常"前补一"则"字，故这两句文字应作："若民常且必畏死，则常有司杀者杀。"

七十五章

民之饥,以其上①食税②之多,是以③饥。民之难治,以其上之有为④,是以难治。民之轻死⑤,以其求生之厚⑥,是以轻死。夫⑦唯⑧无以生为⑨者,是贤⑩于贵生⑪。

【译文】

人民遭受饥饿,是因为他们的统治者享受赋税太多,所以才遭受饥饿。人民难以治理,是因为他们的统治者刻意做事,所以才难以治理。人民轻视死亡,是因为他们追求厚养生命,所以轻视死亡。只有不以生命本身为目标的人,才胜于重视厚养生命的人。

【注释】

①上:地位高的人;统治者。也指君上。
②食税:享受赋税(食:指享受俸禄、租税)。一说指吃赋税;一说指取赋税。　③是以:因此;所以。　④有为:指违背自然,刻意去做。　⑤轻死:以死为轻;不怕死。
⑥求生之厚:追求生活的丰厚或追求厚养生命。一说"求生之厚"前应加"上"字;一说"求生"应作"生生"。　⑦夫:助词。用于句首,表发端。　⑧唯:独;只有。　⑨无以生为:指不以生命本身为目标,不执着于生命。　⑩贤:胜过。　⑪贵生:重视生命。这里指重视厚养生命。贵:崇尚;重视;以为宝贵。

【解读】

本章着重论述了作为统治者应该如何正确对待生命的问题。首先,老子指出,国家治理中出现的种种问题,都与统治者的所作所为有直接的关系,如统治者享受赋税太多,所以民众陷于饥饿;如统治者采取有为的政策,所以民众难以治理;等等。其次,老子认为,统治者之所以会过多地征收赋税、采取有为政策,与他们"贵生"有直接的关系。因为"贵生"即重视厚养生命,所以他们需要更多的财物,而且需要采取种种有为的措施以聚敛财物。故老子认为,解决这一难题的根本之道是"无以生为",即不以生命本身为目标,不执着于生命,而

▲"民之饥,以其上食税之多,是以饥。……民之轻死,以其求生之厚,是以轻死",说明民众之所以遭受饥饿,轻视死亡,与在上的统治者压榨民众、厚养自己直接相关。此为南宋马和之绘制的《诗经图·豳(bīn)风图卷之一》,系依据《诗经·豳风·七月》而绘,诗中说"无衣无褐,何以卒岁。……嗟我农夫,我稼既同,上入执宫功",意即没有粗衣短褐,怎样熬到年底。可怜辛苦的农夫,地里的活刚干完,又要为官府修房子。对统治者的压迫和剥削、民众生活的困苦作了深刻的揭示。

老子···七十五章

是顺其自然。

关于本章内容,值得我们注意的主要有以下三个方面:一是"有为"的含义及为什么上"有为"则民"难治";二是"以其求生之厚"的含义及其是否应作"以其上求生之厚"或"以其生生之厚";三是"无以生为"与"贵生"的确切含义。

一、"有为"的含义及为什么上"有为"则民"难治"

老子说:"民之饥,以其上食税之多,是以饥。民之难治,以其上之有为,是以难治。"其中的"食税",指享受赋税的意思;"上",指的是君主、统治者。因此,"民之饥,以其上食税之多,是以饥"的意思为:人民饥饿,是因为统治者享受赋税太多,所以才饥饿。

对于"民之难治,以其上之有为"中的"有为",学者们多释为用智术或烦苛的法令来治理民众,如林希逸说:"上之有为,言为治者过用智术也。"(《道德真经口义》)陈鼓应说:"有为:政令烦苛;强作妄为。"(《老子今注今译》,第330页)

笔者认为,在老子思想中,"有为"是与"无为"相对的概念,然而,《老子》一书中屡见"无为","有为"却只出现于本章这一处。从前面的论述可知,"无为"意为顺其自然,不有意去做,则"有为"当指违背自然,刻意去做的意思。而对于统治者来说,"有为"则主要表现为运用智巧,用烦苛的法令来治理国家。

那么,为什么说统治者"有为",人民就难以治理呢?笔者认为,按照老子的思想逻辑,统治者采取"有为"的方式治国,便必然会充分运用自己的智巧,设置种种法令制度,采取层层落实的措施;民众发现统治者运用智巧,亦必会加以仿效,充分调动自己的智巧去回应统治者。而统治者的人数远远少于民众,因此,在统治者与民众运用智巧的博弈中,失败的肯定是统治者一方,此即所谓"民之难治,以其上之有为"。既然如此,那么为什么统治者要费力不讨好地用"有为"去治国呢?因此,老子认为,统治者不如采用"无为"的方式,一切顺乎自然,不用智巧,这样,民众就会恢复其淳朴的本性,安居乐业,天下也就达到大治了。

二、"以其求生之厚"的含义及其是否应作"以其上求生之厚"或"以其生生之厚"

"民之轻死,以其求生之厚,是以轻死"中的"轻死",指以死为轻,不怕死,如林希逸说:"轻用其身以自取死,故曰'轻死'。"(《道德真经口义》)对于"求生之厚"的含义,学者们通常释为求生或谋生太厚的意思,如汤漳平等说:"是因为他们求生太厚"。(汤漳平、王朝华译注:《老子》,第288页)这种解释的特点,是把"求生"作为一个词组。然而,在笔者看来,"求生"意为谋求生存或寻找生路,想办法活下去,说谋求生存或寻找生路太厚,这样的说法无疑是有问题的。因此,"求生之厚"的意思当为"求""生之厚",即追求生活的丰厚或追求厚养生命。那么,人民追求生活的丰厚或厚养生命,为什么会轻易陷入死地呢?对此,一些学者指出,那是因为人民往往会为了追求财物而不顾自己的生命,如河上公说:"人民所以轻犯死者,以其求生活之事太厚,贪利以自危。"(见王卡点校:《老子道德经河上公章句》,第290页)

也就是说,人民想要追求生活的丰厚或厚养生命,便必须有财物的支撑,而对财物的过分贪求,则反而会使他们付出生命的代价。因此,"民之轻死,以其求生之厚,是以轻死",说明了对待生活或生命应有正确的态度,若过分追求生活的丰厚或厚养生命,事情便必然会走向反面——"轻死"——轻视死亡或轻易陷入死地。

然而,这只是问题的一个方面,值得我们注意的是问题的另一个方面:人民为什么会追求生活的丰厚或追求厚养生命呢?根源还是在于居于上位的统治者。因为统治者追求厚养生命,所以上行下效,导致民众也追求厚养生命,并不惜为此付出生命的代价,如王弼说:"民之所以僻,治之所以乱,皆由上,不由其下也。民从上也。"(见楼宇烈校释:《老子道德经注校释》,第184页)

需要指出的是,"以其求生之厚"一句,一些《老子》本子有不同的表述,如傅奕本作"以其上求生生之厚也",景龙碑本、范应元《老子道德经古本集注》等作"以其生生之厚"或"以其生生之厚也",杜道坚《道德玄经原旨》、奚侗《老子集解》等作"以其上求生之厚",等等。对于究竟应作何种表述,学者们或认为应作"以其生生之厚",或认为应作"以其上求生生之厚也",或认为应作"以其上求生之厚",意见很不统一。

笔者认为,若纯就意思来说,作"民之轻死,以其上求生之厚,是以轻死"似较为妥当,因为这样的表述,"以其上求生之厚"与前面的"以其上食税之多""以其上之有为"十分协调;从内容上来说,因为统治者只注重自己的生活,不顾人民的死活,所以人民也就不怕死,走上武装反抗的道路,这在逻辑上也是很顺畅的。但是,这种文字表述的最大不足,在于它只是依据傅奕本和王弼本的文字拼凑而成的,缺乏《老子》古本的直接证据,显得较为主观随意。

至于应作"求生之厚"还是"生生之厚",笔者认为,若从意思上来说,作"求生之厚"与"生生之厚"均是可以的,但是,考虑到河上公本、王弼本等均作"求生之厚",且帛书甲乙本亦作"求生之厚",故这里还是以作"求生之厚"为妥。

三、"无以生为"与"贵生"的确切含义

对于"夫唯无以生为者,是贤于贵生"中的"贤",学者们多释为胜、胜过的意思。对于"贵生"的含义,学者们通常释为重视生命或厚养生命,如李荣说:"此所谓能重生也。……贵,重也。"(《道德真经注》)陈鼓应说:"贵生:厚养生命。"(《老子今注今译》,第331页)笔者认为,就文字本身的含义来说,"贵生"指重视生命的意思,但是,这里的"贵生"当就上文的"求生之厚"而言,故其确切含义,当指重视厚养生命的意思。

对于"无以生为"的含义,学者们则有各种不同的解释,其中有代表性的,主要有这样两种。(1)认为"无以生为"指"不贵生"的意思,如高亨说:"无以生为,不以养生为事,即不贵生。"(《老子注译》,第116页)(2)认为"无以生为"指把生命置之度外,不把生命本身作为目标,如吴澄说:"至人非不爱生,顺其自然,无所容心,若无以生为者。"(《道德真经注》)

笔者认为,上述两种解释,只是具体表述不同,实质意思是相通的。因为"不贵生"即不重视厚养生命,而不重视厚养生命的前提是对生命有正确的认识和态度。人不能没有生命,生命对于人极其重要,这是众所周知的事实,然而,在老子看来,如果一个人因此而执着于生命,去厚养生命,最终恰恰是害了生命,所以老子提出对待生命要"无以生为",即不以生命本身为追求的目标,一切顺其自然,这样最后反而保全了生命。故老子才说"夫唯无以生为者,是贤于贵生",即只有不以生命本身为目标的人,才胜过重视厚养生命的人。

七十六章

人之生也柔弱①,其死也坚强②;草木③之生也柔脆④,其死也枯槁。故坚强者死之徒⑤,柔弱者生之徒。是以⑥兵强则不胜⑦,木强则共⑧。强大处下,柔弱处上。

【译文】

人活着时身体柔软,死后就僵硬了;草木活着时柔软,死后就枯槁了。所以坚强的东西属于死亡的一类,柔弱的东西属于生存的一类。所以恃强用兵就不能取胜,木强大柔细的东西就会共同加在它上面。强大的东西处于下位,柔弱的东西居于上位。

【注释】

①柔弱:柔软,不坚硬。　②坚强:指僵硬,坚硬。　③草木:王弼本在"草木"前有"万物"二字,傅奕本无。"万物"二字当为衍文,应据傅奕本删。　④柔脆:柔弱;柔软。　⑤徒:类,同类。一说通"途",指途径、道路。　⑥是以:因此;所以。　⑦不胜:一说应作"灭"。　⑧共:指同用,共同具有或承受。这里指柔细的东西共同加在上面。王弼本作"兵",河上公本、傅奕本、景龙碑本等均作"共",据之以改。一说应作"折"。

【解读】

本章主要说明了柔弱胜于坚强、优于强大的道理。首先,老子以日常生活中所见的现象为例:人活着时身体柔软,死后变得僵硬;草木活着时柔软,死后则枯槁,得出坚强与死亡归为一类、柔弱与生存归为一类的结论,从而十分有力地说明了柔弱胜于坚强的道理。其次,老子以恃强用兵则不能取胜、木强大则柔细的东西会共同加于其上为例,进一步说明了柔弱优于强大的道理。

对于本章文字,笔者拟从以下四个方面展开论述:一是"草木之生也柔脆"前是否应加"万物"二字;二是"木强则共"的含义及其是否应作"木强则兵"或"木强则折";三是"强大处下,柔弱处上"的原因。

一、"草木之生也柔脆"前是否应加"万物"二字

"草木之生也柔脆,其死也枯槁"中的"柔脆",指柔弱、柔软的意思,因此,"草木之生也柔脆,其死也枯槁",意即草木活着时是柔软的,死后就枯槁了。

值得注意的是,"草木之生也柔脆"一句,河上公本、王弼本、范应元《老子道德经古本集注》等作"万物草木之生也柔脆",景龙碑本作"万物草木生之柔脆",在"草木"前均有"万物"二字。对此,一些学者认为,"万物"二字系衍文,应删,如蒋锡昌说:"'万物'二字当为衍文。盖'柔脆'与'枯槁',均指草木而言也。"(《老子校诂》,第442页)

然而,该句文字帛书甲本亦作"万物草木之生也柔脆"(乙本残损),因此,一些学者认为,"万物"二字不当删,无"万物"二字的本子系脱误所致,如刘笑敢说:"笔者以为'万物'二字……不当删。……下文所述显然是以宇宙普遍现象为根据论证人世的道理,所以举例不应只限于草木。"(《老子古今》,第742-743页)

笔者认为,从文本证据来看,河上公本、王弼本、景龙碑本、帛书本等均作"万物草木",因此,该句有"万物"二字无疑有更充足的证据。然而,笔者倾向于该句应无"万物"二字,理由如下。

一是"万物草木"的说法不符合语言表述的习惯。因为所谓"万物",指的是宇宙间的一切事物,它本身就包含了草木,因此,可以说"万物之生也柔脆",也可以说"草木之生也柔脆",但不宜把"万物"和"草木"二者并列,说"万物草木之生也柔脆"。

二是"草木之生也柔脆,其死也枯槁"的表述在意思上已十分完整、恰当,加上"万物"二字,明显显得累赘、多余。

三是老子在这里说此话的目的,是为了说明"坚强者死之徒,柔弱者生之徒"的道理,故以人和草木生死时的不同状态为例来加以说明,这在意思上和逻辑上都是很顺畅的。若非要计较,如刘笑敢所言,"下文所述显然是以宇宙普遍现象为根据论证人世的道理,所以举例不应只限于草木",则老子直接说"万物之生也柔弱,其死也坚强"不就可以了吗?何必费此笔墨,既说"人之生也柔弱",又说"万物草木之生也柔脆"呢?因此,这是老子一种独特的论述问题的方式,不宜对之作过度的计较。

二、"木强则共"的含义及其是否应作"木强则兵"或"木强则折"

"是以兵强则不胜,木强则共"中的"兵强",学者们多释为恃强用兵或依靠兵力逞强的意思,如李荣说:"不以德而固,乃恃兵为强。"(《道德真经注》)因此,"是以兵强则不胜",意为所以恃强用兵就不能取胜。

"木强则共"中的"木强",指树木强大粗壮的意思,如成玄英说"树木粗强"(《老子道德经开题序诀义疏》),张松如说"树木强大了"(《老子说解》,第392页),等等。然而,对于"共"的含义,学者们则有明显不同的理解,其中有代表性的,主要有这样两种。(1)认为"共"指共同的意思,"木强则共",指树木强大,则枝叶共生在它的上面,如河上公说:"本强大则枝叶共生其上。"(见王卡点校:《老子道德经河上公章句》,第293页)(2)认为"共"通"拱",指两手合围的径围,"木强则共"指树木长到两手合围那么粗,就会遭人砍伐或自行枯死,如苏辙说:"木自拱把以上,必伐矣。"(《老子解》)

值得注意的是,"木强则共"一句,王弼本、顾欢《老子道德经注》等作"木强则兵"。对于"木强则兵"的含义,一些学者认为指木强大则会被砍伐,如张默生说:"'木强则兵',言木强则被砍伐也。"(《老子章句新释》,第100页)

在对"木强则共"的理解中,还有一种值得注意的观点,就是认为"是以兵强则不胜,木强则共"两句,当依《列子·黄帝》《淮南子·原道训》《文子·道原》所引《老子》作"兵强则灭,木强则折",如俞樾(yuè)说:"'木强则兵',于义难通。河上公本作'木强则共',更无义矣。《老子》原文本作'木强则折',……《列子·黄帝》篇引老聃(dān)曰:兵强则灭,木强则折,即此章之文,可据以订正。"(《老子平议》)另外有不少学者如蒋锡昌、朱谦之、任继愈、陈鼓应等都认为这里应作"兵强则灭,木强则折"。对于"木强则折"的含义,学者们多释为树木强大必会遭受摧折,如任继愈说:"树木强大了必将摧折"。(《老子绎读》,第168页)

值得注意的是,这两句帛书甲本作"兵强则不胜,木强则恒",乙本作"兵强则不胜,木强则兢"。对此,高明认为,这两句应作"兵强则不胜,木强则共",不应作"兵强则灭,木强则折"。(见《帛书老子校注》,第201页)

由上可知,对于"木强则共"一句的文字表述及含义,学者们众说纷纭,迄今未能统一。因此,笔者在此拟先讨论该句的文字表述,再来讨论其确切含义。

关于"兵强则不胜,木强则共"两句的文字表述,笔者认为,首先应该明确的,是其不应作"兵强则灭,木强则折"。为了说明这个问题,我们先来看一下《列子》《淮南子》《文子》中关于这两句文字的引文：

老聃曰：兵强则灭,木强则折。柔弱者生之徒,坚强者死之徒。(《列子·黄帝》)

柔胜出于己者,其力不可量。故兵强则灭,木强则折,革固则裂,齿坚于舌而先之弊。(《淮南子·原道训》)

老子曰：夫得道者,志弱而事强,心虚而应当。……故兵强则灭,木强则折。(《文子·道原》)

由以上引文可知,《列子·黄帝》所引虽明确说"老聃曰：兵强则灭,木强则折",但从其整段引文来看,并非对《老子》本章相关文字逐字逐句的引述,尤其是语序明显颠倒,因此,我们很难判定其中的"兵强则灭,木强则折"系《老子》原文。《淮南子·原道训》中虽有"兵强则灭,木强则折"的文字,但文中并未说这两句引自《老子》。《文子·道原》中所引的文字则更让人疑惑,因为其中的"夫得道者,志弱而事强"等等并未见于通行本《老子》。因此,在今所见的《老子》本子多作"兵强则不胜""木强则共"或"木强则兵"的情况下,弃《老子》本子中的文字不用,而以《列子》《淮南子》等所引的并不能完全使人信服的《老子》文字为依据,这样的做法并不妥当。

其次,在"兵强则不胜""木强则共"或"木强则兵"两句中,前面一句因河上公本、王弼本、傅奕本、帛书甲乙本等均作"兵强则不胜",故该句应作"兵强则不胜"无疑。至于后一句应作"木强则共"还是"木强则兵",笔者认为还是以作"木强则共"为妥,理由如下。

一是历史上有代表性的《老子》本子如河上公本、傅奕本、景龙碑本、范应元《老子道德经古本集注》等多作"木强则共",作"木强则兵"的仅为王弼本等较少的本子,而且,从王弼的注文"物所加也"即他物加于其上来看,王弼本所依据的原文亦有可能作"木强则共"。

二是从学者们对"木强则共"的解释来看,把它释为树木长到两手合围那么粗就会遭人砍伐或自行枯死,或释为树木强大则众人共同把它砍伐,都明显属于增字作解。但是,把"木强则共"释为树木强大则枝叶共生于其上亦显得释义过窄。在笔者看来,"木强则共"中的

"共"当指同用、共同具有或承受的意思，因此，"木强则共"，指的应是木强大则比它柔细之物共同加于其上的意思。

三、"强大处下,柔弱处上"的原因

"强大处下,柔弱处上",就文字本身来说,指的是强大的处于下位,柔弱的居于上位的意思。那么,为什么强大的反而处于下位,柔弱的反而居于上位呢？对此,学者们主要有这样三种解释。(1)认为"强大处下,柔弱处上",就像造房子时粗大的木材位于下面、细小的材料居于上面一样,反映了天道扶弱抑强或居上宜弱的道理,如河上公说:"兴物造功,大木处下,小物处上。天道抑强扶弱,自然之效。"(见王卡点校:《老子道德经河上公章句》,第293页)(2)认为"强大处下,柔弱处上",是以草木为喻,因为草木粗壮的根干都是处于下面,而柔弱的枝叶则位于上面,说明了柔弱胜刚强、以柔弱为贵的道理,如朱谦之说:"盖即草木为喻,以明根干坚强处下,枝叶柔弱处上也。"(《老子校释》,第310页)(3)认为"强大处下,柔弱处上"指的是以强大自居或自夸强大最终会处于下面,以柔弱自守则最终会居于上面,如高亨说:"以强大自居的人,最后要处在下面；以柔弱自居的人,最后要处在上面。"(《老子注译》,第117-118页)

笔者认为,"强大处下,柔弱处上"是对"是以兵强则不胜,木强则共"的总结,就"兵强则不胜"即恃强用兵就不能取胜而言,"强大处下"指的是自恃强大的人最终会处于下位；就"木强则共"即木强大则柔细的东西就会共同加在它上面而言,"强大处下"反映的是自然界的一种规律,此正如苏辙所言:"物之常理,精者在上,粗者在下。其精必柔弱,其粗必强大。"(《老子解》)因此,这里的"强大处下,柔弱处上"既反映了物理世界强大的东西处于下位、柔弱的东西居于上位的规律,又反映了社会生活领域恃强必最终归于失败,只有柔弱才能居于优势之地位,因此柔弱优于强大的道理。故把上述三种解释结合在一起,便可谓对"强大处下,柔弱处上"原因的较为完整的解答。

七十七章

　　天之道①，其犹张弓②与③？高者抑④之，下者举之；有余⑤者损之，不足者补之。天之道，损有余而补不足。人之道⑥则不然，损不足以奉⑦有余。孰⑧能有余以奉天下？唯有道者。是以⑨圣人⑩为⑪而不恃⑫，功成而不处⑬，其不欲见(xiàn)⑭贤⑮。

【译文】

　　自然的规律，不是正像拉弓射箭一样吗？高了就向下压，低了就往上抬；用力过大就减小些，用力不够就加大些。自然的规律，是减少有余的，弥补不足的。世俗之人的规则却不是这样，它是减少不足的，去供给有余的。谁能把多余的东西供给天下的人呢？只有有道的人。所以圣人有作为而不自恃己能，功业成就而不以功自居，他不想向人显示自己的贤能。

【注释】

①天之道：指自然的规律。　②张弓：拉弓射箭。一说指上弓弦。　③与：同"欤"。语气词。这里表示反问或感叹。　④抑：向下压。　⑤有余：这里指用力过大。一说指弓弦过长。　⑥人之道：这里指世俗之人的规则。一说指社会的规则。　⑦奉：给；献给。　⑧孰：谁。　⑨是以：因此；所以。　⑩圣人：见第二章注⑭。　⑪为：作为。这里指把多余的东西供给天下的人。　⑫恃：依赖；倚仗。　⑬不处：不居；不据有。　⑭见：同"现"，指显现。　⑮贤：有德行；有才能。

【解读】

　　本章着重论述了"天之道"的一个重要的特点："损有余而补不足"。为了说明这一特点，老子专门以"张弓"即拉弓射箭为例，来揭示"损有余而补不足"的内涵：弓箭举得太高了就往下压，举得太低了就往上抬；用力过大了就减小些，用力不够就加大些。然而，世俗之人却往往违背天道,他们喜欢减少不足的去供给有余的,即"损不足以奉有余"。但是,这种做法必然会导致社会矛盾的严重激化,并最终造成统治的崩溃和统治者的灭亡。然而,统治者却往往至死不悟,他们宁愿坐等灭亡之日来临,也不愿意去效法"天之道",故老子无奈地说:"孰能有余以奉天下,唯有道者。"即只有得道的圣人才能真正效法天道去"损有余而补不足",世俗的统治者是根本不可能做到的。

关于本章文字,需要我们深入分析的主要有以下三个方面:一是"张弓"之所指;二是"人之道"的内涵;三是圣人"不欲见贤"的原因。

一、"张弓"之所指

老子说"天之道,其犹张弓与?高者抑之,下者举之;有余者损之,不足者补之",对于其中的"天之道",学者们通常释为自然之道或自然的规律。然而,对于"张弓"及"高者抑之,下者举之;有余者损之,不足者补之"的含义,学者们则有各种不同的理解,其中有代表性的,主要有这样两种。(1)认为这里的"张弓"及"高者抑之"等指给弓上弦时调整弓弦的松紧长短等,以使其适合使用,如张默生说:"天道的作用,好像施弦于弓时是一样吧?弦位高了,则抑之使低;弦位低了,则举之使高;弦长有余,则损之使短;弦长不足,则补之使长。"(《老子章句新释》,第101页)(2)认为这里的"张弓"及"高者抑之"等指拉弓射箭,拉弓射箭时为了能射中目标,故需要调整弓的位置及拉弓时所用的力量,如任继愈说:"天的'道',不很像〔射箭瞄准〕拉开的弓吗?高了就把它压低,低了就把它上举,过满了就减些力,不满时就加些力。"(《老子绎读》,第169页)

那么上述两种解释哪一种更有道理呢?笔者认为,老子在此以"张弓"为例,目的是要说明"高者抑之,下者举之;有余者损之,不足者补之"的"天之道",则我们首先应该弄清楚"高者抑之"等几句话的确切含义。如果撇开这里的"张弓"是指拉弓射箭还是制弓上弦,仅就其文字本身的含义而言,它们指的是:高的把它往下压,低的把它往上举;多余的就减少它,不足的就补充它。因此,"高者抑之,下者举之"等一段文字的实质,就是减损多余的,弥补不足的,使之归于适中。以此道理来解释制弓上弦,则如前面一些学者所言,"高者抑之,下者举之"指弦位高了,就把它压低,弦位低了,就把它升高;"有余者损之,不足者补之",指弦太长了,就把它缩短,弦太短了,就把它加长。以此道理来解释拉弓射箭,则"高者抑之,下者举之",指射箭时弓举得太高就把它压低些,弓举得太低就把它抬高些;"有余者损之,不足者补之",指弓拉得太满就减些力,弓拉得不够满就加些力。应该说,这两种解释在道理上都是能说通的,但是相比之下,笔者更倾向于把这里的"张弓"释为拉弓射箭。因为这样的解释更直观,在道理上更通顺:人们在拉弓射箭的时候,无论是弓举得过高或过低,都不容易射中目标,所以需要"高者抑之,下者举之";射箭以射中目标为目的,用力过大或过小都会射不中目标,所以要"有余者损之,不足者补之"。若释"张弓"为制弓上弦,则一是所谓弦位太高、弦位太低的说法让人不好理解和把握;二是弓弦太长则使之减短,太短则把它补长的说法亦似不符合实情,因为在制弓上弦时,若弦太短了,通常是会换一根长的,而不会把它接上一截使变长。因此,既然老子在此是要用"张弓"来说明"高者抑之"等道理,则当以更通俗易懂、在道理上更顺畅者为妥。

二、"人之道"的内涵

"天之道,损有余而补不足。人之道则不然,损不足以奉有余"一段文字中,"天之道,损有余而补不足",意即自然的规律,是减少有余的,弥补不足的。"人之道则不然,损不足以奉有余",意即"人之道"则与"天之道"即自然的规律不同,它是减少不足的,去供给有余的。这里值得我们注意的是"人之道"的含义。

关于"人之道"的含义,一些学者释为人类行为的原则、社会的一般法则、人类社会的制度,等等,如高亨说:"人类社会的制度就不这样,是掠夺财物不足的穷人,来供养财物有余的富人。"(《老子注译》,第119页)刘笑敢亦说:"老子所说的人之道是人类的行为方式和原则。"(《老子古今》,第755页)然而,对于这样的解释,一些学者表达了不同的观点,他们认为这里的"人之道"指的是统治者的实际做法,与"社会的一般律则"无关,如董平说:"这里的'人之道'是对现实统治者的嘲讽与批判,是不能把它解释为'社会的一般律则'的,这样的解释,不能不说是一种严重失误。"(《老子研读》,第272页)

笔者认为,董平的观点是有道理的,老子在此所说的"人之道",指的是世俗之人通行的做法或规则,而不是指人类的原则、社会的法则之类,因为作为人类的原则或社会的法则,都是提倡公平公正、博爱济众的,没有人敢公然提倡要劫贫济富,只是有的统治者常常说一

套做一套罢了。此正如顾欢所说："人谓俗人也。流俗之道每与天反，损少以益多，减贱以奉贵也。"(《老子道德经注》)

三、圣人"不欲见贤"的原因

本章的最后一段文字"是以圣人为而不恃，功成而不处，其不欲见贤"，其中"为而不恃"的说法在《老子》一书中屡次出现。"为而不恃"，就文字本身来说，即有作为而不自恃己能的意思，不过，其出现在本章中，则是就上文"孰能有余以奉天下，唯有道者"而言的，因此，这里的"为而不恃"中的"为"，当指"有余以奉天下"，即把多余的东西供给天下之人，故"圣人为而不恃"的确切含义是：圣人把多余的东西供给天下之人，却不自恃己能。

"功成而不处"中的"处"，指居、据有，因此，"功成而不处"，即功业成就而不以功自居。类似的说法在《老子》一书的第二章、第三十四章等中亦已出现过。当然，与前面的"为而不恃"一样，"功成而不处"在本章中亦有其特殊的含义，这里的"功成"，指的是"有余以奉天下"之功业成就。

"其不欲见贤"中的"见"字，读作xiàn，指显现、表现的意思，如高亨说："见，读为现，表现。"(《老子注译》，第119页)因此，"其不欲见贤"，即他(指圣人)不想显示自己的贤能。那么，圣人为什么不想显示自己的贤能呢？对此，一些学者指出，圣人若显示自己的贤能，则表明其以"有余"自奉，违背了"损有余而补不足"之天道，圣人畏天道，故"不欲见贤"，如苏辙说："为而恃，成而处，则贤见于世。贤见于世，则是以有余自奉也。"(《老子解》)有的学者则进一步明确指出，"其不欲见贤"，是对"为而不恃，功成而不处"的进一步说明，如董平说："'其不欲见贤'，是补充说明为什么要'为而不恃，功成而不处'的原因。……如若'见贤'，则非'玄德'，而终归无德。"(《老子研读》，第272页)

笔者认为，本段文字表述的意思及逻辑是比较清楚的：有道的圣人效法天之道，故"有余以奉天下"；圣人虽做了"有余以奉天下"之事，但他却不自恃其能，亦不以功自居；圣人之所以不自恃其能，不以功自居，是因为他不想显示自己的贤能；圣人之所以不想显示自己的贤能，是因为不显示自己的贤能，正合"有余以奉天下"之旨，若显示了自己的贤能，则表明圣人重视"有余"之物，而这恰与"有余以奉天下"之天道相背。

七十八章

天下莫①柔弱于水,而攻坚强者莫之能胜②,以其无以易之也③。柔之胜刚,弱之胜强④,天下莫不知,莫能行。是以⑤圣人⑥云:"受国之垢⑦,是谓社稷主⑧;受国不祥⑨,是谓⑩天下王。"正言⑪若反⑫。

【译文】

天下没有比水更柔弱的,但用来攻击坚强的东西,没有能胜过水的,这是因为没有什么东西能改变它的特性。柔胜于刚,弱胜于强,对此天下没有人不知道的,却没有人能去实行。所以圣人说:"能承受国家的屈辱,这才可称作一国的君主;能承受国家一切不吉利的事物,这才可称作天下之王。"正面的话却像反话一样。

【注释】

①莫:代词。没有什么。 ②胜:胜过;超过。 ③以其无以易之也:王弼本作"其无以易之",无开头和结尾的"以""也"二字。傅奕本、帛书乙本(甲本残损)等作"以其无以易之也",据之以补。以:因为。其:指水。易:改变。一说指代替。 ④柔之胜刚,弱之胜强:王弼本作"弱之胜强,柔之胜刚",据傅奕本、范应元《老子道德经古本集注》等改。 ⑤是以:因此;所以。 ⑥圣人:见第二章注⑭。 ⑦垢:污秽。引申指屈辱。 ⑧社稷主:国家之主。社稷:古代帝王、诸侯所祭的土神和谷神(社:土神。稷:谷神),也作为国家的代称。 ⑨不祥:不吉利的事物。 ⑩谓:王弼本作"为",河上公本、傅奕本、景龙碑本等均作"谓",帛书甲乙本亦作"谓",据之以改。 ⑪正言:正面的话;合于正道的话。 ⑫反:指反话,即故意说的与本意相反的话。一说指与世俗的观念相反。

【解读】

本章集中论述了柔弱胜刚强的道理,主要包含这样三个方面的内容。一是以水为例,说明了水虽然是天下最柔弱的东西,但却是所有攻击坚强的东西中最厉害的，原因是"以其无以易之也"，即水的特性不会被外物改变。二是慨叹世人虽然明白柔弱胜刚强的道理，却不愿意去遵照实行。而这无疑与世俗之人崇尚刚强、以柔弱为耻有直接的关系。三是引用圣人之言来告诫统治者：要想巩固自己的统治，做合格的"社稷主""天下王"，便应当像水一样甘居卑下，柔弱不争，自愿承受一切屈辱和不祥。

关于本章文字，需要我们深入分析的，主要有这样三个方面：一是"以其无以易之"中"易"的含义；二是"天下莫不知"是否应作"天下莫能知"；三是"正言若反"中"反"的含义。

一、"以其无以易之也"中"易"的含义：改变，还是代替？

老子说"天下莫柔弱于水，而攻坚强者莫之能胜"，意即水是天下最柔弱的东西，但是用来攻击坚强的东西，却没有能胜过水的，其意思十分好懂。老子接下来解释说"以其无以易之也"，其中的"其"，指的是水，如王弼说："其，谓水也。"（见楼宇烈校释：《老子道德经注校释》，第187页）这里值得我们注意的是其中的"易"字的含义。

关于这里的"易"的含义，学者们有明显不同的两种理解，一种认为，这里的"易"，指改变的意思，"以其无以易之也"，指因为水的本性无法改变，如张松如说："因为它具有没法改变的本性呀。"（《老子说解》，第401页）一种认为，这里的"易"，是替代的意思，"以其无以易之也"，指的是没有别的东西可以替代水，如卢育三说："因为水不能用别的什么东西来代替它。"（《老子释义》，第275页）

笔者倾向于把这里的"易"字释为改变而不是代替，因为从"天下莫柔弱于水，而攻坚强者莫之能胜，以其无以易之也"一段文字来看，"天下莫柔弱于水，而攻坚强者莫之能胜"是客观状况，而"以其无以易之也"则是解释其中的原因。"天下莫柔弱于水，而攻坚强者莫之能胜"的文字表述看上去似乎比较复杂，甚至有些拗口，但简而言之，即是：水是天下最柔弱的，而攻击坚强却是最厉害的。接下来老子解释其中的原因说"以其无以易之也"，如果把它释为因为没有什么东西能代替它，则明显给人一种循环解释的感觉，因此，这里的"无以易之"，当用来解释为什么水最柔弱却是攻击坚强最厉害的东西的原因，而这个原因不应该是水无法被代替，而是水无法被改变：坚强的东西如金属、石头等之所以容易被水攻克，是因为它们容易被改变，铜、铁等被水浸泡后就会生锈销蚀，石头在水的不断冲击下就会改变形状甚至消失；而水则不然，它无色无味，处下不争，柔弱之至，即使受热蒸发为汽，最终仍会凝为雨水落下，这一切，充分说明水是无法被改变的。而正因为水能改变他物而自身不会被改变，老子才说"以其无以易之也"。

二、"天下莫不知"是否应作"天下莫能知"

老子说"柔之胜刚，弱之胜强，天下莫不知，莫能行"，意即对于柔弱胜刚强的道理，天下之人没有不知道的，但是却没有人能去实行。为什么天下之人会知而不行呢？对此，一些学者认为，那是因为天下之人多喜欢逞一时的刚强，而以守柔弱为耻，如范应元说："知而不行，为情欲使之，皆好刚强也。"（《老子道德经古本集注》，第132页）

值得注意的是，"天下莫不知"一句，景龙碑本作"天下莫能知"，对此，于省吾认为，在《老子》第七十章中，有"吾言甚易知，甚易行。天下莫能知，莫能行"的句子，故这里亦应作"天下莫能知"。（见《双剑誃〔yí〕诸子新证》，第246页）

然而，蒋锡昌认为，第七十章中所说的"天下莫能知"，是就圣人之道而言，而这里的"天下莫不知"，是就水之道而言；圣人之道"知难行难"，而水之道"知易行难"。因此，这里应作"天下莫不知"。（见《老子校诂》，第454页）

笔者认为，第七十章"吾言甚易知，甚易行"中的"吾言"，指的是老子以"道"为核心的一系列观念，包括自然、无为、柔弱、虚静等等；老子说"吾言甚易知，甚易行"，这是从得道者的视角而言的，因为对于老子或得道者来说，只要做到"致虚极，守静笃"，无思无欲，便可体悟到"道"的存在，明白与"道"相关的知识，这岂不是很容易的事情吗？而"天下莫能知，莫能行"，则是针对世俗之人而言的，因为世俗之人长期受世俗观念的影响，热衷于对功名利禄的追求，要他们放弃追求功名利禄，进入无思无欲的状态，这岂不是比登天还难吗？而这里的"天下莫不知"，是指天下之人都能根据水的特点而知道柔弱胜刚强的道理，而不是说天下之人都知道老子关于"道"的理论，因此，它与第七十章的"吾言甚易知"并不存在可比性，我们不能根据第七十章中有"天下莫能知"的话，就认为这里也应作"天下莫能知"。

三、"正言若反"中"反"的含义：反话，还是与世俗的观念相反？

老子说："是以圣人云：'受国之垢，是谓社稷主；受国不祥，是谓天下王。'"引用圣人的话来说明什么是"社稷主",什么是"天下王"。所谓"社稷主",指国家之主。因此,"受国之垢"等几句的意思为:能承受国家的屈辱,这才可称作一国的君主;能承受国家一切不吉利的事物,这才可称作天下之王。紧接着老子又说"正言若反",其中的"正言",学者们多认为指正面的话或合于正道的话,如苏辙说:"正言合道。"(《老子解》)董平说:"窃以为'正言'之意,苏辙得之,即是'合道'之言,也即是'道言'。"(《老子研读》,第274页)有的学者则进一步指出,这里的"正言",指的即是前面的圣人之言,如蒋锡昌说:"'正言'即指上文'受国之垢'四句而言。"(《老子校诂》,第457页)

笔者认为,这样的理解是有道理的,"正言若反"一句,正是老子对前面所引的圣人之言的评价,故这里的"正言",应该指前面所引的圣人之言。

然而,对于"正言若反"中"反"字的含义,学者们则有不同的理解,其中值得我们注意的,主要有这样两种。(1)认为这里的"反",指的是与世俗相反,如范应元说:"夫谦下柔弱,本是法道,而人以为垢污之行。……故正言似与俗反也。"(《老子道德经古本集注》,第132页)(2)认为这里的"反"指反言、反话,即故意说的与本意相反的话,如河上公说:"世人不知,以为反言。"(见王卡点校:《老子道德经河上公章句》,第298页)

笔者认为,在世俗的观念中,作为"社稷主""天下王",其最大的特点,无疑是拥有巨大的权力,能享受荣华富贵的生活,然而,圣人却说只有能承受国家的屈辱和不祥的人才能当"社稷主""天下王",这就说明,圣人的这段话(即"正言")与世俗观念是明显相反的,而不是"若反"即好像相反,因此,上述第一种观点把"反"释为与世俗相反,而把"正言若反"释为"正言似与俗反",在逻辑上是明显存在问题的。而把这里的"反"释为"反话",在逻辑上就比较顺畅:因为所谓反话,即故意说的与本意相反的话;圣人说只有能承受国家的屈辱、不祥的人才能当"社稷主""天下王",这在世俗之人看来,无疑属于反话,因为世俗之人认为"社稷主""天下王"是享受荣华富贵的人,而不是承受屈辱和不祥的人;然而圣人所说实为"正言",并非反话,故老子才说"正言若反",即正面的话就像反话一样。因此,上述第二种理解是比较合理的。

七十九章

和①大怨②,必有余怨,安③可以为善④?是以⑤圣人⑥执左契⑦,而不责⑧于人。故⑨有德司契⑩,无德司彻⑪。天道⑫无亲⑬,常与⑭善人。

【译文】

调和大的仇怨,必然会有余留的仇怨,这怎么可以称得上是妥善呢?所以圣人手中持有用来索偿的左契,却并不向对方索取偿还。因此有德的人只是掌握契据而已,无德的人则像掌管税收者收税一样向对方索偿。天道没有偏爱,常常帮助善人。

【注释】

①和:调和;使和解。 ②怨:仇怨;仇恨。 ③安:怎么。 ④善:好;妥善。 ⑤是以:因此;所以。 ⑥圣人:见第二章注⑭。 ⑦左契:古代契约分为左右两部分,左契即契约的左边部分,由债主收执;右契由负债人收执。债主要求还债时,须以左契与右契相合为凭。不过,也有学者认为左契由负债人收执。 ⑧责:索求;求取。 ⑨故:王弼本无"故"字,傅奕本、景龙碑本、范应元《老子道德经古本集注》等均有"故"字,帛书甲乙本亦有"故"字,据之以补。 ⑩司契:掌握契据。司:主管;掌管。 ⑪司彻:掌管税收。彻:周代的一种田税制度,按十分抽一的税率收税。 ⑫天道:自然的规律。天:自然。道:规律。 ⑬无亲:没有偏爱。 ⑭与:帮助;援助。

【解读】

本章主要论述了什么才是对待仇怨的最妥善的方法。首先,老子指出,当大的仇怨产生后,用调和的办法去解决它,必然会有余留的仇怨,因此这并不是妥善的做法。其次,老子提出了对待仇怨的最妥善的方法:"执左契,而不责于人""有德司契",虽然持有向对方索偿的凭据,却并不向对方索取,亦即虽有仇怨,但不采用以牙还牙的方法去报复。最后,老子用"天道无亲,常与善人"来强调有德之人采用"司契""执左契,而不责于人"的方法来对待仇怨,必会得到天道的帮助,从而获得好的结果。

对于本章文字,需要我们深入分析的主要有以下三个方面的内容:一是"和大怨"的最好办法是什么;二是"左契"的含义及"圣人执左契,而不责于人"的内涵;三是"司契"和"司彻"的含义。

一、"和大怨"的最好办法是什么

"和大怨,必有余怨"中的"和",指调和、和解的意思;"大怨",指大的仇怨或仇恨。因此,"和大怨",即调和大的仇怨的意思,如吴澄说:"大怨,其怨深至。……和其怨,使之解仇释憾"。(《道德真经注》)"必有余怨"中的"余怨",指余留的仇怨,如陈鼓应说:"必然还有余留的怨恨"。(《老子今注今译》,第343页)

那么,调和大的仇怨,为什么必然会有余留的仇怨呢?对此,学者们有各种不同的解释,其中值得我们注意的,主要有这样两种。(1)认为这里的"大怨",指的是民众对统治者的仇怨,民众既已仇恨统治者,统治者再设法来化解此仇恨,则必然会有余留的仇怨,如蒋锡昌说:"人君不能清静无为,而耀光行威,则民大怨生。待大怨已生而欲修善以和之,则怨终不灭。"(《老子校诂》,第457页)(2)认为"和大怨",只是使仇怨在表面上得到了化解,内心之怨并未彻底消除,所以说"必有余怨",如林希逸说:"人有大怨于我,而必欲与之和,虽无执怨之心,犹知怨之为怨,则此心亦未化矣。虽曰能与之和,此心未化,则余怨尚在。"(《道德真经口义》)

由上可知,虽然学者们对"和大怨""必有余怨"的原因有不同的理解,但对于"和大怨"必然会有"余怨"这一点,大家都是一致承认的。而正因为调和大的仇怨,必然会有余留的仇怨,故老子接着说:"安可以为善?"这怎么能称得上是妥善呢?那么什么才是老子认为的妥善的做法呢?对此,有不少学者认为,只有无心无为,物我为一,恩怨不起,才是真正的妥善,如李荣说:"物我齐一,则是非不起。……欲得为善,未若元不为怨。元不为怨,何须和顺,亦无忤逆。逆顺斯忘,仇怨自息。不知善之为善,始可名为至善也。"(《道德真经注》)

值得我们注意的是,关于"和大怨,必有余怨,安可以为善"一段文字,一些学者指出,第六十三章中的"报怨以德"一句,应移至此处,如陈柱《老子集训·新定老子章句》认为该段文字应作"报怨以德,和大怨,必有余怨,安可以为善",高亨、严灵峰、陈鼓应等则认为,"报怨以德"一句应移至"必有余怨"和"安可以为善"之间。

笔者认为,历史上有代表性的《老子》本子这里均无"报怨以德"一句,帛书甲本亦无该句(乙本残损),因此,认为应把"报怨以德"移至此处,完全是一种主观猜测。但是,这些学者把"报怨以德"与"和大怨,必有余怨"联系起来进行解释,则是很有启发意义的。因为首先,在《老子》一书中,与"和大怨,必有余怨"意思相关的,唯有第六十三章的"报怨以德"一句,因此,把它们联系在一起进行解释,当是顺理成章之事。其次,用"报怨以德"来解释"和大怨,必有余怨,安可以为善",则其确切含义可以得到较好的揭示。因为我们在第六十三章解释"报怨以德"的含义时已经说过,"报怨以德"指的是用自身修行所得来回报仇怨,故在本章中,老子认为,对待大怨,正确的方法,应该是增强自身的能力和实力,最终凭借压倒一切的实力使对方发自内心地忏悔其罪恶,并改恶从善。而"和大怨"即调和大的仇怨的做法,则需要结仇的双方坐下来讨价还价,各自让步、妥协,最终达成折中的协议,使双方表面上归于和好。因为这样的和好是以利益算计为基础的,并非真的从内心里化解了仇怨,因此,一旦外部条件发生变化,冤冤相报之事就随时都有可能发生,所以老子才会说这样的做法"安可以为善"。

二、"左契"的含义及"圣人执左契,而不责于人"的内涵

"是以圣人执左契,而不责于人"中的"责",是索取、求取的意思,因此,"不责于人",即不向别人索取。这里值得我们注意的是"左契"的含义及"圣人执左契,而不责于人"的确切内涵。

关于"左契"的含义,当代学者多认为指左右两份契约中左边的一份契约。因古代契约用木片或竹片制成,分为左右两片,故左边的一片称为左契,也叫左券,由债权人执持,右边的一片则由债务人执持。因此,"圣人执左券,而不责于人",指圣人明明可以凭借左券向债务人要回财物,却不向对方索要。据此,一些学者认为,圣人放弃对应得之财物的索求,这样当然就既不会有仇怨,也用不着去调和仇怨了,如蒋锡昌说:"'是以圣人执左契而不责于人',言圣人执人所交左契而不索其报也。如此,则怨且无由生,复何和之有乎。"(《老子校诂》,第458页)

然而,一些古代学者对"左契"的解释则与上述不同,他们认为

"左契"由有财物的人所持,右契由来取财物的人所持,因此,"圣人执左契",说明圣人只与不取,只要有人持右契前来,即予以财物,这样当然无仇怨可生,亦无仇怨需要调和了,如魏源说:"券契有二,我执其左,但有执右以来责取者,吾即以财物与之,而未尝有所责取于人。……是则真能体无我不争之德者矣,彼和怨者乌足以言之?"(《老子本义》,第154页)

笔者认为,"是以圣人执左契,而不责于人"的意思,应当指圣人明明执有可以向人索求的"左契",却不去向人索求。不过,这里需要指出的是,关于"圣人执左契,而不责于人"的确切内涵,学者们大多从圣人明明可以凭借左契索求却不去索求,说明圣人为而不争,有功不居,从而不生仇怨,故为对待仇怨最好之办法的角度加以理解。笔者认为,这样的理解当然是可以的,但是仍嫌不够深入和准确。在笔者看来,既然老子在这里讨论的是如何对待仇怨的问题,则对于"圣人执左契,而不责于人",亦当从此角度加以理解。"左契"的原意为索偿的凭证,老子在此其实是采取比喻的手法,意为有人对圣人欠下仇怨,则圣人随时可以采取报复行动,然而圣人却并没有去报复,就像明明掌握着左契,却并不去索偿一样。因此,这里所述的,其实就是"报怨以德"的思想,因为所谓"报怨以德",即以自身修行所得来回报仇怨,别人欠了圣人仇怨,圣人不去报复,只是专心做自己该做的事情,最终让对方幡然悔悟,改恶从善。而这正是对待仇怨最妥善的办法,故老子才会在"和大怨,必有余怨,安可以为善"后紧接着说"是以圣人执左契,而不责于人"。

三、"司契"和"司彻"的确切含义

对于"有德司契"中的"司契",当代学者多释为掌握契据或借据,因此,所谓"有德司契",指的是有德的人掌握契据的意思,如高亨说:"有德的人只掌握着契据"。(《老子注译》,第121页)一些学者还进一步认为,这里的"司契",即上文所说的"执左契而不责于人",如张松如说:"此言有德执左契而不以责于人"。(《老子说解》,第408页)

然而,对于"有德司契"的含义,古代学者的解释则可谓五花八门,如河上公释为有德之君督察契信:"有德之君,司察契信而已。"(见王卡点校:《老子道德经河上公章句》,第301页)李荣释"契"为"合",认为"有德司契"指有德之人注重的是与无为之道相合:"司,

主也。契，合也。……有德之所主，上合无为之道，混然冥一"。(《道德真经注》) 等等。

笔者认为，"故有德司契"一句，紧承"是以圣人执左契，而不责于人"而来，因此，其中的"契"字，当指相同的意思，而圣人即有德之人，因此，"故有德司契"，应是对上文的进一步说明，故把它释为所以有德的人只是掌握契据而已，是比较恰当的。

对于"无德司彻"的含义，学者们更是众解纷纭，其中值得我们注意的，主要有这样三种解释。(1) 认为"司彻"指伺察人之过失，如河上公说："无德之君，背其契信，司人所失。"(见王卡点校:《老子道德经河上公章句》，第301页)(2) 认为这里的"彻"指辙迹、形迹，"司彻"指司察辙迹的意思，如俞樾(yuè)说："古字'彻'与'辙'通。……无德之君，则皇皇然司察其辙迹也。"(《老子平议》)(3) 认为这里的"彻"指古代的一种分配方法，即彻法，令各家一起耕作并平均分配收入，因其用心计较，故称之为无德，如魏源说："盖德之未至，如彼主彻法者然，令八家合作，计亩均分，自以为至平，而不知多寡必较，锱铢不让，强以齐人之不齐，而适使之争耳。"(《老子本义》，第154页)

值得注意的是，当代学者大多把这里的"彻"释为周代的一种税法，而把"司彻"释为掌管税收，如蒋锡昌说："'彻'乃周之税法。……无德之君主以收税为事。"(《老子校诂》，第459页)

笔者认为，"彻"有治理、撤去等意思，又可指周代的一种田税制度，即按十分抽一的税率收税，等等。那么在此应指何种意思呢？根据前面对"有德司契"的介绍可知，"有德司契"指有德的人只是掌握契据而不向对方索偿，则"无德司彻"与"有德司契"当为相反的含义，因此，它应该指无德之人凭借契约向对方索偿的意思，故把这里的"彻"释为税收，而把"司彻"释为掌管税收，是比较恰当的。但是，需要注意的是，这里的"有德""无德"的"德"，并非泛泛指道德的意思，而是"报怨以德"中的"德"，它指的是人通过"为无为，事无事，味无味"之修行而获得的能力或达到的境界，"有德"者即有此种能力或达到此种境界的人，这样的人，在对待仇怨时只是"司契"而已，即只是"执左契，而不责于人"，他不会向对方索偿，只是凭借自己的实力而让对方发自内心地忏悔并改恶从善。而"无德"之人即没有此种能力或没有达到此种境界的人，故他才会直接向对方索偿，即采取以牙还牙的报复方式，所以老子称之为"司彻"，即像掌管税收者收税一样向对方索要。

八十章

小国寡民①。使有什伯之器②而不用,使民重死③而不远徙④。虽有舟舆⑤,无所⑥乘之;虽有甲兵⑦,无所陈⑧之。使民⑨复⑩结绳⑪而用之。甘其食,美其服,安其居,乐其俗⑫。邻国相望⑬,鸡犬之声相闻,民至老死⑭,不相往来。

【译文】

很小的国家,很少的人民。使人民有各种各样的器具而不使用,使人民重视死亡而不向远方迁移。虽然有船和车辆,却不去乘坐;虽然有武器装备,却不去陈列。使人民恢复用结绳来记事。让人民觉得自己的饮食香甜,觉得自己的服饰美丽,觉得自己的居所安适,觉得自己的习俗令人快乐。邻国之间能互相看见,鸡鸣狗叫的声音彼此都能听到,人民从出生到年老而死,互相之间都不往来。

【注释】

①小国寡民:很小的国家,很少的人民。一说指国家要小,人民要少。　②什伯之器:指各种各样的器具。一说指兵器;一说指能提高十倍、百倍效率的器械(什:十倍。伯:同"佰",指百倍)。一说应作"什伯人之器"。　③重死:重视死亡,爱惜生命。　④远徙:迁移到远处。徙:迁移;移居。　⑤舆:车。　⑥无所:表示否定不必明言或不可明言的人或事物。一说指没有地方。　⑦甲兵:铠甲和兵械。泛指兵器。　⑧陈:陈列。一说通"阵",指摆列阵势。　⑨民:王弼本作"人",河上公本、傅奕本、景龙碑本作"民",帛书乙本亦作"民"(甲本残损),据之以改。　⑩复:恢复。也可指返回或再、又的意思。　⑪结绳:在绳子上打结以记事。　⑫甘其食,美其服,安其居,乐其俗:觉得自己的饮食香甜,觉得自己的服饰美丽,觉得自己的居所安适,觉得自己的习俗令人快乐。这里的"甘""美""安""乐"均为形容词作动词用。　⑬相望:互相看见。　⑭老死:年老而死。

【解读】

本章集中描绘了老子心目中的理想社会的状况,这一理想社会主要有这样四个方面的特点:一是"小国寡民",即国家很小,国中的人民很少;二是对于一切技术发明和文化创造如"什伯之器""舟舆""文字"等皆摒弃不用;三是国中之民安土重迁,且不与他国之人来往,即"民重死而不远徙""民至老死,不相往来";四是民众安居乐业,生活幸福,即"甘其食,美其服,安其居,乐其俗"。

关于本章文字,需要我们深入分析的主要有以下四个方面的内容:一是"小国寡民"和"什伯之器"的含义;二是老子为什么会提倡结绳记事;三是对"甘其食,美其服,安其居,乐其俗"的两种不同理解;四是老子"小国寡民"理想的思想实质。

一、"小国寡民"和"什伯之器"的含义

老子说"小国寡民。使有什伯之器而不用",对于其中的"小国寡民"的含义,学者们主要有这样三种理解。(1)认为指很小的国家,很少的人民,如张松如说:"小小的国家,少少的人民"。(《老子说解》,第411页)(2)认为指使国家小,使人民少,这里的"小""寡"均是形容词作动词用,如卢育三说:"小,形容词作使动用,使国家小。寡,形容词作使动用,使人民少。"(《老子释义》,第278页)(3)认为指以大国为小、以众多的人民为少的意思,如河上公说:"圣人虽治大国,犹以为小,俭约不奢泰;民虽众,犹若寡少,不敢劳之也。"(见王卡点校:《老子道德经河上公章句》,第303页)

笔者认为,在上述三种理解中,第三种理解明显系增字作解,并不可取。第一、二两种理解的意思差不多,但第二种理解中使它小、使它少的说法亦增添了解释者主观的成分,不如第一种理解更自然、更直接,因此笔者倾向于作第一种理解。

对于"什伯之器"的含义,学者们则更是众解纷纭,其中有代表性的,主要有这样四种。(1)认为"什伯之器"指兵器或军事器械,如俞樾(yuè)说:"什伯之器,乃兵器也。"(《老子平议》)(2)认为"什伯之器"即什器、什物,亦即各种各样的工具器物,如张松如说:"什佰即十百,即众多,亦即各式各样云云。"(《老子说解》,第412页)(3)认为"什伯之器"指具有能担任什伍伯长或什夫、伯夫之长的才器的人,如苏辙说:"什伯之器,则财堪什夫伯夫之长者也。"(《老子解》)(4)认为"什伯之器"指功效十倍、百倍于人的器具或效力很高

的工具,如张默生说:"什伯,即十倍百倍。……使民有十倍百倍于人的器具而不用"。(《老子章句新释》,第 104 页)

笔者认为,从古代典籍的用例来看,"什伯"主要有两个义项:一是指古代的兵制,十人为什,百人为伯,亦泛指军队的基层单位;二是指十倍、百倍。因此,"什伯之器"既可释为兵器,亦可释为功效十倍、百倍于人的器具。但是,若把"什伯之器"释为兵器,则下文又有"虽有甲兵,无所陈之"之句,两者明显重复,故并不妥当。那么,把"什伯之器"释为功效十倍、百倍于人的器具,是否就很恰当呢?对此,笔者亦认为值得商榷。因为所谓"器",指的是用具、器具。而从《老子》一书中对待器的态度来看,如利器、甲兵、舟舆、新奇诱人的器物、能导致人运用智巧的器物等等,都是老子所反对的,而上述种种器物,以功效十倍、百倍于人来概括,无疑是既不全面,也不准确的。因此,把它们概括为各种各样的器具,表示过于繁多,无疑要更为确切。

值得注意的是,"什伯之器"四字,一些《老子》本子有不同的表述,如河上公本、顾欢《老子道德经注》等作"什伯人之器"或"什百人之器";帛书甲本作"十百人之器",乙本作"十百人器",两种本子均有"人"字。故一些学者认为,"什伯之器"应作"十百人之器"或"什伯人之器",如高明说:"今据帛书甲、乙本勘校,'什伯'之下确有'人'字,当作'十百人之器'。"(《帛书老子校注》,第 152 页)

对于"什伯人之器"或"十百人之器"的含义,一些学者认为,它指的是十倍或百倍于人力的器械,如高亨说:"'十百人之器',指一人用之等于十人百人的功效的器械,即功效十倍百倍的器械,如用弓箭打猎或战争便是。"(《老子注译》,第 122 页)

对此,笔者认为,这里仍当以作"什伯之器"为妥,理由如下。一是历史上有代表性的《老子》本子如王弼本、傅奕本、景龙碑本等多作"什伯之器",作"什伯人之器"的仅为河上公本、顾欢《老子道德经注》等数量较少的本子。二是从古代较少的作"什伯人之器"的本子来看,它们对"使有什伯人之器而不用"的理解十分相似,即均是从"什伯"或"什百"断句,并把"什伯"或"什百"释为"部曲""保伍"的意思,而把"人之器"释为农人之器或人所用之器具,如河上公说:"使民各有部曲什伯,贵贱不相犯也。器谓农人之器。而不用〔者〕,不征召夺民良时也。"(见王卡点校:《老子道德经河上公章句》,第 303 页)这样的解释无疑是十分别扭的,因此,这就从一个侧面说明,"什伯人之器"的说法,极易引起歧义,故并不是一种恰当的表述。三是如前面所说,"什伯之器",意为各种各样的器具,其意思本就十分顺畅,而反对使用种类繁多的器具,亦符合老子的思想宗旨,因此没有必要把"什伯之器"改为"什伯人之器"。

二、老子为什么反对使用文字,而提倡结绳记事?

"虽有舟舆,无所乘之;虽有甲兵,无所陈之。使民复结绳而用之"一段文字,是对"小国寡民"的理想社会状况的进一步说明。"虽有舟舆,无所乘之",意即虽然有船和车辆,却不去乘坐。"虽有甲兵,无所陈之",意即虽有武器装备,却不去陈列。

"使民复结绳而用之"中的"结绳",指上古时期一种用来记事的方式,因上古时期无文字,故只好用给绳子打结来记事情,如用绳结的数量来表示事物的多少,用绳结的大小来表示事情的性质,等等。因此,所谓"使民复结绳而用之",意即使人民恢复用结绳来记事。

然而,文字的发明,是人类文明的一大进步,那么老子为什么要否定文字,而提倡原始落后的结绳记事呢?对此,一些学者认为,文字的发明,使诈伪萌生且滋盛,老子希望人们能还淳返璞,故主张不要文字,而用结绳来记事,如唐玄宗说:"结绳之代,人人淳朴,文字既兴,是生诈伪,今将使人忘情去欲,归于淳古,故云使人复结绳而用之。"(《唐玄宗御制道德真经疏》)

那么,文字的发明和使用,究竟是好事还是坏事呢?这就与人们认识事物的视角有关。若从世俗的价值观来看,文字的发明,使人们能更好地认识事物,使文化能更好地传承,使文明能更好地交流,这当然是大大的好事,否则,如果没有文字,仅凭结绳记事,则连《老子》五千言都不可能有,又何来老子道家、诸子百家呢?然而,文字的发明,确实也带来了种种弊病:那些掩盖事实真相、歪曲历史的文字记载,欺骗了多少后人?那些传播虚假信息、提倡错误观念的文字材料,又误导了多少子弟?因此,说"文字既兴,是生诈伪",亦有其一定的道理。而如果从老子思想的视角来看,因为老子把"道"作为终极追求目标,且在老子看来,只有无思无欲,才能得道,故老子必然会反对容易引起人之思虑与欲望的文字。所以,反对文字,提倡原始简朴的结绳记事,是老子思想中的应有之义。

三、对"甘其食,美其服,安其居,乐其俗"的两种不同理解

对于"甘其食"的含义,学者们主要有两种理解。一种认为,"甘其食"即饮食甜美或有甜美的饮食,如林语堂说:"有甜美的饮食"。

(《老子的智慧》,第263页)一种认为,这里"甘其食"的"甘",是以为甘美的意思,"甘其食"即人民认为自己的饮食甘美,如吴澄说:"以所食之食为甘"。(《道德真经注》)

笔者认为,这里当以第二种理解为妥,因为如前所述,在小国寡民的社会里,人们不用一切先进的器具,不要文字,一切都回归简朴自然的状态,则其饮食未必真的丰盛甘美,只是因为人们的欲望很少,故粗食淡饭亦觉得甘美。据此,则下文的"美其服,安其居,乐其俗"亦当作此种理解,故"美其服",即人民认为自己的衣服很美;"安其居",即人民认为自己的居所很安适;"乐其俗",即人民认为自己的习俗很让人快乐。如卢育三说:"甘、美、安、乐,均为形容词作使动用。这几句似乎不应解释为:吃得很香甜,穿得很漂亮,住得很舒适,过得很习惯。而应理解为:自以其食为甘,自以其服为美,自以其居为安,自以其俗为乐。"(《老子释义》,第281页)

蒋锡昌则进一步认为,"甘其食,美其服,安其居,乐其俗"四句,是老子治国的最后目的,并认为"时无论古今,地无论东西,凡属贤明之君主,有名之政治家,其日夜所劳心焦思而欲求之者,孰不为此四者乎"(《老子校诂》,第465页)。笔者认为,对于普通百姓来说,如果能对自己的衣、食、住、行等各个方面都感到满意,则其便是幸福的;作为统治者,如果能使民众感到幸福,便是极大的成功。但是,必须指出的是,人的欲望是无穷的,人的追求是无止境的,要真正使民众"甘其食,美其服,安其居,乐其俗"并非易事,它只有与老子所说的"不见可欲,使民心不乱……常使民无知无欲"(三章)、"非以明民,将以愚之"(六十五章)等配合起来,才有可能真正实现。

四、"小国寡民"的思想实质

以上对老子"小国寡民"的思想作了较为详细的介绍,从中可见,老子的观点是十分明确的,概括而言,便是放弃一切技术上和文化上的"进步",让人们生活在原始而又淳朴的、没有争斗的、人人安居乐业的、国小民少的社会之中。

对于老子的这一思想,学者们有诸多不同的评价,其中具有代表性的,主要有这样三种。(1)认为这是一种复古、倒退的思想,如高亨说:"这一章是老子的政治论,描写他想象中的社会。……这种想象当然是复古倒退的。"(《老子注译》,第123页)(2)认为老子"小国寡民"的思想是十分深刻的,值得我们重视,如刘笑敢说:"老子看到

▲老子的"小国寡民"思想主要有四个特点：一是国家很小，国中人民很少；二是摒弃技术发明和文化创造；三是国中之民安土重迁，不与他国之人来往；四是民众安居乐业，生活幸福。对于老子提出的这一理想社会，学者们有各种不同的态度，或认为其宣扬复古倒退，或认为其勾画了理想社会之蓝图。然而，从历代中国人居于主流的态度来看，对之加以褒扬者还是占多数。如晋代陶渊明作《桃花源记》，其中说："土地平旷，屋舍俨然，有良田、美池、桑竹之属。阡陌交通，鸡犬相闻。……黄发垂髫（tiáo），并怡然自乐。"仿佛对老子"小国寡民"思想的进一步具象化描述。而历史上又有众多的画家根据《桃花源记》创作了数量极多的"桃花源图"，且笔下的桃花源均为风景优美，屋舍整齐，人物态度怡然从容，足见桃花源是这些画家心目中理想的乐土。此为清代袁耀绘制的《桃源图》。

了文明发展过程中出现的新情况和新问题，……老子是中国历史上第一个尖锐地提出这一问题的思想家，我们不应轻率地诬之为反对科技进步或开倒车。"（《老子古今》，第783-784页）(3) 作折中之论，认为"小国寡民"的思想虽有其片面、落后的一面，但其对社会现实的批判是很有价值的，如任继愈说："对老子这些话不能看死了。老子美化上古有他的片面性，同时应当看到他批判当时社会的坏风气和种种弊端，还是有积极意义的。"（《老子绎读》，第175页）

那么，应该如何正确看待上述各种不同的评价呢？对此，笔者认为，对于老子"小国寡民"思想的实质，我们最好从老子思想本身的逻辑来进行认识。在老子看来，"道"是万物的创生者，人类亦是由"道"创造的，因此，人类最高的亦是终极的追求，应该是与"道"合一。而要与"道"合一，便须做到无思无欲；无思无欲，看上去似乎十分简单，然而要真正做到却是极为不易的。因为人类要生存，便必须去创造，去满足自己对衣食住行的需求，但这样一来，人们便很容易把对外物的追求作为自己的头等大事；而社会上居于主导地位的种种规则、教化则进一步强化了人们的这种认识。这样长此以往，人们便会离大道越来越远，不少人也会变得越来越自私，而社会上的种种争斗甚至战争亦就不可避免。老子正是看到了这一点，故提倡以"道"为核心的学说，希望人类能"迷途知返"。然而，老子也深知人类执迷已久，仅凭对"道"的口头宣讲，就想让人类幡然悔悟，是不现实的，那该怎么办呢？唯一的办法，便是建立某种机制，让他们自然地去信"道"，而这种机制，便是"小国寡民"。因为在"小国寡民"的社会里，人们不用"什伯之器"，不用"舟舆"，便会心思单纯；不使用"甲兵"，便会太平无事；不使用文字，便能最大程度地排除各种思想学说的干扰；不远徙，老死不相往来，便可避免种种人为的纠纷。而生活在这种环境中的人，自然也就很容易"甘其食，美其服，安其居，乐其俗"，生活得无忧无虑，无思无欲，这样不就很自然地就能达到与"道"相合的境界了吗？然而，老子所处的时代，正是大国争霸、小国不断被兼并之时，老子"小国寡民"的设想，可谓典型的"背道而驰"、逆历史潮流而动，如何才能变成现实呢？对此，老子把它寄托到了圣人身上。然而，圣人在哪里？真的有这样的圣人吗？这不光是老子道家面临的问题，亦是儒家、法家等中国古代思想家共同面临的问题。

八十一章

信言①不美②，美言不信。善者不辩③，辩者不善。知者④不博⑤，博者不知。圣人⑥不积⑦，既⑧以为人⑨己愈有，既以与人己愈多。天之道⑩，利而不害；圣人之道⑪，为⑫而不争。

【译文】

真实的话不浮华，浮华的话不真实。善良的人不会花言巧语，花言巧语的人不善良。真正知道的人不会博杂不精，博杂不精的人并不真正知道。圣人不积聚，他把自己的一切都用来帮助别人，自己反而更富有；都用来给予别人，自己反而更充足。自然的规律，是对万物有利而无害；圣人的行为准则，是有作为而不争夺。

【注释】

①信言：真实的话。 ②美：这里指浮华，即讲究表面上的华丽，不顾实际。 ③辩：巧辩；花言巧语。 ④知者：指真正知道的人。一说指知道"道"的人。 ⑤博：指博杂不精。一说指广博；一说指见闻多。 ⑥圣人：见第二章注⑭。 ⑦积：指积聚。一说指保留。 ⑧既：全；都。 ⑨为人：指帮助别人。一说指施予别人。 ⑩天之道：指自然的规律。 ⑪圣人之道：指圣人的行为准则。一说应作"人之道"。 ⑫为：作为。

【解读】

作为通行本《老子》的最后一章，本章主要包含这样两个方面的内容：一是提出了"信言"与"美言"、"善者"与"辩者"、"知者"与"博者"的关系，从而劝诫人们为人处世、追求真知时，一定要防止浮华、花言巧语和博杂不精；二是指出了圣人的行为准则是不积聚财物，有能力、德行也不会保留不用，而是全部拿出来帮助别人、给予别人，而且也不会与别人争功。而圣人之所以这么做，是因为"天之道，利而不害"，圣人的行为，则只是对天道的仿效。

然而,对于本章文字的含义及文字表述,学者们存在不少的争论,对此,笔者拟从以下三个方面展开论述:一是"信言不美,美言不信。善者不辩,辩者不善"中"美"与"辩"的含义;二是对"知者不博,博者不知"的三种理解;三是"圣人之道"是否应改为"人之道"。

一、"信言不美,美言不信。善者不辩,辩者不善"中"美"与"辩"的含义

"信言不美"中的"信",是真实、诚实的意思,故"信言"即真实的话,如林希逸说:"真实之言"。(《道德真经口义》)"不美",学者们多释为不华美、不华丽、不漂亮。因此,"信言不美",即真实的话不华美。那么,为什么真实的话不华美呢?对此,一些学者认为,真实的话重视的是事物的实质,故其言质朴而"不美",如范应元说:"信实之言多朴直,故不美。"(《老子道德经古本集注》,第135页)

对于"美言不信"中的"美言",当代学者多释为华美的言词、漂亮的话之类,如张松如说:"漂亮的话不真诚。"(《老子说解》,第418页)

笔者认为,关于"信言不美,美言不信"两句,要把握其确切含义,关键是要对其中"美"字的含义有准确的把握。若把这里的"美"只是泛泛地理解为华美、华丽、漂亮,则"信言不美,美言不信"的说法是不够确切的,因为真实的话也可以说得很华美、很漂亮,有些很华美、很漂亮的话也不一定就是不真实的,因此,笔者认为,这里的"美"字,当有特殊的含义,它应当指浮华或过度饰美的意思,因此,所谓"信言不美,美言不信",当指真实的话不浮华,浮华的话不真实。

对于"善者不辩"中的"善者",学者们通常释为"善良的人"或"行善的人"。不过,也有学者认为这里的"善者"指善于体道或行道的人,如河上公说:"善者,以道修身也"。(见王卡点校:《老子道德经河上公章句》,第307页)对于这里的"辩"字,有较多的学者把它释为明显含有贬义的"巧言""巧辩"之类,如陈鼓应说:"行为良善的人不巧辩。"(《老子今注今译》,第349页)

笔者认为,把这里的"辩"释为巧言、巧辩、花言巧语等,与把上文"信言不美"中的"美"释为浮华相一致,是比较恰当的。因此,所谓"善者不辩,辩者不善",即善良的人不会花言巧语,花言巧语的人不善良。而这样的说法亦是符合客观事实的,因为一个说话虚伪的人不

可能是一个善良的人，而一个善良的人也肯定不会用虚伪的话去骗别人。

二、对"知者不博，博者不知"的三种理解

对于"知者不博，博者不知"的含义，学者们在理解上分歧则比较多，其中有代表性的，主要有这样三种理解。（1）认为"知者"指知道"道"的人；"博"，指的是见闻多，对现象界知道得多。老子说"为道日损"，所以知道"道"的人必不追求见闻广博；"博者不知"，则指耽滞于追求现象界之知识的人，便不会知道"道"。如成玄英说："知道之人忘言绝学，所以不博。博学之士耽滞名教，所以不知。"（《老子道德经开题序诀义疏》）（2）认为"知者"指真正知道的人、有真知识的人，"博"，指知识广博。因此，"知者不博，博者不知"指真正知道的人知识不一定广博，知识广博的人不一定真正知道，如吴澄说："实有知者学不务博，务博以广者非实知其理也。"（《道德真经注》）（3）认为"知者"指真正懂的人，"博"指卖弄博学，显示自己懂得多，如张松如说："实懂的人不卖弄，卖弄的人不实懂。"（《老子说解》，第418页）

笔者认为，在上述三种理解中，第三种理解释"博"为"卖弄"，应该说，其解释方向是合理的，但把"博"直接释为"卖弄"，在意思上显得跳跃太大。第二种理解把这里的"博"释为广博，但广博是褒义词，与前面把"信言不美"中的"美"释为浮华、"善者不辩"中的"辩"释为花言巧语显得不相一致。第一种理解把"知者"释为知道"道"的人，把"博"释为见闻多，这样来解释"知者不博，博者不知"的含义，当然也是很通顺的，但问题是把"知者"局限于知道"道"的人，这样的理解是否符合老子本意，这是值得商榷的。因此，若从知识的专精与博杂的角度去理解这两句话的含义，似要更稳妥一些。如此，则"知者不博"，当指有真知识的人不会博杂不精；"博者不知"，当指博杂不精的人并不真正知道。

三、"圣人之道"是否应改为"人之道"

在本章的最后，老子说"天之道，利而不害；圣人之道，为而不争"，把"天之道"与"圣人之道"对举，揭示了圣人之"为而不争"实即对"利而不害"之天道的效法。其中的"利而不害"，意即有利于物而不害物，如林语堂说："天道无私，对于万物有利而无害。"（《老子的智慧》，第265页）一些学者则进一步指出，"天之道，利而不害"，实际上是指"天之道"虽客观上有利于万物，但不言利，因为一言利，则害亦在其中,唯"天之道"无所利、不言利,故"利而不害"即只有利而没有害,如林希逸说:"天之道虽有美利,而不言所利,则但见有利而无害。才有利之名,则害亦见矣。"(《道德真经口义》)

笔者认为,这样的强调是很有道理的,客观上做着对对方有利的事情,却并无自己正在做对对方有利之事的心,才是真正的"利而不害"。

"为而不争",即有作为而不争夺或不争功。因此,所谓"圣人之道,为而不争",意即圣人的行为准则,是有作为而不争夺。

值得注意的是,"圣人之道,为而不争"两句,帛书乙本作"人之道,为而弗争"(甲本残毁),无前面的"圣"字。对此,一些学者认为,这里的文字应以帛书乙本为据,作"人之道,为而不争",如汤漳平等说:"人之道:这里指人类社会符合天道的行事原则,是理想中应有的原则,与七十七章所说的,与'天之道'相对立的'人之道'不同。此句传世本作'圣人之道',从行文上看,不如帛书本作'人之道',与上文'天之道'对称,但从思想内涵上看则二者并无不同。"(**汤漳平、王朝华译注**:《老子》,第302页)一些当代学者的《老子》注译著作如张松如《老子说解》、陈鼓应《老子今注今译》、沙少海等的《老子全译》等亦均把"圣人之道"改成了"人之道"。

笔者认为,这里当以作"圣人之道,为而不争"为妥,理由如下。

一是历史上有代表性的《老子》本子如河上公本、王弼本、傅奕本、景龙碑本等均作"圣人之道,为而不争",作"人之道,为而不争"的只是极个别的本子。

二是在第七十七章中,老子说"天之道,损有余而补不足。人之道则不然,损不足以奉有余",说明在老子看来,"人之道"与"天之道"正好相反,因此,"人之道"当指世俗之人的行为规则。按照概念逻辑一贯的原则,既然第七十七章中的"人之道"指世俗之人的行为规则,则本章若作"人之道,为而不争",亦当指世俗之人的行为规则是有作为而不与人争。而按照老子的思想逻辑,有作为而不与人争是圣人的行为准则,而非世俗之人的行为准则,故这里应当作"圣人之道,为而不争"。汤漳平等学者强调,本章作"人之道",与七十七章中的"人之道"不同,本章的"人之道",实即"圣人之道",既然如此,则直接据通行本作"圣人之道"就可以了,没有必要据帛书乙本作"人之道",然后又强调其指的实际上是"圣人之道",从而人为地使问题复杂化。

附录一：本书引用的文献

B

毕沅：《老子道德经考异》。

C

《册府元龟》。

陈鼓应：《老子今注今译》，商务印书馆2003年。

陈柱：《老子集训》。

成玄英：《老子道德经开题序诀义疏》。

D

《大明太祖高皇帝御注道德真经》。

董平：《老子研读》，中华书局2015年。

董思靖：《道德真经集解》。

杜道坚：《道德玄经原旨》。

E

《二程集》，中华书局2004年。

F

范应元：《老子道德经古本集注》，华东师范大学出版社2010年。

傅佩荣：《傅佩荣译解老子》，东方出版社2012年。

傅奕：《道德经古本篇》。

G

高亨：《老子正诂》。

高亨：《老子注译》，清华大学出版社2010年。

高明：《帛书老子校注》，中华书局1996年。

高延第：《老子证义》。

顾欢：《老子道德经注》。

H

憨山：《老子道德经解》，崇文书局有限公司2015年。

《韩非子》。

胡适：《中国哲学史大纲》，商务印书馆2011年。

J

蒋锡昌：《老子校诂》，成都古籍书店1988年。

焦竑：《老子翼》，华东师范大学出版社2011年。

L

劳健：《老子古本考》。

李道纯：《道德会元》。

李嘉谋：《道德真经义解》。

李荣:《道德真经注》。

林希逸:《道德真经口义》。

林语堂:《老子的智慧》,湖南文艺出版社2016年。

《列子》。

刘师培:《老子斠补》。

刘笑敢:《老子古今》,中国社会科学出版社2006年。

刘昭瑞:《〈老子想尔注〉导读与译注》,江西人民出版社2012年。

楼宇烈校释:《老子道德经注校释》,中华书局2008年。

卢文弨:《抱经堂文集》,中华书局1990年。

卢育三:《老子释义》,天津古籍出版社1987年。

陆希声:《道德真经传》。

吕惠卿:《老子吕惠卿注》,华东师范大学出版社2015年。

《论语》。

M

马其昶:《老子故》,见《老子注三种》,黄山书社2014年。

《马王堆汉墓帛书老子》,文物出版社1976年。

马叙伦:《老子校诂》,浙江古籍出版社2020年。

牟钟鉴:《老子新说》,金城出版社2009年。

Q

裘锡圭:《老子今研》,中西书局2021年。

R

任继愈:《老子新译》,上海古籍出版社1985年。

任继愈:《老子绎读》,国家图书馆出版社2015年。

容肇祖辑:《王安石老子注辑本》,中华书局1979年。

S

沙少海、徐子宏:《老子全译》,贵州人民出版社1989年。

司马光:《道德真经论》。

《宋徽宗御解道德真经》。

苏辙:《老子解》。

孙诒让:《札迻》,中华书局1989年。

T

汤漳平、王朝华译注:《老子》,中华书局2014年。

《唐玄宗御制道德真经疏》。

《唐玄宗御注道德真经》。

W

王道:《老子亿》。

王淮:《老子探义》,台湾商务印书馆1969年。

王卡点校:《老子道德经河上公章句》,中华书局1993年。

王念孙:《读书杂志》,上海古籍出版社2015年。

《王阳明全集》,上海古籍出版社1992年。

王真:《道德经论兵要义述》。

魏源:《老子本义》,华东师范大学出版社2010年。

吴澄:《道德真经注》。

X

奚侗:《老子集解》,见《老子注三种》,黄山书社2014年。

徐大椿:《道德经注》。

许抗生:《帛书老子注译与研究》,浙江人民出版社1982年。

Y

严复:《老子道德经评点》。

姚鼐:《老子章义》,见《老子注三种》,黄山书社2014年。

易顺鼎:《读老札记》。

于省吾:《双剑誃诸子新证》,中华书局1962年。

俞樾:《老子平议》。

Z

张默生:《老子章句新释》,成都古籍书店1988年。

张松如:《老子说解》,齐鲁书社1998年。

朱谦之:《老子校释》,中华书局2017年。

附录二：
《老子》名言索引

B

报怨以德。　六十三章

兵者不祥之器,非君子之器,不得已而用之,恬淡为上。　三十一章

不出户,知天下;不窥牖,见天道。其出弥远,其知弥少。　四十七章

不尚贤,使民不争;不贵难得之货,使民不为盗;不见可欲,使民心不乱。　三章

不言之教,无为之益,天下希及之。　四十三章

不自见,故明;不自是,故彰;不自伐,故有功;不自矜,故长。　二十二章

C

朝甚除,田甚芜,仓甚虚;服文采,带利剑,厌饮食,财货有余,是谓盗夸。　五十三章

持而盈之,不如其已。揣而锐之,不可长保。金玉满堂,莫之能守。富贵而骄,自遗其咎。　九章

宠辱若惊,贵大患若身。　十三章

出生入死。　五十章

慈,故能勇;俭,故能广;不敢为天下先,故能成器长。　六十七章

挫其锐,解其纷,和其光,同其尘。　四章

D

大成若缺,其用不弊。大盈若冲,其用不穷。大直若屈,大巧若拙,大辩若讷。　四十五章

大道泛兮,其可左右。　三十四章

大道废,有仁义;智慧出,有大伪;六亲不和,有孝慈;国家昏乱,有忠臣。　十八章

大道甚夷,而民好径。　五十三章

大国者下流,天下之交;天下之牝,牝常以静胜牡,以其静,故为下也。　六十一章

道常无名、朴,虽小,天下莫能臣。侯王若能守之,万物将自宾。　三十二章

道常无为而无不为。侯王若能守之,万物将自化。化而欲作,吾将镇之以无名之朴。　三十七章

道冲,而用之或不盈。渊兮,似万物之宗。　四章

道可道,非常道;名可名,非常名。　一章

道生一,一生二,二生三,三生万物。　四十二章

道生之,德畜之,物形之,势成之。是以万物

莫不尊道而贵德。　五十一章

道者,万物之奥。　六十二章

道之出口,淡乎其无味,视之不足见,听之不足闻,用之不可既。　三十五章

道之为物,惟恍惟惚。惚兮恍兮,其中有象;恍兮惚兮,其中有物。窈兮冥兮,其中有精;其精甚真,其中有信。　二十一章

多言数穷,不如守中。　五章

F

反者道之动,弱者道之用。　四十章

夫代大匠斫者,希有不伤其手矣。　七十四章

夫佳兵者,不祥之器,物或恶之,故有道者不处。　三十一章

夫轻诺必寡信,多易必多难。　六十三章

夫唯不争,故天下莫能与之争。　二十二章

夫唯不争,故无尤。　八章

夫唯无以生为者,是贤于贵生。　七十五章

G

盖闻善摄生者,陆行不遇兕虎,入军不被甲兵。　五十章

功成事遂,百姓皆谓我自然。　十七章

功遂身退,天之道。　九章

古之善为道者,非以明民,将以愚之。　六十五章

古之善为士者,微妙玄通,深不可识。　十五章

谷神不死,是谓玄牝。玄牝之门,是谓天地根。　六章

故道大,天大,地大,王亦大。域中有四大,而王居其一焉。　二十五章

故贵以贱为本,高以下为基。　三十九章

故坚强者死之徒,柔弱者生之徒。　七十六章

故抗兵相若,哀者胜矣。　六十九章

故立天子,置三公,虽有拱璧以先驷马,不如坐进此道。　六十二章

故失道而后德,失德而后仁,失仁而后义,失义而后礼。夫礼者,忠信之薄,而乱之首。　三十八章

故以智治国,国之贼;不以智治国,国之福。　六十五章

故有之以为利,无之以为用。　十一章

故知足不辱,知止不殆,可以长久。　四十四章

故知足之足,常足矣。　四十六章

H

含德之厚,比于赤子。　五十五章

合抱之木,生于毫末;九层之台,起于累土;千里之行,始于足下。　六十四章

祸莫大于轻敌,轻敌几丧吾宝。　六十九章

祸兮,福之所倚;福兮,祸之所伏。　五十八章

J

见小曰明,守柔曰强。　五十二章

江海所以能为百谷王者,以其善下之,故能为百谷王。　六十六章

将欲取天下而为之,吾见其不得已。天下神器,不可为也。为者败之,执者失之。　二十九章

将欲歙之,必固张之;将欲弱之,必固强之;将欲废之,必固兴之;将欲夺之,必固与之。是谓微明。　三十六章

居善地,心善渊,与善仁,言善信,正善治,事善能,动善时。　八章

绝圣弃智,民利百倍;绝仁弃义,民复孝慈;绝巧弃利,盗贼无有。　十九章

绝学无忧。　二十章

K

孔德之容,惟道是从。　二十一章

M

美言可以市,尊行可以加人。　六十二章

民不畏死,奈何以死惧之?　七十四章

民不畏威,则大威至。　七十二章

民之从事,常于几成而败之。慎终如始,则无败事。　六十四章

民之难治,以其上之有为,是以难治。　七十五章

明道若昧,进道若退,夷道若颣,上德若谷,大白若辱,广德若不足,建德若偷,质真若渝,大方无隅,大器晚成,大音希声,大象无形,道隐无名。　四十一章

P

飘风不终朝,骤雨不终日。孰为此者?天地。天地尚不能久,而况于人乎?　二十三章

朴散则为器。　二十八章

Q

其安易持,其未兆易谋,其脆易泮,其微易散。　六十四章

其政闷闷,其民淳淳;其政察察,其民缺缺。　五十八章

企者不立,跨者不行。　二十四章

强大处下,柔弱处上。　七十六章

强梁者不得其死,吾将以为教父。　四十二章

轻则失本,躁则失君。　二十六章

曲则全,枉则直,洼则盈,敝则新,少则得,多则惑。　二十二章

取天下常以无事,及其有事,不足以取天下。　四十八章

R

人法地,地法天,天法道,道法自然。　二十五章

人之生也柔弱,其死也坚强;草木之生也柔脆,其死也枯槁。　七十六章

柔弱胜刚强。　三十六章

柔之胜刚,弱之胜强,天下莫不知,莫能行。　七十八章

S

塞其兑,闭其门,挫其锐,解其纷,和其光,同其尘,是谓玄同。　五十六章

塞其兑,闭其门,终身不勤。开其兑,济其事,终身不救。　五十二章

善建者不拔,善抱者不脱,子孙以祭祀不辍。　五十四章

善为士者,不武;善战者,不怒;善胜敌者,不与;善用人者,为之下。　六十八章

善行,无辙迹;善言,无瑕谪;善数,不用筹策;善闭,无关楗而不可开;善结,无绳约而不可解。　二十七章

上德不德,是以有德;下德不失德,是以无德。　三十八章

上善若水。水善利万物而不争,处众人之所恶,故几于道。　八章

上士闻道,勤而行之;中士闻道,若存若亡;下士闻道,大笑之,不笑,不足以为道。　四十一章

甚爱必大费,多藏必厚亡。　四十四章

生而不有,为而不恃,功成而弗居。　二章

生而不有,为而不恃,长而不宰,是谓玄德。　十章/五十一章

圣人处无为之事,行不言之教。　二章

圣人无常心,以百姓心为心。　四十九章

使我介然有知,行于大道,唯施是畏。　五十三章

视之不见,名曰夷;听之不闻,名曰希;搏之不得,名曰微。此三者不可致诘,故混而为一。其上不皦,其下不昧,绳绳兮不可名,复归于无物。是谓无状之状,无物之象,是谓惚恍。迎之不见其首,随之不见其后。　十四章

是以圣人抱一为天下式。　二十二章

是以圣人不行而知,不见而名,不为而成。　四十七章

是以圣人常善救人,故无弃人;常善救物,故无弃物。是谓袭明。　二十七章

是以圣人方而不割,廉而不刿,直而不肆,光而不耀。　五十八章

是以圣人后其身而身先,外其身而身存,非以其无私邪?故能成其私。　七章

是以圣人去甚,去奢,去泰。　二十九章

是以圣人为而不恃,功成而不处,其不欲见贤。　七十七章

是以圣人欲不欲,不贵难得之货;学不学,复众人之所过。以辅万物之自然,而不敢为。　六十四章

是以圣人欲上民,必以言下之;欲先民,必以身后之。是以圣人处上而民不重,处前而民不害。　六十六章

是以圣人之治,虚其心,实其腹,弱其志,强

其骨。常使民无知无欲,使夫智者不敢为也。　三章

是以圣人执左契,而不责于人。　七十九章

是以圣人终不为大,故能成其大。　三十四章/六十三章

是以圣人自知不自见,自爱不自贵。　七十二章

死而不亡者寿。　三十三章

俗人昭昭,我独昏昏;俗人察察,我独闷闷。　二十章

虽有荣观,燕处超然。　二十六章

T

太上,下知有之;其次,亲而誉之;其次,畏之;其次,侮之。　十七章

天长地久。天地所以能长且久者,以其不自生,故能长生。　七章

天道无亲,常与善人。　七十九章

天得一以清,地得一以宁,神得一以灵,谷得一以盈,万物得一以生,侯王得一以为天下正。　三十九章

天地不仁,以万物为刍狗;圣人不仁,以百姓为刍狗。　五章

天地之间,其犹橐籥乎?虚而不屈,动而愈出。　五章

天将救之,以慈卫之。　六十七章

天网恢恢,疏而不失。　七十三章

天下皆谓我道大,似不肖。夫唯大,故似不肖。若肖,久矣其细也夫。　六十七章

天下莫柔弱于水,而攻坚强者莫之能胜,以其无以易之也。　七十八章

天下难事,必作于易;天下大事,必作于细。　六十三章

天下万物生于有,有生于无。　四十章

天下有道,却走马以粪;天下无道,戎马生于郊。　四十六章

天下有始,以为天下母。　五十二章

天下之至柔,驰骋天下之至坚。无有入无间,吾是以知无为之有益。　四十三章

天之道,不争而善胜,不言而善应,不召而自来,繟然而善谋。　七十三章

天之道,利而不害;圣人之道,为而不争。　八十一章

天之道,其犹张弓与?高者抑之,下者举之;有余者损之,不足者补之。　七十七章

天之道,损有余而补不足。人之道则不然,损不足以奉有余。　七十七章

W

万物负阴而抱阳,冲气以为和。　四十二章

为无为,事无事,味无味。　六十三章

为无为,则无不治。　三章

为学日益,为道日损。损之又损,以至于无为。无为而无不为。　四十八章

为者败之,执者失之。　六十四章

为之于未有,治之于未乱。　六十四章

我独异于人,而贵食母。　二十章

我无为,而民自化;我好静,而民自正;我无事,而民自富;我无欲,而民自朴。　五十七章

我有三宝,持而保之。一曰慈,二曰俭,三曰不敢为天下先。　六十七章

无名,天地之始;有名,万物之母。　一章

吾不敢为主,而为客;不敢进寸,而退尺。　六十九章

吾所以有大患者,为吾有身,及吾无身,吾有何患?　十三章

五色令人目盲,五音令人耳聋,五味令人口爽,驰骋畋猎令人心发狂,难得之货令人行妨。　十二章

物壮则老,是谓不道,不道早已。　三十章

物壮则老,谓之不道,不道早已。　五十五章

X

希言自然。　二十三章

见素抱朴,少私寡欲。　十九章

小国寡民。使有什伯之器而不用,使民重死而不远徙。虽有舟舆,无所乘之;虽有甲兵,无所陈之。使民复结绳而用之。甘其食,美其服,安其居,乐其俗。邻国相望,鸡犬之声相闻,民至老死,不相往来。　八十章

信不足,焉有不信。　十七章/二十三章

信言不美,美言不信。善者不辩,辩者不善。知者不博,博者不知。　八十一章

玄之又玄,众妙之门。　一章

Y

以道佐人主者,不以兵强天下。　三十章

以其不争,故天下莫能与之争。　六十六章

以正治国,以奇用兵,以无事取天下。　五十七章

勇于敢则杀,勇于不敢则活。　七十三章

有无相生,难易相成,长短相形,高下相倾,音声相和,前后相随。　二章

有物混成,先天地生。寂兮寥兮,独立而不改,周行而不殆,可以为天下母。吾不知其名,字之曰道,强为之名曰大。　二十五章

鱼不可脱于渊,国之利器不可以示人。　三十六章

豫兮若冬涉川,犹兮若畏四邻,俨兮其若客,涣兮其若凌释,敦兮其若朴,旷兮其若谷,混兮其若浊。　十五章

Z

躁胜寒,静胜热,清静为天下正。　四十五章

正复为奇,善复为妖。　五十八章

正言若反。　七十八章

知不知,上;不知知,病。　七十一章

知其白,守其黑,为天下式。　二十八章

知其荣,守其辱,为天下谷。　二十八章

知其雄,守其雌,为天下豁。　二十八章

知人者智,自知者明。胜人者有力,自胜者强。知足者富。强行者有志。　三十三章

知我者希,则我贵矣。是以圣人被褐怀玉。　七十章

知者不言,言者不知。　五十六章

执大象,天下往。　三十五章

执今之道,以御今之有,能知古始,是谓道纪。　十四章

治大国,若烹小鲜。　六十章

治人事天,莫若啬。　五十九章

致虚极,守静笃。万物并作,吾以观复。夫物芸芸,各复归其根。归根曰静,静曰复命。复命曰常,知常曰明。不知常,妄作凶。　十六章

众人熙熙,如享太牢,如春登台。　二十章

重为轻根,静为躁君。　二十六章

专气致柔,能婴儿乎? 涤除玄览,能无疵乎? 爱民治国,能无为乎? 天门开阖,能为雌乎? 明白四达,能无知乎?　十章

自见者不明,自是者不彰,自伐者无功,自矜者不长。　二十四章

罪莫大于可欲,祸莫大于不知足,咎莫大于欲得。　四十六章

老子···附录二